现代工商管理经典教材

Business Models

商业模式

创新与管理

钟宪瑞 ‖ 著

经济管理出版社
ECONOMY & MANAGEMENT PUBLISHING HOUSE

图书在版编目（CIP）数据

商业模式：创新与管理/钟宪瑞著. —北京：经济管理出版社，2014.8
ISBN 978-7-5096-2750-1

Ⅰ. ①商… Ⅱ. ①钟… Ⅲ. ①企业管理—商业模式—研究 Ⅳ. ①F270

中国版本图书馆 CIP 数据核字（2013）第 259349 号

组稿编辑：陈 力
责任编辑：陈 力 丁慧敏
责任印制：黄章平
责任校对：张 青

出版发行：经济管理出版社
（北京市海淀区北蜂窝 8 号中雅大厦 A 座 11 层 100038）
网 址：www. E-mp. com. cn
电 话：（010）51915602
印 刷：玉田县昊达印刷有限公司
经 销：新华书店
开 本：787mm×1092mm/16
印 张：25
字 数：383 千字
版 次：2017 年 4 月第 1 版 2017 年 4 月第 1 次印刷
书 号：ISBN 978-7-5096-2750-1
定 价：69.00 元

商业模式清单

在本书 14 个章节中，就众多的案例归纳出简明、具有指引性的商业模式，此处将这些商业模式列表并做简要说明，这些商业模式可以作为落实商业模式创新的出发点，并依照商业模式的要素类别予以归类。但必须注意的是，这些模式并不是只凭其中单一一项就足够支撑整个模式的运作，经常需要多项模式（特别是在不同要素领域的模式）相互支持，才能建立完整的商业模式运作体系。

模式名称（合计 160 项模式）	说　明	范例（括号内为本书章节）
以资源能耐为主者（12 项模式）		
（资源模式 1）“掌握稀缺资源，扩大影响领域”模式	企业掌握业界稀有的资源，创造出同业难以模仿的独特产品，并且进一步跨入关联的产品范畴，让此稀有资源可以发挥最大的功效	明思克航空母舰（模式案例研讨 3–4 、3.3.1）
（资源模式 2）“品牌获利”模式	企业细心维护一个品牌，让此品牌足以传达顾客价值，并使众多相关的产品使用此品牌，降低新产品的行销成本，提高潜在活力空间	好朋友乳品（3.3.2.1）
（资源模式 3）“经验曲线”模式	企业在某些价值活动上积累足够的执行经验，以降低成本、改善品质，取得比同业更佳的竞争地位，但须注意经验被模仿的可能性	麦肯锡（3.3.2.2）
（资源模式 4）“掌握卓越技术，凸显组件价值”模式	企业在某个组件上拥有世界级的制造技术时，可以对最终顾客传递此价值，以提高自己的议价力	英特尔（模式案例研讨3–5、3.3.2.1）
（资源模式 5）“齐一成员心念，赋权创造价值”模式	企业以强势的组织文化作为选用训练的依据，让成员在关键决策及事务的执行上， 有相同的价值观，可以自行决定如何执行活动，为顾客创造价值	Zappos（模式案例研讨 3–8、3.3.2.2）
（资源模式 6）“发挥个人魅力，牵紧人际关系”模式	企业以优秀的、具有社会动员能力的个别管理者或员工为关键资源，牵起内部分工体系及外部事业网络	公关业（模式案例研讨 3–9、3.3.2.2）
（资源模式 7）“专利产品获利”模式	企业以专利作为关键资源，开发出难以被模仿的产品，在市场上取得一段期间内的独占地位，获取利润	3M（3.3.2.1）
（资源模式 8）“多方寻求资源获利途径”模式	企业为所拥有的资源能耐构思多种可能的获利途径，包括自行用于生产产品、出租、授权他人使用、出售、策略联盟、代工等方式	飞利浦（模式案例研讨 3–6、3.3.2.1）、日本大和控股（模式案例研讨 3–10、3.4.1）
（资源模式 9）“多方寻求副产出获利途径”模式	企业可以对废弃的副产出进行检视（特别是化学及物理特质的检视），是否可以融入于其他产品，改善其功能；或是直接出售副产出赢利	兴采实业（模式案例研讨 3–11、3.4.2）、再处理顾问公司（模式案例研讨 7–3、7.1.1.2）

续表

模式名称（合计 161 项模式）	说 明	范例（括号内为本书章节）
（资源模式 10）“独特资源结合互补有力伙伴”模式	企业以独特资源能耐为筹码，寻找能够将此资源能耐转换为潜力产品的有力伙伴，共同合作	得生制药（模式案例研讨 3-7、3.3.2.2）
（资源模式 11）“切割低价值资产”模式	企业将无法创造高附加价值的资产切割出去，以提高企业的预期未来获利，进而吸收环境中的资源	可口可乐（模式案例研讨 3-12、3.4.3.1）
（资源模式 12）“建构轻资产，人力代重机”模式	对于同业以重资本、机械化、自动化方式执行的活动，企业以人力执行或是避免自行执行这些活动	当当网（模式案例研讨 2-3、2.1.5）
以价值链为主者（17 项模式）		
（价值链模式 1）“截取活动，扩大客源”模式	企业仅执行相对于同业为少数的价值活动，扩大这些活动的执行规模，同时通过有利的法规、有效的通路体系或是兼容的技术规格，扩大所执行活动的客源	鑫天天公司（模式案例研讨 2-2、2.1.2）福委公司（模式案例研讨 11-3、11.3.1.1）
（价值链模式 2）“聚焦活动，精实执行”模式	企业仅执行相对于同业为少数的价值活动，以严格精实的方式执行，让这些活动的成本降到极低、品质提升至极高或是时效拿捏到极巧，以获取更高的利润	携程网（模式案例研讨 11-4、11.3.1.1）
（价值链模式 3）“活动执行艺匠化”模式	企业在活动执行中加入更多的个人技艺巧思，让活动的执行成果更为独特，因而无法被机器大量制造的产出所取代	艺术品（11.1.4）
（价值链模式 4）“人工手制去自动化”模式	企业以人为执行判断取代机器式的执行判断，以提高营运弹性，同时避免因策略偏误加上自动化执行造成的大规模错误	Dynaconnective（11.1.5）
（价值链模式 5）“生产产品转型为提供产制管理知识”模式	企业从产品及服务的营运经验中汲取出营运 know how，改以提供 know how 为营收来源，淡化原先产品制造及服务提供的价值活动的比重	万豪（模式案例研讨 11-6、11.3.1.3）、普洛斯（模式案例研讨 13-2、13.1.1）
（价值链模式 6）“掌握稀缺资源，执行单一活动”模式	企业以业界稀缺有价值资源执行单一价值活动，创造接近独占的市场地位，获取利润	吉维纳（模式案例研讨 3-1、3.2.1）
（价值链模式 7）“中央厨房”模式	企业将部分价值活动集中执行，将其产出作为分散各地的其他价值活动的投入项	大型外烩（3.2.2）
（价值链模式 8）“提供关键投入要素，衔接上下阶段”模式	当上下游企业都无法提供某项关键投入要素时，拥有此要素的企业可以借此切入产业价值链	清朝苏州棉布整理加工业（模式案例研讨 1-1、1.1）
（价值链模式 9）“改变活动顺序，消除流程瓶颈”模式	当某项价值活动会因为其他价值活动而处于闲置、等待或无法确定执行方式进而造成“瓶颈”时，在技术容许的情形下，可以尝试改变价值活动执行顺序，消除“瓶颈”	Swift 公司（1.1）、Sea－landIndustries（1.1）、心血管疾病手术（模式案例研讨 3-3、3.2.3）
（价值链模式 10）“流程合理化降低成本”模式	企业全面检视价值链中各项活动的执行方式对其他活动的执行成本的影响，一项活动是否可以挪出某项资源以支持其他活动，是否某些活动可以在不同产品间共同执行，让流程合理化，降低整体价值链的成本	Colowide（模式案例研讨 11-1、11.2.1）
（价值链模式 11）“活动整合，消除阻滞”模式	企业将各项价值活动进行统一调节，让各项活动规模相称、规格一致、时机衔接，以消除浪费、提高时效，常见的整合方式是增加另一项价值活动（如计算机化或是价值活动流程总管）作为整合的主体	苹果计算机（模式案例研讨 11-2、11.2.2）
（价值链模式 12）“补强价值链弱势环节”模式	企业不断寻求对影响价值链最终产出品质或是影响价值链营运效率的价值活动弱势环节进行补强，以持续提升价值链效率效能	麦当劳（11.1.3）
（价值链模式 13）“价值链延伸，瞄准高阶区隔”模式	企业向上或向下延伸价值链，以取得更优质的投入要素或是提供更完善的服务，以满足高阶顾客的需求	展颂（9.1.2）
（价值链模式 14）“向下整合提高时效”模式	企业向下整合价值活动，以取得实时市场信息，进行必要有效的产品或制程调整	PChome（模式案例研讨 3-2、3.2.2）

续表

模式名称（合计 161 项模式）	说　明	范例（括号内为本书章节）
（价值链模式 15）“创造利润高地，策略外包布局”模式	价值体系中各项价值活动会有不同的利润空间，企业只执行有机会创造高利润的几项活动，其他活动则以委外方式进行	耐吉（模式案例研讨 11–5、11.3.1.2）
（价值链模式 16）“管理外包伙伴，创造议价实力”模式	企业对外包伙伴在委外订单数量或是互动界面的活动规划上，进行有效的控制管理，以提高企业对外包伙伴的议价力，进而获取较高的利润	利丰（模式案例研讨 3–13、3.4.3.2）
（价值链模式 17）“不断植入新活动，持续增添新价值”模式	企业在价值链中不断添加能为顾客带来新价值的新种类价值活动，让商业模式处于不断领先同业的状态	果园转型（模式案例研讨 11–7、11.3.2）
以产品为主者（13 项模式）		
（产品模式 1）“一次购足”模式	企业提供多种类、多样式的产品品项，让顾客可以在单次采购活动中，一次购足所需的产品	家乐福（模式案例研讨 8–1、8.1.2）
（产品模式 2）“成套产品”模式	企业将顾客经常使用的几项产品组合成为难以切割的成套产品，一方面便于顾客采购及使用，另一方面避免来自于只生产优质单项产品的同业威胁	Office 软体（模式案例研讨 8–2、8.1.2）
（产品模式 3）“齐全的单项产品”模式	企业在单项产品上，提供各种规格、各种区隔、各种价位齐全的商品，让顾客只要一想到需要采购此项产品时，就会优先来此采购	零件搜寻科技公司（模式案例研讨 8–3、8.1.3）
（产品模式 4）“产品不断升级”模式（“产品金字塔”模式）	当高阶顾客大部分是由低阶顾客升级而来时，企业可以从低阶至高阶区隔都布满产品或是不断推出功能更强、更精致的产品，不断升级，杜绝竞争者的模仿	芭比娃娃（模式案例研讨 8–4、8.1.4）
（产品模式 5）“产品单纯化”模式	去除产品中非必要的功能及对应的组件，让产品功能单纯化，以提高对平价或底层区隔的吸引力	百度（模式案例研讨 8–5、8.1.5）
（产品模式 6）“简单产品，做到最好”模式	企业提供比同业功能更少的产品，但是将此产品所保有的功能提供给顾客的价值发挥到极佳状态，让只需要此类价值的顾客乐于消费	一分钟诊所（模式案例研讨 12–7、12.3.1.1）
（产品模式 7）“产品重复多元运用”模式	企业让一项产品便于和其他产品搭配使用，以增加这项产品创造利润的途径	狮子王（模式案例研讨 8–6、8.1.6）
（产品模式 8）“产品重注单押”模式	企业投入大量资源，开发竞争力明显超出同业的产品，以求取席卷市场的可能，而不是将资源平均分配在众多新产品计划上	迪士尼（模式案例研讨 8–7、8.1.7）
（产品模式 9）“美好经验、限量供应”模式	企业产能有限时，可以设法创造顾客每次消费的美好经验，辅以有限的供应，让顾客感受到此次消费的稀有性及话题性	ElBulli 餐厅（模式案例研讨 8–8、8.1.8）
（产品模式 10）“产品完全客制化”模式	企业完全依照顾客的需求，作为从产品设计活动开始，直到产品运送活动安排的准则	大学申请服务（模式案例研讨 8–12、8.3.5）
（产品模式 11）“客制化标准化阶段式混合”模式	在产品产制运送过程中，某些价值活动以客制化方式执行，某些则以标准化方式执行，以便于落实特定的产品定位	杰腾造船（模式案例研讨 8–13、8.3.5）
（产品模式 12）“与主流定位对立”模式	企业选择与业界主流相对立的产品定位，以满足小规模边缘市场的需求，并且避开主流产品的威胁	快速剪发（4.3.5）Umpqua 银行（4.3.5）
（产品模式 13）“微调经手产品，代寻最适顾客”模式	企业对市场上的标准化产品或是未锁定特定区隔的产品进行特色微调，已满足特定区隔的需求	二房东（模式案例研讨 2–8、2.3.2）
以顾客价值为主者（11 项模式）		
（顾客价值模式 1）“提高顾客自主性”模式	让顾客在产品的设计、生产、组装、运送活动中，扮演更多的发动者或决定者的角色	多可博医疗服务公司（模式案例研讨 8–9、8.2.1）

续表

模式名称（合计 161 项模式）	说　明	范例（括号内为本书章节）
(顾客价值模式 2)“提高顾客采购便利性”模式	企业让顾客的采购流程更流畅，从资讯搜集、产品比较、付费方式、实体配送等方面，降低顾客采购的阻碍	传送机构（模式案例研讨 8-10、8.2.2）、ZoomSystems (11.3.3.1
(顾客价值模式 3)“限量供应，社交精品”模式	企业将本质上供应有限的商品，打造成精致高品位的产品，并且激发社会对此产品的关注，让拥有、消费、赠送这项产品成为建立社会关系的关键	贵州茅台（模式案例研讨 4-3、4.1.3.2）
(顾客价值模式 4)“注入体验”模式	企业将制造过程及使用脉络设计成让顾客能高度参与及体验的状态，提高顾客对产品的认同	自己做熊熊工作室（模式案例研讨 8-11、8.2.3）
(顾客价值模式 5)“突出关键顾客价值，降低无关组件成本”模式	企业只强化有助于提升顾客价值或是企业营收的产品组件，降低其他产品组件的成本	赤鬼牛排（模式案例研讨 2-4、2.2.1.1）
(顾客价值模式 6)“创造顾客默契，催动消费忠诚”模式	企业创造出与顾客之间在产品设计、产品选择、附加服务上的某种默契，建立与顾客的心理联结，进而凝聚消费忠诚度	In-N-Out（模式案例研讨 4-4、4.2.1）
(顾客价值模式 7)“跨越时空，进行混搭”模式	企业将一项产品在不同历史阶段的价值要素或是不同文化下的价值要素加以混合，让顾客获得超越现存时空的奇特感受	Ace Hotel（模式案例研讨 4-5、4.2.2.1）
(顾客价值模式 8)“混糅对立产品属性”模式	将业界习以为常的产品属性的对立面，融入到自家的产品上，让产品传递异于同业的价值，开创出独特的利基	奥迪康（模式案例研讨 4-6、4.2.2.3）
(顾客价值模式 9)“以顾客为基础，有效整合价值”模式	企业观察个别顾客有哪些相关顾客价值，可以通过某种消费流程、制造过程或是信息平台加以整合，以扩大企业营收来源	花样年物业管理公司（模式案例研讨 4-10、4.3.4）
(顾客价值模式 10)“聚焦单一产品组件，新手法创造新价值”模式	企业聚焦于单一一项产品组件上，但是用新颖的方式执行，进而在此产品组件上创造出新的顾客价值	亚特兰大水壁橱（模式案例研讨 4-7、4.3.2）
(顾客价值模式 11)“为既有区隔增添新价值”模式（“改造顾客”模式）	企业在现有的市场区隔上，增添新的顾客价值元素，灌注另类的顾客满足，但需要注意顾客的接受度以及因而增加的成本	诚品书局（模式案例研讨 12-1、12.1）
以市场区隔为主者（11 项模式）		
(市场模式 1)“掌握产品知识、转向掌握顾客知识”模式	企业由掌握产品特质，转向掌握使用这些产品的顾客有何特质，并借此更深刻了解市场区隔，调整及设计出适合该区隔的产品，而非死守既有的产品特质	第一资本金融公司（模式案例研讨 12-6、12.2.4.1）
(市场模式 2)“凸显被忽略价值，切出新市场区隔”模式	企业可以凸显出顾客期待，但很少被明白陈述的潜在顾客价值，以切割出新区隔。解析被忽略的价值的具体方式，是将产品放到更高的产品归类层次，观察此一层次上有哪些顾客价值并未落实在目标产品上	小辣椒快餐店（模式案例研讨 2-6、2.2.2.1）
(市场模式 3)“精密算计，放弃招致亏损顾客”模式	企业对市场区隔进行极细致的切割，并计算出各个微小区隔创造的营收以及服务成本，凡成本高于营收的区隔，即停止提供服务	第一资本金融公司（模式案例研讨 12-6、12.2.4.1）
(市场模式 4)“寻找边陲顾客，拓成主力市场”模式	找寻稳定低消费频率、有明显特质的消费群（边陲顾客），提供符合这群顾客需求的产品服务，将这群顾客转变成主力市场	拉斯维加斯赌场（模式案例研讨 2-7、2.2.2.3）
(市场模式 5)“建构机动产销体系，锁定高阶客制散客”模式	企业锁定单次订购量较低、单价较高的顾客，以弹性的生产制程、订单追踪及开发能力，建构出满足少量多样要求的营运体系	双童日用品（模式案例研讨 2-5、2.2.1.3）
(市场模式 6)“现场制作，锁定高阶”模式	在技术条件容许的情形下，现场为顾客制作产品，提供客制化、新鲜或是让顾客参与体验的产品	Le Labo 香水（模式案例研讨 4-9、4.3.4）
(市场模式 7)“以卓越品质瞄准高阶区隔”模式	企业在关键的单一或几项产品属性项目上，以极佳的产品品质吸引高阶区隔	谢先生餐厅（模式案例研讨 12-2、12.2.1）

续表

模式名称（合计 161 项模式）	说　明	范例（括号内为本书章节）
（市场模式 8）“以产品设计瞄准高阶区隔”模式	企业让整体的产品设计，甚至以量身打造客制化的方式，推出符合高阶区隔顾客需求的产品	谢先生餐厅（模式案例研讨 12-2、12.2.1）
（市场模式 9）“以细致服务瞄准高阶区隔”模式	企业以细致的服务满足高阶区隔的需求	谢先生餐厅（模式案例研讨 12-2、12.2.1）、橘色涮涮屋（模式案例研讨 4-1、4.1.1.1）、三二行馆（模式案例研讨 4-2、4.1.1.2）
（市场模式 10）“以亲民版瞄准大众区隔”模式	企业针对一般被认为是少数富有阶级的产品服务，推出一般大众在价格上都可以接受，在使用上较为简易的简化版本，吸引大众区隔的顾客	Callaway（模式案例研讨 12-3、12.2.2）
（市场模式 11）“细分流程标准化，瞄准底层商机”模式	企业将产品制程或服务流程作细部切割，由专人负责其中的某一项步骤，并且妥善设计不同人员所负责的不同步骤间的衔接，以经验曲线、规模经济以及专业化同时达到低成本及一定品质的产出，服务底层区隔	NH 心脏科医病中心（模式案例研讨 12-4、12.2.2）
以价值体系及四流为主者（25 项模式）		
（价值体系模式 1）“代管客户价值活动”模式	对于客户缺乏执行能力或是执行成本过高的价值活动，企业可以代客户管理这项价值活动，并借此巩固顾客关系	台湾大车队（模式案例研讨 1-3、1.2）、“Nike +” 11.3.3.1）
（价值体系模式 2）“降低物流成本，活动全面搭配”模式	企业将所有活动，从产品品项配置、仓库地址选择、信息系统设计，到供货商的配合等活动的安排，都设计成以降低物流成本为目标	Wal-Mart（模式案例研讨 5-2、5.2.1）、苏宁电器（模式案例研讨 5-3、5.2.1）
（价值体系模式 3）“改造消费流程，消除采购障碍”模式	企业深入了解顾客消费流程中的不便之处，重新设计一套新流程，消除不便之处	Netflix（模式案例研讨 5-4、5.2.1）
（价值体系模式 4）“人机进驻顾客端，提供无缝隙服务”模式（In-House 模式）	企业将所拥有的人员及设备置于顾客端，以随时为客户提完善的服务，为顾客减少营运成本，达到巩固顾客关系的目的	宏全国际（模式案例研讨 5-8、5.2.3）
（价值体系模式 5）“远近虚实无缝隙，建构全面物流体系”模式	企业为确保可以用各种方式，将受托物品在任意地点间进行配送，而加入各种形态、各种运送规模的物流配送形态，满足所有主要类型的物流需求	锦程物流（模式案例研讨 13-1、13.1.1）
（价值体系模式 6）“根据物流活动执行慎选区隔”模式	企业根据独特的物流配送形态及配送技术，决定市场区隔	丰业物流（模式案例研讨 13-7、13.2.1）
（价值体系模式 7）“先给后取，打通上下游资金循环”模式	企业对于缺乏资金的上下游厂商，先提供资金协助其建立稳定营运体系，再进行资金回收	振跃（模式案例研讨 5-5、5.2.2）
（价值体系模式 8）“调度信用，打通上下游资金循环”模式	具有较强信用的企业，先取得上下游的订单或资产作为担保，再为其下游提供信用，助其取得营运所需资金，健全价值体系的整体运作	深圳发展银行（模式案例研讨 5-6、5.2.2）
（价值体系模式 9）“善用既有管道，消除付费障碍”模式	在利用现金交易相当麻烦的交易情形下，企业可以利用既有的金流管道，消除顾客付费的障碍	KKBOX（模式案例研讨 5-7、5.2.2）
（价值体系模式 10）“多元金流布局”模式	企业为让各种主要区隔的顾客都能够便利地进行交易，发展出适合于各个区隔的多元金流方式	eBay（模式案例研讨 13-3、13.1.2）
（价值体系模式 11）“快速转移所有权”模式	企业鼓励顾客未必要永久持有一件商品，同时设计出较高频率的产品所有权的移转过程，让每次所有权移转附带的交易金额的加总，超出一次永久移转的交易额，从超出的部分获取利益	史考地唱片行（模式案例研讨 1-2、1.1）、跳蚤本铺（模式案例研讨 13-5、13.1.3）
（价值体系模式 12）“为顾客找市场信息”模式	企业广泛搜集掌握顾客的“顾客的资讯”，将触角延伸至下游，以掌握与下游的关系	胖卡餐车（模式案例研讨 5-1、5.1）

续表

模式名称（合计 161 项模式）	说　明	范例（括号内为本书章节）
（价值体系模式 13）“信息明确化，调节自动化”模式	上下游之间设置联结两端营运的信息系统，根据明确的信息机动调整彼此的营运活动	智能型电网（模式案例研讨 5–9、5.2.4）
（价值体系模式 14）“建立顾客信息系统，主动告知活动讯息”模式	企业积极建立完整的顾客端消费行为及人口属性信息系统，并据以将企业的产品活动讯息告知顾客	金钱豹（模式案例研讨 5–10、5.2.4.1）
（价值体系模式 15）“建立供应端商品资讯系统，主动推向顾客”模式	企业积极建立完整的供货商端的产品讯息，利用各种技术，掌握各种机会，主动告知顾客完整、最新的产品讯息	贵宾王美食 U 盘（5.2.4.3）
（价值体系模式 16）“协寻最适信息”模式	协助顾客从地理上、预算上、偏好上等各方面寻找最适合其消费的产品	麦伯行销（模式案例研讨 5–11、5.2.4.1）
（价值体系模式 17）“迅速调整内部活动，反映实时市场资讯”模式	企业建构起市场端及内部营运系统间完善的信息传输体系以及弹性的产制配销系统，根据实时市场信息，随时调整内部的产制配销价值活动	ZARA（模式案例研讨 5–12、5.2.4.2）
（价值体系模式 18）“提供顾客所需信息，协助顾客降低成本”模式	企业借由提供顾客营运所需的关键信息，降低顾客的决策成本及活动执行成本，进而巩固顾客关系	中远船舶（模式案例研讨 5–13、5.2.4.2）
（价值体系模式 19）“上下游共享顾客资讯，共同制作定制化产品”模式	价值体系上下游厂商共享顾客的偏好需求信息，共同从原料的改进、制程，到产品品项的配置，协同合作，为顾客提供定制化的产品	镀金集团（模式案例研讨 5–14、5.2.4.3）
（价值体系模式 20）“信息流处理加值，找出新市场”模式	企业以市场区隔知识对资讯流进行处理，发掘出具有潜力的市场，供企业开发新市场或是作为为顾客提供的附加服务，以提高信息流的附加价值	中租迪和（模式案例研讨 13–6、13.1.4）
（价值体系模式 21）“物流以物权跨入金流”模式	物流业者以受托运货物作为质押标的，切入金流业务，以畅通上下游的信用及资金流通	仓单质押（模式案例研讨 13–8、13.2.2.3）
（价值体系模式 22）“物流以信息跨入金流”模式	物流业者根据物流承揽关系中获得的顾客知识，作为跨入顾客金流处理事业的基础	UPS（模式案例研讨 13–9、13.2.2.3）
（价值体系模式 23）“信息流跨入商流”模式	原先专精于信息流的业者，以信息流作为促成或加速买卖双方间商品所有权的移转过程	风尚科技（模式案例研讨 13–10、13.2.2.4）
（价值体系模式 24）“商流跨入金流”模式	促成商品所有权移转的业者，为了解决移转过程中某一方的资金短缺或资金流动阻碍问题，切入金流业务	融资租赁（模式案例研讨 13–11、13.2.2.6）
（价值体系模式 25）“四流全面贯通”模式	原先只经营某一流的业者，为提高服务的时效、效率及效能，跨入其他三流，提供全面贯通的服务方案	阿里巴巴（模式案例研讨 13–12、13.2.2.7）
以产制网络为主者（20 项模式）		
（产制网络模式 1）“独家经营”模式	企业在产能有限的情形下，提供相当独特的产品，同时将产制网络缩至单点，创造“只此一家，别无分号”的经营态势	伊藤久右卫门（6.2.1）
（产制网络模式 2）“看准潜力伙伴，致力共同成长”模式	企业在建构产制网络时，选择极有成长潜力的伙伴，建立起紧密的产制合作关系，共同成长	东阳实业（模式案例研讨 6–1、6.1.2.1）
（产制网络模式 3）“媒合协寻互补要素”模式	当拥有互补要素的厂商或个人散居各地时，企业可以建构出平台，快速有效撮合拥有互补要素的厂商，共同组成产制网络，提供产品服务，企业可从中获取中介费、经纪费或是直接拥有产品服务的所有权以获取营收	Sonicbids（模式案例研讨 6–4、6.1.2.2）、本山传媒（模式案例研讨 9–7、9.2.3.4）
（产制网络模式 4）“蚁聚各式商品，打造交易圣地”模式	某项商品若是买方经常需要进行比价、而且单一卖方经常无法提供齐全品项、齐全款式的商品，企业可以结合当地政府，提供优惠条件，促使众多卖方前来设点，形成聚落，形成口碑，吸引买方前来采购	义乌小商品城（模式案例研讨 6–3、6.1.2.2）

续表

模式名称（合计 161 项模式）	说　明	范例（括号内为本书章节）
（产制网络模式 5）"找寻适当成员，填补网络功能缺口"模式	当产制网络无法顺畅运作时，企业可以检视问题所在，设计诱因，以吸引能够解决此问题的业者加入产制网络	社会效益债券（模式案例研讨 14–1、14.1.1）
（产制网络模式 6）"纳入异业成员，丰富网络价值"模式	产制网络提供的价值过于单调，无法吸引客源时，可以将异业厂商纳入产制网络，增加价值种类，提高产制网络对顾客的吸引力	日本铁路（模式案例研讨 14–2、14.1.1）、通用电气资本公司（6.1.1）
（产制网络模式 7）"多组件设计成为互依状态"模式	企业将构成完整产品的多个组件设计成相互依赖的状态，而且只有该企业能提供这多项组件，让顾客必须同时购买这多项组件	利乐公司（14.1.2）
（产制网络模式 8）"多组件融合为单一组件"模式	企业将（可能由多家厂商各自为顾客提供的）多个产品组件融合为单一产品组件，以省下顾客组装组件的困扰或是提高顾客的使用效率	山寨机（14.1.2）
（产制网络模式 9）"释出组件业务，扩大网络影响力"模式	在不同产制网络之间的对抗相当激烈，而市场又存在正反馈现象时，生产多个组件的企业，可以退出某一项组件的生产，让更多其他企业可以加入产制网络，以提高整个产制网络的市场影响力，进而增加企业的营收	Nokia（14.1.4）
（产制网络模式 10）"创造技术平台，海纳各种商品"模式（"技术标准获利"模式）	企业可以设计出便利的生产技术或是交易技术标准，让各相关产业的厂商，只要愿意接受此标准，即可参与产制网络，提供产品服务，进而增加产制网络的价值种类，提高集客能力	Suica（模式案例研讨 6–2、6.1.2.2）
（产制网络模式 11）"地理区域专注，产业经营多元"模式	企业专注于特定地理区域的经营，跨入与该地域相关的产业，以提高当地民众对该企业的地理认同，并吸引其他地区的民众前来当地消费	广州珠江啤酒（模式案例研讨 9–4、9.2.2.3）
（产制网络模式 12）"营运连锁标准化"模式（"营运标准获利"模式）	企业将营运作业流程标准化，并通过自营或加盟方式，广设据点，收取加盟金，或直接由材料或产品服务的销售获取营收	大丰环保科技（模式案例研讨 14–4、14.2.3）、王品集团（6.2.1）
（产制网络模式 13）"多地点多项目，降风险寻利池"模式	企业在多个地理区建立产制据点、生产可以彼此取代的产品项目，建立起绵密的各地区各产品的产制销售信息网络，以便于在各地理区之间积极调度产品，掌握各种稍纵即逝的获利机会	嘉丰关系企业（模式案例研讨 9–3、9.2.2.1）
（产制网络模式 14）"去除冗件，瞄准底层"模式	企业将不必要的产品组件去除，以降低产制成本及售价，为底层民众提供简易型的产品	十美元手机（模式案例研讨 2–1、2.1.1）
（产制网络模式 15）"跨越多元平台，建立兼容组件"模式	在面对多种基本上不兼容的技术标准平台时，生产单一组件的企业，可以尝试使自家的组件跨越多个技术标准平台，以扩大客源，获取营收	Adobe（模式案例研讨 9–6、9.2.3.3）
（产制网络模式 16）"策略组件紧密结合，一般组件开放选择"模式	对于组件复杂的产品，企业在将组件进行委外时，在策略性组件上，建立起紧密合作关系的委外关系，以确保品质及时效；一般性的组件则采取开放随选式的委外，以提高议价力	丰田汽车（模式案例研讨 14–3、14.1.5.3）
（产制网络模式 17）"数字串连，精准获利"模式	企业在提供各种组件的产制网络成员之间，建立精准的信息系统，以随时进行组件的调度，降低自家库存成本、改善供货时效	戴尔电脑（模式案例研讨 9–1、9.1.1）
（产制网络模式 18）"降低互补品进入障碍，提高自家议价优势"模式	企业设法降低生产互补品的厂商的市场进入障碍，让产制网络中有更多互补品厂商相互竞争，连带提高企业自身的议价力	山寨机（模式案例研讨10–2、10.3.1.1）
（产制网络模式 19）"占据枢纽位置，催动网络运转"模式	企业占据产制网络中的关键位置（可能是重要的功能或是四流的集散点），担负起让整个产制网络顺畅运作的角色，并从中获取营收	利丰（14.1.5.1）

续表

模式名称（合计 161 项模式）	说明	范例（括号内为本书章节）
（产制网络模式 20）“便利顾客移地工作生活”模式	企业设置中央云端系统，强化网络核心点的功能，让顾客可以在各个终端点移地进行连贯工作及生活，或是广布产制网络据点，并让顾客资料可以在各据点间通透贯穿，便利顾客移地工作及生活	Dropbox（9.2.3.2）
以营销网络为主者（7 项模式）		
（营销网络模式 1）“控制关键通路”模式	企业在特定种类的关键通路上，掌握足够的市场力量，以取得某种产品或某个地理区域的议价力	百丽国际（模式案例研讨 9–2、9.2.1.2）
（营销网络模式 2）“通路压缩”模式	企业将过长的通路“去中间化”，减少通路层级，以提高通路效率	家乐福（14.2.5）
（营销网络模式 3）“区域龙头”模式	企业将营销网络的布点集中在特定区域内，以巩固该区域的市场力量，再逐区依序布点，由点、线到面，布成大局	星巴克（14.2.4）
（营销网络模式 4）“营销网络多元化”模式	企业设法通过各种不同营销网络，以各种不同的方式或是搭配不同的其他商品，销售各种形式包装的同一产品，以获取更高的营收	矿泉水（14.2.1）
（营销网络模式 5）“现有营销网络，销售多种商品”模式	企业在现有的营销网络上，设法出售自家生产、合作伙伴生产，甚至是竞争对手所生产的更多种类的商品，以提高营收	日本黑猫宅急便（模式案例研讨 6–5、6.2.2）
（营销网络模式 6）“汇聚各家精华，顾客自行拣选”模式	企业将众多上游厂商的优质商品汇聚在特定的营销网络，让顾客自由捡选交易，企业可借此获取营收（一次性的入场费、长期性的订阅费或是上游厂商的上架费）	中国大陆的有线电视（9.2.1.1）
（营销网络模式 7）“为上下游所有成员处理‘瓶颈’，整合价值”模式	营销网络中的企业，可以设法解决上下业者过去未被处理的关键问题或是未被满足的价值，扮演整合功能、占据关键位置	卡地纳健康公司（模式案例研讨 14–5、14.2.6）
以使用者网络为主者（12 项模式）		
（使用者网络模式 1）“使用者社群测试产品”模式	企业建立使用者社群，并鼓励使用者社群对产品原型进行测试，以收集市场回馈，作为改进产品的依据	卡巴斯基（模式案例研讨 6–6、6.3.1）、Threadless（模式案例研讨 6–9、6.3.1.2）
（使用者网络模式 2）“使用者社群设计产品”模式	企业建立使用者社群，并鼓励使用者社群协助企业设计产品、提供新产品构想，让产品符合市场趋势	Nike（模式案例研讨 6–7、6.3.1.1）
（使用者网络模式 3）“使用者社群推荐产品”模式	企业建立使用者社群，并鼓励使用者社群将产品优点推荐给更广的消费市场	Newegg.com（模式案例研讨 6–8、6.3.1.2）、Tsutaya（模式案例研讨 14–6、14.3.2）
（使用者网络模式 4）“限制顾客数目，强化个别顾客关系”模式	企业刻意限制服务的顾客数量，以提高对个别顾客的服务品质	Concierge（模式案例研讨 6–10、6.3.2）
（使用者网络模式 5）“增加互动，强化个别顾客关系（专属性）”模式	企业增加与顾客之间的互动，以获取更多的顾客信息，根据这些信息决定所提供服务的内容及水准，让顾客感到其问题被迅速适当地解决，让个别使用者网络关系更稳固	芦洲区农会（模式案例研讨 6–11、6.3.2）、WurthGroup（模式案例研讨 6–12、6.3.2）
（使用者网络模式 6）“以绑约强化顾客专属”模式	企业以契约形态，巩固与顾客之间的交易关系，使顾客专属于自家，让个别使用者网络关系更稳固	电信业者（14.3.1.1）
（使用者网络模式 7）“以产品设计提高顾客专属性”模式	企业以定制化的产品，满足顾客的独特需求，让个别使用者网络关系更稳固；客制化可能是由企业自行探求顾客的偏好或是顾客告知企业其偏好或是顾客自行组装出符合其偏好的产品	iPod（14.3.1.2）

续表

模式名称（合计 161 项模式）	说　明	范例（括号内为本书章节）
(使用者网络模式 8)“以跨入服务提高顾客专属性”模式	企业从产品跨进服务，以提高顾客对产品的黏着度，提高顾客对企业的专属性，让个别使用者网络关系更稳固	全录（14.3.1.3）
(使用者网络模式 9)“串连闲置资源，建立交换平台”模式	企业建构使用者之间的交换网络，让使用者的闲置资源可以相互交换，得以产生效益	里斯特信息（模式案例研讨 9–5、9.2.3.1）
(使用者网络模式 10)“打造使用者互动平台”模式	企业建构出让使用者能够互通信息的平台，从使用者的互动中直接获取收益，或是从使用者的互动中获取其他种类的收益	通讯服务（14.3.4）
(使用者网络模式 11)“使用者端开放式创新”模式	企业让使用者（不一定是社群）自由修正企业的产品，并从中筛选出较佳的修正后产品，以开拓新市场	乐高公司（模式案例研讨 14–7、14.3.3.1）
(使用者网络模式 12)“合作社”模式	企业规模较小时，让使用者即为生产者及事业的拥有者的模式，创造稳固使用者关系的效果；企业规模扩大后，可以放宽使用者对象，扩及到一般消费者	Sunkist（14.3.3.2）
以营收成本为主者（25 项模式）		
(营收成本模式 1)“耐用组件免费/耗用组件收费”模式（“刮胡刀座免费/刮胡刀片收费”模式）	企业将完整产品中的耐用组件免费赠送给顾客，以吸引顾客不断使用需要付费的耗用组件	利乐包（7.1.1.2）
(营收成本模式 2)“必备组件免费/附属组件收费”模式	当一项产品有附属组件便能大幅提高价值时，企业可以将产品中的必备组件免费赠送给顾客，以吸引顾客不断使用需要付费的附属组件	网络游戏业（模式案例研讨 7–2、7.1.1.2）
(营收成本模式 3)“产品低价/服务高价”模式	一项产品若需要企业经常提供服务才能发挥效能，企业可以低价售出产品、以高价提供服务	打印机（7.1.1.2）
(营收成本模式 4)“改变收费对象”模式	企业除了向产品的使用者收费之外，可以考虑向任务环境中价值也随提高的其他利害关系人（如组件的供应者）收费	www.ikyu.com（7.1.1.1）、非诚勿扰（7.1.1.1）
(营收成本模式 5)“依消费流程阶段收费”模式	将消费流程拆解成可被顾客确认的几个阶段，再依阶段收费，通常需搭配消费流程最终端产品对顾客的高度吸引力	六旗乐园（模式案例研讨 7–4、7.1.1.2）
(营收成本模式 6)“买方出价”模式	由买方出价，以确保成交，通常可以搭配竞价、买方保证交易、产品分级等搭配机制，以维持企业一定的利润	Priceline.com（模式案例研讨 7–6，7.1.3.2）
(营收成本模式 7)“创造价值，反向收费”模式	付费方若能创造出对收费方有价值的事物，有可能反向向原先的收费方收取费用	模特儿经纪公司（7.1.1.1）
(营收成本模式 8)“广告费”模式	企业或个人经由提供广告空间，向广告主收取费用	报业（7.1.2）
(营收成本模式 9)“经纪费”模式	企业或个人从促成交易中获取收益	房仲业（7.1.2）
(营收成本模式 10)“授权收费”模式	企业或个人通过给予顾客许可，使用受保护的智能财产权以收取特许费用，获取营收	专利授权（7.1.2）
(营收成本模式 11)“租赁”模式	企业或个人借由暂时性地在某段期间，给予某人独家的权利使用某项资产并收取费用，获取营收	租车业（7.1.2）
(营收成本模式 12)“会员费”模式	企业或个人借由出售持续的服务，获取营收	魔兽世界（7.1.2）
(营收成本模式 13)“使用费”模式	企业或个人允许顾客使用特定服务，当使用的服务越多，顾客就需支付越多	电信业者（7.1.2）
(营收成本模式 14)“寻求变动营收”模式	企业提供关键生产要素时，将提供此生产要素应得的营收与顾客的产出建立连动关系，使营收依此变动	分成制（1.1）
(营收成本模式 15)“寻求固定营收”模式	企业提供关键生产要素时，将提供此生产要素应得的营收与顾客的产出脱勾，使营收固定	定额租制（1.1）
(营收成本模式 16)“分项收费，改‘一篮子’收费”模式	企业将原先分项收费形态，修正为就所有项目一次性收费，以减少顾客困扰	Zipcar（模式案例研讨 7–1、7.1.1.1）

续表

模式名称（合计 161 项模式）	说　明	范例（括号内为本书章节）
（营收成本模式 17）“高周转大规模，降低成本获取利润”模式	企业从成本着眼，扩大营运规模及提高周转，以创造规模经济，降低成本，获取利润	电信业者（2.2.1.1）、吃到饱火锅（7.2）
（营收成本模式 18）“无创收能力，即删除”模式	对于无法直接创造营收的组件，将其尽可能删减，以降低所耗用的成本，提高利润	分众传媒（模式案例研讨 7-8、7.2.2.1）
（营收成本模式 19）“分拆产品组成，共同分摊成本”模式	从构成产品的组件看待产品，设法让产制网络成员或利害关系人愿意分摊各组件的成本，以降低企业自身的成本负担	Betterland（模式案例研讨 7-5、7.1.1.2）
（营收成本模式 20）“增加固定投资，降低平均成本”模式	企业增加固定投资，同时设法增加产品线，甚至承揽竞争对手业务，扩大业务量，以降低平均成本	山崎面包（模式案例研讨 7-7、7.2.1）
（营收成本模式 21）“极致简洁，降低成本”模式	企业选择较少的价值活动，同时以极精简、熟练的方式执行所选择的活动，快速创造学习效果，降低成本	携程网（模式案例研讨 7-9、7.2.2.1）
（营收成本模式 22）“以复制标准化降低成本”模式	企业将活动执行方式标准化，加以复制，以确保一定品质，降低产制成本	全聚德（7.2.2.2）
（营收成本模式 23）“以规模经济降低成本”模式	企业的主要价值活动都存在规模经济现象时，可以选择全面性的扩张，以创造明显的规模经济效益	台积电（7.2.2.3）
（营收成本模式 24）“所有成本变动化”模式	企业尽可能将所有投入要素的成本变动化与自身的产出收益联结，以提高营运弹性、减少资金负担	ITAT（模式案例研讨 7-10、7.2.3）
（营收成本模式 25）“以抵押确保权利”模式	企业以提供或要求抵押的方式，避免应得权利在未来无法兑现的不确定性	押租制（1.1）
时机要素者（3 项模式）		
（时间模式 1）“最佳时机，刺激消费”模式	企业在消费者最需要或是最可能接纳特定产品服务的时刻，提供该项产品，以获取高于正常的营收	充电去（9.3.2）
（时间模式 2）“设定期限，刺激消费”模式	企业设定某项有利于特定方（可能是买方或卖方）的交易有效期限，以刺激该方进行交易	消费券（9.3.1）
（时间模式 3）“加速产品汰换速度，甩开对手”模式	企业在主力产品上不断推新，自行淘汰旧型产品，让竞争对手无法追上	英特尔（模式案例研讨 9-8、9.3.3）
其他类（4 项模式）		
（其他类 1）“精准预测市场，控制产能水准”模式	企业以独特的预测模式精准掌握市场需求量，并据以调整产能及活动配置，以降低营运成本，避免供需失调	威望国际（9.1.1）
（其他类 2）“寻找试验基地”模式	企业为新的营运模式找到合适的试验基地，以不断修正模式，创造最佳模式效能	ZARA（模式案例研讨 10-1、10.1）
（其他类 3）“选择适当要素杠杆，跨模式经营”模式	企业以现有商业模式中的某项要素为基础，延伸运用到新模式的创造，为新模式注入起始营运惯例	智利航空（模式案例研讨 10-5、10.4.1）
（其他类 4）“设定模式适当地理幅员”模式	企业为商业模式设定合适的地理运作范围，以获取规模经济、掌握客源、发挥综效的可能优势	南仁湖（9.2.2.3）

自 序

毫无疑问，商业模式在未来必定是企业运筹帷幄制胜的关键。检视当代的许多企业，之所以能够在激烈竞争中挥洒纵横，所倚恃的正是独特的商业模式，在台湾地区，不论是科技业的台积电或联发科，还是传统产业的宏全国际以及餐饮服务业的王品集团或 85 度 C，正是商业模式的运用，使得这些企业与在红海中拼搏避蚀的众司对照之下，显得格外突出；而商业模式一词，近年来也成为学界及实务界关心的议题。

商业模式概念在西方发展已有一段时间，其中 Slywotzky 是相当早期即投入耕耘此领域，亦有丰硕著作的研究者，其知名著作有 1995 年出版的 Value Migration（中译《成功从转型开始》）以及 1999 年出版的 Profit Patterns（中译《利润模式》），可以说是在台湾地区华文书市上，率先系统性地阐述商业模式的书籍，笔者阅读之后，判断书中所论为日后企业及商业社会不可或缺的知识，故在 2001 年便将《利润模式》一书列为硕士班产业分析课程的指定教材，在这十年内，也持续关注着这个领域的发展。

近一两年，台湾学界及实务界也终于广泛注意到“商业模式”的重要性，但相对于其他特定主要国家或地区，台湾地区在商业模式上的关注及发展却明显落后，与欧美国家在这方面的知识落差可说是日益扩大。即便以中国大陆而言，原本其商业教育的发展约略晚于台湾地区 20~30 年，但是在商业模式这个领域，中国大陆近几年却是佳作迭出，台湾则几乎处于停滞的状态，一些评论甚至认为商业模式发展的延迟，是造成台湾地区实质薪资无法增长的原因之一，这种状态相当令人惋惜。

面对“商业模式”威力的席卷，台湾地区许多企业又在商业模式略有成就之际，更需要学界反思中国台湾地区企业的商业模式，与国际经验对比参照，萃取出可作为中国台湾地区企业发展商业模式的指引原则；本书的出版，正是基于这一理念，希望有助于读者吸收商业模式的精髓，掌握模式创新的原则，打造出企业专属的商业模式。

本书共分为两部分。第一部分是书首模式清单，将本书提到的众多案例归纳成简明的商业模式原则，作为商业模式决策快速出发点的参考；第二部分是介绍商业模式的本文。全书共分为 14 章，对第二部分的详读，可以深入了解商业模式。

商业模式这一知识领域的发展，不论是在模式分类、模式要素、决定模式绩效的因素等方面，都还处在尚未形成普遍共识、有待深入探索的阶段，再加上笔者虽已力求周延，但必定有思虑未及、观照不周之处，非常欢迎各方学者不吝指正，以共同推进商业模式在台湾地区的发展。

钟宪瑞

2012.10

目　录

第 1 章　商业模式概论

1.1　商业模式的起源与发展

1.2　商业模式的定义及构成要素

1.3　商业模式、经营策略与竞争优势的关系

1.4　商业模式的创新

1.5　本书架构

彼得·杜拉克（Peter Drucker）曾经指出“现今企业的竞争，不是产品之间的竞争，而是商业模式之间的竞争”[①]，理解、设计以及执行商业模式的能耐，已经成为创造高绩效的关键之 一。在一份对IBM 全球 765 位部门经理的调查中，有 1/3 的经理认为商业模式创新比产品创新与制程创新更为重要，并且当竞争对手更为重视产品创新与制程创新的情形下，采取商业模式创新的 IBM 部门，可以获得高于竞争对手 5% 的利润[②]。若将视角拉回中国台湾地区，在半导体产业的台积电、餐饮产业的王品牛排以及芯片设计产业的联发科，商业模式创新也正是这三家企业崛起的关键之一，由此可以看出，深入了解商业模式，已是现代商业社会所不可或缺的。

1.1 商业模式的起源与发展

关于商业模式概念的起源，最早是出现在 20 世纪 70 年代，用来描写资料与流程之间的关联与结构[③]。到 20 世纪 90 年代中期，随着网际网络时代的来临，商业模式这个观念开始蓬勃发展，不断出现在各种学术期刊或实务性杂志上[④]，到了 2001 年，Fortune 杂志所列出的五百大企业中，已有将近 27% 的企业，在年度财务报表中出现商业模式的字眼[⑤]。从这些趋势可以看出，商业模式已成为分析企业营运时的一项重要观点。

虽然商业模式这项概念，是在 20 世纪 70 年代才被正式提出，但是这项概念的实践，在一百多年前就已经开始进行了。在 19 世纪的美国，一个鲜明的商业模式创新的例子，是肉品加工包装业的 Swift 公司的改造，在 19 世纪 70 年代之前，活牛是经由铁路从奥马哈、堪萨斯城和芝加哥等中西部城市运送到东海岸，在东海岸城市进行屠宰并在当地市场出售。当时 Swift 公司的创办人，Gustavus Swift 认为若是可以在中西部地区进行屠宰，就可以将屠宰活动集中，

① Drucker（1995）.

② Pohle and Chapman（2006）.

③ Konczal（1975）.

④ Ghaziani and Ventresca（2005）.

⑤ Shafer，S.M.，Smith，H.J. and Linder，J.C.. The Power of Business Models [J]. Business Horizons，2005，Vol.48，pp.109-207.

用冷藏货运车运送牛肉，在生产及运输上，可以产生可观的经济利益，也可以将市场拓展到更广大的市场，更可以提高最终肉品的品质[①]。

Swift 公司：“改变活动顺序，消除流程‘瓶颈’”模式（价值链模式 9）

Swift 公司的新商业模式，迅速取代了包括运输主、东海岸的屠宰业者和铁路在内的旧商业模式。Swift 公司最大的挑战，是在东海岸市场销售点及配销系统中，缺乏冷藏仓库。Gustavus Swift 必须建立全国性的冷藏设施网络，而拥有冷藏设备的当地批发商，就成为 Gustavus Swift 建立伙伴关系的对象。Gustavus Swift 在克服了消费者对远地宰杀的牛肉的排斥、证明远地宰杀的牛肉也同样新鲜，且更为便宜之后，市场就开始大幅增长。

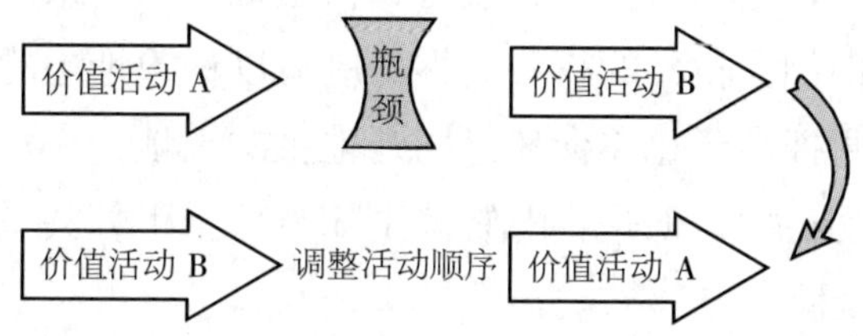

图 1-1　“改变活动顺序，消除流程‘瓶颈’”模式

Sea-land Industries：“改变活动顺序，消除流程‘瓶颈’”模式（价值链模式 9）

较近的一个例子发生在货柜业，传统的货物装船方式是在码头进行，货物上船下船花费相当多的时间，Malcolm McLean 是美国一家大型货运公司的业主，他认为传统装船方式的效率极低。1955 年，他聘请工程师设计一个既可以脱离车体底盘，也可以在轮船上堆叠的货柜。他收购了一家小型轮船公司，更名为海陆工业（Sea-land Industries），这家公司后来被马士基海运公司（Maersk Line）合并。他还开发了钢架结构，以稳定牢固货柜，他发展出货柜装船的标准程序，免费将海陆工业的专利提供给国际标准组织（ISO）使用，促进了海运产业的发展。海陆工业从 1966 年开始在北大西洋航线上提供海运服务。当海陆工业在 1969 年被人以 5.3 亿美元收购时，Malcolm McLean 从中分得 1.6 亿美元[②]。

分成制：“寻求变动营收”模式（营收成本模式 14）

在中国历史上，土地的收租制度，同样也存在商业模式演进的现象。在早期封建时期，土地拥有者（地主）向土地承租者（佃农）收取地租，是以分成制为主，在分成制之下，佃农耕作收获物的一

①② Teece（2010）.

定比例，会作为地租交给地主，这种收租制度，可能让地主为了有更多的地租收入，干预佃农的耕作方式，徒生困扰。到了明朝，随着耕作者生产技术的进步，主流的收租制度，从分成制转变为定额租制，就是佃农不论耕作的收获是多少，都向地主缴交固定的地租，因此地主不必再干预佃农的生产活动，佃农也有安排全年生产、合理利用全家劳动力的自由。

定额租制："寻求固定营收"模式（营收成本模式 15）

随后，由于土地集中、人口增长、佃农经常会抗租，地主为了防止佃农欠租，在出租田地时，就向佃农索取一笔押金作为保证，地租制度又转变成押租制，佃农在缴交押金以后，定额的地租还是要缴，如果欠租，地主就在押金中扣除。押金不生利息，退佃时归还佃农。地主若是不退押金，或者押租租佃关系尚未满期，地主也不能随意终止佃农耕作的权利。押租制可以保障地主的地租，佃农为了能够取回押金，也不会随意离开地主的土地，一定程度上限制了佃农的移动自由，但是也限制地主随意停止租佃关系的权利，使租佃关系比较稳定。

押租制："以抵押 确保权利"模式（营收成本模式 25）

押租制再进一步演变成永佃制，在永佃制下，土地所有权和土地耕作权是分离的。佃农取得耕作权后，即使地主将田地出卖，也无权变更原先佃农的耕作权，地主权力受到限制。同时，佃农亦可将自己的耕作权出卖或出租给第三者，作为"二房东"。

时间再推移到 2010 年的中国台湾地区，其行政主管部门农委会推动"小地主，大佃农"政策，造成了另一种租佃关系。"小地主，大佃农"政策，起源于中国台湾地区农业农民高龄化，并且农户平均耕作的农地规模过小、细分零散，无法有效率地耕作经营。在这项政策下，地方政府辅导无力耕种的老农或无意耕作的农民，把原先自有土地长期出租给愿意扩大经营规模的农业经营者，包括专业农民、产销班、农会、合作社或农企业公司等大佃农，以鼓励年轻人加入农业耕作经营，提高农业经营效益。至此，租佃关系又呈现一种新的模式。

模式案例研讨 1–1

清朝苏州棉布整理加工业的商业模式

在清朝，棉布的整理加工是在作坊（称为踹坊）进行，在粗棉布上放置菱角样式的巨石，由工匠脚踏巨石，左右滚动，使布质紧密光滑，是高度劳力密集、劳动强度很大的工作。

作坊的业主称为“包头”，包头必须准备菱角样式的巨石、木滚工具、各式加工器具、房屋，召集工匠居住，也必须支垫工匠生活所需的柴米银钱；还需要向客店领取粗棉布、供工匠执行业务，每匹粗棉布工的加工，工钱一分一厘三毫，都归工匠所得。工匠的所得，需要逐月给包头三钱六分，以抵偿房租家伙之费。

在作坊内，包头是工匠的雇用者，但并不提供主要的物料投入，包头雇用工匠，却不支付工资。包头也垫支资本，但又向踹匠收取生产工具的租赁价。包头的身份，对工匠来说，像是“老板”，对供应粗棉布的布商来说，又像是中间人或包工头。

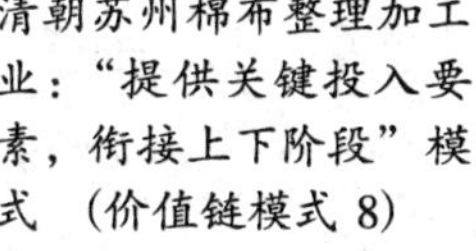
清朝苏州棉布整理加工业：“提供关键投入要素，衔接上下阶段”模式（价值链模式 8）

思考点：为什么粗棉布商不直接跟工匠接触？

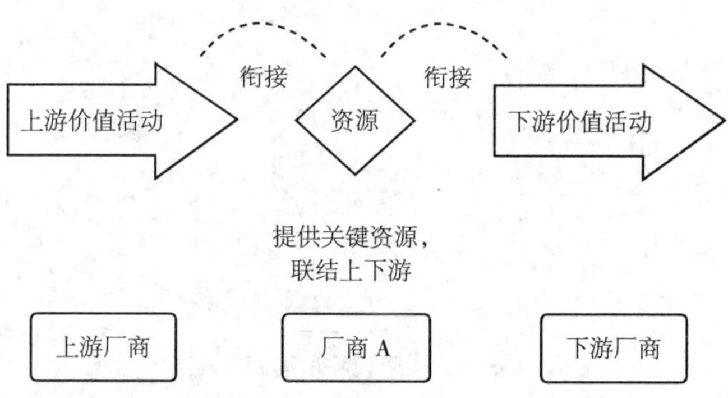

图 1-2　“提供关键投入要素，衔接上下阶段”模式

模式案例研讨 1-2

CD 可以这样卖？

美国新泽西州的史考地唱片行（Scotti's Record Shops）（http://scottisrecordshops.com）在 2005 年推动“现买、现烧、现换”（Buy It，Burn It，Return It.）的服务，鼓励顾客在店内购买全新或二手的 CD 之后，回家自行烧录喜欢的歌曲，然后在十天之内将光盘拿回店里，以相当于原价七折的信用点数进行退换，作为下次消费时扣抵之用。

史考地唱片行："快速转移所有权"模式（价值体系模式 11）

这项政策推出之后，消费者反应强烈，唱片销售额明显上升，显然老板和顾客都很高兴，只有代表主流唱片公司的美国录音工业协会（Recording Industry Association of America，RIAA）极为困扰。协会发言人珍妮·英格柏特森（Jenni Engebretsen）针对史考地唱片行的新促销方式，发表了措辞强硬的声明，警告史考地唱片行可能涉及侵犯版权以及违法出租影音出版品。

尽管史考地唱片行强调他们在推出这项服务之前，曾经与律师讨论过有关版权和租售的相关法规，但是仍然表示愿意和 RIAA 合作，并且在必要的时候修正这项服务的内容。英格柏特森随后又发表了一份措辞和缓的新声明，赞许史考地唱片行"从善如流"，也希望共同合作，开创新的商业模式。

思考点：史考地唱片行的商业模式的特色是什么？

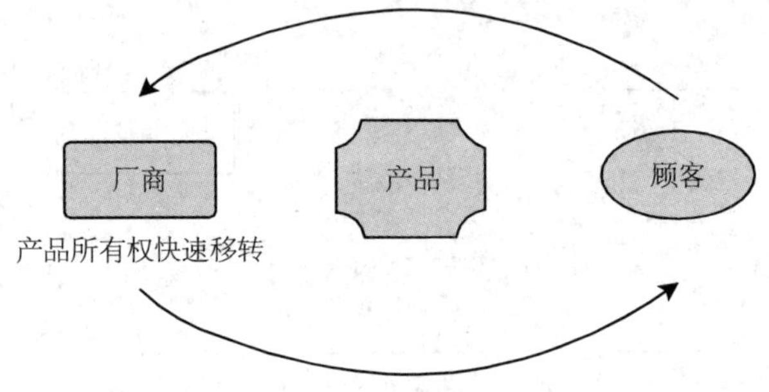

图 1-3 "快速转移所有权"模式

1.2 商业模式的定义及构成要素

1.2.1 商业模式的定义

在商业模式领域的发展过程中，包括电子商务、策略、行销、物流等众多领域的学者，都投入了对商业模式的探索，不同领域对商业模式的关注层面也有差异，因此关于商业模式的定义，看法也就显得相当分歧，表 1-1 列出一些代表性的定义。

面对这些分歧的定义，要做出唯一的商业模式定义，有相当的困难，也会过于武断。不过，尽管商业模式的定义分歧很大，仍可以从这些定义中，汲取出一项共同的核心项目，就是顾客价值。**商业模式所关心的议题，也围绕着“顾客价值”发展出以下三项问题：①企业的商业模式为顾客提供什么价值；②企业的商业模式设计，要如何提供这些价值；以及③企业的商业模式要如何让企业为顾客提供的价值，可以成为企业的营收。**这三项问题是每一个商业模式都必须处理的问题。

表 1–1　商业模式的定义

作者及年份	定　义
廷默（Timmers）（1998）	商业模式是一组产品、服务及资讯流的架构，此架构描述了牵涉在模式内的各类企业行动者及其角色、潜在获利以及收入来源
阿密特及佐特（Amit and Zott）（2001）	企业利用商业机会，设计一组交易，以创造价值。商业模式则是关于这组交易的具体内容、结构及统治的陈述。商业模式也是一组相互依赖的活动构成的系统
确斯伯若及罗森布龙（Chesbrough and Rosenbloom）（2002）	商业模式是将技术与经济价值的实现加以结合的一套逻辑
玛格丽塔（Magretta）（2002）	商业模式是解释企业如何营运的一套故事。好的商业模式必须能回答“谁是顾客”、“顾客价值是什么”、“如何为企业获取赢利”、“以适当成本传递价值给顾客的经济原则是什么”等问题
莫理斯等（Morris et al.）（2005）	商业模式是一组陈述，说明要如何制定与投资及产品架构相关的决策，以便于在特定市场上创造持久竞争优势。商业模式有六个基本要素：价值主张、顾客、内部流程/能耐、外部定位、创造经济利益的模式、人事/投资者布局
强森、克里斯廷森及克责曼（Johnson，Christensen and Kagermann）（2008）	商业模式包含四项必须一起考量以创造及传递价值的要素：顾客价值主张、创造利润的途径、关键资源及关键流程
凯撒迪修斯—马山尼尔及李卡特（Casadesus–Masanell and Ricart）（2010）	商业模式陈述足以支持一项顾客价值主张的有效性的逻辑及资料收入结构，以及传递这项价值所需的成本结构

资料来源：Zott，C.，Amit，R.，and Massa，L.（2011）.

模式案例研讨 1–3

中国台湾大车队如何为企业省钱

中国台湾大车队为企业会员推出的乘车服务“月结”方案，加入企业会员乘车服务的企业员工出差或是上下班，可以通过简便的签账手续，公务搭车完全不必支付现金。

中国台湾大车队："代管客户价值活动"模式（价值体系模式1）

中国台湾大车队每个月会提供e化电子对账单，清楚列出每笔车资明细，标明每个使用这项服务的员工编号、部门或项目代号以及上下车地点。对员工来说，免去了乘车出差要自行带钱，也省下出差必须保留乘车收据以及回公司报账的行政手续；对企业会员而言，这项服务能杜绝员工浮报出差车费，也减少了每次员工出差衍生的报账行政工作；对于台湾大车队来说，可以减少司机在街上寻客空走的时间。

思考点：这个模式对台湾大车队的经营者带来什么价值？

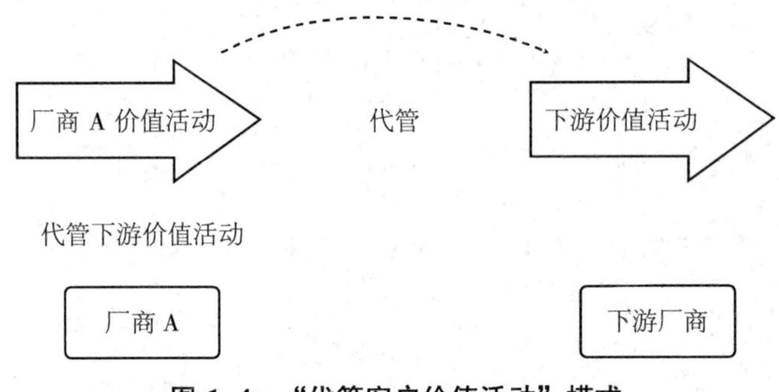

图1–4 "代管客户价值活动"模式

1.2.2 商业模式的构成要素

商业模式的分析，可以从商业模式的构成要素着手，表1–1列出商业模式的各项定义，可以从中析取出商业模式的一些关键要素，这些要素包括：①顾客价值，②商业机会，③关键资源、能耐及内部流程，④由活动构成的系统，⑤物流、金流、商流及信息流架构，⑥各式各样组织成员，⑦收入来源，⑧经济原则，以下分别说明。

1.2.2.1 顾客价值

顾客价值是指顾客可以从企业提供的产品服务中，获得哪些需求的满足，例如在模式案例研讨1–3中，企业会员从台湾大车队提供的服务中，可以满足"节省出差成本"及"简化行政业务"的需求。**这些企业所要满足的顾客价值以及满足的方式，就是商业模式的价值主张（Value Proposition）**。

1.2.2.2 商业机会

商业机会是指某个现有的或是有待未来创造的市场区隔，此一

区隔可以让企业设计出某个商业模式，从中获取收益，例如 85 度 C 的吴政学看到了两个商业机会：平价、中高级蛋糕的市场机会，以及将烘焙及咖啡两个产品加以组合的机会，并在这些商业机会上创造出有别于星巴克的新商业模式：在 85 度 C，烘焙占了营业额的一半；但在星巴克，烘焙营业额则不到其营业额的 20%。

1.2.2.3　关键资源、能耐及内部流程

资源是指企业所拥有的能为顾客创造价值的财务、实体、社会或人力资本，能耐是指一家企业整合及协调其资源，使这些资源具有生产力的技能，商业模式经常需要特殊的资源能耐作为支撑，例如联发科在 2007 年推出在当时能够大幅改变手机产业游戏规则的山寨机，关键在于联发科运用了独特的芯片整合能耐，使得手机组装业者不必再具备卓越的芯片整合能力，进而降低了手机组装的进入门槛，可以看出，联发科的芯片整合能力是其商业模式的主要支撑。

一家企业的能耐经常会表现在对内部流程的处理上，例如，物流宅配业如果要设计出在最短的时间内将货物送达的商业模式，需要内部信息处理活动、货物交换活动、货车运输活动、人员训练活动等各种活动有良好的协调，才能达成这项目标，这种协调能力，也就是企业能耐的展现。

1.2.2.4　由活动构成的系统

在设计一项商业模式时，企业必须同时构思要让此商业模式顺利运作，必须执行哪些活动，这些活动要能彼此协调、相互调整，构成一套完整的、能满足顾客价值、吸引顾客的营运系统。例如，在电动车电池电量尚不足以让电动车长途行进的情形下，希望推广电动车的企业，必须构思如何设计出一套活动系统，能够让电动车顺利充电，如在各地新设充电站或是设计出能够即充即用的太阳能充电系统或是其他能解决车主充电问题的活动系统，都有可能成为解决方案，企业必须做出明智的抉择。

1.2.2.5　物流、金流、商流及信息流架构

物流、金流、商流及信息流有时会成为商业模式的骨干，例如，以能够满足顾客快速起伏的时尚需求、快速推出多样化服饰的 ZARA，其超过一半的产品都由西班牙自家工厂，只有流行性较低的产品外包给他厂代工。ZARA 在西班牙设计、在西班牙生产、在西班牙配送，这种高度垂直整合，将设计、生产、上架周期压缩到短

短 15 天。以卖往英国的产品为例，工厂出货后 48 小时即可抵达伦敦各店铺，货既送达，当天即可上架销售，可以看出 ZARA 产品流设计的独到之处。另外，在信息流方面，ZARA 打造了传达畅通无阻的内部信息系统，卖场销售人员利用手边的行动装置将顾客意见直接传回在西班牙的公司总部，处在西班牙公司总部的 300 位设计师，能掌握欧陆、北美和其他市场的需求脉动，每年提出两万件新设计。从 ZARA 的例子，可以了解到物流及信息流对商业模式的重要性。

1.2.2.6 各式各样组织成员

一项商业模式的落实，经常需要企业以外的各式各样组织成员共同参与，才能完成。例如，发卡组织 VISA 及 MASTER 设计出的信用卡支付消费商业模式，需要各国的在地银行、各国的在地店家以及各式各样愿意发行联名卡的组织共同合作，才能建构出此模式。企业在设计商业模式时，必须了解到并不是所有的活动都需要亲自执行，某些活动交给其他组织成员来执行，将会更有助于落实商业模式。

1.2.2.7 收入来源

一项商业模式若是无法为企业创造营收，即使可以高度满足顾客价值，也是无法长久持续的商业模式。2000 年创立的网络《明日报》，定位在满足读者对实时新闻的需求，但由于一直无法创造足够的广告营收，遂成为烧钱行业。2000 年，《明日报》全年的广告收入约 6000 万元，难以支付每个月 3000 余万元的基本费用，亏损高达 3 亿元，只好在 2001 年 2 月 21 日宣布停刊。

关心商业模式营收的企业，在思考收入来源时，经常需要以创新的方式检视可能的收入来源，例如，打印机制造厂商会降低打印机价格，转而从墨粉盒获利；刮胡刀制造商会降低刀柄售价，转而从刀刃的销售获利，在当时都是相当创新的想法。

1.2.2.8 经济原则

在设计商业模式时，前 7 项要素牵涉到具体操作的切入点，可说是商业模式的实质要素，但这些实质要素的选择以及组合运作，需要以特定理念作为指导原则，**经济原则是指串起整个商业模式的前述 7 项要素的理念**。例如，在麦当劳的连锁快餐商业模式中，其核心的经济原则，即为“标准化”，在“标准化”理念的指导下，员工的各项作业都有标准作业程序可循，选择供货商也是以“能否提供品质一致的食材”作为准则，顾客愿意到麦当劳消费，也是因为它能提供品质一致、服务迅速的“标准化”餐饮。

经济原则有时与价值主张相当接近，很容易就可以让顾客明确感受到，如同前述麦当劳的例子一样；但某些经济原则并不是顾客可以轻易察觉到的，这时经济原则就与价值主张有差异。例如，在 VISA 及 MASTER 的信用卡支付消费商业模式中，顾客感受到的是方便、安全的支付消费，但是支撑起整个商业模式的经济原则，却是“网络外部性”此一概念。简言之，经济原则可以说是商业模式的核心精神，**设计商业模式时，需要明确掌握商业模式的经济原则，否则便有可能偏离商业模式原先的设计及精神，出现定位不清或是营运成本大幅提高的情形。**

1.3 商业模式、经营策略与竞争优势的关系[①]

商业模式所陈述的内容，包括了顾客价值主张、如何为顾客创造价值，以及传递价值给顾客时牵涉到的成本结构及营收。好的商业模式，可以为顾客提供价值，也可以为参与模式的企业提供可观的利润，但是这并不足以保证企业可以获得长期的竞争优势，许多成功的商业模式要素在一段时间之后，往往易于被同业观察到，也就容易被模仿。例如，清心福全泡沫红茶的连锁经营模式，在取得初步的成功后，很快就被其他业者起而效仿，造成激烈的竞争；星巴克咖啡在台湾地区市场崛起后，也面临 IS Coffee 、西雅图咖啡等模式相近的竞争者，因此，设计出良好的商业模式，并不代表就可以在长期获得竞争优势。

商业模式若要免予被模仿，维持竞争优势，必须与经营策略的制订相结合，将经营策略分析与商业模式设计结合，需要进行市场区隔，为每个区隔确认合适的价值主张，以合适的方式传递价值，接着建构各种机制，以免竞争者的模仿破坏商业模式及经营策略所创造的价值。例如，“复印机代理商为企业客户提供复印机租赁服

① 本段落参考 Teece（2010）及台湾地区案例写成。

务”这项商业模式，是卖复印机给企业客户的替代模式，但是作为竞争对手的其他复印机代理商，却可以快速复制这一商业模式，企业客户也可以绕过复印机代理商，直接与复印机制造商洽谈租赁业务，因此，复印机代理商必须构思一套经营策略，避免竞争者及顾客的作为减损自家商业模式创造的价值。

当产业竞争相当激烈时，商业模式分析对企业有相当重要的含义，通过商业模式的创新，企业有机会摆脱激烈的竞争，找到独特的利基，创造高于同业的绩效。例如，出租车是竞争相当激烈的产业，但是一些个人出租车司机，会将自己定位为旅游业的一分子，提供在地导游及包车旅游的服务，获得较高的报酬；出租车行也可以如模式案例研讨 1–3 的中国台湾大车队一般运作，为企业会员提供服务，避开一般出租车的激烈竞争。

1.4 商业模式的创新

企业如果希望从高度同质的竞争中跳脱出来，必须进行创新，让企业的产品服务能够摆脱激烈的竞争，取得独特的地位。商业模式创新，对于企业创造产品服务的独特地位，扮演相当重要的角色，特别是对缺乏稀有科技的中小型企业而言，商业模式创新更是取得独特市场地位的有效方式。

例如，在补教产业的 MPM 数学，将数学教材及数学教法加以标准化，以加盟的方式扩张，不断对教材进行研究发展，定期举办教师研习，提升教师素质及教材品质；在餐饮产业的王品牛排，以标准化的营运及服务流程，以相对低于高级餐馆的价格，提供原本在高级餐馆属于较高价位的类似的牛排餐饮；在医疗产业的国维牙医，则是通过设立牙医的进修教育中心，为加盟的牙医诊所准备高级的诊断设备，要求加盟的牙医参加读书会，分享知识，不断提升诊断品质，创造相当好的绩效。这三家处在不同产业的企业，所采用的创新的商业模式，却拥有相同的关键要素，就是连锁经营。

从这三个例子，可以得到以下两点启发。**第一，不同产业中的企业，可以采用相同的商业模式。第二，援引自其他产业的商业模式，对企业自身原有产业而言，可能会成为一种创新。**这两点启发对陷入激烈竞争的产业特别具有意义，在一些产业中，经常可以看到不同企业彼此之间相互模仿，采用大同小异的竞争策略，设法满足同一群顾客的同样的需求，从顾客的角度来看，由于产业内大部分企业的产品服务都是类似的，价格竞争也就成为企业主要的竞争手段，最后整个产业陷入了高度同构型竞争、利润微薄的状态。在这种产业中，商业模式的创新就更显重要。

商业模式的创新，在构思上可以超越既有产业，但在实践中又必须从既有产业内着手。

1.4.1　超越既有产业的构思

商业模式在构思上可以超越既有产业，是指**新商业模式的构思可以来自其他产业，同样的商业模式也往往可以运用于各式各样的产业**。例如，标准化模式可以运用于制造业及餐饮业，运用使用者社群的模式可以运用在软件开发业、汽机车业（哈雷机车）、书籍出版业。因此，**要从事商业模式创新，必须将触角延伸至所在产业之外，深入观察其他产业的商业模式，掌握这些商业模式的经济原则，**在本书的第 8 章及第 9 章，将介绍跨产业的各种商业模式的经济原则。

1.4.2　在既有产业内的实践

商业模式创新的实践，必须从产业内的现有商业模式的要素开始着手修正。例如，市面上原本有许多非连锁经营、诉求独特风味的泰国料理餐厅，一家企业若是希望跳脱现有的商业模式，以连锁化、标准化的方式经营泰国料理餐厅，那么在 1.2.2 节中所列出的顾客价值、商业机会、关键资源、能耐及内部流程、由活动构成的系统、产品服务流、金流、商流及信息流架构、各式各样组织成员、收入来源等要素中的其中几项就必须进行修正，如在活动系统要素上，烹调活动、食材采购、供应及准备活动，都需要重新设计修正，不能沿用与非连锁经营相同的活动设计。

商业模式演练 1-1

请上瓦城泰国料理网站（http：//www.thaitown.com.tw/index.php），观察其分店位置的选择，思考其如何及为何做出这样的选择。

1.5 本书架构

本书共分 14 章，除了第 1 章商业模式概论及第 2 章商业模式的环境分析外，其余 12 章分为三部分：第一部分包含第 3 章至第 7 章，说明商业模式的实质要素；第二部分包含第 8 章及第 9 章，说明贯穿整个商业模式实质要素的经济原则；第三部分包含第 10 章至第 14 章，说明商业模式的创新实践。以下分别说明。

第 2 章　商业模式的环境分析

企业建构商业模式时，需要先检视所在的环境是否有利于商业模式的运行，本章说明与商业模式有关的环境，从最广域的一般环境、产业环境，到最贴近企业的价值网环境，分别说明这些环境对商业模式分析的含义。

第 3 章　价值链与能耐资产

在建构及落实商业模式时，企业内部必须选择适当的价值活动（Value Activity）组合，构成一组价值链（Value Chain），并且以合适的能耐资产执行这些价值活动。能耐资产以及价值链，可以说是企业建构及落实商业模式的内部基础，若是缺乏必要的资源能耐，商业模式很可能会成为无法执行的计划。例如，希望以大规模连锁经营方式销售汉堡的企业，内部需要标准化的作业程序，以及严密监控成本的组织能耐；但若是要提供一份约 2000 元的汉堡，所需要的能耐则是食材挑选以及细心烹烤，第 3 章将说明能耐资产以及价值链安排对商业模式的影响。

第 4 章　顾客价值与产品定位

顾客直接为企业提供营收，是企业相当重要的外部环境。能够有效满足顾客价值（Sustomer Value），是建构有效商业模式的必要条件，而产品则是满足顾客价值的载具，因此，在商业模式中，产品定位（Product Positioning）与顾客价值是联结企业与顾客的关键要素，企业必须时刻检视目前商业模式所设定的顾客价值，是否可以被目前的产品定位所满足？顾客需求是否已经改变，使得企业需要调整所设定的顾客价值？

以美国的加油站产业而言，大约每隔 10 年，加油站就会重新定义其所提供的主要顾客价值，以满足不同时代的不同顾客需求。在 20 世纪 60 年代，全套服务是加油站的主要服务，由工人帮忙加油、擦车窗及检查机油，加油站供应的是高性能汽油，以满足马力强大、速度飞快的汽车。到了 20 世纪 70 年代，能源危机发生、居民的生活形态更为忙碌，许多加油站变成自助式，让车主自行选择加无铅汽油或柴油，同时加油站的数目大增，以避免车主在行驶途中无油可加。

到了 20 世纪 80 年代，加油站是以自动化洗车服务以及便利商店吸引顾客，以便于让长时工作的通勤族可以在同一个地方快速完成购物需求。到了 20 世纪 90 年代，为满足单身女性车主的安全需求，加油站提供更快速的付款方式（如快速信道及信用卡付款），同时加强夜间照明及设置保全摄影机。到了 21 世纪，加油站开始提供更多元的商品及服务，包括与生产甜甜圈的厂商及连锁咖啡店合作，提供较为精致的餐饮①，本章将说明商业模式中的产品定位及顾客价值。

第 5 章　价值体系及物流、金流、商流、资讯流

企业的商业模式经常需要依靠上游供货商，甚至于下游顾客的配合，才能为顾客创造价值，因此，企业的价值链需要与上下游厂商及顾客的价值链进行联结，结合成价值体系（Value Sys- tem），才能顺利执行商业模式；因而商业模式的分析范围，必须扩大至价值体系。在价值体系内，上下游厂商及顾客之间存在着金流、商流、信息流以及物流的安排的议题，在这四流上的合宜安排，可以让上下游厂商及顾客之间出现良好的互动，以实践商业模式。本章将说明价值体系中的金流、商流、信息流以及物流如何影响商

① 本段资料引用自 D'Aveni，R. A.（2010）。

业模式的设计。

第 6 章　商业模式中的网络布局：产制、营销、使用者网络

商业模式的设计，牵涉的范围有时会扩大到需要重新建置一组新网络，就商业模式的分析，有三种重要的网络：产制网络、营销网络及使用者网络。产制网络是指在提供一项定位清晰的完整产品服务时，需要有哪些种类的业者共同参与，例如，要提供实时监测的居家照护模式，需要医院、诊所、医疗器材厂商、居家服务机构等业者，形成紧密互动的产制网络，共同提供完整的居家照护服务；营销网络是指企业产制出产品之后，是通过哪些方式让使用者接触到产品或是用何种方式将产品传递至使用者手上，企业可以使用网络销售、实体销售或是直销体系，来建构营销网络；使用者网络是指由顾客所组成的使用者社群，在使用者社群中，使用者可以相互交换产品使用心得、建立认同感或是对企业提出产品修正建议，例如，哈雷机车的车主俱乐部是全球规模最大、由制造商支持的机车车主俱乐部，现在的会员人数已超过百万。车主俱乐部极力宣扬哈雷机车所标榜的冒险生活方式形象，让哈雷得以卖出一系列品牌专卖服饰与收藏品，即使买不起哈雷机车的人，也可以购买哈雷的服饰及饰品，表达对哈雷的生活风格的认同。

本章将说明网络布局在商业模式中的重要性，企业可以如何设计产制网络、营销网络及使用者网络，建构商业模式。

第 7 章　商业模式的营收结构与成本结构

传统上，企业获取营收，是将产品售出给顾客，单纯收取一次性的收入，例如，消费者到超市购买矿泉水，是一次将款项全部付清，取得产品的所有权。但是这种单纯的“一次付清、银货两讫”交易方式，对于企业及消费者未必都是最佳选择，企业若是能设计出特殊的收费方式或是将产品加以拆解各自销售的商业模式，反而可以获取更多的总营收，也让消费者有更多元的付费方式组合。例如，一般熟知的刮胡刀柄及刮胡刀片模式，企业将刮胡刀这项产品拆解成刮胡刀柄及刮胡刀片两部分，先免费送刮胡刀柄，再出售刮胡刀片，通过这种方式，吸引消费者。

在营收设计的另一面，是商业模式的成本结构，一些商业模式的设计是从成本面出发，设法降低产制、营销以及顾客的使用成本，例如，宜家家具（IKEA）会将产品设计成使用最少螺丝钉的状态，降低材料成本，同时将产品组件包装成方便运送的状态，降低运输成本，并且让使用者便于携运组合。

第 8 章及第 9 章　创造利润的经济原则

企业在建构商业模式时，需要对第 3 章至第 7 章提到的商业模式实质要素进行布局，布局的核心理念则是贯穿整个商业模式的经济原则，这些经济原则扮演驱动整个商业模式运行的角色，是商业模式构思发想的关键，也是让商业模式得以创造利润的基础。这些经济原则将分两章说明。

第 10 章　商业模式的变迁

在一个产业中，通常不会只存在一种商业模式，不同的商业模式会相互竞争，例如，在外食市场中，小吃店必须与便利商店提供的外食竞争；在补教市场中，传统大班教学方式的补习班，必须与新兴起的诉求一对一教学的补习班模式竞争。一项商业模式创造利润的能力，会因为替代模式的出现而有所消长，当这项商业模式无法再创造利润时，就会被市场淘汰，也就构成商业模式的迁移，企业需要不断检视环境中是否出现新的商业模式，足以威胁现行商业模式的获利能力，企业是否因而需要调整商业模式，是第 10 章的说明重点。

第 11 章　价值链调整驱动的商业模式创新

创新商业模式的驱动，经常是由同业或异业的既有商业模式进行调整而来，具体的调整操作方式，可以从构成商业模式的各种实质要素切入。本章重点是由价值链调整所驱动的商业模式创新，这是指企业经由改变内部价值活动及流程的种类或执行方式，而推出创新的商业模式。例如，土鸡全鸡的销售竞争相当激烈，全年毛利率平均只有 5%，但是分切鸡肉的门槛稍高，毛利可以超过一成，凯馨实业是国内第一家有色鸡（土鸡、乌骨鸡、放山鸡）电宰的专业生产工厂，其鸡肉分切盘打进爱买、大润发与全联等各大超市量贩店以及鼎泰丰、长荣、华航。在成为专业电宰工厂的过程中，凯馨大幅调整价值链，将传统鸡只屠宰场，朝向 CAS（优良农产品证明标章）、HACCP（食品安全管制系统）、ISO 22000 等高规格食品安全转型，并且导入丰田式生产系统（TPS）的“来料生产”模式，借着掌握每笔订单的料源，控管品质。从过去领半天的料（土鸡全鸡），缩短到两小时、一小时，再进展到每半小时领一次，分切包装时便可降低肉品严重回温的报废比例，且营业端又可随时掌握订单进度。第 11 章说明如何从价值链调整驱动商业模式创新。

第 12 章　顾客价值及产品定位调整驱动的商业模式创新

企业重新塑造顾客价值或是寻找新的产品定位时，经常需要重新规划价值链，新的商业模式就顺势驱动，例如，单纯生产及销售单车的企业，原先提供给顾客的价值只有高品质的单车，如果这家企业希望引入单车生活概念，带给顾客健康生活的价值，就需要重新设计商业模式。本章将说明从顾客价值及产品定位的调整，驱动商业模式创新的途径。

第 13 章　价值体系四流调整驱动的商业模式创新

企业可以通过调整与上下游间的金流、商流、信息流及物流，以驱动新的商业模式。以优比速公司（UPS）为例，原本是快递服务（物流）的提供者，以物流为基础，进入金融服务业并成立优比速资本公司（UPS Capital），推出融资服务（金流）。优比速所推出的“财务规划”服务，让高科技电子业者可在出货装柜的同时，以出口提单向优比速公司拿货款（利息则视业务量而定）。由于优比速服务遍及全球，对买卖双方的营运情况皆很熟悉，对往来企业的商业信用查询能力，更胜一般银行，更何况货品在优比速公司手中，风险也大幅降低，第 13 章将说明价值体系及四流调整如何驱动商业模式创新。

第 14 章　网络布局调整驱动的商业模式创新

新商业模式的驱动，也可以经由调整产制网络、营销网络及使用者网络来达成，不同的网络成员以及网络关系，可以建构出不同的商业模式。例如，便利商店业者，通过不断调整产制网络的成员，而能够持续建构新的商业模式，让便利商店从杂货店的替代品、便于实时购物的店家，到成为生活平台，模式不断翻新。本章将说明网络重组如何驱动商业模式创新。

本章提及模式的相关网站

1. Master 组织，http：//www.mastercard.com/tw/gateway.html；http：//www.masters.com/index.html。

2. MPM 数学，http：//www.mpmmath.com.tw/indexx.htm。

3. VISA 组织，http：//www.visa-asia.com/ap/tw/index.shtml；http：//

www.visa.com/globalgateway/gg_selectcountry_ng.jsp。

4. ZARA，http：//www.zara.com/。

5. 王品牛排，http：//www.wangsteak.com.tw/。

6. 中国台湾大车队，http：//www.taiwantaxi.com.tw/taiwantaxi/busines.asp。

7. 国维牙医，http：//www.drwells.com.tw/。

8. 凯馨实业，http：//tw.gugugoo.com/index.html。

本章参考文献

[1] Amit R. and Zott, C.. Value Creation in E-business[J]. Strategic Management Journal, 2001, 22: 493-520.

[2] Casadesus-Masanell R. and Ricart J. E.. From Strategy to Business Models and to Tactics [J]. Long Range Planning, 2010, 43: 195-215.

[3] Chesbrough H. W. and Rosenbloom, R. S.. The Role of the Business model in Capturing Value from Innovation: Evidence from Xerox Corporation's Technology Spinoff Companies. Industrial and Corporate Change, 2002, 11: 533-534.

[4] D'Aveni R. A.. Beating the Commodity Trap: How to Maximize Your Competitive Position and Increase Your Pricing Power [M]. MA: Harvard Business Press, 2010.

[5] Drucker P.. Managing in a Time of Great Change [M]. NY: Perseus Distribution, 1995.

[6] Johnson M. W., Christensen C. C. and Kagermann H.. Reinventing Your Business Model [J]. Harvard Business Review, 2008, 86 (12): 50-59.

[7] Magretta J.. Why Business Models Matter [J]. Harvard Business Review, 2002, 80 (5): 86-92.

[8] Morris M., Schindehutte M., and Allen J.. The Entrepreneur's business model: Toward a Unified Perspective [J]. Journal of Business Research, 2005, 58: 726-35.

[9] Pohle G. and Chapman M.. Ibm's Global ceo report 2006: Business Model Innovation Matters [J]. Strategy & Leadership, 2006, 34

(5), 34.

[10] Konczal E. F.. Models are for Managers, not Mathemati－cians [J]. Journal of Systems Management, 1975, 26 (1): 12-14.

[11] Timmers P.. Business Models for Electronic Markets [J]. Electronic Markets, 1998, 8 (2): 3-8.

[12] Zott C., Amit R., and Massa, L.. The Business Model: Recent Developments and Future Research [J]. Journal of Management, 2011, 37 (4): 1019-1042.

第 2 章　商业模式的环境分析

一项商业模式，是在特定的商业环境中落实执行，让商业模式发挥效用，为顾客创造价值，为企业带来利润，必须对商业环境有正确的理解。与商业模式相关的环境，较为广域的环境是一般环境（General Environment），然后是产业环境，与商业模式最为贴近的环境则是企业的价值网（Value Net）。

2.1 一般环境

一般环境可以分为经济环境、法律政治环境、社会文化环境、人口环境以及技术环境五项说明。

2.1.1 经济环境

经济环境几乎对所有的企业都会造成影响。从广义来说，经济环境包括实体及自然资源的数量以及各种财物、货币及服务市场的总和；从狭义上来说，经济是反映在产业产出、消费、收入、储蓄、投资、资本及劳工供给的数量及形态上[①]。

经济环境中的重要经济指针，有以下七个需要检视的主要范畴及细项：

（1）国家收入及产出：国民生产总值（Gross National Product，GNP）、国内生产总值（Gross Domestic Product，GDP）、个人所得（Personal Income）、个人可支配所得（Disposable Personal Income）、个人消费支出（Personal Consumption Expenditure）。

（2）储蓄：利率（Interest）、个人储蓄（Personal Savings）及商业储蓄（Business Savings）。

（3）投资：产业投资支出（Investment Expenditure）、新设备订单（New Equipment Investment）、存货投资（Inventory Investment）、新屋开工（Housing Starts）。

（4）价格、工资及生产力：通货膨胀（Inflation Rate）、消费者物价指数（Consumer Price Index）、生产者物价指数（pro- Ducer Price Index）、原物料价格（Raw Material Price Index）、平均时薪

① Fahey and Narayanan（1986）.

(Average Hourly Earnings)、劳动生产力 (Output Per Hour)。

(5) 劳动力及就业：依年龄阶层及性别的雇用人数、失业率(Unemployment Rate)。

(6) 政府部门相关活动：各级政府预算赤字 (Budget Deficit)、各级政府支出 (Government Expenditure)、政府采购 (Government Purchase)、国防支出 (Defense Expendi- ture)、货币供给 (Money Supply)。

(7) 国际经济活动：汇率 (Currency Exchange Rate)、进出口(Import and Export)、贸易平衡 (Balance of Trade)、国外投资(Investment Abroad)。

以上指标会反映出一个国家的商业环境对企业经营的友善程度，当个人所得较高时，意味着国民的消费能力较强。利率水准会影响企业取得资金的成本，低利率经常会被政府作为刺激景气的财政政策。通货膨胀率则与国民所得水准有类似的效果。汇率则会影响到企业进出口时的成本及收益。例如，台币曾经从1美元兑换40元台币升值到兑换26美元，在升值的同时，许多出口导向的企业均面临相当大的汇兑损失，在高失业率的国家中，意味着可以轻易取得较廉价的劳力供给，但国民的消费能力也相对较低。工资及价格控制会构成对企业经营的限制，例如，最低工资的规定，就会降低低成本策略的可行性。能源供应充裕程度会影响企业营运的成本，特别是一些高耗能产业。

模式案例研讨 2-1

想象10美元手机

与美国加州大学系统有密切合作关系的社会公益资讯研究中心 (The Center for Information Technology Research in the Interest of Society, CITRIS)，曾经为低度开发国家构思十美元手机，10美元手机打破了手机必须提供实时通话功能的迷思。社会公益资讯研究中心认为要降低手机成本，手机基站的成本也要降低，因此，使用无线网络技术开发比较便宜的无线网络基站，一个基站可以涵盖半径200公里的区域，新的手机是以语音留

10美元手机："去除冗件，瞄准底层"模式(产制网络模式14)

言作为主要沟通方式，手机只要能够每5~10分钟接收一次别人的留言，让对方听到留言后回话到自己的语音信箱，就能像寄语音的电子邮件一样，互相沟通，手机不用随时待机。

首先，超低价手机要能提供简单的语音辨识服务，“听懂”简单的单字和数字，这么做不但可以省下按键的钱，可以缩小或不需要手机屏幕。对充斥文盲的未开发国家，口语沟通反而是比键盘更有效率的操作接口。

其次，通过简单的语音辨识，也可提供各式各样的服务。例如，变成声控的语言学习机，或者帮村民计算借贷，也可协助当地医护人员储存病历。或者，更复杂一点，可以和网络结合，提供部分网络服务。“如果有了手机，农夫就能知道城市的蔬菜行情，不会再被中间商剥削。”

最后，手机零件可以设计成模块化，让装配工作变得更单纯，要是坏掉，使用者可以很容易自己更换模块零件。

思考点：想象中的10美元手机，会有企业愿意制造吗？

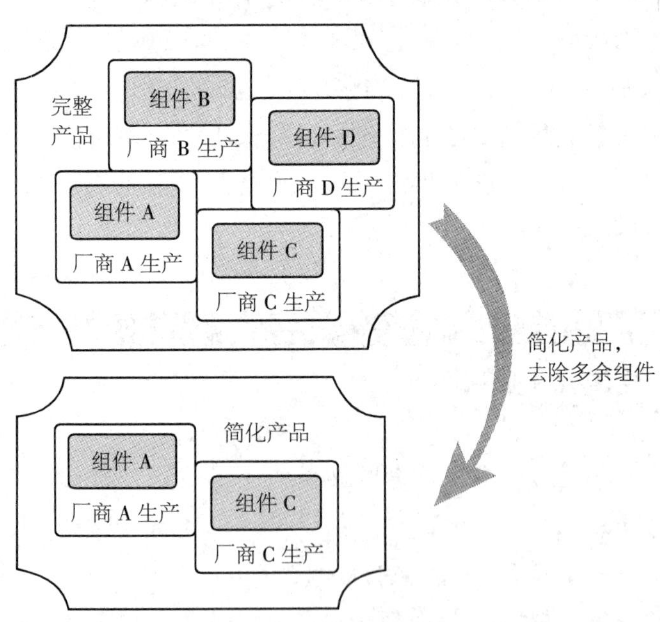

图 2–1 “去除冗件，瞄准底层”模式

2.1.2 法律政治环境

企业的营运无可避免会受到所在国家及地区的法律及政治力量

的影响，例如，健康食品法的通过，就规范了许多食品的效果标示必须更严谨；在20世纪50~60年代，台湾地区纺织业输往美国有所谓的配额制度，而配额的决定及分配，政治因素就有相当程度的影响。

在法律政治环境中，利益团体（Interest Group）在政策及法律的制定上，经常会扮演相当关键的角色，利益团体通常是以维护某种价值或社会中某一群人的利益为宗旨，例如，台湾当局消费者文教基金会在维护消费者权益，推动“消费者保护法”的制定上，都扮演重要的角色。环保团体则会坚持维护永续环境的价值，要求政府制订更严格的环保标准。

一些法律可能会对特定产业造成鼓励或抑制的效果。例如，台湾当局的“促进产业升级条例”就给了许多产业租税减免的优惠，以鼓励这些产业的发展；但促进产业升级条例中的租税优惠仅至2009年底，故当时政府续推“产业创新条例”作为接续政策。又如，烟害防治法的通过对于烟草产业有抑制的效果，原先烟草协会希望这套法令称为烟品管理法，而不是具负面意义的烟害防制法，同时烟害防制法也规范了烟品广告的文字及销售对象，对于烟品的销售产生抑制效果。

中国台湾地区在20世纪60~90年代，有许多产业都是处在受到法令管制的状态，如银行业、证券业、有线电视产业、高等教育产业、报业、电信事业、发电业、油业，这些产业到20世纪80年代末期开始，就纷纷自由化，也为产业释放出了许多商机。

许多商业模式的出现，是源于特殊的法令规定，模式案例研讨2–2说明北京市计程车椅套规定带来的商机。

模式案例研讨 2–2

北京市的出租车椅套规定

在北京大约有近7万辆出租车，北京市规定出租车椅套如果不干净，不得载客，甚至可能被罚款，这项规定创造了一项商机。出租车载客，若是遇到雨天或是客人将椅套弄脏，就需要立刻更换椅套，但是出租车司机不可能立刻放下载客工

鑫天天汽车保洁服务公司：“截取活动，扩大客源”模式（价值链模式1）

作，回家洗椅套，因此就出现了为出租车司机更换椅套的商业模式。

鑫天天汽车保洁服务公司就是专门为出租车司机提供随时清洗和更换座套服务的公司，在北京有近 20 个更换点，一个月收费 35 元，一次交一年则以 360 元计。到 2011 年，北京已经有 70% 的出租车在使用这个服务了。

思考点：如果未来北京市出租车椅套必须维持整洁的规定取消了，这家汽车保洁公司现在要如何做，才能维持营收？

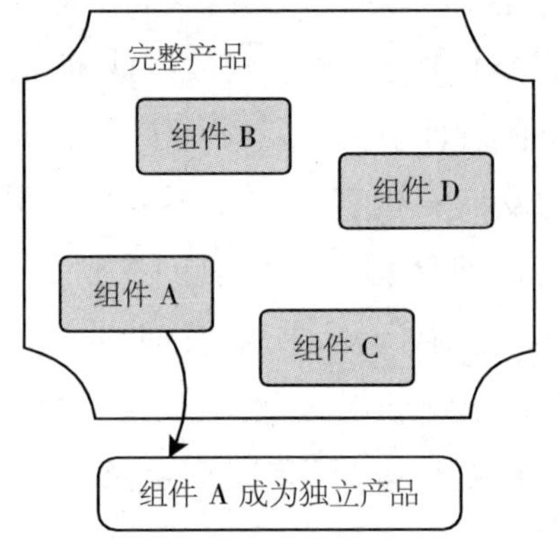

图 2-2 “截取活动，扩大客源”模式

2.1.3 社会文化环境

企业经营所在地理区域的居民态度、价值、规范、信仰及行为，会对企业经营造成重大的影响。具体而言，企业必须关注的项目包括生活形态的改变、人民对生涯的期待、消费者关心自身权益的程度以及家庭单位的形成速度四项是直接牵动企业经营的项目①。

生活形态的主要项目包括工作、教育、消费、休闲等形态，古代的“日出而作、日落而息”，和现代都市的全天 24 小时都可以消费休闲，就是两种截然不同的生活形态。

关于人民对职业生涯的期待，人们期待的可以是满足温饱生活所需、在组织中升迁、拥有自己的事业或是从工作中找寻自我意义及满足，这些项目会各自联系不同的工作形态。如果期待的项目仅

① Hofer & Schendel（1978）.

是满足温饱生活所需，那么收入就是投入工作的关键。如果越来越多的人都不再将自己的职业生涯寄托在企业组织，而是期待自行创业、追求属于自己的事业，那么升迁对员工的意义就会降低。在 2000 年之后，有些人放弃了高技术产业的高薪工作，选择到乡村、台湾东部追寻自己想要的生活，也是一种社会文化的展现。

在消费者非常重视本身权益的国家中，企业必须对产品品质、广告真实度及对消费者的反应速度更为重视，例如，消费者如果在购买后特定天数内，有退货的权利，那么企业就必须提高产品的品质，让消费者在试用后仍旧觉得满意，而不能认为产品销售出去之后便完成交易了。

如果家庭单位的形成速度加快，会对包括房地产业、家具业、家电产业在内的许多产业带来商机。家庭形成是指社会中有多少人处在未婚、已婚、离婚的状态，这三种状态会带来各自不同的商业机会，例如，晚婚人数增加，会为酒店式管理的单身套房带来商机。

2.1.4　人口环境

总体环境中的人口因素，是指人口结构的特征，例如，男女比例、老年人口所占比例等项目。这项因素对企业有两项含义：第一项含义是它代表某个区隔的消费市场的浮现或消失，例如，老年人口比例提高意味着医疗市场、家庭照护、代步车等市场的出现；第二项含义是代表劳动人口组成的改变，例如，女性投入工作的比例提高，意味着企业如果可以提供托育婴的服务，将有助于提高女性员工的满意度。具体而言，在人口环境中必须注意的项目包括人口增长率、人口的年龄分布、人口在不同地区间的迁移、预期寿命以及出生率[①]，这些项目会牵动市场区隔及结构的改变，例如，台北市经历了青少年消费市场从西门町移转一部分到东区的时期，台中市也经历过市场从东区旧市区移转到接近中山高速公路的新光三越及老虎城的时期。另外，在北宜高速公路开通之后，也出现一批在台北工作的人在宜兰置产，而影响宜兰当地的经济发展。

---

① Hofer & Schendel（1978）.

2.1.5 技术环境

技术是指投入要素转换成最终产出时所使用的知识，技术的改变对企业会造成以下几种主要的影响。首先，技术的改变会带来新的替代品，如电子邮件的出现就相当于传统邮政服务的替代品；其次，技术的改变可能创造出新的商业模式，如网络技术的出现，使得线上购书或是线上购买旅游产品成为重要的商业模式；最后，技术的变动可能改变特定产品的生产方式以及功能，如电视机从早年的真空管、演进到晶体管，在到现在的电浆电视或液晶电视。

技术环境对于商业模式的设计有相当大的影响，技术会影响活动执行的可行性进而影响商业模式的设计，模式案例研讨 2–3 说明了在 2004 年中国大陆还缺乏高效率物流的情形下，如何进行物流配送。

模式案例研讨 2–3

当当网的脚踏车物流①

当当网："建构轻资产，人力代重机"模式（资源模式 12）

北京的当当网建立了一套有中国特色的电子商务营运模式，当北京的买家在计算机上送出订单后，24 小时内，一台脚踏车会穿街过巷，找到买家，把产品送上门。买家如果不满意，可以退回产品，不必付钱。确定满意，再把货款交给快递员，即可完成交易，当当网只收 5 元物流费。

跨出北京，以西安为例，一般邮件从北京到西安需要半个月，当当网可以在 5 天内就把货品送到，物流费同样只收人民币 5 元。

在美国，信用卡相当风行，可以网络交易处理"金流"。在中国大陆，大部分消费者用的是转账卡，直接从账户扣款，若是用转账卡上网购物，需要将个人密码告知网站，才能完成交易，大幅降低消费者使用意愿。而当时中国大陆跨区转账手续费相当高，有时甚至需要上百元。

欧美先进市场，有高效率的物流系统，配送不是问题，但

① 故事来源：《商业周刊》第 971 期。

在中国，这种条件并不存在。为了解决金流及物流，当当网利用外包的脚踏车队，“一手交钱、一手交货”，建立货到付款系统。在同一个城市，与数家脚踏车快递公司合作，要求快递公司先缴交押金，每个快递员再交押金给快递公司，快递员便可执行货到收款的动作。在北京，当当网以这种方式做到 4 小时送货到府。同时再结合地铁，发展出急件快递物流体系，快递公司拿到急件，脚踏车快递员负责送到地铁站，地铁站会有人在收票口把商品交给坐地铁送货的伙伴，这个人都不出站，坐着地铁在各站接货送货，交给另一个脚踏车快递员，送到消费者手中。

如果要跨城市运送，当当网选在交通便利的北京、上海、广东建立发货总仓，利用航空公司大肆扩张的空余廉价货舱，以飞机或铁路把商品传到各大城。当当网不必投资车队，同时解决了金流和物流的问题。

思考点：请归纳当当网可以克服“信用卡不普遍”和“缺乏高效率物流”的做法为何？这些做法能搬到中国台湾地区吗？

2.2 产业环境

虽然一项商业模式可以在不同产业间引进及输出，但是商业模式的具体实践，仍旧是在特定产业中执行，企业在设计商业模式时，若能掌握所在产业的关键特质，将有助于企业设计出合适的商业模式，例如，当同业普遍都提供高单价的产品时，企业若能提供平价又能维持中高产品品质的商业模式，可能就有机会获取好的绩效。因此，了解产业环境，乃是设计商业模式的前置工作。

在产业环境中，有两项主要的分析架构，分别是五力分析以及市场区隔，以下依序说明。

2.2.1 五力分析

在设计商业模式时，需要对所在产业的竞争状态及可能的利润空间做初步的研判，波特（Porter）发展出的五力分析架构，便是用于判断产业的长期获利空间及竞争程度，五力分析架构认为**有五种结构力量，会影响到产业长期获利空间及竞争程度，这五种力量分别是潜在进入者的威胁、替代品威胁、买方议价力、供货商议价力以及业内竞争**。这五种力量的强弱会受到一些因素的影响，以下分别简要说明。[①]

2.2.1.1 潜在进入者的威胁

潜在进入者是指目前不在产业内，但却可以在一段期间内就进入产业的业者。潜在进入者威胁越大，产业的长期利润空间越会被压缩。除了法令特许的产业之外，在大部分的产业中，企业都会面对潜在进入者，即使潜在进入者未必真正采取进入产业的行动，都会对产业内现有业者的利润造成影响。

进入障碍（Entry Barrier）会影响潜在进入者威胁的强度，而常见的会影响进入障碍的因素则包括：

电信业者："高周转大规模，降低成本获取利润"模式（营收成本模式 17）

（1）规模经济（Economies of Scale）：规模经济是指企业生产特定某项产品的单位平均成本，随着这项产品产出规模的增加而降低的情形。可以产生规模经济的规模点称为最小经济规模（Minimum Efficient Scale，MES），例如，根据和信电讯的看法，i-mode 的最小经济规模是十万户用户数，规模经济越强，会迫使潜在进入者必须以最小效率规模进入产业，才能取得与现有业者相似的成本条件，因此潜在进入者如果要与 i-mode 竞争，必须在很快的时间内将用户数冲到 10 万，才能与 i-mode 有相似的成本地位。这种规模条件大幅减少了合格潜在进入者的数目，因此潜在进入者威胁越小。

（2）专利保护的产品差异：如果现有业者的产品有专利保护，则潜在进入者将无法直接模仿，因此，潜在进入者的威胁将会降低；例如，在制药业中，全球性大厂一旦研发出具有特殊疗效的药品，并且申请专利，都会构成相当强的进入障碍。

（3）品牌知名度：如果产业许多既有企业都具有相当高的品牌知名度，代表潜在进入者同样必须要以高成本才能吸引消费者，因此，潜在进入者的威胁会较低；例如，在时尚精品业有许多国际知

① 本节以下的架构、项目及部分内文系参考 Porter（1980，1985）而写成。本书的重点是商业模式的说明，产业分析的目的是增进读者对商业模式所在背景的理解，故不对五力分析项目作详尽的说明，欲详尽了解者，请参考拙著《产业分析精论》一书。

名品牌业者，建立起了相当高的消费者忠诚度，潜在进入者想进入此一产业的难度相当高。

(4) 转换成本 (Switching Cost)：转换成本是指顾客因为更换供货商而衍生的成本，当转换成本很高时，代表顾客若要更换至新的供货商，需要付出相当高的代价，因此，新进者就更难以吸引到已被现有业者服务的顾客了，潜在进入者的威胁会较低。

(5) 资金需求：如果在产业中营运所需要的资金需求越大，合格的潜在进入者就越少，潜在进入者的威胁就越低，例如，在薄膜晶体管液晶显示器 (Thin-film Transistor Liquid-crystal Display, TFT-LCD) 产业中，要投入生产的资金动辄百亿元，潜在进入者数目就不会太多。

(6) 取得通路的难易：如果取得通路有相当难度，也会构成进入障碍，例如，目前在中国台湾地区，由于饮料业主要通路（便利商店及量贩店）的主要股东都已经有现有全国饮料业者在内，因此要出现新的全国性饮料商的可能性就大幅降低，因为新的全国性饮料业者要取得主要通路配合的难度已经提高。

模式案例研讨 2-4

赤鬼牛排的模式[①]

公益路是台中餐饮竞争最激烈的一条街，赤鬼公益店在约 33 平方米店面摆了 100 个座位，密度是一般牛排店的 2 倍，每天翻桌 15 次，每周可卖出约 1 万客牛排，以平均单价 200 元计算，年营收破亿元。卖牛排的竞争相当激烈，竞争者、替代者又多，老板张世仁采用相当独特的模式，省去牛排餐馆的高档服务或自助沙拉吧，食材成本占六成坚持不动，一般牛排店的食材成本约三成五，吃到饱餐厅则是四成五。张世仁不想从食材省，而是从人事费用与租金下手。

一般牛排店的人事费用约三成，赤鬼为了将人事费用降到两成，将厨房作业流程标准化，就不必雇用有经验的专业师傅。他让厨房员工三个月上手，替代性高，人员流动反而稳定。在

① 故事来源：《商业周刊》第 1162 期及赤鬼牛排网站，http://www.akaonisteak.com/。

租金方面，赤鬼公益店原址是被查封的八大行业，张世仁协助房东解决许多查封衍生的问题，并且加盖餐厅，带动客潮。尽管附近相同平方米数的店家租金涨到 45 万元，但房东还是租给赤鬼 30 万元。

赤鬼牛排："突出关键顾客价值，降低无关组件成本"模式（顾客价值模式 5）

由于客单价低，就得拼量，赤鬼薄利多销，必须有快速的调转率。赤鬼不限时间、不赶客人，一天下来翻桌率可达 15 次，平均 30 到 40 分钟翻桌一次，其他国内大型连锁牛排店，假日翻桌率则为 4~5 次。对赤鬼而言，翻桌率只要少一次，只能损益两平。

因为没有沙拉吧，店里又嘈杂，店外许多人在排队，客人多半用完餐就会离开，提高了赤鬼的翻桌率。

思考点：请判断赤鬼牛排模式的进入障碍高低。

2.2.1.2 替代品威胁

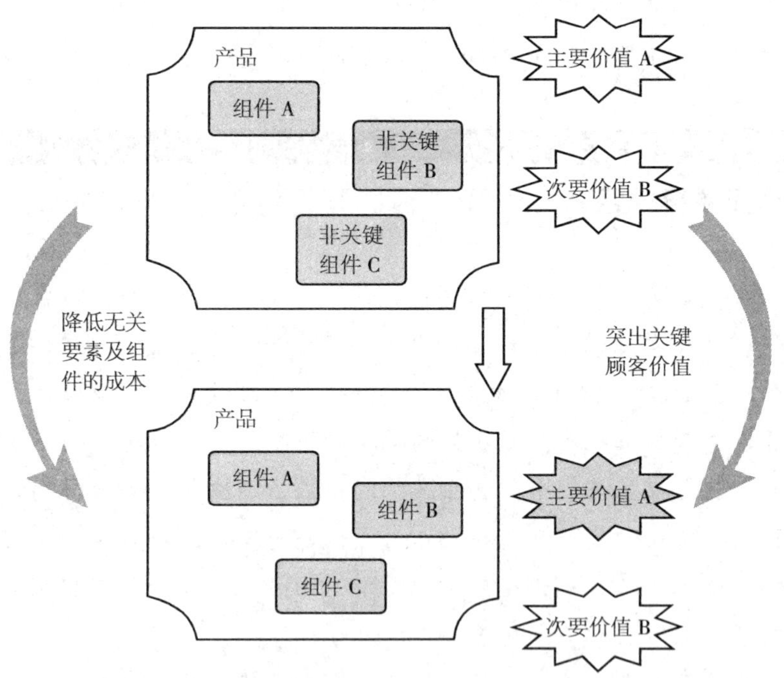

图 2-3 "突出关键顾客价值，降低无关组件成本"模式

每个产业所提供的产品服务都会满足特定的需求，然而能满足同样需求的产品却未必只有该产业。例如，邮政公司提供的服务可以满足"传递讯息"的需求，但是电子邮件、电话同样也可以满足

“传递讯息”的需求，“替代品”就是能够满足本产业相同需求的其他产业的产品。

会影响替代威胁程度的因素包括转换成本、替代品的相对价格以及客户使用替代品的倾向。转换成本越高，替代品威胁越低。替代品相对价格越低，替代品威胁越大，例如，台湾地区高铁票价越低，对国内航线造成的威胁会越大。客户使用替代品的倾向越高，替代品威胁也会越大；至于影响到客户使用替代品倾向的因素，除了价格及转换成本以外的因素，还包括替代品的功能、使用的便利性，替代品的功能越强、越全面、使用越便利，客户使用替代品的倾向会越高。

2.2.1.3　买方议价力

买方议价力是指买方在面对本产业时，与本产业业者讨价还价的能力，买方议价力可以从两方面来看：议价杠杆强度（Bargaining Leverage）以及买方价格敏感度（Price Sensitivity），当买方有强大的议价杠杆、对价格也相当敏感时，本产业的获利空间就可能会被挤压。会影响到议价杠杆强度的常见因素包括下列各项：

（1）买方产业的集中度与本产业的集中度的对比：集中度意味着操控价格的力量，如果买方产业集中度相对较高，买方将会有较高的议价杠杆。

（2）买方采购量：采购量大的买方有较强的议价杠杆，例如购买者在网络集体议价经常可以获得较佳的价格，以及量贩店可以将进货价压低。

（3）买方转换成本相对于本产业更换买方的转换成本：以汽车厂内建卫星导航系统为例，买方（汽车厂）更换供应商（内建卫星导航系统）可能要承担转换成本，但供应商更换买方同样可能要承担转换成本，相对上转换成 本较低的一方会有较强的议价杠杆。

（4）买方拥有的信息：买方拥有的信息越充分，议价杠杆越强，例如，网络兴起后，许多旅游产品信息会在网络上揭露，使得旅行社的利润降低。

（5）买方向后垂直整合能力：买方如果可以向后垂直整合，代表买方不再需要本产业作为供货商，因此，买方会有较强的议价杠杆，例如，可以自行生产铁罐的食品罐头厂商，在面对铁罐供货商时，就有较强的议价杠杆。

(6) 买方是否可以找到本产业的替代品：如果买方可以找到替代品，将会有较强的议价杠杆，例如，罐头厂商如果可以用真空包装取代铁罐，在面对铁罐供货商时，就有较强的议价杠杆。

会影响到买方价格敏感度的因素则包括下列各项：

(1) 本产业的产品差异化程度及品牌知名度：差异化或知名度越高，买方议价倾向越低，例如，消费者在购买 Haagen- Dazs 冰淇淋时，比较不会议价。

(2) 本产业产品对买方的品质及功能的影响：如果时装业者需要特殊的布料才能凸显时装的品质，时装业者对布料商的价格敏感度较低。

(3) 买方利润：买方利润越微薄，价格敏感度会越高。

(4) 买方的决策动机：当采购动机并不只是成本时，买方的价格敏感度会较低，例如，军方采购的军用计算机，必须要顾虑到安全、稳定以及特殊天候下可正常运作，因此，价格敏感度较低。

模式案例研讨 2–5

拒绝大单的双童日用品[①]

楼仲平在 1993 年成立双童日用品公司，当时曾经取得肯德基、麦当劳的大订单，当时的接单量都是上亿根。每笔订单都能塞满产能，但无论怎么省成本，订单的毛利率都相当低。于是，楼仲平向大客户说“不”，改去找小超市、小酒吧、夜总会的订单，反而成为产业的全球最大。

楼仲平认为被一笔大订单绑住，就无法吃到其他订单。双童 开始找寻小型的客户，将小超市、小国家，甚至酒吧、夜总会等小客户的订单客制化生产，要接小订单，必须调整生产线，一般工厂的一笔订单是以一条生产线走到底，但在双童，一天的 8 小时生产时间中，一条生产线却有 8~10 种不同订单，并且妥当衔接。这些订单包括匙羹吸管、装饰吸管、生物环保材质吸管、印墨印字主题吸管。

---

① 故事来源：双童企业网站，http: //www.china-straws.com/index.asp;《商业周刊》第 1128 期。

由于不同客户的要求差异很大，因此双童需要适应不同地区、不同顾客的喜好。例如，美国客户经常会在一个大箱子装十个中箱子，每个中箱子再装十个小箱子，每个小箱子有十二包吸管，每包上面都要加装挂钩，方便吊在超市货架上，而每根吸管又要加包装塑料袋，让每一根吸管好看又安全。

思考点：争取大客户的大额订单，和为众多小客户生产客制化的产品，哪一种做法比较有利？

双童："建构机动产销体系，锁定高阶客制散客"模式（市场模式 5）

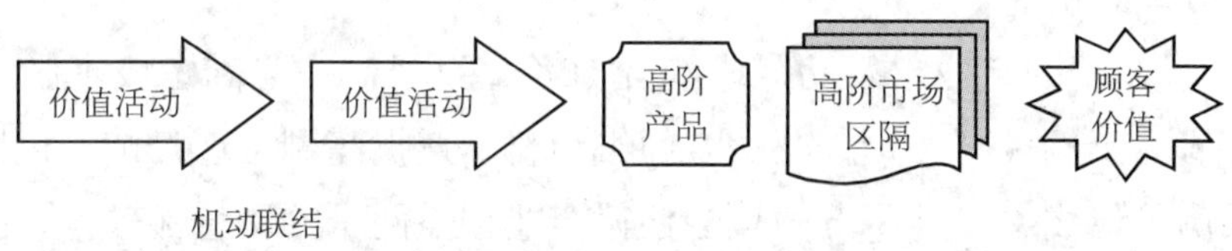

图 2–4　"建构机动产销体系，锁定高阶客制散客"模式

2.2.1.4　供货商议价力

供货商议价力是指供货商在面对本产业时，与本产业业者讨价还价的能力，供货商议价力的强度会受到下列因素影响：

（1）供应项目的差异化程度：如果供货商供应的项目是高度差异化的，供货商就会有较高的议价力，例如，杜拜帆船旅馆调整价格的可能性，比其他一般旅馆调整价格的可能性要低。

（2）更换供货商的转换成本：如果更换供货商会让企业自身承担相当高的转换成本，供货商将会有较高的议价力，例如，企业若要全面更换操作系统或是复印机，可能就需要新的机器供货商协助人员的培训。

（3）供货商集中度：供货商的产业集中度高，代表选择合格卖方的空间有限，并且选到的供货商也可能是大型供应商，因此供货商会有较强的议价力。例如，可乐业有较高的集中度，可口可乐在便利商店从 18 元调涨至 20 元。

（4）供应项目对本产业的差异化或成本的影响：供货商的项目如果有助于本产业的差异化或低成本，就可以有较高的议价力，例如，供应高级餐厅独特香料的农园，就比供应一般盐、醋等调味料的厂商要更具议价力。

（5）供货商向前垂直整合相对于本产业向后垂直整合的威胁：

这两种整合的可能性会影响双方的议价力，如果向前垂直整合的威胁超过了向后垂直整合的威胁，供货商议价力将会较高。

2.2.1.5 业内竞争

业内竞争越激烈，产业的获利空间就越低，影响到业内竞争的因素如下：

（1）产业成长：企业经常会以成长作为主要的经营目标，成长中的产业比较能够容许较多的企业同时追求成长，如果产业成长趋缓，这些追求成长的企业，可能就必须争夺有限的顾客，会发生直接竞争的状况。

（2）"固定成本及储存成本/附加价值"过高：当固定成本/附加价值的比例过高时，企业一方面必须将产量提高到接近产能，以降低每单位成本，另一方面也会使得企业损益两平的销售额较大，因此会有更大的销售压力；当储存成本过高时，由于延后销售就会发生更多的储存成本，同样会带来较大的销售压力，使得同业之间发生竞争，降低产业的获利空间；如果产品根本无法储存，杀价求售的状况更容易发生，例如，量贩店制作的面包晚上 10 点之后会降价。

（3）产品差异化程度及品牌知名度：业内企业产品之间的差异性较高或是企业都具有知名度时，顾客往往具有较高的忠诚度，同业依赖价格竞争的程度就会较低，此时产业会有较大的获利空间，例如国际知名的皮包降价求售可能性，就比一般皮包降价的可能性低。

（4）转换成本：转换成本代表买方更换供货商需付出的成本，如果此转换成本越低，同业就越可能企图抢走对手顾客，而不是深度经营自己既有的顾客，因此会出现较激烈的竞争，例如一般消费者使用的日常文具、垃圾袋，转换成本都比较低，就经常可看到降价的情形。

（5）退出障碍（Exit Barrier）：依照波特的看法，退出障碍是指在公司获利不佳甚至亏损时，仍旧让公司继续留在市场的因素[①]，当产业有高退出障碍时，剩余产能会继续留在产业中，会使得业内竞争程度提高。

经过五力分析后，企业可以了解造成产业利润不佳的因素，通过商业模式的设计，降低这些因素的影响，为企业创造较佳的绩效。

---

① Porter，M.E.（1980）.

2.2.2　市场区隔

市场上存在着有各式各样不同需求的顾客，每种特殊需求构成一个市场区隔；任何一个商业模式，最终都要为某一群顾客创造价值、满足其特殊的需求，**企业在设计商业模式时，要为哪一群顾客满足哪一种需求，是商业模式的市场区隔决策。**

市场区隔的变量分为消费品市场及机构市场两种市场说明，消费市场的市场区隔变量可以分为地理、人口、心理、行为四大类，机构市场的市场区隔变量可以分为地理位置、机构业种、购买数量、机构顾客使用产品的方式、机构顾客的主要购买条件及机构顾客的采购习性等数类①。

当做出市场区隔决策后，就等于确认了商业模式中的商业机会这项实质组件的内涵，例如，赤鬼牛排设定的牛排排餐价格落在 130~300 元（平均客单价约 200 元）的区隔，双童日用品设定的区隔为小型客户。由于商业模式的各项实质组件彼此之间会相互连动，因此市场区隔的决定会影响其他实质组件的安排。

当市场区隔决定之后，企业在为商业模式设定市场区隔时，除了直接在现有市场区隔的基础上进行选择之外，还可以采行以下方式创造新的市场区隔。

2.2.2.1　切割现有市场区隔

企业可以对某个市场区隔进行切割，进行切割的方式，**是将现有市场区隔的顾客群并未深刻关注的顾客价值加以彰显，引入这个市场区隔，造成切割市场区隔的效果。**

模式案例研讨 2–6

小辣椒快餐店的市场区隔设定

“小辣椒”快餐店（Chipotle Mexican Grill）的主要产品是快餐墨西哥餐，诉求使用高品质食材，企图跟其他快餐对手拉

---

① 本书的目的是介绍商业模式，市场区隔的说明亦因此仅着重在市场区隔对商业模式设计的含义，而非市场区隔各项变量的详细说明，欲了解市场区隔变量详细说明者，可参考拙著《策略管理》。

小辣椒快餐店："凸显被忽略价值，切出新市场区隔"模式（市场模式 2）

出不同的市场区隔。这家公司认为现在的消费者越来越关心食物食材的来源以及种植方式，消费者不仅要求食物好吃也会要求健康。

"小辣椒"的食材重视新鲜、当季有机，所有猪肉和鸡肉以及大部分的咸肉，都是采用自然饲养的方式，这些自然饲养的动物不施打抗生素和荷尔蒙，并且吃全素的饲料长大，甚至产品使用的起司和奶油，主要原料牛奶也是来自自然饲养的牛只。

公司在生产产品时，也关注对环境和社会产生的负面影响，要将负面影响降到最低，公司称为"良心食品原则"(Food With Integrity)。2010 年，公司规定每一个产品的食材，至少有 50% 必须来自当地农场，以减少非必要的运输流程，兼顾新鲜与环保。

"小辣椒"的另一个特色是餐点制作方式，它与一般快餐店烹调食物的方法不同，不用微波炉，也没有任何全自动的烹煮设备。在"小辣椒"连锁店中，店员手持亲自菜刀处理食材，新鲜肉类送达店面时，店员会先手打腌渍，然后再烘烤，餐点都在各个店面现场制作。

思考点：小辣椒连锁店是如何看待快餐业的市场区隔？它以连锁经营，带来什么好处？

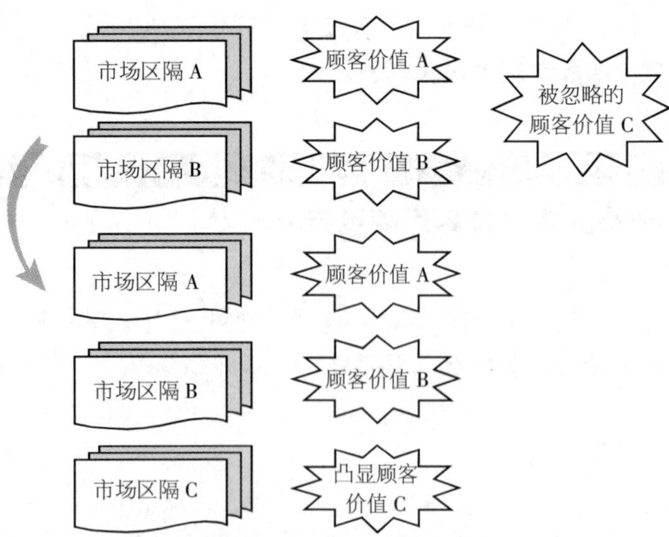

图 2-5 "凸显被忽略价值，切出新市场区隔"模式

商业模式演练 2–1

请追溯冷气机这项产品，过去曾经出现过哪些新的市场区隔？

2.2.2.2　重组价值要素

一项产品服务能够为顾客提供的价值，是由众多价值要素所构成，企业在建构商业模式时，如果能对产品服务的价值要素有更敏锐的了解，就可以用不同的方式将这些要素重新组合或改变，以跳脱现有市场区隔结构，找到新的市场区隔，这也正是《蓝海策略》（Blue Ocean Strategy）一书所标榜的方式，西南航空是相当经典的案例，在航空业中，许多航空公司都会标榜提供顾客无与伦比、价值非凡的飞行经验，但是西南航空公司能将航空业的“顾客价值”拆解成包括了票价、餐饮、休息室、座舱选择、转机接驳、亲切服务、速度，以及点对点出发班次等价值要素，进而在这些价值要素上做出“票价低不提供餐饮、无休息室、不提供转机接驳，但强调速度、亲切服务以及密集的点对点出发班次”的组合选择，创造出了“廉价航空”商业模式。

商业模式演练 2–2

DVD 出租店提供给顾客的价值可以拆解成哪些价值要素？根据这些价值要素，可能组合出哪些商业模式？

2.2.2.3　将次要的价值扩大成独立的区隔

一项产品服务会为特定市场区隔提供特定的价值，但是经常可以发现这项产品服务有时会吸引到原先锁定的市场区隔以外的客户，例如，大卖场早期原先是设计成吸引“重视价格、希望一次看完及购足生活用品”的顾客，但后来却有许多家庭是将逛大卖场作为一项假日的休闲娱乐，这意味着**这项产品服务提供了一些次要价值，足以吸引另一群人前来消费**。

希望掌握次要价值此一市场区隔的企业，需要**细心检视在消费**

族群中，是否出现企业预期之外的一群顾客，并详细检视企业提供产品的次要价值，是否能加以扩大及精致化，以更全面地满足这群消费者的顾客价值，将次要的价值扩大成独立的区隔。模式案例研讨 2-7 说明拉斯维加斯的赌场如何运用这些原则，寻找新区隔。

拉斯维加斯赌场："寻找边陲顾客，拓成主力市场"模式（市场模式 4）

模式案例研讨 2-7

拉斯维加斯赌场[①]

博弈行业目前的国际竞争相当激烈，除了拉斯维加斯的赌场之外，大西洋城赌场、印第安保留区赌场、小型游轮赌场(Riverboat Casinos)，以及其他各类型赌场都加入战局。就连州立乐透彩、网络赌博，位于欧洲、加勒比海、中东和亚洲的高级国际赌场也都来分一杯羹。拉斯维加斯的赌场，就运用各种次要价值吸引包括周末娱乐、家庭度假、高级休闲以及成人娱乐等市场区隔的顾客。

拉斯维加斯的旅馆一开始是锁定各种类型的赌客，当时全美只有拉斯维加斯的赌场是合法的，任何想要合法赌博的人就必须到拉斯维加斯。随着新的竞争者不断加入，拉斯维加斯必须寻找新市场。

到拉斯维加斯的赌客，有一部分是周末来到的劳工或下层阶级，这些人喜欢"坏男人"的形象，帮派形象通常可以跟"坏男人"沾上边，因此一些拉斯维加斯旅馆用帮派色彩吸引周末赌客，可以令这群赌客感到刺激。

一部分赌客还希望能欣赏各种娱乐，一些拉斯维加斯旅馆还邀请知名艺人登台表演，以吸引更广泛的客层，甚至还为剧团打造专属的舞台，靠着娱乐表演、便宜的住宿费以及经济实惠的餐厅，吸引很多远道而来的客人。

一些赌客也可能是玩世不恭的人，对婚姻抱持游戏的态度，拉斯维加斯的快速结婚及离婚"服务"，让它成为世界的婚礼之都，虽然这也让世人对拉斯维加斯投以异样眼光，但这的确引来众多把婚姻当儿戏的人。

① 故事来源：Diveni（2010）.

赌客之中，有一些是商务开会之余，来此放松心情，一些旅馆提供开会场地，政府也兴建了大型国际会议中心，以吸引商务人士。

有一些赌客是带着全家来此度假游玩，拉斯维加斯的许多旅馆增加了设施齐全的大型游乐场（人造火山、水上乐园、海盗船、动物园、摩天轮、云霄飞车、金字塔及马戏团），吸引众多阖家光临的客人。

有一些赌客则是一掷千金的富豪，一些拉斯维加斯旅馆纷纷兴建具有欧洲风情的饭店，包括巴黎、威尼斯和 Bellagio，以吸引富豪级赌客。这些饭店内拥有价值数百万美元的艺术收藏品，以及独特的欧式气氛与高级餐厅和精品店。这些业者提供了免费的音乐或表演票券、免费的住宿或餐饮、私人停车、女仆或司机服务，以及特殊设计的住房，让赌客不必出国即能感受到摩纳哥或法国蔚蓝海岸的风情。

对某些赌客来说，赌博跟成人娱乐总是不可分的，拉斯维加斯一些旅馆提供更多的成人娱乐，除了更多的脱衣舞表演与夜店之外，有些旅馆甚至付钱请上空美女坐在游泳池畔，这种做法也吸引了一些子女都已长大离家的空巢族，这群人正在找寻一种新的生活方式，重拾青春心情。

思考点：拉斯维加斯的赌场在开拓周末娱乐、家庭度假、高级休闲，以及成人娱乐等市场区隔前，应该要做哪些调查或准备？

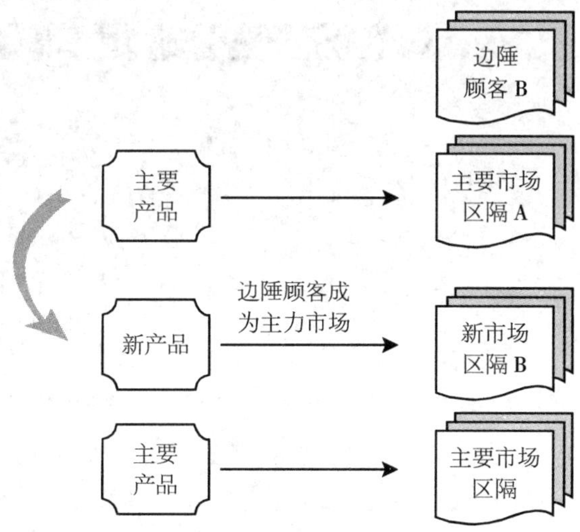

图 2–6　“寻找边陲顾客，拓成主力市场”模式

2.2.2.4 关注潜在消费者

一项商业模式，如果能开发出目前尚未购买自家产品但却有可能购买的潜在消费者，将可大幅提升绩效。一般而言，潜在消费者有可能购买但却未消费，其原因在于消费障碍，**消费障碍共有四大类：财富、技能、取用和时间**[①]。**财富障碍是指现有产品的价值超过潜在消费者所能支付造成的障碍，面对此类障碍，**新的商业模式可以设法降低产制及运送产品的成本。

技能障碍是指目前企业所生产的产品，由于过于复杂，潜在消费者缺乏相应的使用技能，因而不愿购买。面对此类障碍，新的商业模式设法降低产品复杂度。例如，软件公司（Intuit）设计的会计软件 QuickBooks，突破了许多小型企业业主使用复杂的会计软件的障碍。许多 3C 产品，如数字相机，也都朝向降低使用障碍的方向发展。

取用障碍是指让潜在消费者无法经由配销通路接触到企业产品或是缺乏企业整备出完整的最终产品，以致无法消费的障碍。许多国外的优质产品，因为缺乏代理商，而使得国内消费者无法购买。时间障碍是指让潜在消费者必须花费时间等待，因而降低消费倾向的障碍，面对时间障碍，商业模式可以设法重新规划服务流程，以降低时间障碍。例如，位于美国明尼苏达州的连锁医疗保健中心一分钟诊所（Minute Clinic），突破医疗保健造成的时间障碍，将正式护理人员安排在药方柜台，不用预约即可在半小时左右为简单疾病提供治疗。

商业模式演练 2-3

三星在 2012 年初推出 60 英寸 3D LED 高画质液晶电视，售价$189000，请问会不会产生消费障碍？可以如何克服？

企业在设计商业模式时，不论是在既有市场区隔上做选择，还是创造新区隔，都必须注意以下几点：

（1）区隔的明确、可衡量性（Measurable）：界定市场区隔所用的变量，必须要是相当明确，而且可以估计出大概市场份

---

① Anthony, S. D., Johnson, M. W., Sinfield, J. V., and Altman, E. J. (2008).

额的变量，以便于估计市场潜力。如果区隔变量不够明确，企业就无法设计符合这个区隔的具体商业模式，例如“高所得者”较为模糊，“年所得高于 200 万”就比较具体，也比较能估计其市场潜力。有一些心理变数，例如“追求成就”，难免会较为模糊，但若能使区隔变量尽量明确，会比较有助于商业模式的设计。

（2）市场区隔的足量性（Sufficient Amount）：足量性是指企业运用区隔变量所画出及选定的市场区隔，如果区隔内的市场份额太小，将无法支应企业执行商业模式所需的成本，例如，一家出版社若是仅以“报考商管研究所”的人作为目标市场区隔，市场份额可能不足以支持一家出版社的运作，因而必须将市场区隔扩大到“报考研究所”的人。

（3）市场区隔的可接近性（Accessible）：可接近性是指企业所划定及选择的市场区隔，必须是企业可以通过某些推广、通路或是物流配送系统，可以有效接触到的顾客群。例如，就台湾地区某地的鲜食特产店而言，由于产品的保鲜期限较短，如果商业体系中缺乏四通八达的物流配送系统，那么这些鲜食特产店就只能接近所在的周边地区或是来当地旅游的观光客，很难接近中国台湾其他地区的在宅居民，因此在缺乏四通八达的物流配送系统的情形下，中国台湾就不会是这些鲜食特产店的一个有意义的市场区隔。

（4）可行动性（actionable）：可行动性是指企业所划定及选择的市场区隔，必须让企业可针对此区隔采取策略性的行动计划，企业如果缺乏执行商业模式所需的资源及能力，选定此一市场区隔也没有意义，例如，对于地区性的流行饰品业者而言，大型综合百货公司此市场区隔，就不具有可行动性。

2.3 价值网

第 1 章曾提及，在设计商业模式时，会动员到各式各样的组织成员，价值网分析架构，提供企业分析哪些成员有助于商业模式的建构。在商业模式中，关键的成员包括了企业自身与供应者、顾客、竞争者、互补者五种成员，这五种成员构成所谓的价值网（Value Net），如图 2-7 所示。

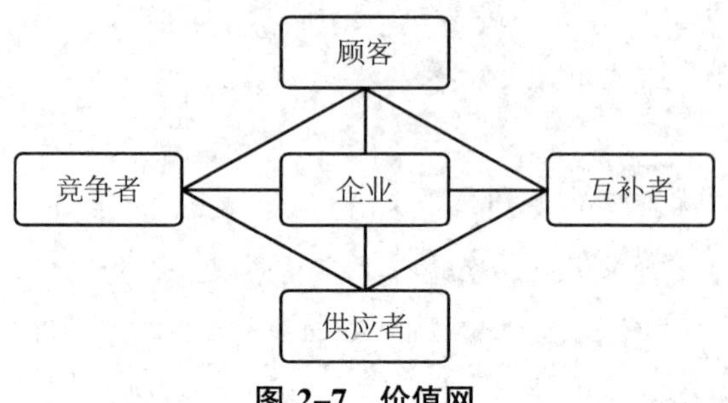

图 2-7 价值网

资料来源：Brandenburger and Nalebuff（1996）.

价值网的核心为企业自身，沿着垂直线是顾客及供应者，顾客是指能够提供现金收入给企业自身的成员，以及使用企业产出的成员，对于报社而言，顾客包括了能提供现金收入的成员，像是购报者以及广告主，以及使用报社产出的机构或人员，如网络报读者；供应者则是为生产产品提供原料及生产要素的成员，对报社而言，供应者包括记者、设备供货商、油墨供货商、新闻来源提供者等。沿着水平线的是互补者及竞争者，在价值网架构中，竞争者与互补者的界定方式是必须注意的，可归纳为表 2-1。

表 2-1 互补者与竞争者定义

	顾客观点	供应者观点
互补者的定义	如果顾客在拥有或消费企业 A 的产品/服务后，会提高对自家企业产品/服务的评价或更愿意购买自家企业的产品/服务，企业 A 就是自家企业的互补者	如果供应者在为其他企业 A 提供产品/服务的原料后，会提高对自家企业提供生产要素的诱因，企业 A 就是自家企业的互补者
竞争者的定义	如果顾客在拥有或消费企业 A 的产品/服务后，会降低对自家企业产品/服务的评价，或更不愿意购买自家企业的产品/服务，企业 A 就是家自企业的竞争者	如果供应者在为其他企业 A 提供原料后，会降低对自家企业提供生产要素的诱因，企业 A 就是自家企业的竞争者

资料来源：Brandenburger and Nalebuff（1996）.

在价值网架构中，互补者及竞争者的界定，可以从顾客的角度出发，如果某个成员 A 的出现，可以让顾客在拥有或消费 A 的产品/服务后，会提高对自家企业产品/服务的评价时，A 就是企业的互补者，以报社为例，如果有一家计算机公司，愿意配合报社，提供计算机赠品，订阅报纸三年就送计算机，将可提高顾客对这家报社的产品的评价，从顾客的角度，这家计算机公司即为报社的互补者。反之，如果某个成员 A 的出现，会让顾客在拥有或消费 A 的产品/服务后，降低了对自家企业产品/服务的评价或更不愿意购买自家企业的产品/服务时，A 就是自家企业的竞争者，例如，消费者在超商选购报纸时，一旦买了联合报，就不会再买中国时报，因此，联合报成为中国时报的竞争者。

竞争者及互补者的界定，也可以从供应者的角度来界定，界定的标准同样是以“成员 A 的出现，是否有助于或不利于供应者向自家企业提供生产要素”为基础，如果有利于建立交易关系，A 就是互补者，如果不利于建立交易关系，A 就是竞争者。以报社来说，从供应者的角度，若是某个报社与国外训练机构订定进修计划，让新进记者在工作一段时间后，可以赴国外进修，如此得以提高优秀人才到该报社服务的意愿，这个进修机构即成为报社的互补者：反之如果一些杂志社提给予更高的待遇，降低优秀人才到该报社工作的意愿，这些杂志社即成为该报社的竞争者。

商业模式演练 2–4

对特定的某大学机构来说，供应者、顾客、竞争者、互补者，会是哪些人或机构?

对商业模式分析中，价值网架构有以下两项含义：第一，企业若能促成互补者的出现，将更容易让商业模式为市场所接受；第二，企业需要确认各种成员之间的互动规则以及具体内涵，以及所导致的利润分配。

2.3.1　设法促成互补者的出现

商业模式经常需要集结各式各样的组织，以满足顾客价值，这些各式各样的组织，也就是自家企业的互补者，互补者可以提高顾客或供应者对自家企业的评价，然而互补者并不总是既存于市场上，如果互补者目前并不存在，企业可以设法促成其出现。例如，在偏远地区的大专院校，可以设法在校园周边引入各种互补者，如医院、饭店、住宅、游乐园、中小学，并找到与运输公司合作的方式，让校园周边成为合适的生活环境。

2.3.2 确认各种成员之间的互动以及利润分配

一项商品所创造的价值是由价值网中的所有成员来分享。这项商品在市场可以创造的价值总额如果是固定的，价值网中不同成员的互动规则以及具体内涵，会影响到成员对于风险及价值的认知，进而会影响不同成员之间的利润分配。模式案例研讨 2–8 指出不同的互动规则导致的利润分配变动。

租屋市场上的二房东："微调经手产品，代寻最适顾客"模式（产品模式 13）

模式案例研讨 2–8

租屋市场上的二房东①

永胜资产管理公司代租的房子超过三千间，金融风暴后租屋市场惨淡，永胜却能维持九成租屋率。一般来说，房东会担心没有房客、收不到租金、房子维修。永胜以六成左右的租金，向房东包租下全部的房子，房东虽然只净收市价六成租金，却解决了空屋、维修等问题。

房客通过租房中介租屋时，需要付半个月到一个月月租的中介费，但永胜资产却提供免费服务，基本上，向房东包租的房子，如果能出租六成，就是损益平衡点，但永胜资产却维持了九成的出租率，永胜资产维持九成租屋率的方式是先找到房客，再找房子。永胜资产抓准中科员工的租房需求，深耕企业福委会，超过 250 家企业福委会都与永胜签约，企业的员工也成为潜在客户。永胜也游说房东重新粉刷、隔间，加装沙发、电视、第四台、网络等园区员工的标准配备。

如果有人欠缴房租超过一个月，永胜会到大门口贴告示"提醒"，甚至要求警察介入，要求欠款人书面承诺缴款最后期限。否则将会同房东进入屋内，协调欠租房客搬走。

房屋的维修工作相当烦琐，最难的部分在于责任判定，如

① 故事来源：《商业周刊》第 1122 期；永胜资产管理公司网站，http：//www.199501.com/。

果房东、房客各执一词，二房东的判断，甚至自行吸收修缮费，能将纠纷减至最低。为确保交屋顺利，永胜制作了一百多项点交细目，房客入住及退租时一一比对，钉子及裂痕都在比对范围内。

思考点：永胜资产管理改变了一般租屋的哪些互动规则？让利润分配发生什么改变？

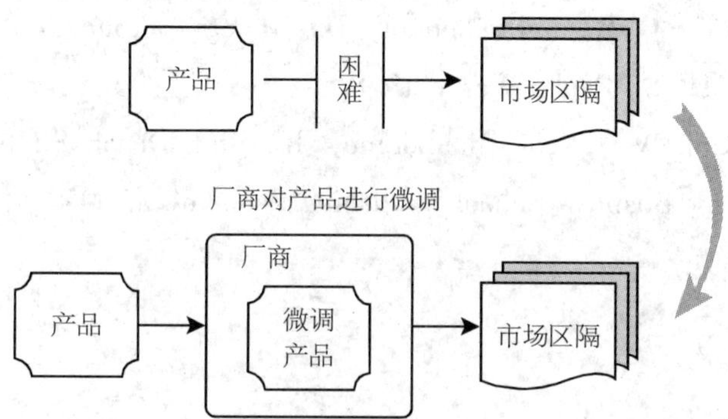

图 2-8　“微调经手产品，代寻最适顾客”模式

本章提及模式的相关网站

1. 小辣椒快餐连锁店，http：//www .chipotle.com/en- US/Default.aspx?type=default。

2. 永胜资产管理公司，http：//www.199501.com/。

3. 赤鬼牛排，http：//www.akaonisteak.com/。

4. 社会公益信息研究中心（The Center for Information Technology. Research in the Interest of Society，CITRIS），http：//citris-uc.org/。

5. 当当网，http：//www.dangdang.com/。

6. 双童日用品，http：//www.china-straws.com/index.asp。

7. 鑫天天汽车保洁公司，http：//www.xttgs.com/main/。

本章参考文献

［1］Anthony S. D.，Johnson M. W.，Sinfield J. V.，and Altman E. J.. Innovator's Guide to Growth：Putting Disruptive Innovation to Work［M］. MA：Harvard Business School Press，2008.

［2］Brandenburger A. M. and Nalebuff B. J.. Co-Opetition：A Revolution Mindset That Combines Competition and Cooperation［M］.

NY: Doubleday, 1996.

[3] D'Aveni, R. A.. Beating the Commodity Trap: How to Maximize Your Competitive Position and Increase Your Pricing Power [M]. MA: Harvard Business Press, 2010.

[4] Fahey L. and V.K. Narayanan. Macroenvironmental Analysis for Strategic Management [M]. St. Paul, MN: West Publishing Company, 1986.

[5] Hofer C. W. and Schendel, D.. Strategy formulation: Analytic concepts [M]. St. Paul: West, 1978.

[6] Kim. W. C. and Mauborgne, R.. Blue Ocean Strategy [M]. MA: Harvard Business School Publishing Company, 2005.

第 3 章　价值链与能耐资产

3.1　价值链与价值活动

3.2　价值链分析在商业模式上的含义

3.3　商业模式中的能耐与资产

3.4　运用能耐及资产建构商业模式的原则

企业在设计商业模式时，需要决定“要执行哪些价值活动”这项非常切身的问题，也就是“价值链分析”，这是本章要说明的第一项议题。企业能够执行特定的价值活动，则是源于企业所拥有的一组资源能耐，何种资源能耐比较有助于企业提高其价值活动所创造的利润，是本章要说明的第二项议题。

3.1 价值链与价值活动

价值链是由 Porter 提出的从活动角度分析企业的观念架构，波特以图 3-1 所示的一般性架构，将企业所执行的价值活动分为两大类：主要活动及辅助活动。

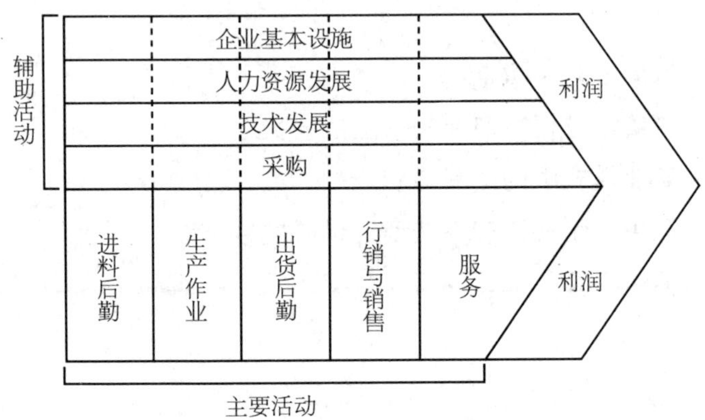

图 3-1 价值链及价值活动

资料来源：Porter（1985）.

3.1.1 主要活动

图 3-1 下半部的主要活动，是牵涉到产品实体的生产、销售、运输以及售后服务，包含了五类主要活动，这五类活动在各个产业都会存在，与产业的竞争也都会有关系。

（1）进料后勤：指与接收、储存以及采购项目的分配有关的价值活动，例如，物料处理、仓储、库存控制、车辆调度、退货等。

（2）生产作业：指与将原料转化为最终产品有关的价值活动，例如，机械加工、包装、装配、设备维修、测试、印刷和厂房作业等。

（3）出货后勤：指与产品收集、储存、将实体产品运送给客户有关的价值活动，例如，成品仓储、物料处理、送货车辆调度、订货作业、进度安排等。

（4）行销与销售：指与提供客户购买产品的理由，并吸引客户购买有关的价值活动，例如，广告、促销、业务人员、报价、选择销售通路、建立通路关系、定价等。

（5）服务：指与提供服务以增进或维持产品价值有关的价值活动，例如，安装、修护、训练、零件供应、产品修正等。

在应用到特定产业时，每类活动又可以依据特定产业的状况，分为许多不同的价值活动，例如，石化业和汽车业的价值活动就会有很大的差别，随着产业特性的不同，这五类活动在建立竞争优势的重要性会有所差异。对经销商而言，进出货的后勤活动最为重要；但餐厅或零售商店等服务业，虽然出货后勤可能不甚重要，但是生产作业却攸关经营绩效。就高速复印机制造商而言，服务则是竞争优势的重要来源。

3.1.2 辅助活动

在图 3–1 的上半部，是用以支持主要活动的辅助活动，辅助活动可以分为四类：

（1）采购：企业的运作需要使用到许多实体资产及物料品项，例如原料、零配件和其他消耗品，以及机械、实验仪器、办公设备、房屋建筑等。这些实体资产及物料品项的购入功能，就是采购活动。采购活动必须与采购的品项加以区分，例如，牛肉是采购品项，购买牛肉的政策，例如，牛肉来源地及品质的规定，则是采购活动。采购活动经常是散布于公司内的各个部门，某些采购品项如汽车厂的雨刷零组件，可能是由传统的采购部门进行采购，但其他品项的采购则可能分别由厂长（如采购机械）、办公室经理（如工读生）、业务员（如三餐和外宿），甚至总裁（如策略咨询）进行采购。采购功能的分散，会让整体购买量的重要性及成本变得模糊，对采购活动的严谨管理，可以帮助企业建立竞争优势，例如，台塑集团将采购活动集中管理，产生大幅降低成本的效果。采购活动本身的成本可能只占了一小部分，但是却对企业的“总成本”具有重大影响。改进采购方式，将影响到采购项目的成本与品质以及使用这些采购项目的价值活动，并影响企业与供货商的互动。

（2）技术发展：每种价值活动都会用到“技术”，技术可以包括专业技术（如冶金技术）及作业程序（如将作业流程标准化）。大多数企业所应用的技术范围也很广泛，从准备文件、运送产品到产品本身包含的技术等。同一项价值活动也可以运用不同的技术，产生不同的效果，例如，西装可以用手工定制，也可以用大规模生产技术。基本上，技术发展大多是由工程部门或研发小组所推动。不过，企业内许多部门也都有机会创造技术发展的贡献，例如，销售部门的订单登录系统有助于电子通信技术的开发，会计部门的信息有助于办公室自动化的开发。技术发展对所有产业的竞争优势都非常重要，在某些产业中，甚至是关键因素，以钢铁业为例，冶炼技术的优劣，就是取得优势最重要的单一因素。

（3）人力资源管理：人力资源管理是由人员招募、雇用、培训、发展和各种员工福利津贴的不同活动所组成。人力资源管理活动同样散布在企业各部门，因此，企业很少认真探讨各种不同的人力资源管理活动的累计成本，例如，薪资过低可能造成人员流动，人员流动会造成的招募和培训成本，因此薪资必须与招募和培训新人的成本做比较，才能从整体角度决定薪资水准。

人力资源管理活动在员工工作技能、工作动机，以及雇用与培训成本方面扮演相当重要的角色，在某些产业中，人力资源管理更是竞争优势的关键，例如，在管理顾问产业，找到有经验的顾问，或是找出有潜力的新人并加以适当培训，是管理顾问业的成功关键。

（4）企业基本设施：企业基本设施包含很多活动，例如，一般管理、企划、财务、会计、法务、政府关系、品质管理等。基本设施通常支持整个企业的价值链，而非支持个别价值活动。企业的基本设施活动虽然常被看成是“间接费用”，却可能也是竞争优势的有力来源。例如，台塑集团的管理制度所创造的成本节省及品质控管，成为台塑集团的关键优势。

以上四类辅助活动，同样也可以按产业的特性，再细分为更多不同的独立价值活动。以技术发展为例，其个别活动可能包括零件设计、功能设计、现场测试、制程工程、技术选择等。同样的，采购也可再细分为：审核新供货商、购买不同组合的采购项目、长期监督供货商表现等。图 3–2 是复印机制造商的价值活动，可以看出一般性的价值链如何运用到特定产业或企业。

3.2 价值链分析在商业模式上的含义

3.2.1 确认企业应执行的价值活动组合

如同本章开宗明义的提到，企业在设计商业模式时，自己该执行哪些活动，是相当根本的决策，这项决策会影响到商业模式的价值主张能否被贯彻落实，也会影响到企业与包括顾客、互补者、与竞争者等其他组织成员的互动，如果企业决定自己执行一项活动，互补者就不必执行此一活动。正如同台积电在初成立时，决定专做晶圆制造代工，这就代表台积电期待他的客户能尽量减少自行执行的晶圆制造的工作量，将这些工作交给台积电执行。反之，当没有互补者愿意执行一项必要的价值活动时，企业自己应该考虑接手，才能让商业模式实现。

	进料后勤	生产作业	出货后勤	行销与销售	服务	
	企业基本设施					利润
人力资源管理		人员招募 人员训练		人员招募	人员招募	
技术发展	自动化系统的设计	零组件设计/生产线设计/机械设计/测试程序/能源管理	资讯系统开发	市场研究 销售文件及技术文件	服务手册及程序	
采购	运送服务	材料/能源/电机/电子零件/其他零件补充品	计算机服务 运送服务	媒体代理服务 补充品 旅行及膳宿	备用零件 旅行及膳宿	
	进料处理 进料检验 零件挑选及运送	零组件装配 组装 调整及测试 维修 设备操作	订单处理 流程 运送	广告 促销 业务人力	服务人员 备用零件系统	利润

图 3–2　影印机制造商的价值链

资料来源：Poter（1985）.

吉维纳："掌握稀缺资源，执行单一活动"模式（价值链模式 6）

模式案例研讨 3-1

洗碗也是一门生意[①]

吉维纳环保科技公司是中国台湾地区第一大专业洗碗机制造厂，耗资新台币数亿元研发二十余项专利，生产洗净品质相当优良的洗碗机。但是早在 2000 年时，它所生产的有 20 项专利的洗碗机销路相当差。吉维纳最早会投身于中式洗碗机的生产，却发现当时的洗碗机都是为欧洲市场设计的洗碗机，并没有真正合适台湾地区中式餐具的洗碗机。吉维纳投入研发，也确实开发出了中式洗碗机，希望能卖给餐饮业者。但当时的中国台湾地区餐饮业者却对洗碗机并不重视，也没人关心洗碗必须要洗得干净，大多数餐饮业者重视的是菜色丰富，好不好吃，就算洗碗机洗不干净，餐饮业者认为只要要求厨房工作人员重洗就好了，吉维纳曾经出车马费请潜在客户到工厂参观，看过的都称赞，但却没人采买。并且当时洗碗机都是建造大型厨房时一并引进，除非业者重建大型厨房，否则不会重新购买新洗碗机。

吉维纳于是采取洗碗机租赁的模式，但是很快也遭遇"瓶颈"，于是再进行转变，他设法让团膳公司将洗碗工作外包出来，承包这些洗碗工作，转型为专业洗碗公司。然而过去洗碗一向是餐厅必须连带提供的服务，是免费的，一般团膳公司会认为"自己洗免钱，为什么要请别人洗"。

吉维纳切入承包洗碗市场的方式，是锁定当时使用纸制餐具的团膳业者下手，这些团膳公司原本并不需要使用洗碗机，但是使用纸制餐具的成本，不含后续的回收处理费用，为每天每人约 2.5 元，吉维纳就订出每天、每人 2.5 元的洗碗费用，这个定价是具有吸引力的。然而，这些使用纸制餐具的团膳业者若要将洗碗工作外包，还必须额外支付一笔采购一般餐具的费用，吉维纳决定投资餐具厂，并提供这些团膳业者免费使用。

不过，吉维纳的做法很快就被模仿，不到一年时间，模仿者纷纷出现。吉维纳决定以相同的价格，改提供成本更高的康

① 故事来源：吉维纳公司网站及《商业周刊》第 1107 期。

宁餐具，康宁餐具比一般餐具更薄、更硬，餐具极少有缺角破损。让用膳的员工觉得相当有质感，认为这是福利，公司也就不敢随便换餐具，删减了员工的福利。

吉维纳每年买进的康宁餐具数量，已经是康宁餐具在台湾地区最大的客户。它与康宁的国内代理商签下一般通路以外的独家合约。这个策略果然奏效，2007 年后，国内就很少看到新洗碗 厂的设立了。

思考点：请归纳吉维纳价值链设计的原则有哪些？

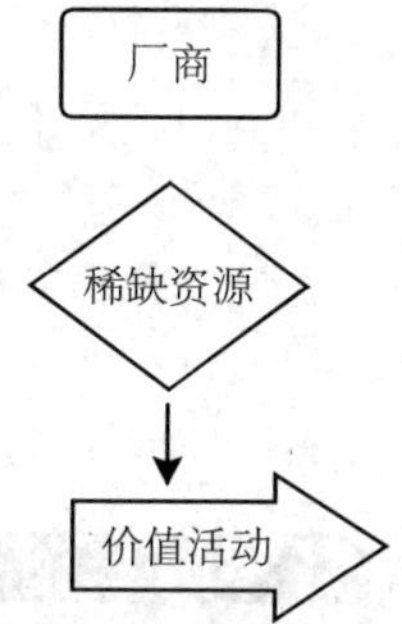

图 3–3　“掌握稀缺资源，执行单一活动”模式

3.2.2　市场区隔与价值链设计间的配适性

企业选择的市场区隔，其顾客如果有特殊的需求，企业的价值链必须设计成能满足这些需求，让市场区隔与价值链设计间取得配适。例如，原先是以饭店馆内餐饮为主要业务的晶华酒店，在进入外烩市场区隔时，其价值活动需要做一些调整，特别是承接大规模的外烩活动时，如果依照一般的烹调及上菜方式，出餐地方可能会离较远的餐桌有 200 米远，让这些桌次的菜肴失温；送菜、收餐动线安排也必须要沙盘推演；在户外，为了确保菜上桌时还热腾腾，晶华采取的是“大厨房加小厨房”的操作策略。晶华通常在外烩现场选择距离出菜处最近的空旷地，搭建起中央厨房作业区，当成“大厨房”，大厨房将菜大致完成后，送到出菜处，再由配餐区的小厨房做最后的料理、摆盘，以确保菜色的新鲜度和热度。

大型外烩：“中央厨房”模式（价值链模式 7）

要让企业的市场区隔和价值链设计取得配适，企业需要确认市场区隔的价值内涵，如果价值内涵是低价，那么企业需要让价值活动的组合以及执行方式，其成本降到最低；如果价值内涵是品质，企业需要让某些价值活动的执行足以保证品质。能够让价值链设计和市场区隔的价值内涵彼此相符的价值活动，也就是商业模式中的关键价值活动。

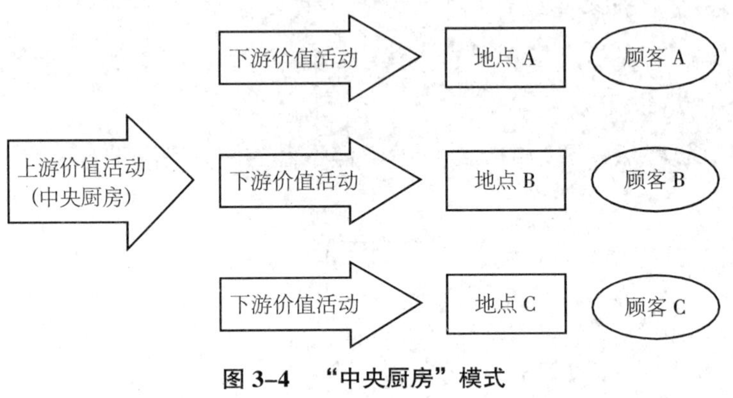

图 3-4 “中央厨房”模式

模式案例研讨 3-2

PChome 的 24 小时到货[①]

PChome 在刚开始从事网络购物时，关心的问题跟大部分的购物网站一样，包括如何让消费者相信给了钱可以拿到货、怎么汇钱、怎么交货等问题。PChome 率先发明“转单模式”，核心工作是掌握订单信息，不直接购置库存，一接到消费者的订单，就通过网络转发到中盘商、大盘商，把货品装上 PChome 的纸箱出货。在转单模式下，没有门槛可言，任何一家网络购物公司，都可以向中盘商、大盘商出货，供货商仓库里堆满不同网站的纸箱，不同的订单，就换不同的箱子出货，一视同仁，任何一家购物网站都不具备差异性。

PChome：“向下整合，提高时效”模式（价值链模式 14）

随后 PChome 网站对消费者做出承诺：全台湾地区保证 24 小时到货。为了实现这项承诺，PChome 决定自己盖仓库，掌握库存，保证 24 小时内到货，取代过去的转单模式。PChome 建立的仓库像是个大卖场，面积超过 33000 平方米，品项超过

① 故事来源：《商业周刊》第 1196 期。

30万个。当消费者按下“订购”时，仓库里的打印机同步打印出订购单，等上班时间一到，员工就按照订货单，到架上取货，甚至精确规划路线，以便实时找到货品，再到仓库出口柜台确认领出货品，不用半小时就准备出货，即使一天出一次也不至于延误。

当供货商想在线上或到现场盘点仓库里的货品时，PChome须随时能让供货商盘点，保证妥善保管货物；在消费者端，PChome必须随时掌握所有品项的存货状态，任何一项商品只要没有存货了，在网络上就须停售，以避免消费者下订单后，却因为仓库缺货而无法在24小时内到货。

思考点：PChome为了跳脱低门槛的转单模式，在价值链上做了哪些改变？

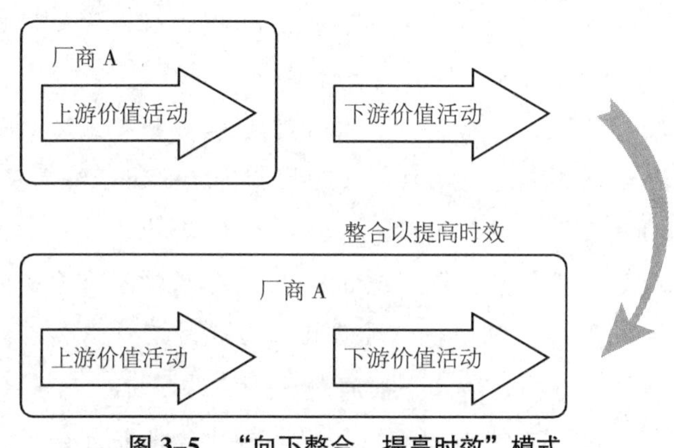

图3–5　“向下整合，提高时效”模式

3.2.3　价值链内部流程合理化

一连串价值活动的执行，构成了企业的内部流程，内部流程的合理化，是竞争力的重要来源，一般提到的“魔鬼藏在细节里”，就是指企业是否因为没有注意到细节，而使得内部流程经常因为这些细节而延缓，或是无法生产符合预期的产品服务。

模式案例研讨 3-3

哪些事情造成延误①

心血管疾病手术："改变活动顺序，消除流程瓶颈"模式（价值链模式 9）

纽约有一家医院希望增加心血管疾病手术的业务量，但是当该医院接到其他医院或病患告知该医院，希望转送该医院进行手术的电话时，反应却相当慢，经常需要 9 个小时以上，才能告知来电方可以转送病人过来，但来电方早就不耐等待，送到其他医院了。

经过深入了解，该医院发现，时间拖延主要是因为他们往往先把病人床位准备好，才回电给心脏科医生。但事实上，以纽约的交通状况，病人不会那么快抵达。因此，该医院调整流程，在来电方询问是否可转送时，医院会立刻告诉心脏科医生把病人送过来，病人在路上时，床位也立刻整理。

另外，医院还注意到，病人开刀前平均会在医院住院两天半。在这两天半中，病人大部分时间都是在吃饭、睡觉及等待。这些活动没有附加价值，其中唯一重要的活动是进行术前检查以及术后如何照护的卫教教育，这些活动可以以门诊的方式更早进行，几乎只有不到一小时的真正检查时间是需要在病人住院之后进行的。在这两天半期间，这些病人只付病房基本费用，这对医院来说成本是相当高的，如果给其他需要更多照顾的病患，医院的病床可以有更好的利用，也可创造更高的收入，对于病人来说，也可以因为住院期间减少，少花些钱，也减少了暴露在感染疾病的风险中。这个改变，让该医院 40% 的手术在当天完成，不仅降低了成本，也提高了病人健康。

思考点：这家医院改变后的价值活动流程隐藏了什么风险？如何预防？

不过，由于一项流程经常会贯穿企业的多个部门，任何一个部门又只牵涉到整个流程的一部分，每个部门很少和负责流程中其他工作的其他部门主管直接接触，也不知道彼此正在做什么或已经做

① 故事来源：Hammer and Hershman（2010）.

了什么。因此流程的合理化就很难由某一个部门负起全责。为了让流程合理化，企业需要采取案例承担者（Caseworker）的方式[①]，也就是指派一个人负责确保整个流程中的每个步骤顺利完成，跨越部门之间的障碍，取得他需要的信息和资源，进行协调，让工作更有效率地完成。

3.3 商业模式中的能耐与资产

3.3.1　资源基础论

资源基础论（Resource-based View）认为企业是由一组资源所构成，企业的资源及能耐决定了企业的成败及绩效[②]，资源是指企业所拥有的可以为顾客创造价值的财务资本、实体、社会或人力因素，能耐则是指一家企业整合及协调其资源，使这些资源具有生产力的技能。资源及能耐能否为企业带来竞争优势，决定于资源及能耐在**价值（Value）、稀有性（Rarity）、可模仿性（Imitability）及组织系统性（Organizational）四个面向上的特质，这四个面向构成 VRIO 架构。**

（1）价值：有价值的资源能耐是指能让企业把握环境机会或消除环境威胁的资源能耐，例如，当消费者越来越重视购买的便利性时，拥有众多销售据点的企业就越有竞争优势，众多销售据点就是一项有价值的资源。

（2）稀有性：稀有性是指企业所拥有的有价值的资源，有多少其他企业也同样拥有这些资源能耐，如果很多企业也拥有一样的资源，这样的资源带来的竞争优势效果就有限，例如，资源规划系统（Enterprise Resource System，ERP）虽然可以为企业创造价值，但是资源规划系统如果可以被轻易引进，而且系统提供者也积极为各个企业导入这项系统，资源规划系统就不会成为创造竞争优势的关键项目。基本上，资金、土地、稀有的实体物、具有特殊能力的人才，都可以成为稀有资源。

---

① Hammer and Hershman（2010）.

② Barney（1991）.

明斯克航空母舰：“掌握稀缺资源，扩大影响领域”模式（资源模式 1）

模式案例研讨 3-4

独特的明斯克航空母舰[①]

在 1998 年底，中国大陆的德隆集团投资 8000 万元（人民币），在深圳设立了明斯克航母世界实业有限公司，并以 540 万美元成功向苏联购买“明斯克”号航空母舰，以这艘航空母舰为核心，在深圳沙头角大鹏湾筹建世界独一无二的“航母军事主题公园”。

为了汇聚更多的稀有资源，明斯克公司派员前往莫斯科，找寻当年与“明斯克”号相关的实体军事设施，顺利买到了原舰搭载的 2 架退役报废武装直升机以及 2 架米格-20 歼击机，还以很低廉的价格，从经营陷入困难的俄罗斯航天博物馆和中央海军博馆，租得一批珍贵文物，其中包括世界第一颗人造地球卫星、第一艘载人飞船、月球士、宇宙航空服。

明斯克航母世界在 2009 年 9 月正式开始营业，10 月份的游客就达 40 多万人，门票收入达 4000 多万元（人民币），非假期期间每天游客仍在 6000 人以上，至 2001 年 10 月累计门票收入已突破 2.5 亿元（人民币）；而每个月的舰体维护、人工费、水电费等所有成本合计，平均约在 600 万元(人民币)，创下相当高的利润。

思考点：航母军事主题公园能够获利的关键是什么？

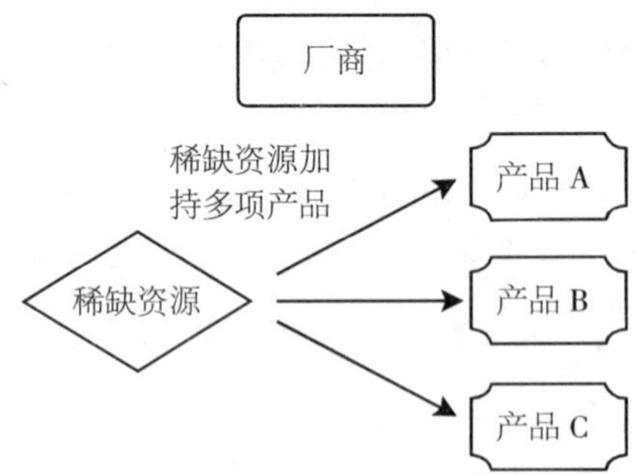

图 3-6 “掌握稀缺资源，扩大影响领域”模式

① 故事来源：赢利锦囊 36 计，第 84 页。

（3）可模仿性：可模仿性可以分两方面说明：一方面，是一项有价值、稀有的资源所产生的效果，如果可以轻易被其他种类的资源所模仿，带来的竞争优势效果就有限，例如，降低成本的自动化，可以取代廉价的劳动人力；另一方面，其他企业是否需要耗费可观的成本，才能获得、发展或是复制有价值、稀有的资源。例如，职棒队不论是要培养一位优秀的棒球选手或是要从其他球队挖角，都需要耗费相当成本。

一项资源能够难以被模仿，关键在于因果模糊性（Causal Ambiguity）[①]**，因果模糊性是指“造成企业绩效提升的因素，经常难以被明确指认”的状况，**当因果模糊性存在时，企业外部的竞争者就很难确认这家企业成功的因素，更遑论加以模仿。例如，在酿酒业，需要有丰富经验的酿酒师傅，这些酿酒经验很难以明白的文字写成酿酒指引，就是一种因果模糊性。

（4）组织系统性：企业内如果无法以有组织的方式，对有价值、稀有、难以模仿的资源加以应用，即使拥有这些资源，也无法创造竞争优势。**有组织的方式可以从两方面阐述，一方面，企业应该具备互补性资产（Complemen-tary Asset），**例如，优秀的球员虽然是有价值、稀有以及难以模仿的，但是如果缺乏好的运动防护员、媒体公关人员，这些优秀的球员也很难为球队创造好的营运绩效。**另一方面，企业应该让这些有价值、稀有、难以模仿的资源与企业高度契合，创造社会面的复杂性（Social Com-plexity）**[②]**，**即使是杰出的球星，也需与球队中的其他球员建立良好的默契，才能提高球队获胜的概率，这种默契就是社会面的复杂互动结果。一般提到的组织文化，也是社会面复杂性的展现。

3.3.2　资源的分类

企业所拥有的资源，可以有几套分类方式，常见到的第一套分类是将资源分为“资产”与“能耐”两类，资产是指企业所拥有或控制的要素存量，可以再分为有形资产与无形资产两种。能耐则是指企业配置资源的能耐，也可以再分为组织能耐与个人能耐两部分[③]，

---

① King and Zeithaml（2001）.
② Barney（1991）.
③ 吴思华（2000）.

表 3–1 说明这套分类的细项。

表 3–1　资源的分类

<table>
<tr><td rowspan="3">资产</td><td rowspan="2">有形资产</td><td>实体资产</td><td>土地、厂房</td></tr>
<tr><td colspan="2">财务资产</td></tr>
<tr><td>无形资产</td><td colspan="2">品牌/商誉、智能财产权、执照、契约、数据库等</td></tr>
<tr><td rowspan="2">能耐</td><td>组织能耐</td><td colspan="2">业务运作程序
技术创新与商品化
组织文化
组织记忆与学习</td></tr>
<tr><td>个人能耐</td><td colspan="2">专业技术能耐
管理能耐
人际网络</td></tr>
</table>

资料来源：吴思华（2000）.

3.3.2.1　资产

有形资产包括了实体资产（如土地及厂房）以及可自由运用的财务资产，这些资产通常会表现在公司的财务报表。无形资产则包括各种类型的智能财产权、契约、商业机密、数据库、商誉等，虽然不在传统报表中显示，但所有权归企业所有，是企业的重要资源。

好朋友乳品："品牌获利"模式（资源模式 2）

在建构具有持久竞争优势的商业模式时，无形资产已经成为重要的关键，尤其是品牌及专利两项，更具有关键的影响。就品牌来说，许多企业会走上自创品牌的路线，便是由于同质的新产品种类迅速增加，消费者有太多的选择，品牌因而提供了差异性和消费者满意度的承诺，品牌也让购买决策的时间从几天或几小时缩减到几秒钟。品牌也将信任引入买卖双方的关系中，品牌提供给消费者某种品质保证，利润和价值已经开始从产品本身转移到产品的品牌上，制造商和零售商也开始注意到这一点，开始以品牌创造及销售某个形象、信念和承诺，而不单只是一个产品，例如，好朋友系列乳品，首先以抹茶好朋友上市，接着以强力的"好朋友"品牌诉求，让同一个品牌下的其他种类乳品在上市后取得不差的成绩。

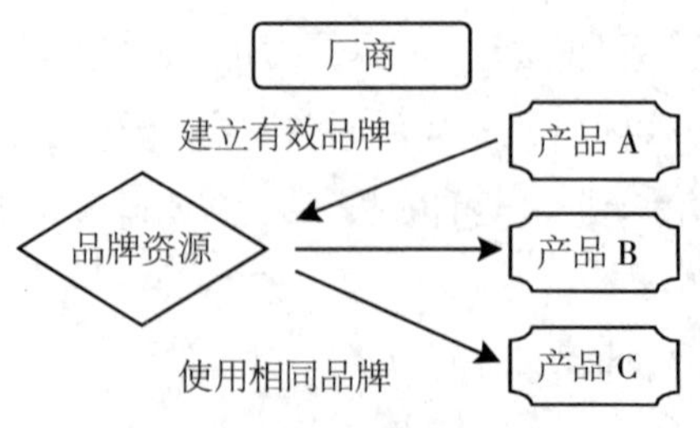

图 3–7　"品牌获利"模式

模式案例研讨 3–5
英特尔

Intel 是生产 CPU 的全球领导级厂商。CPU 是位于计算机内部，一般计算机使用者如果没有被特别提醒，从计算机外观，是不会特别注意到的关键零组件。Intel 公司为了建立品牌形象，推出了“Intel Inside”计划。

根据 Intel 公司网站的说明，Intel Inside 计划是 Intel 全球行销计划的核心，对于计算机产业的广告生态具有举足轻重的影响力。这项计划一直不断地演进发展，以因应产业的趋势，并与 Intel 的直接广告保持一致。作为旗舰级合作广告计划的 Intel Inside 计划，主要是一个处理器品牌认知计划。在广告中或计算机系统上出现的 Intel Inside 标志，它本身就是在提醒计算机消费者他们所购买的系统包含了一颗原装的 Intel 处理器，并可为他们提供来自于全球最大芯片厂商的品质、可靠性及兼容性保证。系统卷标是本计划的基础原则，以确保消费者能够辨识Intel 的零组件。

Intel：“掌握卓越技术，凸显组件价值”模式（资源模式 4）

思考点：什么样的零组件需要用类似 Intel Inside 的行销计划？

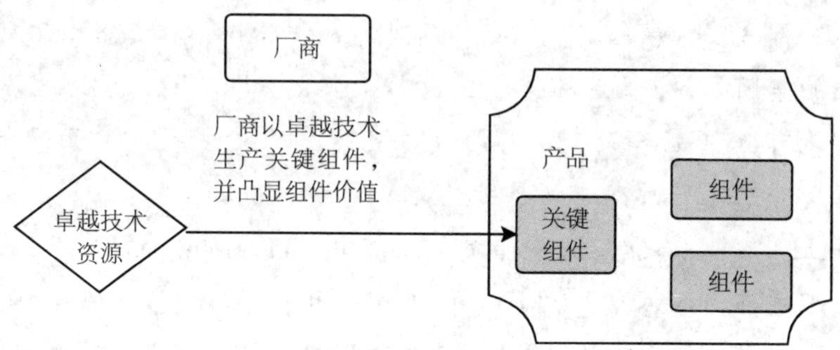

图 3–8　“掌握卓越技术，凸显组件价值”模式

3M：“专利产品获利”模式（资源模式 7）

就专利来说，专利由于法律保障，具有稀有性、不可取代的特质，因而可以建构出可以长期间获利的商业模式，例如，3M 拥有的多项专利，为 3M 创造许多长销产品，像是便利贴、博视灯；企业可以透过专利授权，获得专利授权金，也可以将专利运用在自家产品，创造竞争优势。典型的例子可以参考模式案例研讨 3–6 的飞利浦公司。

飞利浦："多方寻求资源获利途径"模式（资源模式 8）

模式案例研讨 3–6

飞利浦的专利布局

飞利浦是世界上最大的电子公司之一，创立百年来，一直努力创新，录音带卡带、CD 、可擦写 DVD、100 赫兹彩电等众多发明，都是飞利浦的成就。飞利浦在显示、储存、无线网络及数字影像方面，都拥有先进的技术，是这些领域的全球领导者之一。

当大多数公司都依靠制造和销售产品赚取利润，仅将专利用以保护自己的技术时，像飞利浦这样的专利大户，则是以更积极的方式，利用授权、销售、交换专利、版权、商标等更多样化的手段，让专利的价值极大化。

飞利浦的"专利制胜"是以知识财产创造财富的典型范例。飞利浦在全球的国际发明专利企业中名列第一，拥有约 10 万项专利权、22000 多个注册商标、11000 项外观设计专利和 2000 个注册网域，每年可以知识产权中获利数亿欧元。其专利使用授权费以每年 10% 的速度增加，2001 年以后更是剧增 45% 。

飞利浦对于专利的运作方式，一部分会运用到自家产品中，另一部分则授权给其他企业，所有飞利浦知识产权都是由飞利浦的集团知识产权机构申请和管理，集团知识产权机构在世界各地有 23 个办事处，拥有约 300 名知识产权（IPR）方面的专家，并且几乎所有这些专利授权收入，都会立即投入在研发工作上。飞利浦的 CEO 柯慈雷（Gerard Kleisterlee）指出，飞利浦不是盲目投入于知识产权的发展，而是有长远的策略考虑。飞利浦在知识产权领域累积了相当的经验，即使技术竞争激烈、科技发展快速，使得一般企业刚刚研发出的成果不久便失去了价值，但是飞利浦却可以经营其专利，发展出独特的他人难以模仿及绕过的专利。

思考点：何时应该将专利授权？何时应该运用到自家产品？

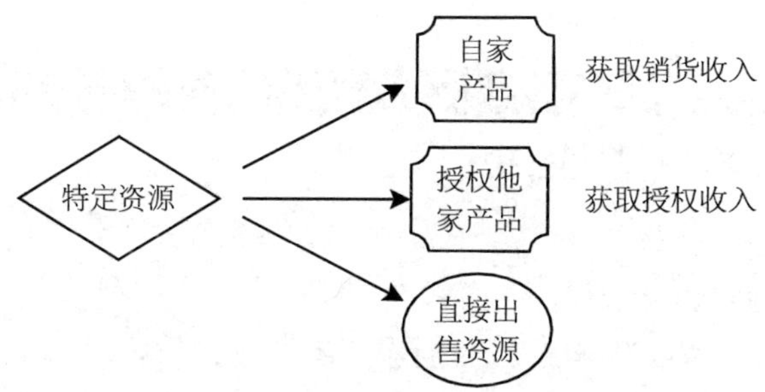

图 3–9　“多方寻求资源获利途径”模式

另一种与专利相关的商业模式是专利流氓（Patent Troll），专利流氓扮演的角色是付出买卖价金借由交易买卖，从原专利权拥有者取得专利权，专利流氓在获得专利权后，再对第三者的标的公司进行专利诉讼攻击，此时专利诉讼目的不在于取得市场，而在威胁与勒索，取得标的公司所支付的权利金，或是侵权诉讼后的损害赔偿金。

3.3.2.2　能耐

能耐可以分为组织能耐及个人能耐，组织能耐是指企业运用管理持续改善企业效率与效能之能耐，这是组织层次的能耐，不会随人员的新进或异动而有太大的变动，组织能耐又可表现在以下四个层面。

（1）业务运作程序：例如，企业如果可以让顾客送修计算机、维修、将计算机交还顾客的时间从三天缩短至两天，就是业务运作程序能耐的展现。

（2）技术创新与商品化能耐：例如，油电车引擎的技术创新及商品化，即属于这一种能耐。

（3）鼓励创新与合作的组织文化：例如，组织强调在技术上不怕犯错、不断尝试的文化，是一种组织能耐。模式案例研讨 3–7 中，得生制药不断进行尝试，终于在发达国家市场为传统的“狗皮膏药”打开市场。

模式案例研讨 3-7

狗皮膏药卖到发达国家①

得生制药在 1975 年成立于台南，目前主要研发制造的产品包括高科技水性贴布、油性贴布、弹性透气贴布、美容护肤贴片、生物科技保养品及健康食品。2002 年得生制药以改良传统“狗皮膏药”进入美国市场，到 2009 年，已占有美国五成以上代工量。

一般而言，跌打损伤的患者会到国术馆拿狗皮膏药，狗皮膏药经过调制、火烤后才能使用，得生制药认为若能研发出不需火烤就能使用的产品，将会很有市场。

在 2002 年，正好世界级的辉瑞药厂希望将旗下的奔肌（Bengay）品牌软膏，延伸至药用贴布，奔肌是美国职棒选手最常用于消炎止痛的药。当时，共有八家厂商参与长达两年的评选流程，除了得生制药之外，其他七间皆为日、韩大厂。

那是得生制药第一次面对真正的国际级竞争，辉瑞的一群博士并不熟悉药用贴布，不断发问。而接下来的测试期长达两年，辉瑞及得生都不断做细部修正。

得生制药：“独特资源结合互补有力伙伴”模式（资源模式 10）

得生在 2004 年取得订单的关键，就是低姿态与高配合度，从 2002~2004 年的两年内，得生进行实验的次数超过两千次，刚开始只有 5 名实验人员，为了争取订单，又陆续再聘雇 10 名实验人员。为了修正实验方法，又添购超过千万元的检测 仪器。同时还要补强国际法规和实验技术。得生主动争取辉瑞派 人驻厂，协助实验。相对于日韩大厂每一次的实验变更，都要由上而下才能确认做更改，小规模的得生反而可以营造出弹性优势，让得生成为辉瑞的唯一药用贴布供货商，也让得生的药用贴布快速抢占美国市场。

思考点：请推想辉瑞选择得生作为合作伙伴的可能原因。

① 故事来源：《商业周刊》第 1118 期；得生制药网站，http：//www.tehseng.com。

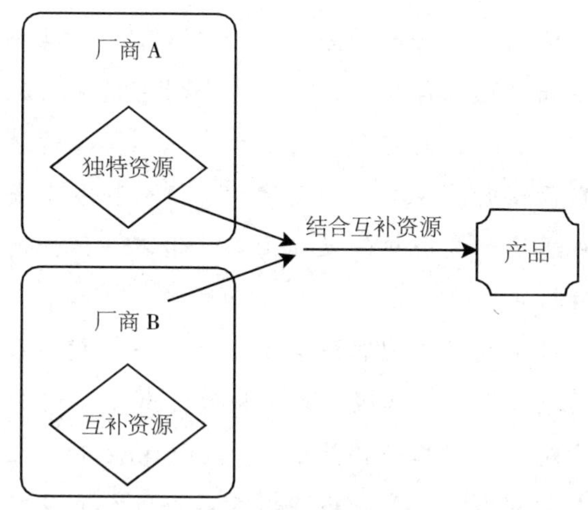

图 3–10　“独特资源结合互补有力伙伴”模式

文化并不是一套形诸文字的价值观、信条或行为准则，有一套核心价值观，并不保证能塑造出对的文化。价值观的实践和文化的塑造，是透过复杂的人际互动。因此，要塑造合适的企业文化，必须信守这一套核心价值观，而最重要的一个环节，是高阶主管必须愿意根据这套价值观来雇用和解雇员工。美国知名的网络售鞋公司 Zappos 能够实现其商业模式，关键之一即为其组织文化。

模式案例研讨 3–8

Zappos 的强势组织文化

Zappos：“齐一成员心念，赋权创造价值”模式（资源模式 5）

消费者在 Zappos 买一双鞋，会收到三双不同尺寸试穿，另两双可以退回。寄货、退换货，全都免运费。只要顾客对货品不满意，365 天内皆可免运费退货。Zappos 是网络商店，但跟其他网络商店的明显差异之处是 Zappos 在网页上方最显眼处列出客服电话，24 小时都有人接听。电话客服人员不会使用制式化的应答流程，即使你电话里谈的内容跟购货无关，客服人员也很乐于聊天。曾经有一通客服电话，通话时间长达近 6 小时，如果顾客要买的货品，Zappos 没有存货，客服人员会介绍三家同业的网站。Zappos 认为，顾客服务不是特定部门及特定人员的工作，而是公司全体人员的工作。因此所有获得录用的人，在为期四周的训练中，必须在电话客服中心工作两周。

Zappos 运用各种独特的方法，检验应征者与其公司文化的合适度。例如，Zappos 认为，应该尽各种可能帮助顾客，而谦逊的人更容易有这样的态度，当应征者飞到该公司总部所在地拉斯维加斯面试时，该公司的面试人员可能会私下查访你和机场巴士司机或出租车司机的互动情形，借以评估你是否为谦逊的人。

曾经有一个技术经理职缺空缺一年，一位获得录用并取得这个职位的人，在电话客服中心受训时迟到了 5 分钟，当他被申诫必须守时后，第二天仍然迟到。公司相关管理人员找他谈话，这个人却摆出“你们知道我将要担任什么职务吗？你们知道我的资历背景吗？”的态度，公司当天就把他解雇了。

Zappos 的另一项做法，是从训练期第一周结束后，会开始鼓励自觉不适合这家公司工作与文化的人果断离开这家公司，Zappo 会提供以工作天数计算的薪资，外加 2000 美元的奖金，让这些人离开，这项条件一直适用至四周训练期结束。Zappos 认为不喜欢工作内容或与公司文化不合适的人，若是勉强留下来，只会浪费自己的时间，还会侵蚀、伤害公司的文化及品牌。

思考点：Zappos 的组织文化与其商业模式有何关联？

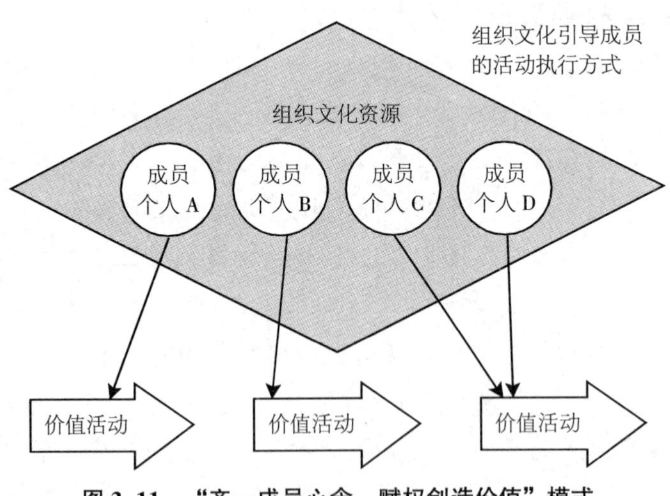

图 3–11　“齐一成员心念，赋权创造价值”模式

（4）组织记忆与学习：能够总结经验、记取教训、不断学习，也是重要的组织能耐。经验能创造经验曲线效果，也就是一项生产任务被多次反复执行，其生产成本将会随之降低。如果一家企业生产某种产品的累积数量越多，生产者就能更多地了解如何生产该产品，从生产中获得的经验也就越来越多，那么就能依靠更加熟练的经验而降低成本，从而提高边际利润。以经验曲线效果为基础的模式，主要是通过发现及发掘知识，在企业内部共享及传播知识，将最恰当的知识在最恰当的时间传递给最恰当的人，以确保企业有学习和创新的能力以更有效执行任务，例如，知名的管理顾问公司麦肯锡，擅长整合各个顾问的参与诊断案及顾问案的经验，创造出有效的实务知识及分析架构，让所属的顾问可以取用，以面对接踵而至的新案件。

麦肯锡：“经验曲线”模式（资源模式 3）

个人能耐是指企业的关键人物所拥有的专业技术能耐、统领企业的管理能耐、人际网络能耐等，一些商业模式的执行，需要高度依赖个人能耐，如模式案例研讨 3–9 所描述的公关业。

模式案例研讨 3–9

公关业中的个人能耐[①]

公关业：“发挥个人魅力，牵紧人际关系”模式（资源模式 6）

纽约国际管理顾问公司总经理陈文敏，在美国取得饭店管理学位后，从洗厕所、带位小姐开始，不到 10 年就成为纽约五星级饭店最年轻的经理、最年轻的总监，并且创立“WM 宴会公司”。

陈文敏刚开始是在汉斯理皇宫担任带位小姐，两年后破天荒直接成为领班，曾经引起同事们不满。陈文敏认为自己能被拔擢成为领班，是因为工作得比别人更晚，其他领班不愿等待晚走的客人时，陈文敏还是愿意留下来工作到最后一刻。

领班要带三组服务生，客人给的小费会受到领班表现的影响，而小费是服务生的重要收入，刚开始服务生都不看好陈文敏，服务生都不愿意跟她，但具有东方细腻特质的陈文敏，却颇受客人欢迎，没多久她这组的收入是全餐厅最高的，她认为凡事为客人着想是关键的因素，例如，有一次，巨星麦克·道格

① 故事来源：陈文敏（2006）；《商业周刊》第 671 期。

拉斯与友人匆忙地走进来，没有穿西装及打领带，汉斯理皇宫一般是拒绝这种客人，除非客人愿意穿上饭店准备的制式西装。

陈文敏判断他们可能不愿穿上制式西装，于是将西装放在麦克·道格拉斯手上，接着将他的位置安排在隐秘处，再了解到他只有40分钟的用餐时间后，便迅速准备精致的小餐点，还细心安排一位服务生掩护，防止其他人上前打扰。从此麦克·道格拉斯到纽约，都会到汉斯理餐厅，并且指定陈文敏为他服务。

当陈文敏离总经理只差一步时，她决定自己出来创业，一年后开设了"WM宴会公司"，专门为上流社会举办宴会。由于她熟识上流社会，案子的来源广，第一年营业额即达一百万美元，获利率超过四成。

1995年，陈文敏结束纽约的事业，回到台湾地区，下次再到纽约时，她知道自己将会只是一位游客，要重起事业将会相当困难，因为纽约的商场竞争太激烈了。

思考点：为什么陈文敏会认为她离开纽约，就无法在纽约再竞争了？

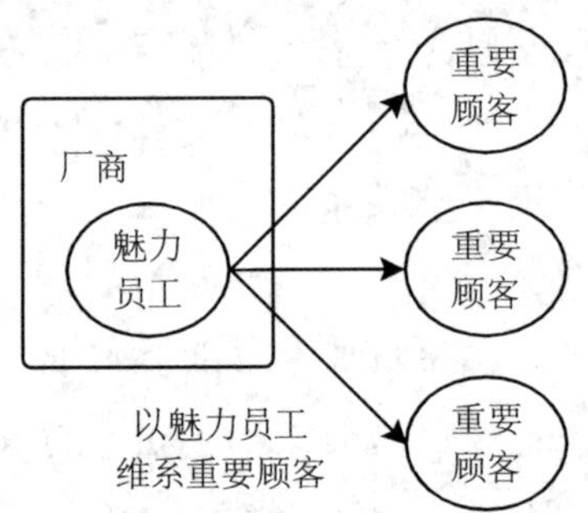

图3–12 "发挥个人魅力，牵紧人际关系"模式

3.4 运用能耐及资产建构商业模式的原则

企业在运用能耐及资产建构商业模式时，有几项明显的原则，分别是利用多余产能、利用副产出资源以及建构轻资产模式。

3.4.1　利用多余产能

利用多余产能是指企业若有某项资源尚未充分使用，还存在着宽裕资源（Slack Resources）时，可以以这些未充分使用的资源为基础，进入新事业，降低进入新事业的成本，找到新的营收来源，模式案例研讨 3–10 的大和控股就是利用多余产能进入新事业。

模式案例研讨 3–10

利用多余产能进入新事业①

日本大和控股（Yamato Holdings）是日本最大的宅配业者，品牌为黑猫宅急便，大和控股拥有超过 4 万辆的车队，因而有相当庞大的车辆维修需求，为节省成本，内部早已自行培养车辆维修人员，大和控股的社长木川真发现其车辆维修厂，需要配合全年无休的宅配业务，同样也必须 24 小时全天作业，社长认为“在日本，没有任何一家维修厂能做到这样。”他表示，“（大和）完全不需增加投资，只要开门就有钱赚，当然要做。”因而在2007 年更决定进入车辆维修新业务。很难想象，大和才刚进入车辆维修业务，在 2009 年这项业务已创造 175 亿日元（约合新台币 61 亿元）的营收。

思考点：利用多余产能进入新事业可能会有什么风险？

日本大和控股：“多方寻求资源获利途径”模式（资源模式 8）

3.4.2　利用副产出资源

企业在生产一项产品时，如果会产生副产出，而这些副产出的量若是又多到一定程度，这些副产出有可能成为一项事业，例如，在模式案例研讨 3–11 中的兴采实业，利用咖啡渣制成咖啡纱，就是利用副产出的例子。

① 故事来源：大和控股网站，http：//www.yamato-hd.co.jp/；《商业周刊》第 1159 期。

兴采实业："多方寻求副产出获利途径"模式（资源模式 9）

模式案例研讨 3–11

废弃物变黄金？①

机能性纺织布料是兴采实业的主要产品，其客户包括各大知名运动、户外服饰品牌如耐克（Nike）及阿迪达斯（Adidas）。

兴采在 2009 年推出的新产品，是咖啡店里的"咖啡渣"。咖啡渣是咖啡店的"垃圾"，具有"除臭"的功能，许多人喝完咖啡，会顺道带一些咖啡渣回家。兴采需要的数量，是星巴克咖啡店和 7–Eleven 每天约 40 公斤咖啡渣的量。

咖啡渣送到兴采总部，有专人每天记录湿度及含水率，原是废弃物的咖啡渣，经过烘干、研磨、加工、纳米化、环保处理后再混入布料中，可以做出具有除臭、吸湿、抗紫外线的衣服，兴采将混入咖啡渣的纱称为咖啡纱，咖啡纱一问世，引起各大品牌的兴趣。这项新产品问世才一年，就为兴采带进超过 1 亿元的营收。

思考点：利用多余产能的做法有何风险？

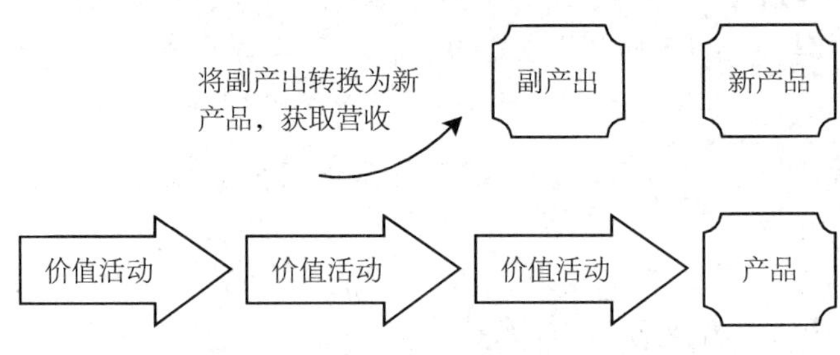

图 3–13 "多方寻求副产出获利途径"模式

3.4.3 建构轻资产模式

轻资产模式最初是麦肯锡公司在 2001 年提出的想法，近十年获得相当广泛的注意及实践。轻资产（Asset–light）模式有两种形态，**第一种形态是将固定资产比例降到最低，第二种形态是将企业牵涉到实体资产活动中，不具竞争优势或不擅长的部分尽可能外包，交**

① 故事来源：兴采实业网站，http：www. singtex.com/；《及商业周刊》第 1152 期。

给其他企业执行，企业本身则从事于产品设计、品牌塑造、通路、客户管理等比较不依赖实体资产的价值活动。

3.4.3.1　降低固定资产

将固定资产比例降到最低，可以有几项好处：减少投资、提高效益、强化核心能力、增强灵活性、降低风险。**企业降低固定资产比例，可以采取①以租赁代替购买，②辨识及专注于有价值资产等两种可行途径。**

以租赁代替购买是指企业对于土地、厂房、小汽车等间接产生效益的资产尽可能采取租赁的方法，一方面可以减少投资，另一方面可以将租赁费用计入成本。同时企业内暂时不用的资产也可以租赁给他人使用，使其发挥效益。

辨识及专注于有效资产，是指企业要根据资源基础论的 VRIO 架构，将资产区分为有效资产和无效资产，**把各种资源集中分配到有效资产上，使其发挥最大的效益。而对无效资产要尽量通过转让和变卖，转化为现金，以减少无效资产带来的负担。**

模式案例研讨 3–12

可口可乐向轻资产转向

可口可乐：“切割低价值资产”模式（资源模式 11）

在 20 世纪上半叶，可口可乐由于缺乏资金以及装瓶技术，利用特许经营权的方式，与全美各地的装瓶商签订契约，将可乐浓缩液以固定价格卖给装瓶商，授予装瓶商在各地的独家经营权。但到了 20 世纪 80 年代，百事可乐开始专攻超市连锁店，可口可乐想要还击，但是散居各地的众多独立装瓶商却无法彼此协调，做出有力、一致的反击，也不愿配合可口可乐在超市的低价策略，因此，可口可乐决定收购装瓶商、买回特许经营权，建立了集中管理的可口可乐系统。

但收购行动大幅提高了公司的资产密集度，也让流动资金大幅减少，造成巨额债务。到 1986 年，可口可乐又成立了可口可乐装瓶控股公司（Coca–Cola Enterprise，CCE），将所收购的大型装瓶商资产从可口可乐切割出去，交由 CCE 持有控制，也将用于收购而产生的债务转移到 CCE，同时将 CCE 上市，自股票市场取得 11.8 亿美元的现金。而可口可乐则重新定位成为浓缩液的专门制造商，专注于饮料开发、品牌经营以及行销活动的开展。

思考点：可口可乐从切割 CCE 的行动中，获得什么好处？

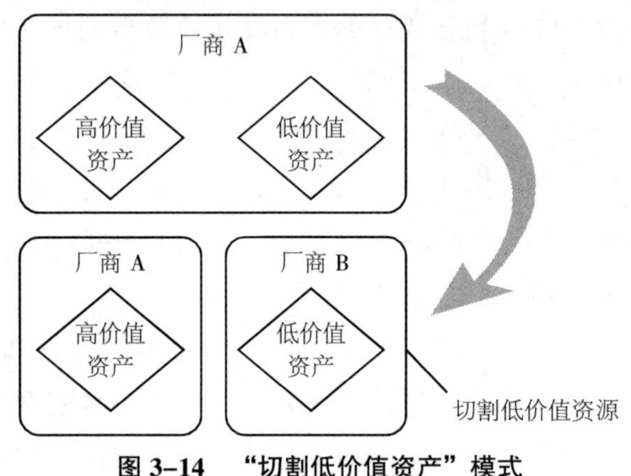

图 3-14 “切割低价值资产”模式

3.4.3.2 将不具竞争优势的活动外包

企业的优势如果是来自于几项核心的价值活动或是资产能耐，那么面对其他非核心活动，企业可以将这些活动外包出去，交由专业执行这些非核心活动的企业打理，以便于在有限的资源条件下，通过借助外部资源进行整合，以实现更高的价值，从而取得最强的竞争优势，常见的做法，是将机械化、重复执行的业务，例如，清洁维护、例行性的生产活动进行外包，以集中培养企业的核心竞争力。

无形资产是轻资产商业模式的一项核心，无形资产通常有相当大的潜在价值和使用价值，同样的品牌，可以沿用在众多商品，例如，Disney 可以运用在卡通、电影、游乐园等产品。企业运用无形资产，可以用比较低的成本进行扩张，减少有形资产的投入，甚至在与其他企业合资时，无形资产可以取代有形资产，成为股本。

轻资产模式的另一项核心是知识管理，这是对智能资本的良好管理，企业需要能够有效组成高绩效的工作小组，整合客户与供货商等企业资源，利用网络进行有效沟通和协调，以提供有价值的生产和服务。典型的例子是麦肯锡的知识管理，麦肯锡鼓励各地的经营顾问将其顾问心得在内部网络公开，当其他顾问在某个议题上需要协助时，可以通过内部网络寻求支持，甚至组成团队共同为顾客提供服务，而一位顾问随着自己的建议被他人采用或是成为共同辅导团队，该位顾问在麦肯锡内的地位及实质收入，也会获得提升。

由于轻资产模式强调减少固定投资，相当容易被模仿，因此企业必须拥有核心能耐，才能够利用轻资产模式在长期获得利润。与轻资产高度配适的核心能耐通常是品牌及营运知识资产，利用品牌及营运知识资产，可以将众多外部制造商串联起来，打造独特的商业模式。

在使用业务外包方式，必须注意的是，外包不代表可以将外包业务的品质完全交给承包的厂商，毕竟为一项产品挂上品牌的企业，还是要对整个产品负起责任，丰田汽车在 2010 年底大幅召回汽车，正是因为负责制造刹车零组件的外包厂商未能做好品质管控所导致。因此，采取外包方式执行轻资产商业模式的企业，需要强化控制能力，透过组织供应链，集结供货商、合作单位、外包企业、客户等的资产能耐，以提高企业经营效益。模式案例研讨 3–13 的利丰则是利用营运知识资产建构轻模式的例子。

模式案例研讨 3–13

利丰的轻资产模式

利丰是一家能运筹 40 个国家、7500 家工厂的贸易商。1970 年之后，传统贸易商的角色式微。外国的客户不再仰赖贸易商，它们直接跑到中国香港设立采购中心。供货商也越发强大，它们希望自己直接把产品出口。利丰的经营日益艰难，当时，贸易商越来越不重要，“作为一个中间人，你必须问自己，在利润萎缩的情况下你能做什么？”冯国经和弟弟冯国纶认为，如果能改变传统贸易商业务，就能重新定位。冯氏兄弟拆解供应流程，他们知道当时全世界最便宜的棉纱在哪里、染整的订单该下到哪里、拉结该请哪一个工厂做，然后再指定送到哪一个国家车缝、出货。它的供货商只是生产流程中的一个小角色，不知道最终买主是谁。扮演整合者的利丰靠着管理能力，在拆解过程中挤压出最大利润。

利丰集团绵密的“供应链管理”运用大量生产、交期短的消费产品，例如，成衣、流行饰物、玩具、游戏运动用品、家居装饰品、鞋子、旅行用品及餐具等。目前主要合作伙伴包括可口可乐、迪士尼、乐高玩具、Wal-Mart 等。

利丰集团扮演虚拟生产商角色，并未拥有任何工厂，为客户提供一次购足的加值服务，包括产品开发、原料采购、生产安排及管理、品质监控、出口批文，一直到装货配送等。每一段供应链，利丰集团运用信息科技和财务两大优势加以贯穿，随时可通过网络掌握下单、生产进度。通过在 40 个国家内的 67 个办事处，深入供货商内部进行管理，以确保产品能及时交付并且达到一定水准。

利丰："管理外包伙伴，创造议价实力"模式（价值链模式 16）

以一张一万件的成衣订单来说，利丰会首先综合评估配额、原料价格和劳动力成本等所有信息；然后决定要从哪一国买纱并运往台湾地区进行纺织和染色，同时向 YKK（日本拉链厂商）设在中国内地的工厂订购拉链；最后，出于配额和人工的考量，便把纱和拉链运往泰国生产。但由于客户要求迅速交货，利丰又分别在泰国五间工厂下订单。在收到订单的五周之后（这是一般贸易公司 的 1/2 到 1/3的生产时间），一万件衣服就放在美国客户的货架上，它们看起来就像是同一间工厂生产出来的。

思考点：利丰为何能不从事制造业务，还维持一定的利润，不至于被取代？

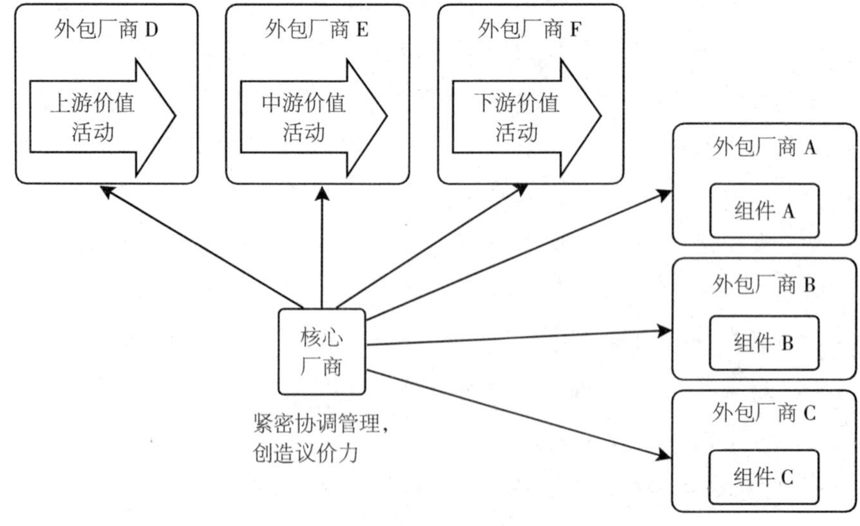

图 3-15 "管理外包伙伴，创造议价实力"模式

本章提及模式的相关网站

1. Intel，http：//www.intel.com.tw/content/www/tw/zh/homepage. Html。

2. PChome，http：//shopping.pchome.com.tw/。

3. Zappos，http：//www.zappos.com/。

4. 大和控股，http：//www.yamato-hd.co.jp。

5. 吉维纳环保科技，http：//www.g-winner.com/TW/index.php。

6. 利丰集团，http：//www.funggroup.com/big5/global/home.php。

7. 飞利浦，http：//www.philips.com.tw/。

8. 得生制药，http：//www.tehseng.com/。

9. 兴采实业，http：//www.singtex.com/。

本章参考文献

[1] Barney，J.. Firm Resources and Sustained Competitive Advantage [J]. Journal of Management，1991，17：99-120.

[2] Hammer M. and Hershman L. W.. Faster，Cheaper，Better：The 9 Levers for Transforming How Work Gets Done [M]. Crown Business，2010.

[3] King A. W. and Zeithaml C. P.. Competencies and Firm Performance：Examining the Causal Ambiguity Paradox [J]. Strategic Management Journal，2001，22：75-99.

[4] Porter M. E.. Competitivr Strategy [M]. NY：Free Press，1985.

[5] 吴思华. 策略九说 [M]. 中国台北：脸谱出版社，2000.

[6] 陈文敏. 你就是品牌——用服务打造你的品牌 [M]. 中国台北：天下文化，2006.

第 4 章　顾客价值与产品定位

4.1　顾客价值

4.2　运用顾客价值设计商业模式

4.3　产品定位

价值主张是商业模式的一项关键要素，价值主张会对商业模式造成关键影响，商业模式的起始价值主张，会决定企业的经营范畴，更深刻决定企业未来是否能获取利润。价值主张界定了企业希望为目标顾客创造的价值，所要满足的目标顾客需求。企业是通过产品及服务的设计，将价值主张传递给目标客群，并为企业创造实际收益。本章将先说明顾客价值，再说明产品组合。

4.1 顾客价值

顾客价值是指顾客从产品或服务中得到的总价值，顾客价值包括了产品价值、服务价值、人员价值、形象价值。另外，顾客为取得产品与服务的价值，所要花费的成本，包含了金钱成本、时间成本、体力成本及心理成本，合称顾客成本。顾客价值与顾客成本间的差距就是顾客真正获得的价值[①]。

4.1.1 顾客价值的分类：从创造价值的来源区分

4.1.1.1 产品价值

产品价值是由产品的功能、特性、品质、品种与式样等条件所创造的价值。产品价值是顾客价值的核心，也是顾客选购商品的首要因素。产品价值是由顾客需求决定，分析产品价值时需要有以下两项理解。

第一项理解是**在不同的经济及产业条件下，顾客对同一项产品会有不同的需求**，构成产品价值的要素以及各种要素的相对重要程度也会有所不同。例如，在一项产品刚出现在市场上时，对顾客的价值会是提供新鲜感，但是当产品已经进入成熟期之后，顾客将会更期待有稳定的品质以及更低的价格。

第二项理解是**即使在相同的经济及产业条件下，不同类型的顾客对同一种产品也会有不同的价值期待，因而在购买行为上会出现差异**。以模式案例研讨 4-1 的“橘色涮涮屋”为例，它和一般涮涮锅店提供的顾客价值，明显有所差异。

---

① Kolter（2003）.

模式案例研讨 4–1

橘色涮涮屋①

“橘色涮涮屋”位于台北市大安路名人巷内，斥资千万成立，这家高档日式涮涮锅店，每锅平均单价高达 1500 元，保守估计年营业额约破亿，不少政商名流都是橘色的常客。

橘色涮涮屋老板袁永定非常重视用餐的听觉、视觉、味觉及心情感受，这是从 1975 年起，和家人在美国经营中国餐馆十多年的心得。他从外场服务生做起，认为食材只是起码的要求，装潢则是附加的，真正的重点是服务，服务的重要性超过其他所有的项目，餐馆只要疏忽一个细节，可能就失去长期培养的客人，东西好不好吃是其次，只要服务好，很少会有客人直接掉头就走。

早年开中国餐馆时，有位常客宴客，带了两条鱼请店里料理，吩咐工钱照算，袁永定收了工钱 12 美元，结果这位常客抱怨工钱太贵，袁永定本想自己也没多算，下次再招待顾客一条鱼，可能还超过这次工钱。结果这位常客从此不上门，甚至还曾经影响到其朋友圈。

袁永定事后回想，这位常客虽然说工钱照算，但心里可能有预设一个价，或甚至希望能够免费，在宾客前做足“VIP”的面子。

袁永定事后请许多朋友，甚至这位常客的太太去疏通，过了一年半，这位常客才再来光顾。从这件事，袁永定了解到如何跟顶级熟客经营、互动。

一般餐厅会用打折，或是不收一成服务费的做法；但袁永定坚持不打折也不降价，一打折店的形象就会折损，不是长久之计，宁可送超过打折的餐点来招待，绝不能打折。在招待餐点和打折相同成本的情形下，招待餐点能创造出熟客更高的好感。打九折可以省下 1000 元，但这还不到菜单上一只龙虾的定

橘色涮涮屋：“以细致服务瞄准高阶区隔”模式（市场模式 9）

---

① 故事来源：橘色涮涮屋网站，http：//www.orangeshabu.com.tw/index.html；《商业周刊》第 1164 期。

价；但就食材来说，三只龙虾约 1000 元，做成餐点招待可以让顾客觉得赚到 3000 元以上，感觉会很好。而且打折，只有付钱的人受惠，招待3000 元的餐点，所有宾客都可以享受到。以客群来讲，客人的面子更重于价钱优惠。

思考点：请评论袁永定的“我不觉得开涮涮锅店有任何技巧”的观点。

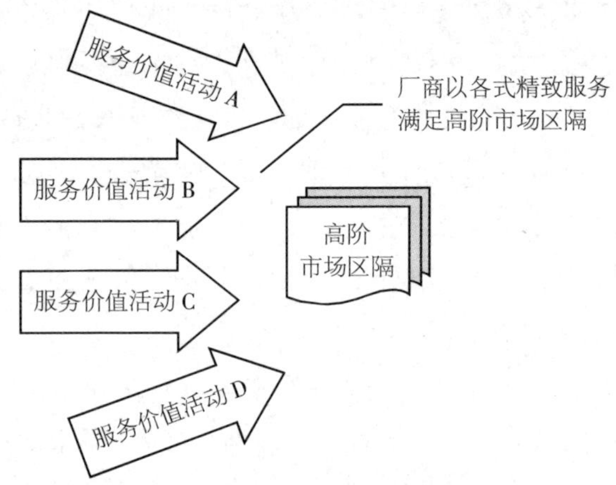

图 4–1　“以细致服务瞄准高阶区隔”模式

基于以上两项理解，企业必须理解不同经济发展时期顾客需求的共同特点以及同一发展时期不同类型顾客需求的特质，并据此进行产品的开发与设计，从而为顾客创造更大的价值。

4.1.1.2　服务价值

服务价值是指伴随产品实体的出售，企业向顾客提供的各种附加服务，包括产品介绍、送货、安装、调整、维修、技术培训、产品保证等服务所产生的价值。服务价值是构成顾客价值的重要因素之一。在现代的消费市场上，消费者在选购产品时，不仅会关心产品本身价值，更会注意产品附加的服务价值。

模式案例研讨 4–2

三二行馆[①]

三二行馆：“以细致服务瞄准高阶区隔”模式（市场模式 9）

三二行馆于 2004 年开幕，在北投坐拥丰沛温泉地热的三二行馆并不以饭店自居，反而以“私人招待所”的定位来经营，2006 年三二行馆与泰国清莱四季酒店、加州 Solomar 饭店并列，荣获国际知名杂志《Conde Nast Traveller》评选为全球最热门的十七家新饭店之一，于 2010 年 5 月获选为美国 CNNgo.com“亚洲最令人放松的 28 家 SPA”殊荣，总经理毕嘉玮认为，要在高规格饭店服务业中胜出，靠的不是标准流程，而是懂得察言观色。

毕嘉玮经常站在服务第一线，客人如果乱丢袜子，毕嘉玮会把袜子卷好，摆在客人鞋子内，整双鞋再朝外放，让客人方便穿鞋外出。当员工看到总经理都这样做了，自己当然也应该这么做。

毕嘉玮将三二行馆定位为具备招待所的性质，客人会来这里，不是因为肚子饿或是纯粹找地方睡，因此不能依赖标准流程做服务，而是要懂得察言观色，才能判断顾客的等级和动机。客人看起来越是有气势，越要用心服务。曾经有一对中国香港夫妇搭着出租车来喝下午茶，穿着普通，几乎无法从外在直接判断其身份，但这个香港人一边听三二行馆的介绍，一边直视前方直接往前走，跟一般人在听介绍时会停下来看着他完全不同，代表有人跟在这个人后头向他报告。

这对夫妇只喝了下午茶，毕嘉玮打听他们住宿的饭店及房号后，派人送上台湾地区的当季芒果。过两个月后，毕嘉玮在香港机场的《亚洲周刊》上，看到封面就是那位香港客人，这位客人后续介绍了许多人来三二行馆，带来数百万元的营业额。

毕嘉玮认为体察客人的动机，是服务时最关键的工作。曾经有位科技大佬在三二行馆招待三对企业家夫妇，大佬的夫人

---

① 故事来源：三二行馆网站，http：//www.villa32.com/frameset-tw.htm；《商业周刊》第 1180 期。

做了三份年糕要赠送给客人。毕嘉玮先将年糕放在冰箱中，每一对夫妇到场时，就把年糕拿出来请夫人亲自送给客人，毕嘉玮再走到受礼的夫人旁，接下年糕再拿回去冰箱冰。宴会完毕最后送客时，再把年糕从冰箱中拿出来，交给来做客的夫人。而且年糕不能在餐后送客才出现，必须在餐前出场，才能成为夫人们的话题。

三二行馆的员工是以无线电耳机掌握客人需求，随时都要观察客人，并且全馆联机，不让客人的需求无人照应。有一次SPA芳疗师回报刚从SPA过去的客人扭到脚，SPA区已经初步处理，而这位客人在三二行馆内移动时，发现每个员工都会主动关心他脚的状况。三二行馆对客人的服务会延伸到行馆之外，客人订不到米其林三星餐厅的位置，或是其他城市的知名饭店时，行馆都会全力协助，满足客人的需求。

思考点：如何提高企业为顾客提供的服务价值？

4.1.1.3 人员价值

人员价值是指企业员工的经营思想、知识、业务能力、工作成效、经营作风以及应变能力所产生的价值。企业员工直接影响企业为顾客提供的产品与服务价值。人员价值对企业、对顾客有相当大的影响，企业必须重视对企业人员的素质和能力的培养。例如，三二行馆总经理毕嘉玮会要求餐厅的服务同仁写“包厢日记”，画下每晚每间包厢里，谁是主人、主客、陪客，用画面来记忆；甚至悉心记录熟客的口味、座位喜好，甚至往来较频繁的人脉圈，让人觉得备感尊荣。

4.1.1.4 形象价值

形象价值是指企业及其产品在社会公众中形成的整体形象所产生的价值。形象价值包括产品、包装、商标、工作场所等有形事物所产生的价值、公司及其员工的职业道德行为、经营行为、服务态度等行为所产生的价值，以及企业的价值观念、管理哲学等理念形象所产生的价值。形象是企业的宝贵资产，良好的形象可以更有力支持企业的产品，赋予企业较高的产品价值。

4.1.2　顾客价值的分类：从价值实质内容区分

关于顾客价值的分类，Holbrook 提出了周延的顾客价值分类，将顾客价值分为下面八种：

（1）效率（Efficiency）：效率是一种产出/投入（Output/input）的比值，这个比值在不同的情境下，会以不同的形态出现，例如，就劳动来说，可以是“结果/付出”（Results/efforts）的比值，就商品交易来说，可以是“从商品的使用/交易的价格”（Use/exchange）的比值。通常成本低、实时反应的业者，就是在效率价值上有较佳表现的业者。

（2）卓越（Excellence）：卓越是指一项产品/服务在某种品质上有超越预期的表现，例如杯子特别耐用、服饰的特别设计、定时器相当精准、电视画质特别好等都是卓越的展现，这一项价值往往和技术能力有关。

（3）成功（Success）：成功是指拥有一种被他人高度评价的成就，如果拥有一种产品或是消费经验，可以让许多人觉得相当羡慕，也是一种成功的展现，例如，一些人会希望拥有双 B 汽车，是因为这种产品代表一种成功。

（4）尊敬/声誉（Esteem/reputation）：尊敬/声誉是指他人及社会对个人或企业的正面认同，例如，从事慈善事业或是参与某个社会认同的团体。企业可以提供符合环保的产品，获得社会的认同。

（5）乐趣（Play/fun）：乐趣能成为价值，是与其具有游戏、创造性以及使用者的主动参与有关，例如，YouTube 就具有让使用者参与的特质，一些线上游戏也相当强调使用者参与的一面。

（6）美感（Esthetics）：美感是相当主观层面的判断，是个人内在的感受，一项能具有美感价值的事物（产品），是因为这项事物本身的存在，而不必诉诸这项事物（产品）的外在功能或目的。例如，一些在设计上具有美感的文具、家具，即使和其他的文具、家具有完全相同的功能，但仍旧可以因为具有美感而有较高的价值。

（7）美德（Morality/virtue）：当人们感到必须尽某些责任或是基于某种觉醒，而采取一些行动，就是美德的价值所在，例如，人们会匿名捐款给慈善机构，从美德的追寻可以解释这种行为。

（8）信仰（Spirituality/faith）：信仰的价值表现在对神秘力量的信

心、崇拜及仰慕上，例如，一些产品或事物，经常会被赋予具有某些近似宗教的神秘力量，在信仰者的心中，其价值就与其他类似事物的价值有所不同。

商业模式演练 4–1

请以火锅店为例子，以上述八种顾客价值为基础，可以如何建构商业模式？

4.1.3 潜在需求

顾客需求包括显性需求和潜在需求，一般的企业往往只能看到显而易见、浅层的显性需求，并且把全部精力用来满足显性需求，卓越的企业则具有察觉潜在需求的能力。**确认潜在需求，是企业透过商业模式设计以提高顾客价值的重要途径，**越能发掘出，并满足更多样的潜在顾客需求的商业模式，越有蓬勃发展的机会。例如，苹果公司了解到顾客购买音乐播放器的真正目的是要听音乐及看电影，而其他公司则认为顾客购买的是音乐播放器本身，因此苹果公司在提供 iPod 时，更致力于建立网上音乐及影片商店 iTunes。顾客购买 iPod 时，也就拥有使用 iTunes 的权利，就会从 iTunes 那里不断购买数字音乐及影片。

面对潜在需求，企业可以**采取①发掘顾客潜在需求以及②引导顾客潜在需求两种途径，设计商业模式。**

4.1.3.1 发掘顾客潜在需求

有时潜在需求会比显性需求创造更高的收益，但此时伴随的风险也较高，潜在需求的定位存在着不确定性，顾客不一定能讲清楚他们的需要，能够深入体察顾客使用动机及行为的企业，往往较能真正了解顾客最需要的是什么。企业可以有以下几种方式，发掘顾客潜在需求：

（1）体察隐而未宣的需求：一种购买行为经常是建立在另一种没有明说的需求上，这种没有明说的需求，背后可能还潜藏着一种或多种更为深层、隐而未宣的需求，例如，学英文（明说的需求）是为了有更好的职场工作能力（没有明说的需求），有更好的职场工作能力，则是要为自己创造更好的生活环境（深层、隐而未宣的需求）。企业仅仅看到浅层的顾客需求是不够的，还必须看到深层隐而未宣的顾客需求，才有助于设计出创新的商业模式，正如苹果设计的 iPod 商业模式。

（2）重视顾客抱怨的市场调查：一般的市场调查着重于发现显性的顾客需求。潜在需求的挖掘，需要依赖企业对顾客的购买动机及行为进行深入观察分析，因而需要进行一些特殊的市场调查方法，例如，调查者进入既有顾客的日常生活中，通过观察顾客日常使用某产品的习惯，从中发现一些潜在需求。使用现有市场信息，研究顾客的抱怨也是一个有效的手段，抱怨往往代表潜在的需求尚未得到满足，也是对企业的期待。企业若能发现顾客抱怨的根本原因所在，也许可以寻找到新服务开发的机会。

4.1.3.2 引导顾客潜在需求

厂商不仅要让产品满足顾客需求，有时更要引导顾客需求，例如，生产牙刷的厂商会告知消费者何种牙刷才是好牙刷，甚至教育消费者如何刷牙。

模式案例研讨 4–3

贵州茅台[①]

茅台酒是世界名酒，早在公元前 135 年，茅台镇就酿出了使汉武帝“甘美之”的枸酱酒，盛名于世。在 1915 年，茅台酒荣获巴拿马万国博览会金奖，享誉全球。贵州仁怀市茅台镇的贵州茅台，在全球金融大海啸期间，税后净利仍然增长 34.2% 。

贵州是“地无三里平，天无三日晴”的地方，周遭是一千公尺高山包围的茅台镇，到了茅台地势突然下降到成为四百公尺海拔的河谷，夏季高温四十达摄氏度，冬季天冷不下雪，使得空气很难流动，并且从汉朝就开始酿酒，随着时间累积，微生物充满于空气中，茅台镇的地质属紫色砂页岩、砾岩，使得流过茅台的赤水河，含有丰富的矿物质，以这样的水来酿酒，

贵州茅台：“限量供应，社交精品”模式（顾客价值模式 3）

① 故事来源：贵州茅台酒股份有限公司网站，http：//www.moutaichina.com/index.asp ；《商业周刊》第 1120 期。

造就酿酒的绝佳环境。使得邻近茅台镇的其他地方，即使用同样的酿造法、造酒师傅、高粱等原料，就是无法酿出一样的酒。茅台酒酿造过程烦琐，一批原料要经过多种工序流程，制造过程达一年，制造出来后还要放在酒窖内四年才能上市销售，也就是在市场上销售的茅台，其实是五年前的酒了。这些条件在本质上限定了茅台酒的产量，因此，茅台酒采取破坏市场价格的策略，不断提高售价。

中国大陆民间的一种说法，“买茅台的不喝酒，喝茅台的不花钱”。意指茅台是用于馈赠，所以买茅台的人不喝，是送礼用，而真正喝茅台的人不用花钱，是别人送的，因此，茅台酒可以不断提高价格，成为一种奢侈品。

茅台公司也考虑到中低阶市场，推出价格较亲民的茅台王子酒与茅台迎宾酒，弥补因为不断提高价格而无法顾及的中低阶市场，同时可以掩护茅台酒，免予混乱的白酒市场中其他品牌的攻击，让茅台成为中国白酒的最高价酒。

思考点：贵州茅台如何挖掘及引导顾客需求？

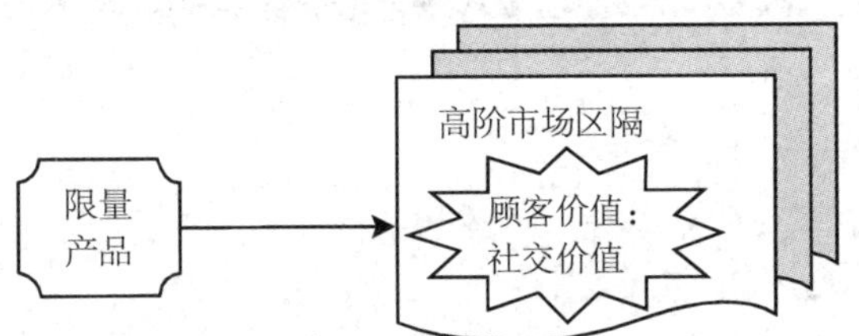

图 4–2 “限量供应，社交精品”模式

商业模式演练 4–2

对国道客运业者而言，其顾客还可能有哪些潜在需求？在这些潜在需求上，如何建构商业模式？

4.2 运用顾客价值设计商业模式

价值主张可以说是商业模式设计的最基本要素，企业若能找出新的价值主张，将有更多的机会设计出新的商业模式。要找出全新的价值主张，难度往往相当高，从市场上现有的价值主张进行修正，是比较可行的方式，常见的修正途径有以下几种。

4.2.1 重组价值的具体要素

一项产品会让顾客感到有价值，是由许多具体的价值要素所创造。在第 2 章中曾提到，新市场区隔的创造，可以透过重组价值要素来达成，同样的，企业在建构商业模式时，可以尝试组合出不同的顾客要素，例如，金伟灿及莫伯尼（Kim and Mauborgne）提出的"蓝海策略"，认为每个产业都会牵涉到多种价值，如与航空业有关的价值种类包括了票价、餐饮、休息室、座舱选择、转机接驳、亲切服务、速度以及点对点出发班次，如图 4–3 所示。

企业可以在市场空间中选择自己的独特定位，此一独特定位就构成价值曲线（Value Curve），西南航空选择与一般航空不同定位的价值曲线：票价较低、不提供餐饮、无休息室、不提供转机接驳，但强调速度、亲切服务以及密集的点对点出发班次。

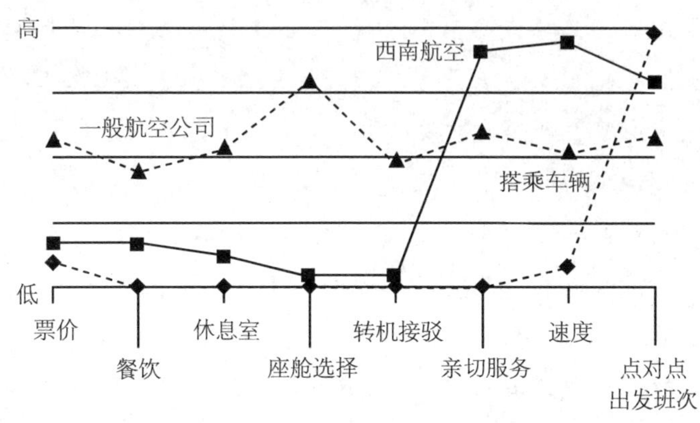

图 4–3　航空业的市场空间

资料来源：Kim and Mauborgne（2005）.

In-N-Out：“创造顾客默契，催动消费忠诚”模式（顾客价值模式 6）

模式案例研讨 4-4

In-N-Out 的顾客价值设定①

In-N-Out 是一家美国的汉堡连锁店，汉堡连锁店已经够多了，但 In-N-Out 却拥有许多忠实的粉丝，从厨房就可以看出 In-N-Out 跟一般汉堡连锁店的差异，员工是亲手剥新鲜莴苣，现场用烤箱烘焙面包，这是一项关键因素。

另一项关键因素，是 In-N-Out 的菜单。In-N-Out 现在的菜单，跟当年刚开幕时几乎没什么差别，只有汉堡、薯条跟饮料三大类。汉堡也只有三种选择，最基本的“汉堡”，里面有一片牛肉派、莴苣、番茄片、奶油，以及顾客可以选择不要的洋葱，第二种是只多了一片起司的“起司汉堡”，第三种是牛肉派和起司各多加一片的“双份汉堡”。

这份表面上看来简单的菜单，却有一些诀窍。在 In-N-Out 的店中，没有冷冻柜，也没有微波炉，所有的牛肉饼都是用从未冷冻过的新鲜牛肉现场做成的。薯条也是员工从整颗新鲜的马铃薯，现场开始削皮切块做起，顾客点餐之后，才被放入蔬菜油中炸熟，奶昔则是百分之百的冰淇淋打制而成。这些做法，都是让一些顾客非常喜欢 In-N-Out 的汉堡的元素。

甚至 In-N-Out 还流传了一份“秘密菜单”，只要是公司的死忠顾客，都知道除了看板上的汉堡以外，还可以点自己喜爱的特制汉堡，只要点“3×3 汉堡”，员工就知道牛肉派和起司要各多加两片，如果顾客点了“动物风汉堡”，员工便知道要用芥末酱煎牛肉派，洋葱也要先烤过。

In-N-Out 的公司网站称这份菜单为“并不怎么秘密的菜单”（Not-so-secret menu），这是公司应顾客将常出现的要求所做的变化，长期以来死忠顾客跟公司累积出的一种默契。In-N-Out 把六种特调汉堡列在公司网站上。

思考点：把 Not-so-secret menu 中的六种特调汉堡，放在一般菜单看板上，会有什么影响？

---

① 故事来源：Perman（2009）.

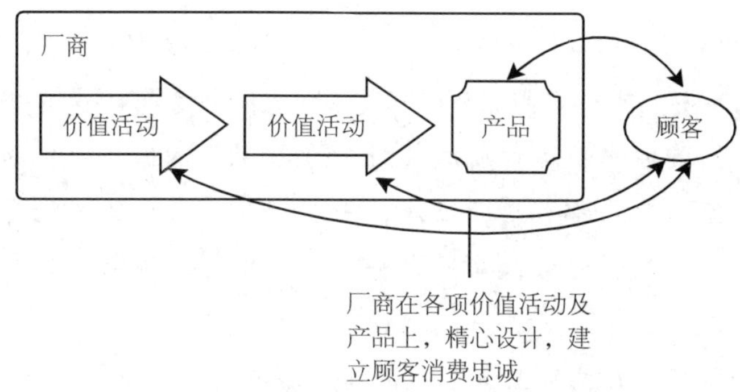

图 4-4　“创造顾客默契，催动消费忠诚”模式

4.2.2　混搭价值要素

前一节提到的重组价值要素，是将目前有助于创造顾客价值的价值要素，用不同的比例加以重组。但企业也可以从目前价值要素之外的领域，汲取价值要素，与目前的价值要素进行混搭，创造吸引顾客的新价值。

价值要素并非随意混搭，就可以达到吸引顾客的效果，能够创造良好效果的混搭，经常是既可以和既有经验发生联结，又能创造新体验的混搭，一般常见能够创造此种效果的价值要素混搭有三种。

4.2.2.1　不同时代的价值要素混搭

不同时期的价值要素的混搭，表现在复古与现代的混合，让消费者感受到不同时代的风格并置的乐趣，例如，国际知名的安缦酒店（Aman）在北京颐和园边上的安缦颐和，高度融合了当地的历史，住房设计、家具摆设、设备饰品，宛若私家园林的布局呈现了当地的历史文化。在杭州则设立了安缦法云，也是以当地的民居改建而成，居住在其中，可以感受到现代精致的极致服务，同时也可以领略到传统风格的摆设。

模式案例研讨 4-5

Ace　Hotel 的混搭[①]

爱司饭店（Ace Hotel）的创办人卡德伍（Alex Calderwood），

① 故事来源：http：//www.blackbookmag.com/hotels/industry-insiders-alex- calderwood-aces-wild-1.29654.

Ace Hotel："跨越时空，进行混搭"模式（顾客价值模式 7）

靠着主打"简单美"的生活态度，成为美国业界的流行品牌，在 1999 年，第一家西雅图店开幕时，28 个房间尺寸不一且长相各异，最便宜的房间每晚不到 100 美元，卡德伍的目的不是打造一家所有人都喜欢的饭店，而是那些对历史及文化感兴趣的顾客。因此，爱司饭店的客房内经常摆设二手家具，房客反而非常喜欢这样的安排。

爱司饭店在波特兰饭店的一些客房会放置唱盘与黑胶唱片，房客如果有兴趣可以自己播放。当时饭店许多工作人员都反对，但是卡德伍却认为，爱司饭店的顾客可能会喜欢这个服务。爱司饭店把唱针放在柜台，房客要听唱片需到柜台登记取用，房客若要带走唱片，需要付费。

思考点：爱司饭店所设定的价值，会为未来的发展带来什么限制？

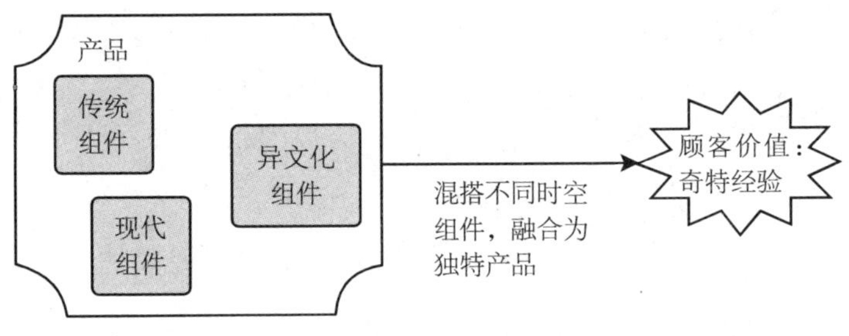

图 4–5 "跨越时空，进行混搭"模式

商业模式演练 4–3

台湾地区的旅馆，可以如何操作？

4.2.2.2 不同文化下的价值要素混搭

属于不同文化的价值要素的混搭，可以创造新颖的价值。混搭可以展现在单一产品的设计上，在许多产品上，存在着混搭不同文化的商业机会，例如，家具、艺术、餐厅、服饰、建筑，都有文化混搭诉求的商家。混搭也可以展现整个经营的哲学上，如印度相当知名的连锁超市"美食广场"（Food Bazaar），巧妙结合了传统印度人买东西时希望看到、摸到、感觉到实体的特质，与现代西方购物讲求选择、方便、品质的特质，顾客乐于同时拥有两种体系的优点。因此，在超市内的饼皮是现做的、豆子也是现磨的，像是印度传统市场一样，但是食品却是放在类似西方超市的货架，“美食广场”里卖的产品，在不影响新鲜度的情况下，能削皮、去枝、拔叶的部分，都先帮顾客处理，超市在直接跟农民买进苹果之后，有员工专门负责清洁、打亮，贴上产品来源标签。虽然现今这些实务作为都已经是常见的做法，但是在 20 世纪 90 年代的印度，是相当具有创新性的。

商业模式演练 4-4

请在家具、艺术、餐厅、服饰、建筑等产品上，找出将不同文化的价值要素加以混搭的商家。

4.2.2.3　相同使用情境或类别下属性的混搭

一项产品如果在市场上已经行之有年，这项产品该提供何种价值，可能已经被市场定调，大部分的厂商也因而会在这项价值上努力改进，这种情形也往往会让业者忽略这项产品潜在的，也可以具备的属性，为产品添加这种属性之后，也有创造新价值的机会。潜在属性的寻找，并不完全是依靠电光火石、灵机一现的过程，**这些潜在属性，经常可以从有相同使用情境或相同类别下的其他产品身上发现，**例如，冷气机和电扇有相同的使用情境，因此可以加入“旋转”属性，冷气机又属于家电类别，因此可以加入“省电”、“分离”、“静音”等其他各类家电产品也具有的属性。

奥迪康："混糅对立产品属性"模式（顾客价值模式 8）

模式案例研讨 4–6

奥迪康把助听器变时尚配件①

根据调查，人们平均 70 岁才开始使用助听器，之前会先经过10 年对这项产品的否定期，直到听力障碍对人际关系、生活品质造成重大影响，才愿意配戴助听器。

另外，这一代满 65 岁的银发族经历过计算机、网络时代，也重视社交生活，自认相当年轻，因此，助听器功能要好、戴起来要舒适，还得有时尚的外形才行。

助听器原本是一项相当功能取向，甚至会引发负面感受的产品，但奥迪康公司（Oticon）为满足消费者需求，不断创新，大幅改变助听器的外形，将助听器重新设计成小巧，还有奇特的红色与豹纹图案，新潮又有设计感的产品，甚至可以搭配使用者的头发颜色，像是个人流行配件，让奥迪康屡获 iF、RedDot（红点）设计大奖。奥迪康从面临倒闭边缘，变成丹麦最创新企业。

思考点：奥迪康改变了助听器的哪些价值？市面上还有哪些产品曾经发生这些改变？

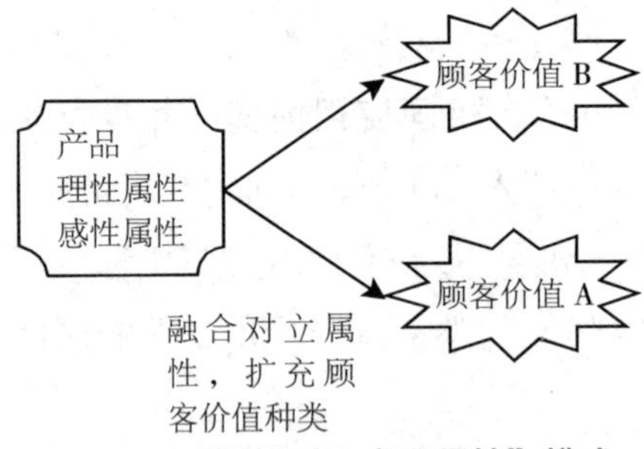

图 4–6 "混糅对立产品属性"模式

4.2.2.4 改变顾客对价值/价格的认知

当企业已经无法再调整自家产品的顾客价值时，仍旧可以设法调整顾客对产品所提供的价值/价格认知。例如，企业在面对低价业

① 故事来源：奥贝宁康网站，http://www.oticon.com.tw/;《商业周刊》第 1180 期。

者侵蚀市场时，重新塑造消费者对价格的认知，是一种可行的方式，像是奇异集团（GE）旗下的大型设备事业群（火车头、涡轮机），会告知顾客不能单看产品的初始购买价格，而是要将使用这项产品的总成本，包括能源支出、贷款成本、维修、停工及其他营运成本，加总起来看待，奇异以这种诉求，得以成功击退以低价作为诉求的对手。在顾客的购买决策过程中，企业可以试图说服顾客、改变消费者对价值/价格的认知，不一定需要重新界定产品的顾客价值。

4.3 产品定位

4.3.1 产品定位在商业模式中的重要性

顾客价值能获得满足，是从使用产品及服务的过程中完成。企业经由市场交易将产品售与顾客，因此，在市场交易的两端，产品定位与顾客价值彼此相互牵连：产品定位是由企业所拟定，顾客价值是在顾客的消费、使用及拥有过程中实现。**成功的商业模式，需要找出独特的顾客价值以及产品定位，并且让顾客价值以及产品定位相互对应。**

4.3.2 独特的产品定位

在找寻新颖的顾客价值时，可以从价值要素的拆解着手；**发掘独特的产品定位，同样可以从产品的要素拆解切入。**例如 Swatch 在初期抓住了“色彩”、“设计”、“价格”这三项手表的要素，推出色彩缤纷及特殊设计的手表，吸引喜欢时髦装扮的年轻女性消费者，因此，能够将价格定在预期价格线之上，其售价反而比那些兼具准确、耐用及高级感的手表还更高一些。

模式案例研讨 4-7

亚特兰大水壁橱

亚特兰大水壁橱（Atlanta Watercloset）是在 2010 年成立，不到一年就开始获利。亚特兰大水壁橱的产品定位是以提供出租的流动厕所为主。一般的流动厕所经常是相当脏乱，充满异味，至于流动厕所的提供，经常是由承办宴会或户外聚会的企业自己所拥有或是再向外部供货商租用而来，承办宴会或户外聚会的企业，通常是将重点放在宴会或活动主体，流动厕所只是整个户外活动或宴会的一个附属项目，很少被认真看待。

亚特兰大水壁橱："聚焦单一产品组件，新手法创造新价值"模式（顾客价值模式10）

亚特兰大水壁橱则关注于流动厕所，这是户外活动产品中极少被注意的项目，亚特兰大水壁橱提供的厕所是一般的冲水式马桶，干净宽敞，有充足的储水，洗手台有镜子供使用者整理仪容，配置有高级手工香皂，也有足够的干净自来水可以洗手。流动厕所内有自动感应式电灯，无论白天或黑夜使用，厕所里都有足够的光源，也有数个衣物挂钩以及置物架，使用有品牌的卫生纸，还有擦手纸。另外，也为特殊的顾客需求提供不同款式的流动厕所，例如，加宽型的流动厕所，配备活动式的尿布更换台面，身障者可以使用的流动厕所，将三间厕所连成一个大型厕所。每个流动厕所租金，从每天二百美元起跳，为公司带进源源不断的顾客。

思考点：水壁橱下一个可能的营收创造点在哪里？

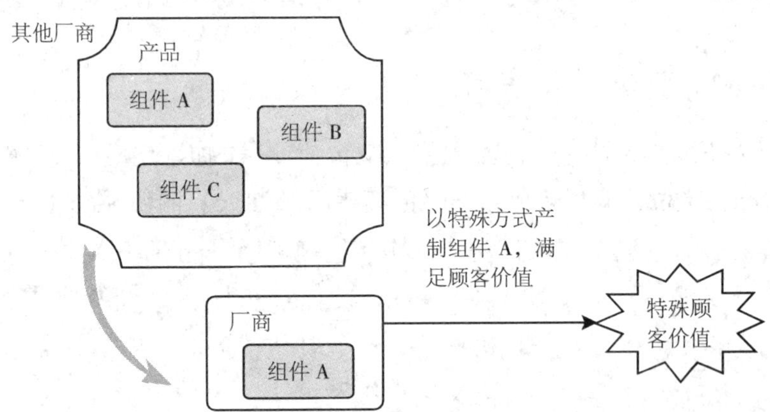

图 4-7 "聚焦单一产品组件，新手法创造新价值"模式

商业模式演练 4-5

中国台湾地区常见的路边办桌，可以拆解出哪些产品要素？

然而，在市场上可能有多种产品定位，都能够满足相同的顾客价值，只是以不同的方式被满足，例如，为满足“及时送达货品”这项顾客价值，企业可以投资卫星定位系统、建立庞大的车队来满足这项价值，也可以像当当网一样，利用轻资产的方式达成。因此，**企业如果只关心顾客价值，而忽略了自己的产品定位与其他商业模式的产品定位之间的取代关系，依旧可能招致失败。**一般而言，**常见的取代威胁，会发生在高阶/低阶的产品定位之间以及单纯/复杂的产品定位之间。**

4.3.3　高低阶产品定位间的取代

在相同的产品要素上，诉求高阶与低阶定位的企业，经常会同时存在于市场上，例如，设计师服装原本只存在于高阶市场，但知名设计师吴季刚在 2012 年初为达吉特百货（Target）设计的平价设计师服装，一推出即销售一空，意味着即使一时之间，某个文件级的产品未见厂商生产，长期下来，只要成本可以负荷、能带来一定利润，所有档级的产品一定会有厂商提供。

低阶产品逐渐威胁到高阶产品，是近年来常见的一个现象，在台湾地区，西堤（Tasty）牛排以约 500 元的价位提供的餐点，在稍高等级的餐厅需要较高的价格才能享用到类似的餐点。在印度，小型塔塔车（Tata）仅需约 10 万印度卢（约 6 万台币）即可购得。对业内现有厂商而言，企业文化、成本结构以及劳工成本都已经定型，因此，很难用既有的条件与新崛起的挑战者竞争，例如，在时装业中，新进者 ZARA 靠着模仿知名设计师产品的做法，对时装市场造成一股震撼。相对于时装业者，ZARA 是典型的低阶业者，它的定位提供了顾客高度接受的价值主张，造成其他产品的定位及价值主张显得成本太高，吸引大众市场的能力相当强。

模式案例研讨 4-8

时装业的缤纷定位[①]

在 20 世纪 60 年代的法国与意大利高级定制服装公司，通

① 故事来源：D'Aveni（2010）.

常是由极富才华的设计师为富有的顾客量身设计专属的服装，并由手艺高超的师傅，以手工方式缝制。后来这些高级定制服装公司为了拓展市场，开始生产售价不菲、只比定制服稍低的高级成衣。高级定制服装公司为了扩大商机，再把触角伸向人数日益增加的中上阶层市场，并推出中上价位的“设计师副牌”，让更多人得以享有高档形象，这些设计师副牌包括 Dolce & Gabbana 的 D&G、凯文克莱（Calvin Klein）的 CK、亚曼尼（Giorgio Armani）的 Emporio Armani 与 Armani Exchange、Versace（凡赛司）的 Versus 以及 Prada 的 Miu miu，分别满足中上市场的不同区块。

到了 20 世纪 90 年代初期，一些大量生产厂商开始进入中低价位市场，包括瑞典的 H&M 以及意大利的班尼顿（Benetton），都将部分生产线扩大，并将许多原先大量生产的中低价服饰稍做升级。

Replay 和 Diesel 则利用“架接品牌”（Bridge Brands）进入欧洲市场，以大量方式生产，虽然也具有时髦形象，但并不会依赖特定设计师的名号，是代表公司品牌，而非设计师品牌。

接着以抄袭名牌设计师商品的“山寨版名牌”崛起 ZARA 上场，ZARA 于 1975 年在西班牙设立，ZARA 的商业模式是运用超强的制衣技术与供应链管理，以优惠的价格，快速推出提供品质与款式都很类似于精品的产品，立刻对精品副牌、嫁接品牌以及廉价品造成威胁。ZARA 在全球七十多国有一千多家的专卖店，平均一星期进货两次，且每次都会包含新款式，店里的货色得以不断更新。ZARA 本身拥有两百多位设计师，能快速抓准高级定制服与高级成衣的流行趋势，并在短短四星期内推出新装，传统流程则要六个星期才能办到。

过去嫁接品牌与精品副牌通常一年只在春秋两季推出新装，山寨版的新装做法造成他们很大的困扰，架接品牌与精品副牌为了与 ZARA 区隔，ZARA 在季中就推出新的设计，但却造成自己在季中就有一批上一梯的存货，被迫把过多的存货送往折扣量贩店，导致现在折扣量贩店就可以买到当季新品。

另外，消费者会把 ZARA 平价长裤，和名牌上衣或名牌珠宝首饰混搭，时尚潮流也鼓励不局限于颜色和款式的混搭，平价市场与奢侈市场间的竞争越来越激烈。

思考点：ZARA 为何可以对高阶服饰业者造成困扰？

4.3.4　单纯定位及复杂定位间的取代

一项产品包含的功能可以相当复杂，例如，智能型手机可以包含上网、通话、娱乐等复杂的功能，而产品的定位也就变得复杂；相对的，一项产品也可以仅包含单纯的功能，让产品定位变得相当具体。虽然复杂的功能可以涵盖单纯的功能，但对于极端重视该项单纯功能的顾客，功能单纯的产品却可以取代功能复杂的产品，如华硕的 Eee PC，功能较为简易单纯，在 2007 年推出时，成为相当热卖的商品，让许多原本要买笔记本型计算机的顾客改买 Eee PC。功能单纯不一定意味着低价，模式案例研讨 4–9 是定位单纯化，但是却能让高阶市场接受的例子。

模式案例研讨 4–9

Le Labo 香水

Le Labo 可以翻译成“实验室”，当初两个年轻人 Fabrice Penot 和 Eddie Roschi 是在一次为世界知名香水的推广活动中认识，两人都认为当时的香水缺乏新意，市面上的知名高价香水虽然都标榜产品独特，但其实是工厂大量制造出来的，让成千上万的消费者使用同一种香水。他们希望打造一系列高雅新颖、个性化十足的香水，便一同创立了 Le Labo 公司。

Le Labo 店中，架上层次分明地摆放着一整排香水，在微微灯光衬托下，让香水更加迷人。店内陈设相当特别，简约的风格让人对香水的选择也一目了然。

店员会根据顾客喜好，请顾客试闻原料精油，协助顾客决定最适合购买哪一款香水。店员将各种原料精油依比例混合，现场调制，再将调制后的香水倒进一个完全透明的玻璃瓶中，在瓶身贴上香水名称、调制以及保存日期，还有购买者的姓名，

Le Labo 香水："现场制作，锁定高阶"模式（市场模式 6）

这就是专为自己调制的香水。

这样的香水，价格是名牌对手的好几倍，当时没有人看好，但 Le Labo 的高品质独特产品却极受消费者的欢迎。

Fabrice Penot 强调他们只花钱在香水上，跟制造出瓶好香水无关的环节，都应该省去。香水的命名相当简单一致，都是主要原料加上总共用了多少原料的数字，例如，Rose 31 就是以玫瑰为主要原料加上 31 种其他原料而成。公司也觉得无须设计五颜六色的提袋或者特殊造型的瓶身。公司所有香水的容器是五种不同容量的透明玻璃瓶，以及使用棕色的小纸袋包装。

思考点：功能单纯的产品，要卖到高价，需要什么条件？

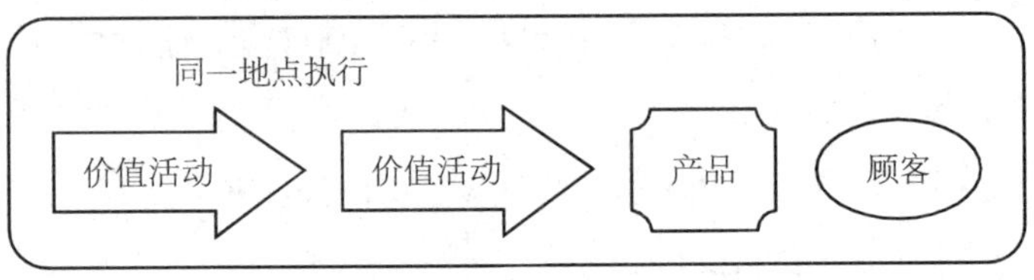

在同一地点执行主要价值活动、生产产品，满足顾客价值

图 4-8 "现场制作，锁定高阶"模式

功能复杂的产品，可以让产品有比较多的诉求点，也可以涵盖比较广的市场区隔，但是无可避免会提高成本，消费者是否愿意同时为这些众多功能付出更高的价格，会是一项疑问；另外，功能众多也有可能会模糊焦点，正如一家什么都卖的复合式餐厅，带给消费者的印象，可能比不上一家专卖牛肉面的店家，因此提供功能复杂产品的商家，必须思考这些功能的汇总，能创造何种有意义的抽象定位。

模式案例研讨 4-10

花样年物业管理公司

早期中国大陆物业管理公司的业务，主要是在大楼门禁、清洁绿化、工程维修等物业的实体管理，深圳的花样年物业管理公司却认为物业管理公司的业务，不仅在管理，更在服务物业主、满足业主的独特需求。

在 2002 年，花样年物业成立了“彩生活客户服务中心”，为物业主提供 24 小时的开放式服务。彩生活首次把管理视野延展至社区整体，把社区建筑、道路、园林和业主的物质生活、精神生活、社区文化结合起来，进行智能改造、清洁绿化改造、楼宇外立墙面翻新，令社区改头换面，同时挖掘社区资源，以社区资源商业化的所得补偿社区建设，以深圳南山区的中山颐景花园为例，花样年物业自 2005 年 2 月介入后，投资近 30 万元，至 2006 年底，中山颐景房价已由每平方米三四千提高至近万元，去除房价上涨的因素，花样年物业的精心改造有相当大的贡献。

“彩生活客户服务中心”有多种业务，其中“房屋增值计划”相当能够为物业业主增值。“房屋增值计划”是对房屋进行修缮、改造、经营，以提高房屋的租售价，彩生活为此特别成立“房屋增值部”，负责吸纳所服务社区的中小户型房源，进行统一承租、装修，以及包装、策划、分租。有别于一般房屋中介的是，房屋增值部不作为买卖双方之间的媒介，而是替买卖双方提供服务，为物业主（卖方）配置家电及代收租金，为租户（买方）提供酒店式服务及租金代付，像是酒店管理公司。

花样年物业管理公司：“以顾客为基础，有效整合价值”模式（顾客价值模式 9）

彩生活业务刚开始时，花样年物业即宣示不会在社区以传统的摆摊形式销售商品，以免干扰到物业主生活。2002 年，花样年物业管理公司开始开发电子商务网站。到 2007 年，彩生活和工商银行推出联名信用卡，让门禁、停车、水电管理费一卡通，同时支持线上刷卡支付彩生活商品服务费用，让彩生活支付机制更为完整。

2006 年，花样年物业开始推动社区文化活动，在“翰岭院”、“鸿进花园”等社区举行的晚会节目中，让邻近社区通力合作、同台献艺，使社区文化能跨社区交流。每年的荔枝游园、彩生活羽毛球赛更是让不同地域、不同社区的物业主能进行交流，丰富了业主的生活，也使得彩生活与业主建立了良好的关系，为彩生活相关业务的开展奠定了良好的基础。

彩生活的电子商务网站经过数年的发展，成为首家功能完善的社区电子商务网站，支持线上购物、支付，并设公益拍卖场、生活管家、社区通，为业主提供第一手信息，通过这个平台，花样年物业服务的 80 个社区业主可快速分享资源，家具家电、旅游出行均可据此实现团购，也有效地促进了社区信息的及时传播，让业主、物业公司之间的沟通机制更为顺畅。

为避免影响到业主生活，彩生活坚持不在社区设摊位、不向业主发放传单等宣传品，新品发布的消息都只通过网站和《彩生活》DM 杂志，以保障业主生活不受干扰。《彩生活》DM 杂志内容主要是服务社区的动态播报、花样年物业管理动向、生活常识，结合部分彩生活新品展示、商品促销的信息，《彩生活》期刊更像一份社区报纸。

2008 年房屋增值计划更进一步，将对服务旧社区进行整体改造，加装电梯、房屋修缮保养、道路绿化，对社区住所品质、观感进行大幅提升，从而达到房屋增值的目的。

思考点：花样年物业管理公司的众多业务之间，有什么共通性？企业在设计复杂的定位时，应该遵循什么原则？

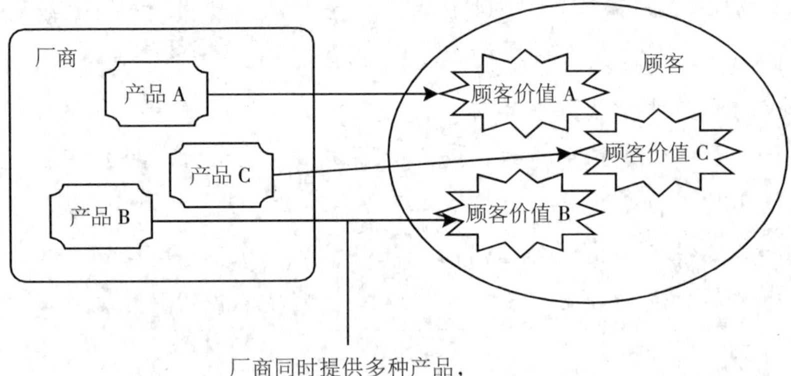

图 4–9 “以顾客为基础，有效整合价值”模式

4.3.5 寻求相反定位

当产品的某种定位为业界所普遍接受时，企业可以为这项产品设定相反的定位，如果在流程、技术及成本上，可以支持这项相反的定位，而且不与产品本质相冲突，这样的设定有机会成为新颖的

产品定位，吸引新市场区隔的顾客。例如，在早期，麦当劳、肯德基的快餐都引发社会对这些快餐的健康疑虑，麦当劳、肯德基的快餐是一次制作许多份，放置于柜中等待顾客点用，而摩斯汉堡便采取相反的定位，健康的诉求，强调点后才现做，开创了快餐的另一个区隔。在理容业，顾客剪发都希望理容师能花一些时间，妥善打理自己的容貌，理容业者也不会刻意设定要在多久的时间内完成对一位顾客的服务，顾客只要感到不满意，当场都可以花时间补救；但快速剪发的出现，则采取了相反的定位，在一定的时间内，提供一定程度品质的理容服务。这些相反的定位，构成了商业模式设计上的主要差异。

快速剪发：“与主流定位对立”模式（产品模式 12）

目光转到国外的银行业，在 1953 年于美国俄勒冈州设立的 Umpqua 虽然只是一家典型的社区型银行，初设立时只是为俄勒冈州当地的伐木工人及农民而设，但 2011 年被 CNN 选为 100 家最值得为其工作的公司中的第 25 名。一般而言，银行总是希望尽量在网上提供服务，希望减少顾客踏入分行的机会，最好使用提款机就离开银行。但是 Umpqua 却恰恰相反，鼓励顾客在做财务方面的决定时，可以放轻松、慢慢来，因为顾客喜欢上门，来了之后又愿意多逗留，间接增加了顾客存款、行员向顾客推销更多产品的机会。一般而言，银行业的文化保守，把焦点放在效率、程序、控制上，因此，行员通常会有各自专门负责的事物，有时候顾客排队等了很久，但是坐在柜台后面的行员，却只顾着忙自己的事情，但 Umpqua 把注意力放在服务顾客上，给予行员全方位的训练，要求每位行员都必须学会存放款、贷款、保险箱等每项业务，希望做到当顾客走进银行时，银行里只有一种“可以服务顾客”的行员。一般而言，银行会将自己界定为专业的金融机构，但 Umpqua 认为银行其实是零售服务业。因此，混合金融与零售的概念，把银行做成像商店，有了现在“店面式环境”的空间雏形。

Umpqua：“与主流定位对立”模式（产品模式 12）

商业模式演练 4-6

请检视中国台湾地区便利商店的发展历程中，曾经融入过哪些迥异于自身发展历史的产品定位？未来还有可能如何发展？

本章提及模式的相关网站

1. atlanta watercloset，http：//www.atlantawatercloset.com/。

2. In-N-Out，http：//www.innout.com/default.asp。

3. Le labo，http：//www.lelabofragrances.com/。

4. 三二行馆，http：//www.villa32.com/frameset-tw.htm。

5. 花样年控股集团，http：//www.cnfantasia.com/。

6. 奥迪康，http：//www.oticon.com.tw/。

7. 爱司旅馆，http：//www.acehotel.com/。

8. 橘色涮涮屋，http：//www.orangeshabu.com.tw/index.html。

9. 贵州茅台酒股份有限公司，http：//www.moutaichina.com/index.asp。

本章参考文献

[1] Kotler，Philip. Marketing Management，7th ed [M]. Prentice Hall international，Inc.，2003.

[2] Perman S.. In-N-Out Burger：A Behind-the-Counter Look at the Fast-Food Chain That Breaks All the Rules [M]. NY：Harper Press，2009.

第 5 章　价值体系及物流、金流、商流、资讯流

关于商业模式的设计，在介绍完价值链、资产能耐以及顾客价值、产品定位等各项要素后，再向外推移，即为价值体系（Value System）的建立。价值体系是 Porter 于 1985 年提出的观念架构，是指从最上游的原料供货商到终端顾客等相关成员所构成的垂直纵向体系。一些商业模式的实现，如果牵涉到上下游厂商的配合，企业需要密切地联结这些上下游厂商，让这些厂商之间的经济活动能顺畅运行，不至于发生彼此扞格的情形。上下游厂商之间互动的具体内涵，包括产品的转移（物流）、产品所有权的转移（商流）、金钱货币流动（金流）以及信息的流动（信息流），**如果在这四个项目上，发生上下游厂商脱节的情形，商业模式将无法实现。**本章先说明价值体系，再说明金流、商流、资讯流、物流对商业模式设计的重要性。

5.1 价值体系

如第 3 章所述，每个企业都有其价值链，上下游厂商的价值链结合起来，即构成价值体系。构成价值体系的上下游厂商，如果彼此之间的行动缺乏良好的律动协调，会造成共同发展的“瓶颈”，例如，上游厂商生产的零组件若是不符合下游厂商的制程要求，或是上游零组件由于需要大规模运作，必须大量生产，一旦下游无法消化上游的产出，将会导致上游厂商背负过高的存货，这些都是价值体系未能顺利运行的例子。

价值体系的上下游厂商的顺利配合，并不是单纯依靠市场机制的运作，就可以达成，特别是当价值体系需要符合特定商业模式的要求时，上下游厂商的互动可能需要特殊的安排，才能让价值体系实现商业模式。

模式案例研讨 5-1

胖卡餐车①

胖卡餐车协会的理事长龚修贤，家中早期是开设传统的保养厂，龚修贤一度失业，回家后，想到全中国台湾地区几百万家，自己只是其中的一家，因此，希望做一些改变，他开始向国外买零件，学模具，自己动手，拼拼凑凑，组出一辆俗称胖卡的小货车。胖卡修车厂的生意活络起来。

在不景气、放无薪假的年代，许多人想把胖卡改装成餐车，站在做生意的立场，龚修贤当然希望客人砸大钱来改装，但是，同样经历过失业，龚修贤会多了解顾客改装餐车的动机，毕竟有些人是用资遣费来改的，到底要改成什么样子，也要看顾客要卖什么而定，如果是一般商品陈列的话就多一些柔和的灯光，商品自然就很漂亮。

刚开始做行动餐车的时候，龚修贤偶尔跟着车友出门做生意，一开始去卖关东煮，后来发现，想要做这种生意的客人越来越多，结果就把自己的车子卖掉，就是不能跟客人去抢生意，专心做改装。

龚修贤还帮车友找出路，设法找公家机关或是公关公司，或是一些活动公司，他们有活动，就跟着他们的活动走，不但不会去游走法律边缘，而且对客人的生意会更有保障。

龚修贤还号召车友组成协会，一边向国家机关，争取改装车权益，一边免费汇整，分享活动讯息。公关公司或是县市政府的活动，通常都是上万人次，就会开始各地调餐车，群聚的胖卡，也变成一种观光景点，用这种方式，可以改变大家对于摊贩的脏乱印象，协会渐渐做出口碑后，县市政府、公司行号还主动发文，邀请他们到活动会场。

一部小小的餐车，可以照顾两个家庭，离开失业的窘境，生活稳定，一家老小快快乐乐地做生意，龚修贤认为这是一个

① 故事来源：胖卡协会网页，http：//www.wretch.cc/blog/jackey0823； 2011 年 12 月 11 日 TVBS“一步一脚印，发现新台湾地区——胖卡创业重生记”专访。

胖卡餐车："为顾客找市场资讯"模式（价值体系模式 12）

另类的幸福经济。胖卡餐车协会现在已经有上千名成员，一起参加活动，一起赚钱，龚修贤没被失业击垮，反而为胖卡餐车重生的工作中，也为自己和车友们，找到人生新路。

思考点：哪些事情有助于胖卡车改装业务的拓展？如果胖卡车改装业务的拓展遭遇"瓶颈"，还可以从事哪些业务，为改装胖卡的客人服务？

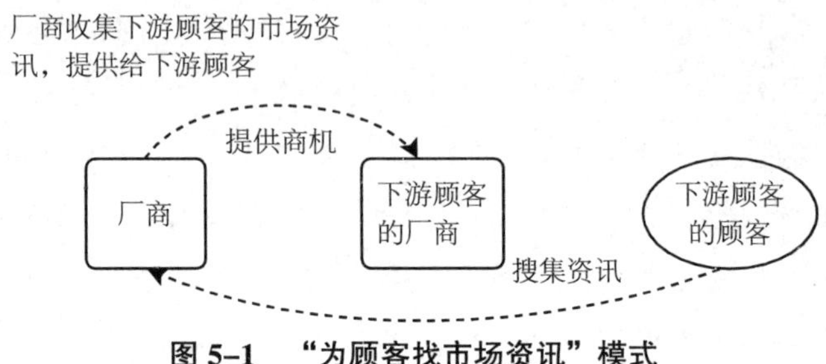

图 5–1 "为顾客找市场资讯"模式

5.2 价值体系中的物流、金流、商流、资讯流

价值体系中的各个成员，上下游厂商之间互动的具体内涵，包括了物流、金流、商流以及资讯流。

（1）物流：物流代表实体物品的移动，是指产品从生产者移转到经销商、消费者的整个流通过程，将产品递送至客户或消费者的处理过程，包括了对货品做装卸、包装、运输，以及产品入库、送货等过程的处理，都是物流的讨论范畴。

（2）资讯流：资讯流是指物流发生过程中所引发一切信息的产生、搜集、过滤、储存、搜寻与取用。

（3）金流：金流是指企业间或个人与企业间因商品交易所产生的资金流通过程，也就是两个或两个以上的组织或个人，为了完成交易而进行资金移转的过程，金流会以各种不同的支付工具进行，这些方式可能包括信用卡、电子货币等，而线上资金的转移、交易安全认证机制等也是属于金流的议题。

（4）商流：商流是指实体物品的移转中，牵涉到商品所有权移转的活动。商流与物流的差异在于实体物品的移转，不必然牵涉到商品所有权的移转，例如，A 将所拥有的物品寄放于 B 的店面贩售给 C，B 只收取寄放贩售的场地费用，并不拥有 A 所寄置物品的所有权。此时在 A 与 B 之间、B 与 C 之间，会存在物流问题，但商流主要存在于 A 与 C 之间、B 最多只扮演促成 A 及之间商品所有权移转的角色。

有效的商业模式，在这四流上必须有妥适的安排，不能让其中一流出现阻滞，而影响商业模式的运作。在物流方面，需要确保上下游厂商都能在适当的时间就适当数量及品质的物品进行交换；在信息流方面，需要确保上下游都能获得关于各自原料及市场面供需条件的信息；在金流方面，需要确保上下游之间能够获得营运所需的资金，并且能够以有效率的方式将交易款项交付供货商；在商流方面，需要确保物流标的货物在各阶段的所有权归属状态，符合各方的利益。

商业模式演练 5–1

网络跳蚤市场的四流可以如何安排，以促成交易？

5.2.1　物流

根据中国台湾地区当局物流协会对物流的定义，物流是指物品的实体流通活动过程中，通过管理程序，有效结合运输、仓储、装卸、包装、流通加工、信息等相关物流的功能活动，以创造价值并满足顾客及社会需求。商业模式中的物流安排，其基本要求是要让物流顺畅进行，使相关人能够在适当的时间获得所需的货品。目前，台湾地区发展相当蓬勃的便利商店体系，拥有相当厚实的物流能耐，一般而言，都可以依照商品属性以及保存条件，区分为常温、冷藏、冷冻、恒温等配送方式，由于便利商店常常需要同时配送多种不同温度的物品，因此，甚至需要让不同温层的商品合流后共同出货，以减少出车数量。

模式案例研讨 5-2

Wal-Mart 的物流配送

卖场位置的选定，是物流业的关键决策，Wal-Mart 在设置新卖场时，会尽量考虑现有配送中心的位置，卖场一般都设在配送中心周围，以缩短送货时间，降低送货成本。Wal-Mart 在物流方面的投资，集中于物流配送中心的建置。物流配送中心一般设立在 100 多家零售店的中央位置，使得一个配送中心可以满足 100 多个附近周边城市的销售网点需求，基本上是以 320 公里为一个商圈建立一个配送中心。Wal-Mart 在美国拥有 62 个配送中心，服务着 4000 多家卖场。正常情况下，从任何一个中心出发，配送车辆可在一天内到达它所服务的商店。

Wal-Mart 各卖场的订单信息是通过内部高速通信网络传送到配送中心，配送中心将信息整合后正式向供货商订货。供货商可以把商品直接送到订货的商店，也可以送到配送中心，配送中心高度计算机化，供货商将商品送到配送中心后，先经过核对采购计划、商品检验等程序，分别送到货架的不同位置，由计算机记录每一样商品的存货量，一旦卖场提出进货需求，计算机会查出这些货物的存放位置，并打印印有商店代号的卷标，贴到商品上。商品在长达几公里的传送带上进进出出，经过镭射辨别条形码，会把商品送到正确地方，传送带上一天输出的货物可达 20 万箱，传送带上有红、黄、绿的信号灯色，员工可以根据信号灯的提示来确定商品应该被送往的商店，提取这些商品，并将商品放置于箱子中。

配送中心的一端是装货平台，可供 130 辆卡车同时装货，在另一端是卸货平台，可同时停放 135 辆卡车。配送中心 24 小时不停地运转，平均每天接待的装卸货物的卡车超过 200 辆。沃尔 玛用尽可能大的卡车运送货物。公司 6000 多辆运输卡车全部安装了卫星定位系统，每辆车的位置、装载的货物以及目的地，总部都可完全掌握，调度中心随时都可以知道这些车辆在什么地方，离商店还有多远，他们也可以了解到某个商品运输到了什么地方，还有多少时间才能运输到商店。可以精确到小时。如果员工知道车队由于天气、修路等某种原因耽误了到达时间，装卸工人就可以不用再等待，而可以安排别的工作。

灵活高效的物流配送使得 Wal-Mart 在激烈的零售业竞争中脱颖而出，Wal-Mart 的卖场货架平均一周可以补货两次，而其他同业商店平均两周才能补一次货，因而维持尽量少的存货，既节省了存储空间，又降低了库存成本。

思考点：请比较 Wal-Mart 与当当网的物流差异之处，谁的做法会比较好？

Wal-Mart："降低物流成本，活动全面搭配"模式（价值体系模式 2）

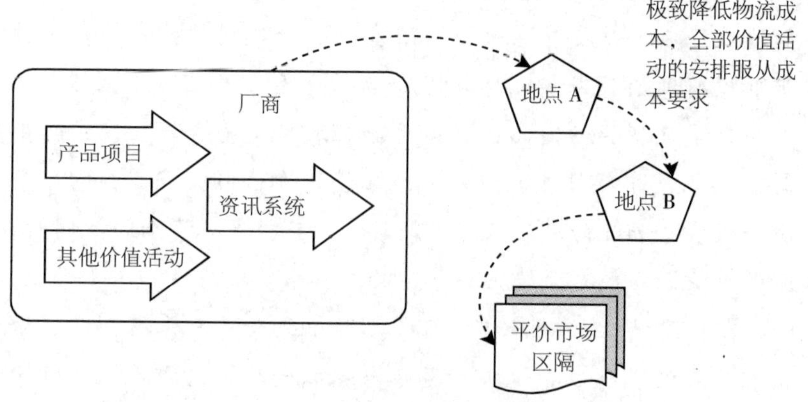

图 5-2　"降低物流成本，活动全面搭配"模式

企业在建立及操作物流系统时，必须以商业模式的诉求作为准则，如果商业模式的诉求如 Wal-Mart 的低成本，在决定配送中心地址时，自然是以各卖场地理位置的中心点为首选。如果商业模式有非成本面的其他诉求时，物流系统也必须设法配合此一诉求。例如，诉求供货时效商业模式的企业，通常会在靠近客户的某个地方，进行为特定客户进行最后产品组装和服务的工作，这也意味着要从库存生产转向订单生产，组件准备的工作则需要提早进行。例如，Beneton 会先生产白色衣物，在接到客户明确的要求后才进行染色，而不需要为每种颜色的衣物，准备大量库存。在 20 世纪 90 年代早期，惠普也将打印机的组装和其他计算机硬体的最后流程转到尽可能靠近客户的地点，也就是靠近主要的销售中心。Sharp 这家全球性的电子制造企业，早期也是在低薪资国家生产组件，并在靠近客户的地方加工成成品，为企业提供了针对不同国家差异修改产品的灵活性，以及保持竞争力的成本结构。

有效的物流体系，需要视区域差异及产品差异调整实际的物流活动安排，其绩效也会反映在多种面向上。

模式案例研讨 5-3

苏宁电器

中国大陆的苏宁电器重新建构物流仓储体系，以加速产品的采购、库存和销售，进而降低整条供应链的成本，由于不同区域、不同产品的存货周转速度不同，苏宁电器决定打破物流的地域限制，改变每家分公司配套一个仓库的结构。为此，苏宁电器将所有商品按销售情况分为 A 、B 、C 三类，A 类、B 类为销量还不错的商品，直接存储在城市小型仓库；销量较小的 C 类则集中存储在物流基地，由基地向 300 公里以内的门店统一供货，如此处理既可减少库存，又可提高库存周转。同时，新的企业资源规划系统把销售、物流和采购统一在一个平台上，使终端销售点上的销售信息可立刻传输到仓库和采购部门，做出相对应的调整。在过去，苏宁电器的仓库汇总订单后，在中午 12 点或下午 4 点才开始上货装车，而在实时信息平台下，仓库操作工人可以全天候上货，因此货车在中午 12 点或下午 4 点已经可以出发，比以前节省了两个小时。另外，由于采购信息也是同步传送到物流部门，物流部门就可以根据仓库情况让货物分批到达。在物流仓储系统重新规划以后，现在苏宁电器平均每亿元的销售额只需 496~595 平方米的仓库支撑，相同的销售额在以前至少要 991 平方米，所需的仓库面积下降了 40%。而且仓库操作工人可以全天候工作，效率大大提高，人力成本可减少 50%~60%。同时，苏宁电器的送货速度也比以前更为迅捷。使苏宁电器的物流成本比竞争对手低 30%左右，成本节省使苏宁电器进军二、三级市场变得更加容易。

苏宁电器："降低物流成本，活动全面搭配"模式（价值体系模式 2）

思考点：苏宁电器的物流重整考虑了哪些因素？绩效改进反映在哪些面向上？

物流体系的设计，除了要达成商业模式的诉求之外，还需要考虑到风险，以美国波音公司（Boeing）为例，波音787客机有高达35%的零件是由日本供货商制造、777客机有20%、767客机则有15%，目前没有其他国家的供货商能够替代日本供货商，帮波音制造这些飞机零件。在日本发生“3·11”强震之后，波音急着清点手上现有的零件，万一剩下仅够几个星期使用的零件存货全部用完了，而日本供货商却还没有办法恢复正常运作，波音就会面对维修零件不足的问题。

当物流体系牵涉到消费者端时，此时物流体系若是牵涉到消费流程，企业便需要关注消费者的消费流程，将物流体系及消费流程做整体考量，将有可能改善消费流程，甚至开发出新的市场区隔。

模式案例研讨 5-4

Netflix

家庭影片出租一直都是产值相当大的市场，过去百视达拥有相当高的市场占有率，但线上出租业者Netflix从消费流程的角度，创造一项新的商业模式。

Netflix是DVD线上出租业者，在1997年由Marc Randolph and Reed Hastings所创立，Reed Hastings创立这家公司的灵感，是来自于有一次他到百视达租“阿波罗十三号”（Apollo 13），事后却忘了归还，因此被罚了40美元。

在百视达的营收中约有18%是来自顾客的迟交罚金，除了罚金之外，Hastings也常困扰于想看的新片往往被人捷足先登，他认为电影出租一定有更好的方法。

Netflix设计出新的商业模式，缴足8.99美元月费的基本订户，一次可以租一片；若再加5美元月费，一次可以租两片，若是消费者每月付22美元，就可以不限量租借DVD，每次可租三片，订户最多可以缴47.99美元的月费，一次租八片。2007年开始，所有订户都可以原本的月费，同时使用线上看片（根据公司去年的统计，有两成的订户选线上看片）。对于忙碌的消费者来说，打开电视、计算机或信箱，就可以看电影跟影集，Netflix卖的是便利性。

Netflix 以邮寄方式将 DVD 寄送给顾客，顾客随时可以上公司网站租片，一个工作天之后，DVD 会在一个红色信封中免费邮寄到府。顾客看完之后，再将 DVD 放进公司一起寄来的预付回邮信封寄回，还片之后可以再租新片。Netflix 很早就决定不出租 VHS 录像带，因为寄送和制造成本都高于 DVD。Netflix 拥有 18000 部电影，顾客不需大排长龙，也不必缴纳迟交罚 金，Netflix 免除消费者上传统录像带出租店的一切麻烦。

Netflix 所改造的出租程序，也提供了更精准的行销目标，同时改善了这项业务的经济效益。过去电影片商推出主流强片时，总是斥资大打行销战，希望电影能一炮而红。同样的，一般录像带出租店的营收中，约有八成来自 200 部片子，非主流或小众电影往往遭到忽略。有别于大众口味的顾客，只好委屈地看主流电影。Netflix 所推出的电影推荐软件 CineMatch，会请使用者替租过的片子评分，然后推荐形态类似的电影，而不考虑该电影的票房收入高低。Netflix 出租的电影当中，高达七成是通过 CineMatch 推荐媒合。由于主流片的权利金比较高，Netflix 可降低支付给片商的权利金，也有助于 Netflix 与顾客建立更坚强、更个人化的关系。Netflix 并没有从百视达手中抢下大量市场，而是以新的、更有弹性、更具互动性的影片出租流程，以固定费率为基础，开发出新的区隔。

Netflix："改造消费流程，消除采购障碍"模式（价值体系模式 3）

思考点：Netflix 设计的新消费流程，有什么特点？如何影响到物流？这种新消费流程可以运用到其他哪些商品？

5.2.2 金流

价值体系中的金流体系，有三项需要处理的议题。第一项议题是，价值体系中可能会发生每个企业成员都能够获利，但是由于资金流无法衔接，而发生资金断链，为**避免价值体系发生资金断链，**如果价值体系的其他成员有金流上的问题，企业可以设法协助解决，可行的解决方式包括调整彼此财务资源的流动发生时点，或是协助价值体系中的其他成员向外取得财务资源。模式案例研讨 5–5 阐述了财务资源流动发生时点的调整方式。

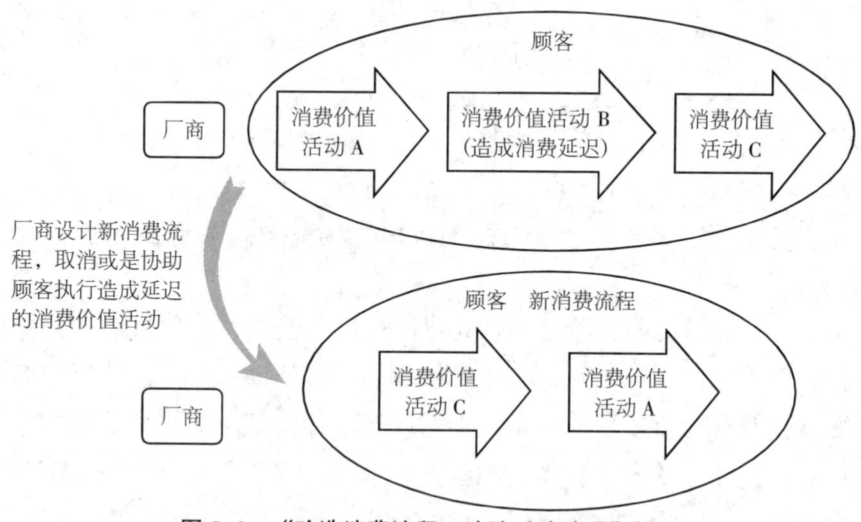

图 5–3　“改造消费流程，消除采购障碍”模式

模式案例研讨 5–5

建立低成本价值体系的关键

做滑轨的振跃公司，原先的事业范围是将中国台湾的五金产品销往国外市场，但振跃希望将业务从配销扩张，跨入制造商领域，中国台湾地区的工厂有技术，但缺乏整合力与行销力，振跃决定一方面布局低成本的产能，另一方面快速建立客户网络。为了建立低成本产能，振跃决定在中国大陆寻找供货商，然而中国大陆厂商做的是低阶的粉体烤漆滑轨，还没人做精密钢珠滑轨，振跃找上一家拥有 1500 人的大工厂，提供它生产设备、技术、材料，甚至订单，对方只要帮他生产就好了。当时的配合方式是中国大陆当地企业所有用于生产精密钢珠滑轨的机器设备资产，都由振跃出资购买，资产归大陆当地的企业所有，但大陆企业必须将出售产品的钱还给振跃，而且只还七成，大陆当地企业都乐于配合。

振跃同时以超低价抢客，建立国外经销网络，牺牲初期获利，建立客户关系，等到大陆工厂投产，成本瞬间降低近四成。因为价格优势，振跃一开始量产就顺势打入宜家家居（IKEA）供应链。

振跃：“先给后取，打通上下游资金循环”模式（价值体系模式 7）

思考点：振跃的做法承担了哪些风险？

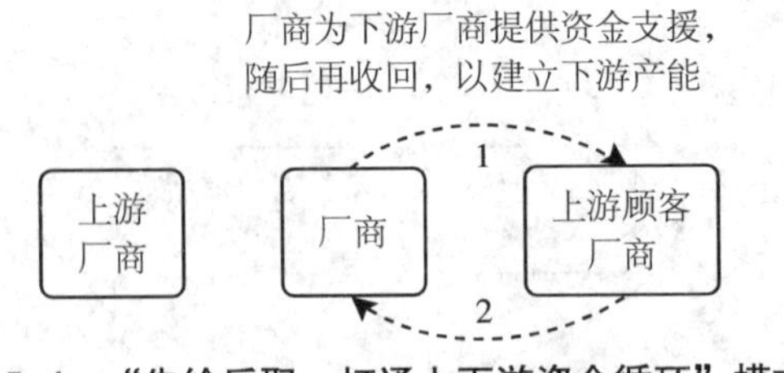

图 5-4 "先给后取，打通上下游资金循环"模式

协助取得财务资源是指企业可以协助价值体系其他成员取得贷款，例如，在中国大陆，有一类机构会负责协助银行对需要贷款的微型企业进行贷款评估、贷款运用以及连带保证，如果贷款的微型企业无法还出款项，这类机构会负起部分的连带责任，为微型企业代偿一部分的贷款，而有了这样的机构保证，银行也更乐意能够以更低的调查征信成本，贷款给微型企业。

模式案例研讨 5-6

深圳发展银行

在中国大陆，"银行追着大企业跑，小企业追着银行跑"，需要钱的小企业却总是贷不到急需的款项，中小企业很难贷到款的原因很简单：经常缺乏有效的抵押物和担保措施，信用不足，而且每笔贷款额不大，操作起来比较麻烦，是典型的吃力不讨好、贷款风险大、收益低的业务。然而根据非正式的估计，中小企业拥有的存货和应收账款价值是其不动产价值的 1.5 倍，如果可以把这些贷款释放出来，将是非常大的商机。

但中小企业的问题何在呢？在中国大陆，很多上游的原料供应商属于强势的资源垄断企业，因此，可以要求中游的企业先付款、后提货。这些中游企业很多时间也要面临同样强势的下游制造业则要求先供货、后交钱。造成原料需要先交款，产品却有一大堆的应收账款收不上来，对居于中游的企业来说，等于陷入了一个死循环。而大多数银行从抵押品、信用和风险等方面考虑，又不愿意贷款给中游企业协助融资，使得中游企业雪上加霜。

深圳发展银行却认为这是一个机会，在整个供应链中，上游企业有很好的信用，中游企业有很大量的存货，下游企业则有一大笔的应收账款。从整个价值体系来看，深圳发展银行推出“巧用上游企业信用”、“活用下游企业应收账款”两种方案贷款。关于“巧用上游企业信用”，由于中游企业和上游企业有良好的合作关系，而上游企业又有很好的信用，深圳发展银行可以签订三方协议，预先设定中游企业作为商业承兑汇票贴现人，由上游企业背书，然后中游企业凭商业承兑汇票和保贴函向银行申请贴现。贴现后，深圳发展银行将贴现款直接转入上游企业的账户，上游企业款到发货时，中游企业渡过了困境，业务得以维持拓展，上游企业和下游企业也不再因为中游企业的资金链断裂而使业务中断，整个供应体系上下畅通。

上游企业的货物到指定地点，由深圳发展银行的物流监管方实行 24 小时监管，形成存货质押融资。中游企业每接一笔订单，就会交一笔钱给深圳发展银行赎货，深圳发展银行再让物流监管方放一批原料给中游企业，完成这一轮的生产。关于“活用下游企业应收账款”，中游企业也可以把应收账款委托给深圳发展银行管理，深圳发展银行就可以发展出遍布全国的融资网络，当大企业发现自己的客户都成了深圳发展银行的客户之后，自然也会考虑自己是不是也要接受深圳发展银行的融资，深圳发展银行便扭转了“银行追着大企业跑，小企业追着银行跑”的局面。

深圳发展银行：“调度信用，打通上下游资金循环”模式（价值体系模式 8）

深圳发展银行的这套模式，获得“2007 国际金融资本高峰论坛”颁发的“国际金融产品创新卓越表现大奖”。

思考点：深圳发展银行做了什么改变？这种改变可以运用到一般商品销售的金流处理吗？

价值体系的金流的第二项议题，是企业要如何找到相互配合的价值体系成员，以扩大金流并且让自己的金流能更流畅，同时也能妥善处理价值成员之间的拆账问题。

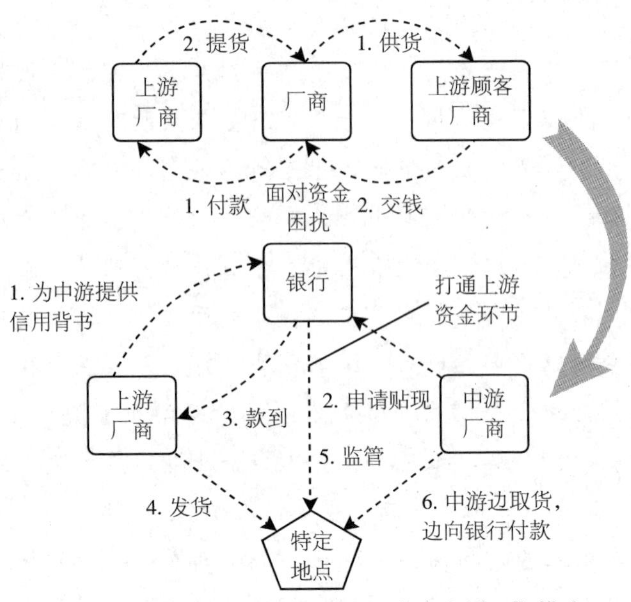

图 5-5 “调度信用，打通上下游资金循环”模式

模式案例研讨 5-7

KKBOX 的金流处理

在中国台湾地区的线上音乐经营，有两家主要的业者：KKBOX 及 Kuro，Kuro 的商业模式是消费者只要每个月付 99 元，就能无限量从 Kuro 下载音乐，把音乐带着走；KKBOX 使消费者每个月付149 元，却只能在计算机上听音乐。KKBOX 的利润其实不高，公司每赚进 100 元，就有 60 元以上要分给唱片公司、代收业者和词曲创作人，必须将规模做大才能获利，让 KKBOX 的竞争处在相当不利的位置。但到了 2005 年，Kuro 被台北地方法院判决有罪，不但要掏出巨额赔偿金，还必须转型做合法服务，KKBOX 从落后者，变成领先者。

KKBOX：“善用既有渠道，消除付费障碍”模式（价值体系模式 9）

KKBOX 同时将自己的账务和电信公司的收费、行销系统连在一起，把 KKBOX 的月费交给电信公司代收，消费者交电话费的时候，同时就缴了 KKBOX 的月费，降低付费的障碍。这项竞争门槛，让后进竞争者很难超越。

思考点：还有哪些渠道，可以为企业提供便利的金流处理？请比较使用这些管道的成本。

金流的**第三项议题是支付工具**，以往的支付工具是以现金与票据为主，但随着信息科技的发达，金流已逐渐由以往看得见的现钞、支票或传票转变为以信用卡或 IC 金融卡经由电子银行付费或转账，创造了更方便的付款行为，例如，中国大陆的线上购物业者阿里巴巴，为了保障买卖双方的交货交款能顺利进行，推出“支付宝”，以确保网络交易安全的“第三方担保交易模式”，由买家将货款打到支付宝账户，由支付宝向卖家通知发货，买家收到商品确认后才指令支付宝将货款支付卖家。

5.2.3　商流

传统对商流是界定在产品从制造商生产出来，直到流通至消费者手中的整个“商品所有权”移转流程，但产品在制造过程中，原物料、零组件、半成品甚至各种投入要素，都有“所有权移转”的议题，**当物品所有权的归属设定，无法满足相关人的利益时，价值体系成员之间的互动同样会出现阻滞，价值体系的运作将会失能，**例如，在常见的加盟体系中，加盟体系是要免费为加盟店店主提供店内生产设备（所有权仍归加盟体系），还是收取生产设备租金及使用费用（所有权仍归加盟体系），还是要求加盟店主购入这些生产设备（所有权归加盟店主），都可能影响到整个加盟体系的运作及绩效。因此，在商业模式的分析中，需要将商流扩大到从原料、零组件、设备、半成品、产品到消费者的整个流程的货品所有权归属，才能比较深刻理解商流在商业模式设计上的意义①。

一些新的商业模式，其关键点就在于“所有权移转”的设计，例如，在模式案例研讨 1–2 中提到的史考地唱片行，就是让消费者短暂地拥有“CD 所有权”，在拥有所有权的期间中进行烧录动作，烧录完毕后再将 CD 所有权售回给唱片行，这样的安排虽然满足唱片行及消费者的利益，但却不符合唱片公司的利益。

---

① 对于商流较为广义的看法，认为商流包括从开店之前的所有规划，到开店之后，店铺管理、经营管理等，皆属于商流的范畴，本书为维持架构简洁，在概念上采取狭义的所有权移转概念，但在对象上则扩大至包括原料、零组件、设备、半成品。

模式案例研讨 5-8

宏全国际的 IN-HOUSE 商业模式

宏全国际的业务之一，是为饮料厂商提供瓶胚、卷标、瓶盖、吹瓶等服务，宏全国际推出的 IN-HOUSE 商业模式，让宏全国际与客户建立起更紧密的关系。在过去，饮料厂的保特瓶大致有两种来源：外购或是自己投资机器吹瓶。宏全的 IN-HOUSE 模式则是 PET 吹瓶设备由宏全投资，直接装设于客户工厂内执行吹瓶工作，并且与客户充填机联机生产，吹瓶设备放在客户工厂内，但所有权还是归属于宏全，所需的瓶胚、瓶盖、卷标等包材由宏全供应，驻厂生产，贴近客户需要就近供货。

宏全国际："人机进驻顾客端，提供无缝隙服务"模式（价值体系模式 4）

IN-HOUSE 模式与客户联机生产有许多优点，可确保 PET 瓶的充分供应与规格的一致性，联机生产在品质控制与卫生安全上比外购瓶更有保障，PET 瓶可以轻量化生产，节省原料成本及环保回收费用。另外，设备由宏全公司投资，客户不需投入资金，降低投资风险。节省大量的运输费用，以低成本优势占领市场，客户也可以就近利用现有的物流系统，降低仓储成本，提升物流速度。此外，宏全还可防止竞争者的进入或竞价而降低利润，达成"双赢"的局面。

思考点：何种生产流程及生产技术特质，较能让宏全国际的商业模式奏效？

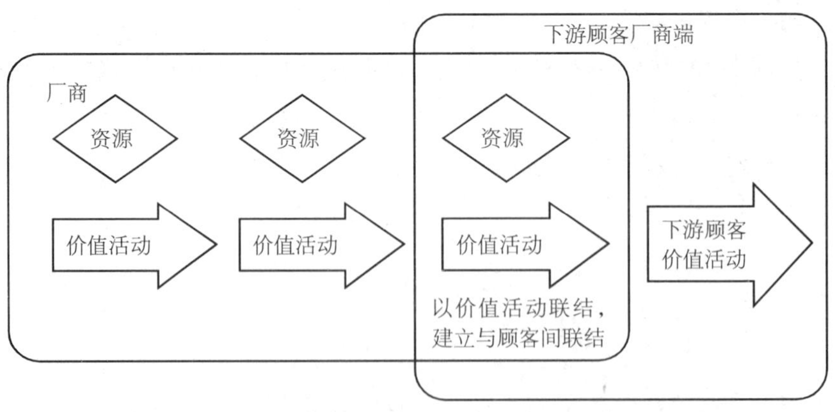

图 5-6 "人机进驻顾客端，提供无缝隙服务"模式

5.2.4　资讯流

资讯流是指在商品交易过程中资讯情报的流通。在商业模式中，资讯流扮演相当关键的角色，资讯流如果无法良好地运作，会造成无法适时地将顾客喜好、商品销售、物流配送等项目的资讯送达给关键人。在资讯流通过程中，涉及许多专业技术的运用，这些技术是设计资讯流的背景知识，以下分别介绍：

（1）商品条形码（Bar-code）：商品条形码最早是由美国超级市场公会所推广，在台湾则是由台湾当局商品条形码策进会推动，在零售点相当常见，商品条形码可以由光学式读取装置读取，被广泛运用在零售系统扫描结账的零售包装上。以下图为例，在图中国家代号为 3 位数，台湾地区当局代号为 471；厂商代号为 6 位数，由台湾当局商品条码策进会核发给厂商 6 位数的厂商代号 123456；商品代号为 3 位数，由厂商自行编定，按一物一号的原则，不同的商品赋予不同的序号（包装、尺寸、颜色、材质等不同，应视为不同的商品）。

（2）无线射频识别（Radio Frequency Identification，RFID）：无线射频识别是一种内建无线通信技术的微芯片，将微晶片做成“卷标”，卷标内可记录一系列信息，如产品类别、位置、日期等。再利用读写设备来读取“卷标”内容，读取时可通过无线电讯号辨识特定目标并读写相关数据，无须在识别系统与特定目标之间建立机械或光学接触，读取后可以把内容连到计算机网络，形成完整的识别追踪体系。

（3）销售时点情报管理系统（Point of Sales，POS）：销售时点情报管理系统是一套资讯管理系统，通过与计算机联机的光学自动读取式扫描器，读取商品条形码，并将所收集的信息，如商品名称、数量、销售时间、消费者资料等，传送到主计算机，供管理者作销售情报分析。有些业者还会顺便要求职员输入顾客的信息，如年龄、性别等，也可以结合信用卡、会员卡等来管理顾客资讯，从而可以了解顾客的行为，提供业者经营上的资讯。

（4）电子订货系统（Electronic Ordering System，EOS）：电子订货系统是用电子资料交换方式取代传统商业下单/接单动作，被称为没有纸张的订货系统。是买方的订货资料经由计算机终端机输入后，再利用网络传送至加值中心（通常是总部货物流中心），并将资料格式转换成标准形式，再送到卖方信息系统的订货作业方式。

（5）电子资料交换系统（Electronic Data Interchange，EDI）：电子资料交换系统是指将交易双方将彼此往来的商业文件，例如，采购单，以标准的电子资料格式，通过网络，使交易信息以更迅速、正确及节省成本的方式，传给交易对象的资讯管理系统。

（6）加值网络（Value Added Network，VAN）：加值网络是指将所收集到的商业情报，利用数据处理技术，协助用户处理及演算，让资讯在流通的过程中，增加许多价值，再以用户需要的方式出现，为用户创造价值的一套信息处理系统。

当价值体系中的成员都引进更优良的技术和设备取得资讯时，彼此之间就更能相互配合，让关键因素如存货水准、产能等更透明，共同解决问题、降低成本，例如，欧莱雅集团是全球化妆品和皮肤病产品的市场领导者，过去它是根据销售订单的预测安排促销活动及产品库存，结果不是在交货方面存在“瓶颈”，就是客户的库存居高不下。欧莱雅的客户 Dm-drogerie Markt 公司是德国第二大医药联销店，两家公司合作，客户将库存管理流程委托给了欧莱雅集团，并每天报告更新的存货数据和问题，此一做法为 Dm-drogerie Markt 公司降低了 30% 的库存成本。

企业在运用资讯流建构商业模式时，除了要运用各种专业技术收集数据资料，更重要的是整理、解读及分析数据，例如，全球最大的食品、饮料及烟草公司雀巢（Nestle），在两百个国家销售超过 10 万种产品，拥有 55 万家供货商，但是其数据库中的 900 万笔记录中，约一半是过时或重复的，另一半又有 1/3 是不正确或不完整的，从 2000 年起，雀巢彻底翻修信息系统，改善数据的品质，让雀巢每年得以节省 10 亿美元。

模式案例研讨 5-9

智慧型电网[①]

根据中国台湾智能型电网产业协会的网站，电力系统可分成发 电、输配电与终端用户三大部分。输配电部分是电力系统之高速公路，将电力通过庞大基础建设如电杆、缆线、开关、设备与软件等由发电端送至终端用户。智能型电网技术是将数字技术应用电力之输配电，也就是利用资通讯、电力电子与先进材料等进行电力基础建设的现代化与最佳化。传统电网的运作属集中式发电，是单方向电力潮流，并以历史经验来运转，未来的智能型电网在配电网先进行区域内的电力交换，若有剩余或不足电力则在区域间进行交换，电力潮流方向不再固定，由特高压流向高、低压，因此，智能型电网的分布式控制流程系由下而上的调度和控制，有别于传统电力网的集中式控制流程。

智能电网改变了电力传输的技术，将现有供电系统无法分辨终端用电量的方式，改成根据不同时段不同用量自动调节供电，因而创造节能效果。

智能电网需要用户装上智能电表，智能电表是结合了通讯功能的电表，其通讯功能，可将用电情况实时（Real Time）传送出去；对于使用端，就能借由具有荧幕的显示装置，了解耗电量的变化与用电的效率，有了明确的数据与分析，就能提醒自己调整电器使用时间，或是思考改用更省电的电器，如变频家电、LED 照明等，进而达到节电的效果。

使用者购买智能型插座后，电器一插上，就能显示家中各种电器的用电量，找出耗电的电器。电力系统更换为智能电网后，电费单上更可以显示一天之中，各小时的用电状况，让自己更了解用电的行为；在电力公司采取尖峰时间高电价之后，也可以掌握自己的用电开支。

智能电网可以把电流变成“资讯流”，将用户的用电情况传

① 资料来源：台湾智能型电网产业协会网站，http：//www.smart-grid.org.tw/index.aspx；《商业周刊》第1153期。

智能型电网："资讯明确化，调节自动化"模式（价值体系模式 13）

回电力公司，不必派人逐户抄电表，也可以让电力公司更有效地配置电力传输系统。

利用智能电网，学校可以在上课时间让教室开空调、开灯，宿舍则是自动关闭冷气。智能电网也可以让屋顶安装太阳能电板的家庭，在电板发电量大于用电量的时候，把多出来的电，通过智能电网售回给电力公司，让家庭及电力公司两蒙其利。

思考点：智慧电网能够创造和传统电网不同的运作绩效，关键在哪里？

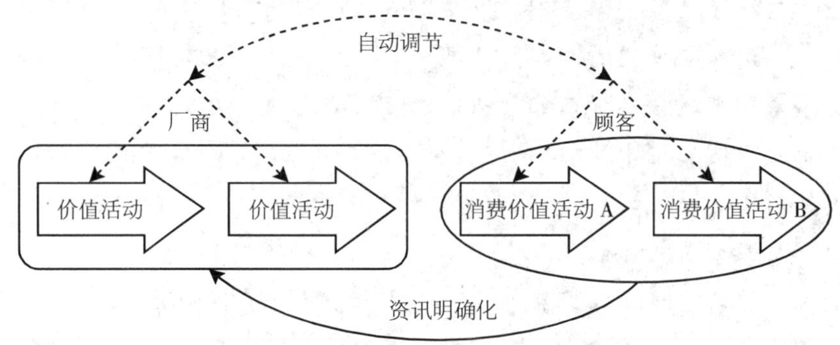

图 5-7 "资讯明确化，调节自动化"模式

在商业模式中建立贯通的资讯流时，需要在企业与消费者端、企业内部价值链以及企业与供货商端三方面，共同打造有效、实时的资讯交换系统。

5.2.4.1 消费者端资讯流

消费者端的资讯流，其效能主要会呈现在交货运送、消费者属性及消费者行为的探知等方面。

（1）交货运送：交货是企业与消费者发生直接接触时的关键事件，虽然**就接触时点而言，交货活动为时相当短暂，但这却是让企业提升服务价值、满足顾客、创造利润的关键活动**。能创造价值的交货，需要延伸到包括仓储、实体物料搬运、交货流程、所需的安装和训练、持续的支持、产品回收、产品报废处理等活动，例如，一般的网络购物网站，并不会自行设置仓储系统，PChome 购物网站为了做到 24 小时交货，自行设立仓储系统；全录公司（Xerox）的机器运送/搬除承包商不仅是运送设备，更要排定好安装时间、训练客户操作机器、了解顾客是否满意，同时负责搬除老旧机器，提供相当独特的交货运送方式及附带服务。

(2) 消费者属性及消费者行为：一些商业模式的资讯流设计，主要目的是**要了解及掌握消费者特征及行为的相关信息，并进一步运用这些资讯增加营收**，例如，本章先前提到的 Netflix，利用电影推荐软件 CineMatch，会请看过片的顾客给租过的片子评分，然后推荐形态类似的电影，是一种了解消费者特征的设计，Netflix 出租的电影当中，高达七成是通过 CineMatch 推荐给媒合的。

模式案例研讨 5-10

金钱豹做餐饮①

金钱豹在中国大陆的主要业务，是高档连锁自助餐餐厅，年营业额数10亿元人民币，餐厅配置了先进的信息系统，可以分析消费行为、协助决定菜色变换，让曾经消费过，但很久没回流的顾客，可以适时接到一些消费资讯。

金钱豹在中国大陆是采取IC储值卡模式，持卡者可以打九折，而且可以享用会员专属的特殊菜色，如鱼子酱、帝王蟹或现做的鹅肝、牛排。顾客在申请会员卡的同时，金钱豹也为他们建立了个人资料，如会员的生日、结婚日、小孩出生日。通过计算机就可以知道各个分店来用餐的会员数、平均消费金额、散客数。

金钱豹有一套管理顶级顾客的方法，节日寄送卡片或兑换礼物券是最基本的项目服务，另外，一些优秀的服务是在生日前一个月提早问候、了解安排餐宴服务需求。另外，还提供私密会所，供应鲍鱼、鱼翅等名贵食材，也提供专属空间，唱歌、喝酒，以服务金字塔顶端。

思考点：对于极注重隐私的顾客，如何让他们愿意提供资金？

金钱豹："建立顾客资讯系统，主动告知活动讯息"模式（价值体系模式14）

① 故事来源：金钱豹网站，http://www.goldenjaguar.com；《商业周刊》第1117期。

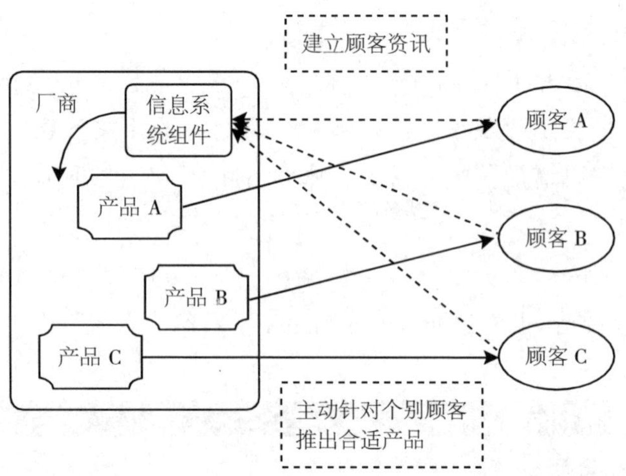

图 5-8 “建立顾客资讯系统，主动告知活动讯息”模式

当很多企业都会通过资讯流提供优惠活动时，如何整理这些资讯流，本身就会是一种商机，例如，Groupon 会寄发电子邮件给庞大数量的会员，可以接触到很多不可能知道公司存在的消费者，很多公司想复制 Groupon 的成功，导致市面上有超过 350 个类似的网站，由于这类网站太多，于是出现了 The Dealmap 网站，让消费者可以根据所在城市，搜寻今天所有折价网站提供的所有优惠。

模式案例研讨 5-11

APP 带你找优惠[①]

麦伯行销推出的“WaWaBank”是免费下载的 APP，为消费者提供所在区域内各家信用卡的店家优惠讯息，目前其数据库中已有超过 7 万个店家。从银行端来看，“WaWaBank”的使用者都是拥有智能型手机的年轻人，相当符合信用卡推广的目标族群，根据店家回报，“WaWaBank”带来的消费额和刷卡次数都呈现成长。从店家端看，信用卡卡友消费力较高，是实体店家与各大品牌极力争取的对象。目前，“WaWaBank”26 万个使用者，超过五成每周会使用一次，九成每月会用超过一次，使得银行业者的合作费用、商家程序内刊登广告的收入，让

① 故事来源：麦伯行销网站，http：//www.myball.com.tw；《商业周刊》第 1234 期。

"WaWaBank"上线两个月即损益两平。

麦伯行销最早是从纸本账单开始，是银行和电信业者的外包业务单位，麦伯行销找出各种店家优惠，再根据银行信用卡会员的资料分析，区分出消费水准及消费形态，随着账单寄发至与该店家相似消费水准的用户手中，提高了会员用户的忠诚度，提高消费金额，让银行、电信业者、提供优惠的商家都共同获利。

纸本服务虽然获得成功，但在转做 APP 软件却遭遇保守的银行质疑，但智能型手机的出现，让麦伯抓住了更大的商机。麦伯便针对银行内的法务、行销、客服部门的疑虑，提出各种解决方案，逐一说服，过程长达一年，最后在"WaWaBank"上线后，用成果说服万事达卡（Master Card）、威士忌（VISA）等机构，签订长期合作，树立起相当高的模仿门槛。

麦伯行销："协寻最适信息"模式（价值体系模式16）

思考点：请整理 WaWaBank 能获利的原因。

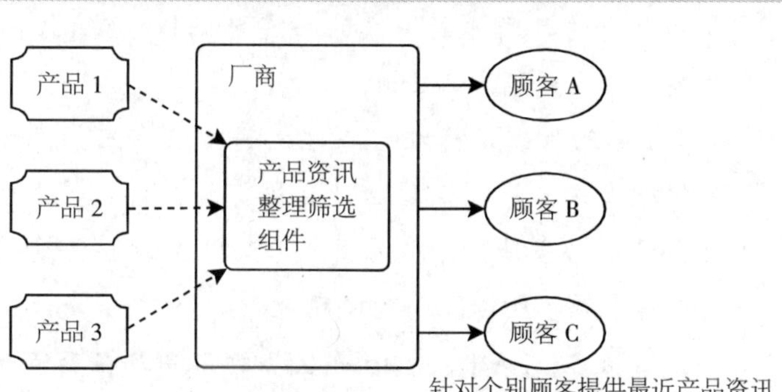

图5-9 "协寻最适资讯"模式

5.2.4.2 内部价值链的资讯流

企业为了给顾客提供更优质的产品服务，需要建构联结消费者端的资讯流，但是提供产品及服务的过程，仍旧是在企业内部完成，因此，企业必须关注贯穿内部价值链的信息流，以便于让企业的产品服务的属性能够满足其商业模式的要求。

模式案例研讨 5-12

ZARA 的价值链

ZARA 快速在平价流行成衣市场崛起，能够快速将新款服饰推上市场，最主要的因素是公司讲求速度的价值链。ZARA

拥有自己的设计团队，其中绝大部分是名气不大的约 200 位年轻设计师，他们从明星的穿着打扮以及时装发表中，可以快速掌握潮流，并且立刻进行设计。

这批设计师一年能够推出多达 4 万件的设计，其中 1/4 会成为真正推出市场的产品。由于设计出的款式多，ZARA 的店面每周可以有两次新品上市，也由于淘汰比率为 3/4，ZARA 的新货失败率为 1%，一般业界是 10% 。

要把新款服饰推上市，ZARA 拥有两套制造系统。第一套制造系统生产跟流行比较无关、属于基本款的产品（如 T 恤、贴身衣物等），公司将这些产品外包到成本低的地方制造。

第二套制造系统则紧扣流行脉搏，这些产品就近在欧洲的工厂制造，虽然人工成本较高，但能缩短配送时间，把握新品抢攻市场的时间。从设计、制造、配销到上架，一般服饰品牌需要几个月的时间才能完成的一连串工作，ZARA 却只需要几个星期，因此更能快速反应。

ZARA 的服饰选择相当单纯，通常只有三种尺寸与三个颜色可供顾客选择。一开始由计算机剪裁布料，劳力密集的缝制工作会外包给当地的小型成衣厂，ZARA 往往是这些成衣厂唯一的工作来源，所以配合度极高。

平均而言，ZARA 有 15%~25%的产品是在季节开始之前就已经先做好，50%~60%的产品是在季节开始时才做，其他的则是随时增加。公司的两套制造系统，刚好能应付产品推出的步调。

ZARA："迅速调整内部活动，反映实时市场资讯"模式（价值体系模式 17）

每天晚上，总公司会通过 PDA 传送最新商品的信息到各分店，店经理如果看到适合的产品，可以立刻通过 PDA 订货。总公司每周送货两次，因此，订货后只要几天新品就可以上架，店经理的薪资绝大部分取决于他们对商品销售的预期以及分店的营收成长。

ZARA 的服饰上市快，下架也快，公司的商品种类多，但是每一种的数量不多，少量制造让公司更能实时反映市场需求。热卖产品可以随时追加制造，冷门产品也可以随时停止生产，立刻止血以减少产品存货问题。因此，ZARA 只有 15%~20%的产品是最后打折卖出去，比例约为业界的一半。

思考点：请用简短几句话描述 ZARA 的商业模式，为了管理此商业模式，在价值链上做了哪些特殊的设计？

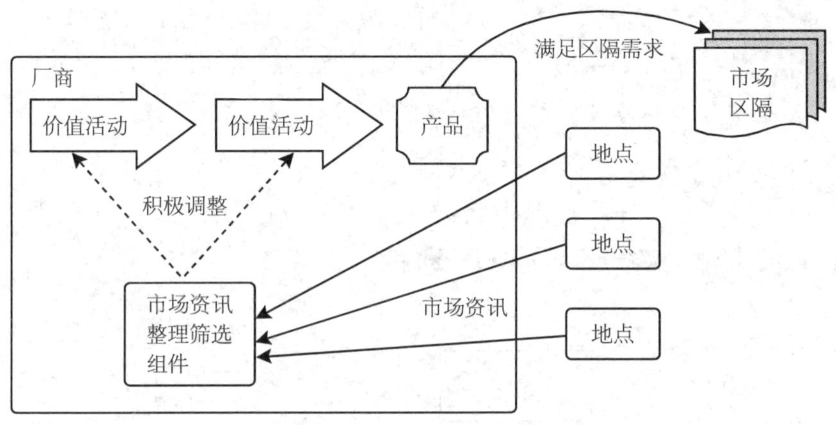

图 5–10　“迅速调整内部活动，反映实时市场资讯”模式

企业内部价值链的资讯流，必须跟随企业的产品服务布局，特别是在企业增加新产品线、扩大地理营运范畴或是延伸价值链时，企业更需要关注**如何通过资讯流的贯通，将新增加的营运整合进企业原有的营运系统内，以有效管理新增加的营运活动。**

模式案例研讨 5–13

从制造到服务的资讯流改变

中远船舶的客户大部分是大型制造业，这些客户的产品需要通过远洋运输。在过去，中远船舶只销售船只，客户从中远船舶购买了船只后，还需要自行运输产品，从客户的角度看，购买船只是一项固定成本支出，还需要花费大量财力管理运输以及维修保养。为了更全面服务顾客，中远船舶从传统的船舶制造业者转型为物流服务提供商，为客户提供货品运输的全套服务。

中远提供的全套服务包括运输、仓储、加工和物流，要提供这些服务，必须有良好的资讯流，公司的资讯系统整合了操作流程、运输资讯与客户资讯，能够为客户提供及时便利的服务，并大幅降低了公司的管理成本。在2003年SARS危机期间，全球运输业都受到一定的影响，而中远船舶并未受到很大冲击，这套系统有相当的贡献。

中远船舶：“提供顾客所需资讯，协助顾客降低成本”模式（价值体系模式18）

中远船舶的整合系统让客户可以通过GPS全球定位系统，取得货品的精准定位和管理货品的运送情况。准确的数据和分析，使得中远船舶可以为客户制定最佳的航运路线，从而节省成本。另外，集装箱管理系统则帮助中远制订合理的运输计划，达到降低库存、节约成本的目的。

思考点：中远船舶跨进服务业，多做了哪些投资？哪些条件的出现，会危及这些投资的获利？

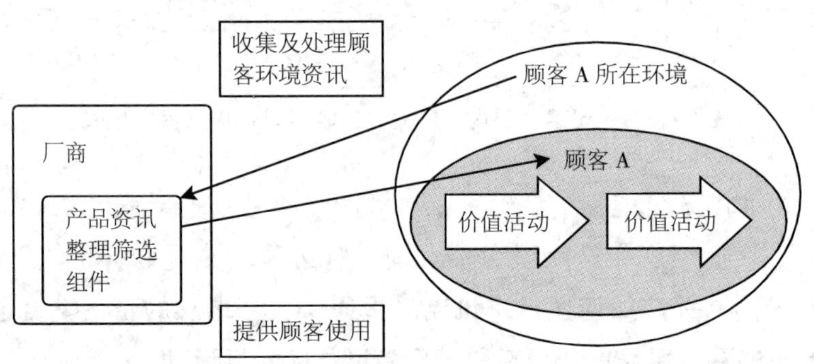

图5–11　“提供顾客所需资讯，协助顾客降低成本”模式

5.2.4.3　供应者端资讯流

贵宾王美食U盘：“建立供应端商品资讯系统，主动推向顾客”模式（价值体系模式15）

企业与供货商之间的合作，有时会影响商业模式所欲创造的价值以及为顾客提供的产品服务，此时，企业与供应者端之间的资讯流建置，将是商业模式设计的重点。例如，在中国大陆生产U盘的华旗资讯，推出一款贵宾王美食U盘，让使用者只要在有网络的所在，一使用U盘，就可以接收到餐厅的美食讯息。对餐饮业者而言，可以利用此平台，及时发布自己的新品菜肴、活动公告等内容，当购买爱国者贵宾王U盘的消费者数量越多时，愿意在这个平台上提供信息的餐饮业者也就越多，使华旗资讯找到新的U盘加值点、消费者获得市场资讯、餐饮业者可以拓展市场，三方都可以从中获益。

运用供应者端的资讯流，除了可以妥善管理产品品项资讯，也有助于成本及品质的管控，例如，金钱豹在选择开店地址时，最重

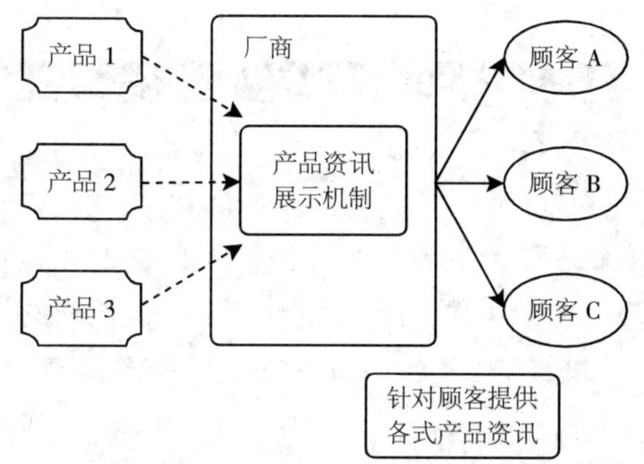

图 5–12　“建立供应端商品资讯系统，主动推向顾客”模式

视的就是当地的网络铺线设施，频宽不够、没有光纤或宽频联机的地方就不会开店。通过网络信息，总部随时可以掌握今天各分店的来客数、营业额、采购量及采购成本。金钱豹对八千个品项的采购项目，建立了计算机化管控系统，材料多又丰富的背后，是细腻的流程管控。举例来说，光是鲑鱼，金钱豹在中国大陆一年消耗 3000 吨以上，能让 1/4 的中国台湾同胞吃一年。金钱豹的采购能力，甚至名动北京奥委会，成为 2008 年北京奥运会蔬菜的特定供货商。

在时效的掌控方面，与供应端的良好资讯流也可以让企业在最短的时间内，生产顾客所需的产品。例如，戴尔计算机是全球最大的个人计算机公司之一，一般认为其成功取决于直销模式，但戴尔计算机真正的竞争优势核心是其价值体系内的供应链。直销的好处是把经销等中间环节去掉了，因此，可以比较低的价格提供产品，用户直接订购货物，也可达到定制化效果，但戴尔计算机如果缺乏强大的供应链，直销依旧不会取得成效。

戴尔计算机的组装环节是自行完成，并不外包，戴尔计算机的工厂和零组件供货商之间是无缝连接。零组件供货商的仓库都必须建在戴尔计算机工厂附近，戴尔计算机将未来 3 个月的零组件需求，通过网络告知零组件供货商，让零组件供货商得以管控其自身的供应链。戴尔计算机每下一个正式订单，零组件供货商必须在 75 分钟之内把零组件送到戴尔计算机的中转仓库，戴尔计算机的某个日产 26000 台电脑的工厂，其中转仓库只需约 8.9 平方米。

镀金集团："上下游共享顾客资讯，共同制作客制化产品"模式（价值体系模式 19）

模式案例研讨 5-14

便宜名牌不必到 OUTLET

美国镀金集团公司（Gilt Groupe）是在网络上卖名牌流行精品特卖会的公司，每周五天，每天平均八场特卖会，价格最多打到三折，而且每场特卖会限时一天半，数量有限的商品一旦卖完，特卖会便提早结束。

镀金集团采取会员制，只有会员才能在网络上购买，为了抢购便宜好货，大批的会员会守在计算机前面，拍卖会一开始，立刻登录扫买特卖会商品。这种方式吸引了想买名牌又不太负担得起的消费者。镀金网的创办人让顾客觉得他们不是在花钱，而是在省钱。

为了让商品看起来具有质感，镀金网拥有专业的摄影团队与模特儿。每件商品的每张照片都由真人穿戴示范，会员可以拉近照片细看质料、纹路和颜色等细节。

镀金集团提供的商品，会让会员有是"独家"的感受，只有会员才可以在网上购物，加入会员是免费的，但仍给予会员"不是每个人到处都买得到"的感觉。合作厂商也喜欢公司强调品质及独享，比起一般的 OUTLET，镀金集团的会员特卖会比较无损品牌价值，成为厂商存货无痛又快速的出口。

镀金集团不吝与厂商分享顾客资料，有些厂商开始帮公司制造独家商品，镀金集团记录顾客的购物及浏览行为，再从中归纳出顾客的喜恶。这对供货商来说，是极珍贵的信息，厂商根据这些信息，特别帮镀金网生产的独家商品，符合会员需求的概率相当高，又再可以给会员"别的地方买不到"的印象。

思考点：镀金集团的资讯流创造出哪些有助于提高业绩的条件？

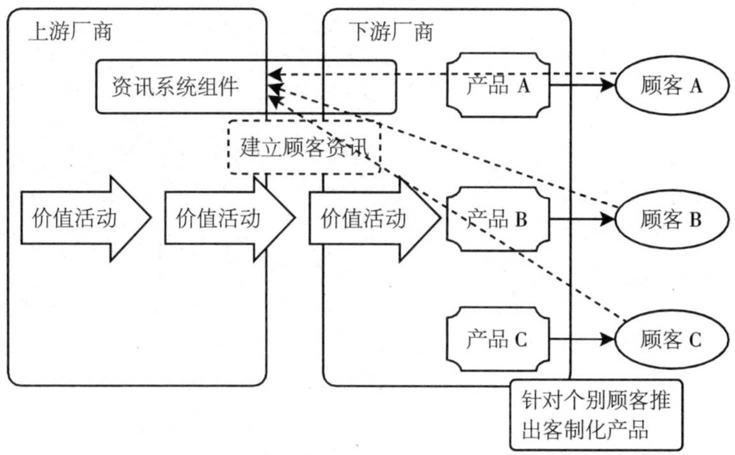

图 5-13　“上下游共享顾客资讯，共同制作客制化产品”模式

本章提及模式的相关网站

1. KKBOX，http：//tw.kkbox.com/index.html。
2. Netflix，http：//www.netflix.com。
3. Wal-Mart，http：//www.walmart.com。
4. ZARA，http：//www.zara.com。
5. 中国石化，http：//www.sinopec.com。
6. 中远船舶，http：//www.cosco.com/。
7. 宏全国际，http：//www.honchuan.com.tw。
8. 金钱豹，http：//www.goldenjaguar.com。
9. 胖卡餐车，http：//www.wretch.cc/blog/jackey0823。
10. 振跃公司，http：//www.martas-online.com。
11. 深圳发展银行，http：//www.sdb.com.cn。
12. 麦伯行销，http：//www.myball.com.tw。
13. 智能型电网产业协会，http：//www.smart-grid.org.tw/index.aspx。
14. 镀金集团公司，http：//www.gilt.com/。
15. 苏宁电器，http：//www.cnsuning.com。

第 6 章　商业模式中的网络布局：产制、营销、使用者网络

6.1　产制网络

6.2　营销网络

6.3　使用者网络

商业模式的设计，如果再从第 5 章的价值体系向外延伸，牵涉到的成员会超出价值体系中直接交易的上游供货商及下游顾客，关注的议题也会超出价值体系的四流。许多现代的商业模式，必须从更宽广的网络层次来理解，例如，信用卡（VISA 卡及 MASTER 卡）的商业模式，需要同时将发卡银行、收卡店家、持卡消费者、各种促销机构视为一组网络，观察这些组织在网络中扮演的角色，才能够清楚掌握信用卡的商业模式，又如近年来一些强调使用者社群的商业模式，也必须将这群使用者视为一组网络，将较能了解其商业模式的运作。本章将介绍与商业模式设计攸关的三种网络：产制网络、营销网络以及使用者网络。

6.1 产制网络

一项完整的产品服务，经常是由众多零组件所构成（如计算机是由主机板、屏幕、机壳、连接器等组成），也可能是由许多各自可独立抽离的各部分所组成（如一趟飞航服务是由运载服务、飞机餐饮、机上娱乐、行李运送、机场服务所组成），而**产制网络是指提供这些零组件以及产品各部分的厂商所组成的网络**。

产制网络对于商业模式重要性会展现在两方面。一方面，**一项产品所满足的顾客价值，很大程度上是取决于这项产品具备的实质功能，而产品的实质功能是由产制网络中的成员所创造；另一方面，产制网络的开放性，会影响到商业模式的利润来源以及分配**。

6.1.1 顾客价值的满足：产制网络成员种类的选择

一项商业模式能够满足顾客价值，基本上是通过产品及服务来达成，当产品及服务需要的众多零件或组成部分，需要由多家企业共同协作供应时，产品及服务的提供，就需要依靠产制网络，尤其在现代消费者的顾客价值日益复杂，更需要众多厂商参与产制网络，才能提供完整的产品服务。例如，和泰汽车的产制网络成员，除了生产汽车零组件的各家协力厂之外，还包括了自行转投资的融资贷款公司、长短期租赁公司、车用配件、中古车买卖、大型商用车销售等公司。

在顾客价值日益复杂时，企业需要选择合适的伙伴共组产制网络，例如，美国的通用电气资本公司（GE Capital），其业务范围相当广，可以向消费者、中间商、生产者提供各种各样的金融服务，不论客户需要商业借款或住房抵押，通用电气资本公司都可以办理这些业务；企业客户若是需要设计网络，通用电气资本公司也可以提供服务；企业客户需要寻求资金援助以购买设备时，通用电气资本公司还是可以提供这类服务。

为提供这些服务，通用电气资本公司与通用电气集团的各公司建立了很好的合作关系，通用电气集团的各公司会提供市场信息给通用电气资本公司。例如，通用电力系统公司在建造电厂中，发现记账、收费这些与自身业务不相关的业务相当烦琐，通用电气资本公司获知后，会立刻与电力系统公司协调为客户提供服务。

通用电气资本公司：“纳入异业成员，丰富网络价值”模式（产制网络模式6）

通用电气资本公司为通用电气集团的各个公司，例如，航空服务公司、电力系统公司和汽车公司的客户提供金融服务，同时也协助这些部门接触大客户，例如，1993 年大陆航空濒临破产，通用电气资本公司及时提供贷款，帮助它重返航空业。大陆航空公司用这笔贷款购买了大批飞机，而这些飞机多数采用的是通用电气集团的发动机，对通用电气集团的其他公司来说，通用电气资本公司可说是从事竞争的极佳助力，让客户在购买一项商品时，可以同时购足所需的各种周边服务及流程。

商业模式可以设法让所满足的顾客价值复杂化，其中一种操作方式是重新组合市场上既有的顾客价值，也就是当企业原先的模式只满足顾客价值 A 时，企业可以增加产制网络中的成员种类，以争夺满足顾客价值 B 的市场，例如，便利商店的商业模式，其发展路径是不断增加其产制网络的成员种类，随之也不断扩大及吸纳顾客价值领域，而这些被吸纳进来的顾客价值，在未被吸纳进来之前，大部分是由其他的企业满足。例如，一般消费者原先是在水果行买水果，便利商店切入单人食用的水果市场，相当于侵入水果行的市场。在日本的廉价租车连锁业者与业绩年年衰退的加油站联手合作，以低廉价格抢攻租车市场，而且凭借原本加油站的据点优势，拓展速度更容易也更迅速。日本国内加油站从 2004 年以后开始走下坡路，全国的加油站营运大半呈亏损状态，因此，在汽车检查及洗车之外，业者也积极寻求其他收入来源。而加油站租车服务在汽车出

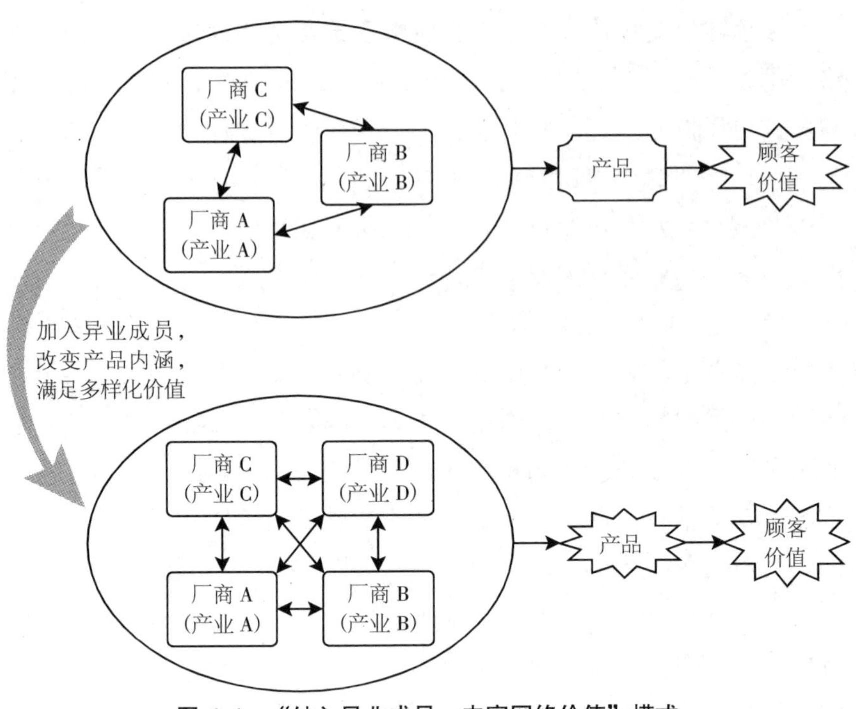

图 6-1 “纳入异业成员，丰富网络价值”模式

租、还车以及洗车、汽车检查等作业上，都可以在员工加油以外的空当时间进行，所以租车服务几乎不需要再增添人力，并且一样提供保险服务，租车业者与加油站之间可以良好搭配。

商业模式让顾客价值复杂化的另一种操作方式，是将新的价值内容和既有的价值内容整合在同一项商品上，而不是组合既有的顾客价值内容，例如，衣服的既有价值是蔽体、美观及舒适，但是成衣制造商 UNIQLO 可以结合特定的纺织业者，让衣服更为轻量化。

在同一个产业中的不同厂商，会选定不同种类的厂商共组产制网络，也就设定了不同的顾客价值复杂化途径，形成了不同的商业模式，此时产业内不同厂商的竞争会转化为不同商业模式间的竞争。

商业模式演练 6-1

电影院可以与哪些机构合作，让顾客价值复杂化，进而创造出独特的商业模式？

6.1.2　利润的创造及分配

当产制网络确认其顾客价值后，这项顾客价值可以创造的利润以及产制网络所创造的利润在成员之间会如何分配，是商业模式设计的关键议题，以下几项因素会对利润的创造及分配造成重大影响。

6.1.2.1　产制网络成员的资格及数量限制

产制网络可以对网络成员的数量施加限制，一般来说，企业对于提供原料或零组件的厂商，都会有一些资格限制，希望这些厂商能够**稳定持续地提供合乎品质的原料或零组件**，当资格限制存在时，数量限制也往往会伴随出现，例如，食品业存在许多认证（如 Hazard Analysis Critical Control Point，HACCP），这些认证会成为食品业者选择合作成员的资格限制，如果企业不符合这些认证，就会失去与同业或异业合作研发的机会。

对参与成员的数量限制，不一定要在资格限制的基础上发生，即使没有资格限制的考量，企业同样可以设定参与成员的数量限制，以获得以下五项可能的好处：可以**让特定成员间的合作关系更为深入、可以让管理系统变得较单纯、可以与特定成员建立长期的关系、可以让利润只由少部分人分享、为产品创造出独特感。**

第一项好处是建立更深入的合作关系，模式案例研讨 5-8 提到的宏全国际的 In-House 模式，将机器放在客户厂内，同时向客户要求 10 年的合作期，合约一签 10 年，让同业无法抢走这个客户，和客户的关系就跳脱单纯买卖供应的范围，成为更深入的合作关系。在经营稳定之后，宏全国际再持续进行发展创新，不论是在瓶盖材料方面，还是在瓶身造型方面，都有深入的合作关系。

第二项好处是让管理系统变得更单纯，如果一家组件制造商想要和多个组装大厂合作，如果各个组装大厂有自己独特的合约、软件和资料格式以及流程，那么这个零组件制造商，为了和这些大厂交易，必须适应众家大厂的规范，管理上的复杂性和成本，将会大幅提高。尤其一些大型连锁零售业，例如，沃尔玛可以强迫供货商服从自己的流程，供货商甚至必须说沃尔玛指定的“商业用语”。当限制网络成员数量后，将可让管理单纯化。

第三项好处是与成员建立长期关系，有限的成员数量，会更有助于建立长期关系，企业有时甚至会以长期态度，不从“资格限制”

的观点，投资于目前尚未知名的小型合作对象，等到这些合作对象日后随着时势逐步成长时，企业也就可以获得相当可观的回报。

模式案例研讨 6-1

烧冷灶的眼光[①]

汽车塑料件市场可以分为原厂代工与售后维修两部分，原厂代工的塑料件主要用于新车，占八成市场；售后维修的塑料件则是用在旧车维修，占两成市场，售后维修的塑料件价格比原厂代工市场有时可以便宜约三成，不过要进入原厂代工市场有相当难度，必须取得知名车厂的信任，因而这个市场是由欧、美、日一线塑料件大厂把持。1996 年，东阳实业是全球汽车售后维修市场的塑料件龙头供货商，市占率达八成，但就算东阳吃下所有售后维修，最多也只是全部市场的两成，因此，东阳非常希望能打进原厂代工，但却一直无法进入以欧美车系为主的原厂代工市场。

中国大陆市场的崛起，为东阳创造了机会。当福特、丰田等大型车厂纷纷抢进中国大陆时，也邀请东阳共同前往设厂，福特、丰田等大型车厂进入中国市场，多半是以中国大陆当地的大车厂作为合作对象，东阳跟着去，可以确保市场订单，中国大陆当地的大车厂大多是国有企业，也是政府重点扶植的企业。东阳当时计划先与中国车厂合作，再尝试与欧美知名车厂建立伙伴关系，设法进入原厂代工市场，因而决定与中国大陆当地车厂合资设厂。在与中国大陆当地车场合资的过程中，东阳遇到许多挑战。在售后维修市场锻炼出来的少量多样生产能力，在中国大陆并未派上用场，其原因在于规模，在中国大陆，一家汽车工厂一年生产 19 万辆，只能算是一般的水准，而台湾地区一年全部的汽车产量约 50 万台，因此，东阳在中国大陆的合资厂，即使产能全开，经常还是无法做到及时供货。

并且中国大陆车厂客户的要求瞬息万变，经常会在交货的

① 故事来源：《商业周刊》第 1130 期。

东阳实业："看准潜力伙伴，致力共同成长"模式（产制网络模式 2）

前一天，将另一家代工厂赶不出的订单，临时丢给东阳，导致生产排程失调，为解决这一类的问题，东阳设法借合资关系之便，派员前往客户车厂受训，压低姿态，以便于与客户端的生产计划人员建立联系管道，随时掌握生产线调节的讯息，直接从客户的生产线获取信息，这也让东阳提前注意到中国大陆农村的发展潜力。中国大陆几次的车市整并，让许多由铁牛车、耕耘机改装的拼装车车厂，逐渐升级为品牌车，当农村经济刚起步，还只能购买小型车时，东阳就锁定正在开发小型车种的车厂客户，只要客户建一个新厂，东阳就在客户旁边盖一座新厂房，随着客户一起成长，这些以拼装车起家的车厂，陆续成长成为中国汽车品牌时，就会优先考虑东阳的塑料件，例如，中国自有品牌销售冠军奇瑞汽车旗下的迷你车种 QQ 车，就与东阳合作开发保险杠。

随着东阳打进中国大陆的原厂代工市场，也让欧美车系汽车厂更信任东阳的原厂代工能力，东阳与中国当地车厂合资的长春富奥东阳，在 2009 年终于获得德国奥迪（Audi）汽车的保险杠代工订单，成为唯一的供货商。

思考点：烧冷灶能够成功的关键因素有哪些？

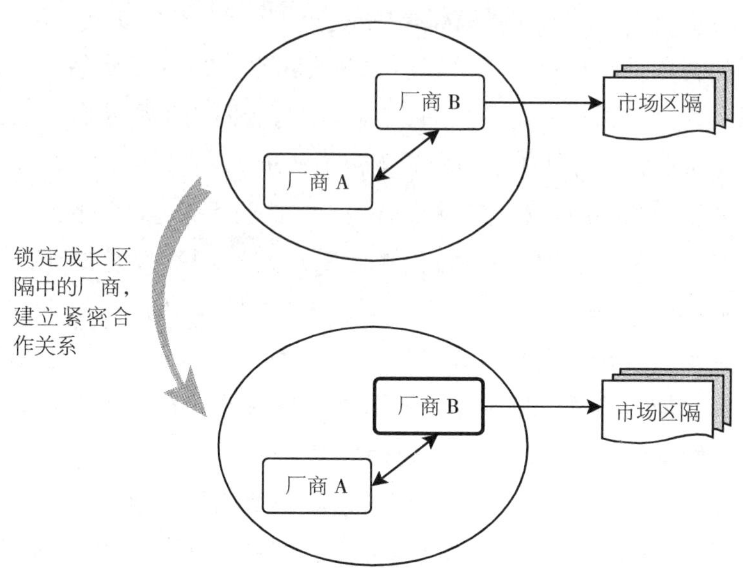

图 6–2　"看准潜力伙伴，致力共同成长"模式

限制成员数目的第四项好处，是让利润可以只由少部分人分享，专利权、商标的商业营运是典型的例子，企业可以经由专利授权或是商标使用授权，让产品创造的营收只由授权者及被授权者享有。

第五项好处是为产品创造出独特感，例如，某些特定的食材(如顶级和牛或黑鲔鱼)，只限量供应给特定的知名餐厅，不论对食材供应者或是餐厅，都让价值更为提升。

6.1.2.2　产制网络成员的互动：开放式平台

在产制网络中，若是完全不对网络成员的数量加以限制，一项主要目的是利用庞大数量的产制成员，创造出最大的利润，而庞大数量本身往往就是创造营收的关键。例如，任何一个补教机构，只要使用正版微软软件，都可以开设微软 Office 软件的课程，微软不对 Office 软件的教学机构设定太多的资格条件，市场上有越多的计算机教育机构教 Office 软件，微软就越有机会卖出更多的 Office 软件。

庞大数量的成员之间的网络互动，如果能够形成平台（Platform)，创造可观营收的机会将会大增。平台的概念，在包括电脑、网络、技术以及商业等许多领域，都被广泛运用，平台可以看作是让特定事务加速运行的环境，以捷运为例，当只有一条捷运时，只能让点对点之间的互动往来更为便利，但是当捷运路线逐渐增加、涵盖面变广，成为一个系统之后，将会成为居民主要的交通工具，而捷运系统也会成为许多商机得以成立的基础；再以便利商店为例，当便利商店是以单点运作时，就只是传统杂货店的替代品，但是便利商店的据点超过一定数目后，将可成为居民的生活平台，居民的许多生活事务都可以在便利商店平台上解决。

平台概念的应用相当广泛，企业内部可以建立知识平台以加速组织学习、可以建立管理信息平台以加速管理工作的推动，脸书（Facebook）则是一种社交平台，以上提到的企业内的知识平台、管理信息平台或是社交平台，是将平台作为一种产品服务；**运用平台概念设计商业模式，则是要让产制成员在某个平台上进行互动，让各个产制网络成员的产出，能够通过平台，与其他成员的产出结合，产生更高的价值，形成一个更强大、更具吸引力的模式**。与商业模式设计有关的两种平台特别值得注意，分别是技术标准平台以及交易平台：

(1) 技术标准平台：技术平台是指产制网络成员的行为，遵照某种技术标准的规范，使得成员之间的互动得以加速进行的系统。例如，微软的窗口平台，让撰写应用程序的企业或个人，只要遵照窗口程序设计原理，就可以写出在窗口上执行的程序，程序使用者之间便可以在窗口平台上交换及共享档案；另外，Android 智能型手机上的 Market，以及苹果智能型手机上的 App Store，就商业模式运用平台的设计来观察，其概念与窗口平台相当类似，但差别在于智能型手机的 App 撰写难度较低，也更贴近生活，因此，能汇集更多人投入撰写，让 App 更丰富，提高了 Market 及 App Store 的整体吸引力。

模式案例研讨 6-2

Suica

JR（Japan Railway）东日本铁路公司发行了一种预付卡“Suica”，目前的发行量高达 3700 万张，几乎已经是关东地区居民生活必备的卡。从上班尖峰时段开始，许多上班族拿取书报摊上的书报后，就将 Suica 往柜台上一刷，不到几秒时间，就完成了买卖的交易。这是 JR 东日本的顾客“自我服务”项目，顾客把商品条形码先放到机器扫过，再用 Suica 付账，许多商店也接受Suica，让 Suica 具备了电子货币的功能。

Suica 除了可以用于购物外，还可用于搭乘电车，要在东京搭电车，只要有一张 Suica，不一定要先买票才能够上车，Suica 最近也与各信用卡公司合作，发行了附有 Suica 功能的信用卡，也逐渐受到消费者的喜爱。

思考点：“台北捷运悠游卡”以及“iCash”，何种比较有希望具备“Suica”的功能？

Suica：“创造技术平台，海纳各方商品”模式（“技术标准获利”模式）（产制网络模式 10）

（2）交易平台：有些商品如果是由单独一家小企业提供，会较难吸引顾客前来购买，但若是众多小企业集结起来，将更能吸引顾客前来购买，正如同夜市的运作一样，夜市内的众多摊贩店家，若是打散开来，未必都具有吸引力，各自所能创造的营收加总起来，也将比聚集成夜市之后创造的吸引力及营收要少。这种将众多产制成员汇集在一起，虽然彼此之间没有技术标准的联结，但是却更容易促成与顾客的交易，形成交易平台。

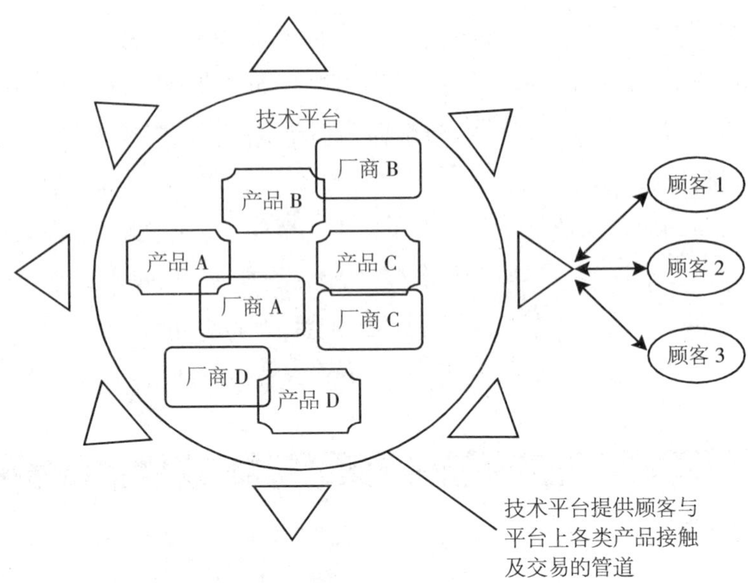

图 6–3　“创造技术平台，海纳各方商品”模式

模式案例研讨 6–3

义乌小商品城[①]

位于浙江的义乌小商品城是一个城市也是一家上市公司，小商品城只卖玩具、饰品、艺品、花饰四类商品，商品城要出租店铺时，关心的不是租客能出多少租金，只关心是不是卖这四大类商品，小商品城希望买家在 30 分钟内，可以看到超过 50 家同类商品的店家。小商品城的商品种类设限，大家卖的东西都一样，价格就更透明，客户总能找到最低价。客户到义乌采购的比价成本、一站购物的成本远低于到其他地方购物的成本。在义乌流行的一句话是：在义乌买不到最便宜的货，其他地方也不用去了。

因为是小商家，可以保持高度的出货弹性，典型的模式是店面在前，工厂在后，商铺店面展示商品，后面工厂接订单。工厂跟店面连在一起，可以做到同一款外观的产品，根据材质不同而有不同的报价，不论客户要廉价或是要优质的产品，

① 故事来源：义乌小商品城网站，http：//www.ywbb.com；《商业周刊》第 1124 期。

都能做出来。出货量也可以从一整个货柜到一小包，各种生意都做。

小商品城为了招揽店家，商铺招租租金极少加价，这跟依靠租金维生的百货公司、大卖场模式有很大差异。小商品城甚至会用低于市场约四成的租金，招揽有品牌影响力的商家以及大型制造工厂，让进货价格彻底降到最低。

小商品城也是一个高度国际化的城市，常住人口 66 万人，其中有 1 万人是外国商人，这些外国人等着抢便宜电池、小杯子、袜子等各式小商品，运到非洲、中东、东欧、美洲各地市场。世界各地的人来得多了，周边商机例如房地产、展览会、酒店经营，也就跟着一一浮现。

思考点：请评估小商品城挑选玩具、饰品、艺品、花饰这四类商品的合理性。

义乌小商品城："蚁聚各式商品，打造交易圣地"模式（产制网络模式 4）

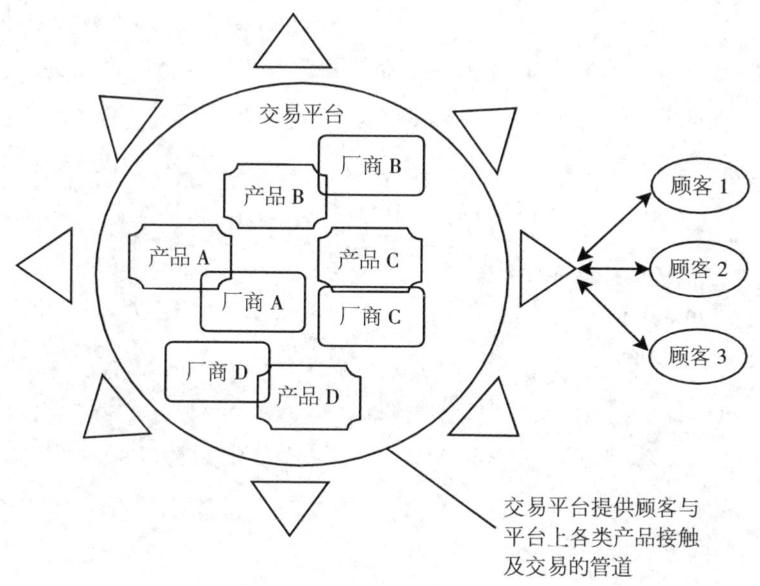

图 6–4　"蚁聚各式商品，打造交易圣地"模式

交易平台的概念，不仅可以运用在汇集众多功能相似的产制成员之间，在促成不同功能的产制网络成员之间的结合上，平台观念同样可以发挥强大的功能，加速各式各样产制网络成员之间的有效结合，创造出具有吸引力的产品服务。

模式案例研讨 6-4

Sonicbids 的音乐媒合

Sonicbids：“媒合协寻互补要素”模式（产制网络模式 3）

在音乐产业中，Sonicbids 提供表演者舞台，也提供单位音乐人才，是一个撮合伯乐与千里马的平台。

在过去，音乐表演者若想要获得表演机会，需要四处敲门自我推销，而求才若渴的唱片公司或表演酒吧往往是碰运气地寻找艺人，Sonicbids 的网站累积了提供音乐者跟需要音乐者的庞大数据库，提供一个跨国界的中介平台，有需求的人可以在付费成为会员之后，按照既有分类或直接以关键词进行搜寻，过滤与锁定合适的目标。

要使用 Sonicbids 的服务，音乐表演者必须先成为会员，Sonicbids 的收费方式是吃到饱的模式，并不就单次撮合抽取收中介费，会员第一个月免费，之后一个月缴 6 美元或者一年缴 50 美元（进阶会员的费用为 2 倍），就可以无限次使用服务。

Sonicbids 的网站上有各种工具可供运用，会员可以依照既定分类寻找表演机会，包括现场音乐类、比赛类、出版类，或者使用关键词进行搜寻。Sonicbids 也会把最新、最受欢迎及即将截止的征才讯息特别挑出来提醒会员。

Sonicbid 还提供给会员一套网络软件工具，可以制作自我介绍 的数字媒体文件，内容包括表演者的试听带、照片、背景介绍、剪报资料等。表演者在网站上制作，若有合适的表演机会，就可以直接寄到征才单位的电子邮箱，节省制作及寄送实体试听带的费用和时间。这份数字媒体文件已经成为业界的标准格式，许多求才单位都已经相当熟悉这项软件工具的操作流程。

每名会员都有一个专用账户，会员的数字媒体文件储存在这里，随时自行更新，网站上另辟讨论区，会员可以分享经验，并且向其他人推荐优质征才单位。

Sonicbid 对于求才单位，有另一套收费规则，这些单位可以免费搜寻音艺比的数据库，也可以保有专用账户，针对不同的表演者做笔记、打分数、跟他们联络，网站还会把最新、最多人接洽的表演者筛选出来给求才单位参考。

思考点：现在有哪些行业有经纪人？又有哪些行业可能需要经纪人？为何需要？

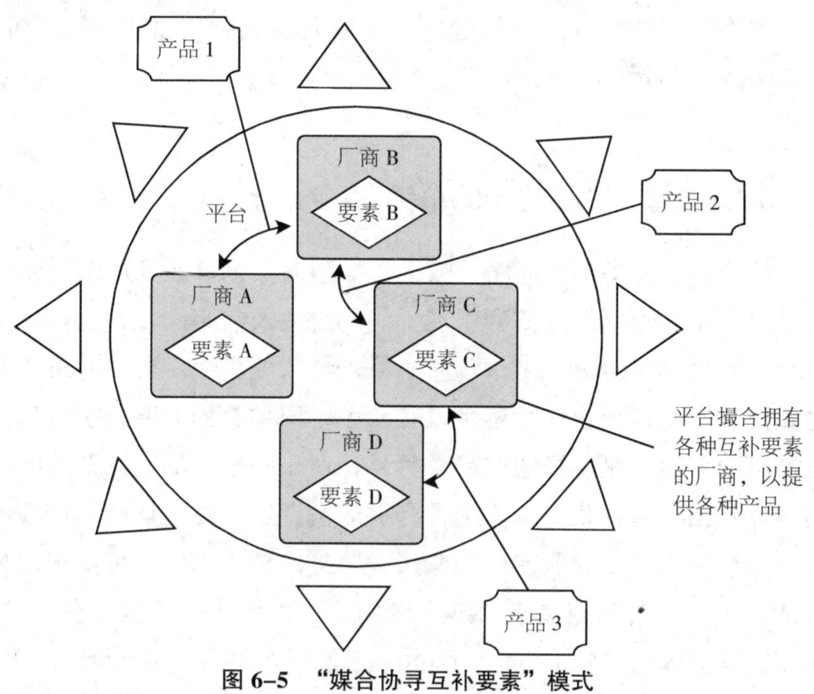

图 6–5　"媒合协寻互补要素"模式

6.2 营销网络

产制网络成员生产产品服务后，这些产品服务如何运送到消费者或使用者手上，是营销网络需要处理的议题。营销网络的功能，除了行销管理中的通路功能之外，还需符合商业模式的诉求，例如，某个顶级精品服饰商的商业模式，其诉求若是为顾客在全球各地提供专属性的产品及服务，为顾客在世界各地提供临时所需的合宜服饰，就需要在重要城市设立的营销点之间建立起互通的网络信息系统。

在行销管理中，通路管理讨论的通路长度、广度、深度等议题，同样为商业模式设计所重视，不同的通路长度、广度及深度，在销售量、通路成本、声誉以及控制四方面都有不同的影响。较长的通路有助于提升销售量、降低通路建置成本，但无法维护产品商誉，也较难控制产品在最终顾客面前的呈现；较深的通路系统，也有助于销售，但通路建置成本较高、较无法维护产品商誉，也较难维持产品在最终顾客面前的一致性呈现；较广的通路系统，和较深的通路系统在销售量、通路成本、声誉以及控制等方面有类似的特质。除了长度、广度及深度等议题之外，商业模式对营销网络的分析，还需考量营销网络关系的单纯化/多元化以及营销网络关系的重复利用。

6.2.1 营销网络关系的单纯化/多元化

消费者在许多不同通路（贩卖机、超商、量贩店等）都可以买到可口可乐，不同的通路会出现不同的价格及包装组合，这种复杂多元的营销网络为可口可乐创造了增加营收的机会。**营销网络关系的多元化，是指企业让顾客可以在众多不同种类的通路、接触到企业推出的单项或是多样的产品。另外，对于一些产品，其营销网络的设计则相当单纯化**，想购买该产品的消费者，往往只能通过独家经销商购买，甚至赴制造商处购买，单纯的营销网络，**可以创造独特性**，也比较容易**创造精致感**，例如，日本宇治的伊藤久右卫门，生产的抹茶可以在各个零售点购得，但是招牌甜品“宇治金时”，只在宇治县的总店贩售，消费者要品尝这项甜点，必须亲自赴总店消费，这也为宇治带来相当多的观光人潮。

伊藤久右卫门：“独家经营”模式（产制网络模式 1）

商业模式演练 6-2

请讨论中国台湾地区需要的是像王品集团的“连锁经营、遍地开花”的商业模式，还是伊藤久右卫门的“只此一家，名扬四海”的商业模式？

王品集团：“连锁加盟标准化”模式（“营运标准获利”模式）（产制网络模式 12）

对于以单项产品作为主力产品的企业，营销网络关系的单纯化，可以表现在缩减通路广度，如哈雷机车的销售点相当少。**营销网络关系单纯化的另一种常见形态，是将各种不同产品集中在单一的通路中，免去消费者需要在不同通路购买不同种类产品的麻烦**，这项概念应用在政府部门即为“单一窗口”，应用在零售业即成为大卖场商业模式的重要组成部分。

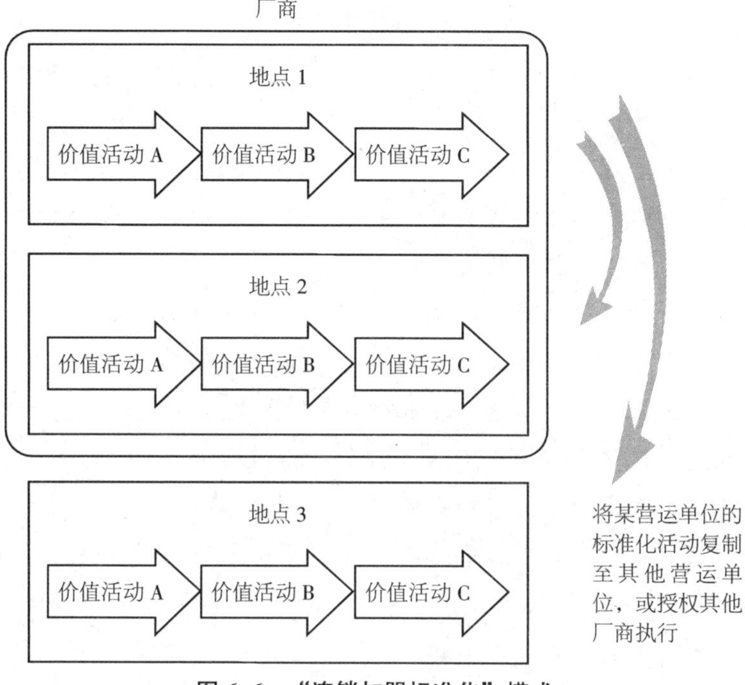

图 6–6　“连锁加盟标准化”模式

6.2.2　营销网络关系的重复利用

企业可以在既有的营销网络中，填进其他各种产品，重复利用既有的营销网络关系创造营收，在金融业的交叉销售模式，要求证券部门、银行部门、保险部门销售彼此的商品，即为深度应用此概念的商业模式。交叉销售不仅可以运用在金融业，只要两种商品合并销售，可以为企业或消费者带来便利，即存在交叉销售的机会。

模式案例研讨 6–5

日本黑猫宅急便

在日本，黑猫最早是以运输起家，发展到现在，已经成为高度渗透进入生活的大集团，不论是个人的生活琐事，或者微型企业希望拓展业务，黑猫都有机会提供协助。

日本黑猫宅急便：“现有营销网络，销售多种商品”模式（营销网络模式 5）

黑猫将既有的运输体系，充分运用到各种商业及社会领域，例如，对果农而言，一些不太好看或是受到伤害的水果，丢掉的话可能要花一处理费用，黑猫会利用既有的运输体系加上行销文宣的运用，由司机担负传播农产品信息的任务，将这些农产品信息告知送货端及收货端的消费者或是企业，为这些农产品找到销售出口。

如果消费者要在家等候宅配物品，难免心中会有些不耐，黑猫可以将货品送到住家附近的24小时便利商店，让消费者在下班时，就可以到便利商店领取。

消费者如果不愿外出购物，网络购物或电视购物就更受欢迎，尤其是物流成本的降低，让许多单价便宜的杂货类，也都可以利用黑猫的物流体系，送到消费者手上。

黑猫通过不断利用既有物流体系，创造了超过30项的新事业，每项事业都具有营业额50亿日元规模。

在2009年，黑猫集团内的物流事业占营收的80%左右，其他的20%则是从物流业延伸出的新行业。例如，卡车的修车厂、宅急便的代收金与集货、e化事业系统的开发与贩卖、接受搬家与宅配服务、企业间的物流等。从运输业起家，发展到生活百般的服务业部门，黑猫正在转变其企业经营的形态。

思考点：在台湾地区，除了金融业、便利商店、大卖场之外，还有哪些产业具有重复利用营销网络的可能性？这些产业如何重复利用营销网络？

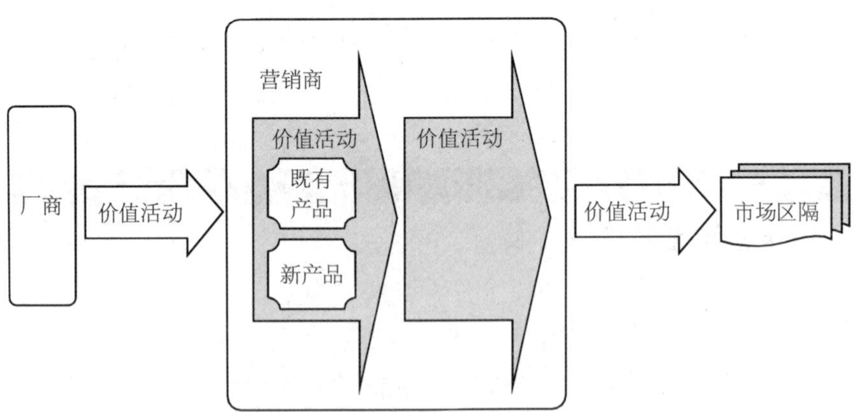

图6–7 “现有营销网络，销售多种商品”模式

6.3 使用者网络

使用者网络是指产品服务的使用者构成的网络。使用者在使用一项产品时，在整个搜寻、购买及使用的流程中，有时候是使用者单独一人进行，有时候则是呼朋引伴共同参与，即使是同样的产品，企业也可以设计出不同的使用者网络形态，例如，火锅的享用，早期一般会认为是要多人一起享用，但一人锅的出现，让消费者孤独一人时也可以享用火锅；KTV 一般也被认为是属于众乐乐的服务，单人 KTV 的出现，提供了消费者独自练歌的机会。

6.3.1　使用者社群网络

使用者在使用一项产品时，在整个搜寻、购买及使用的流程中，如果是呼朋引伴共同参与，这些共同参与的使用者，有组成使用者网络的机会，一些企业甚至会协助使用者组成这样的网络，鼓励使用者之间相互交流，形成使用者社群网络。**使用者社群网络如果运作适当，可以为企业提供产品改进建议、强化使用者对产品的认同感、提高产品行销效果、交换产品使用心得等。**

模式案例研讨 6–6

卡巴斯基①

发源于俄罗斯的防毒软件公司卡巴斯基，在全世界 30 多个国家，拥有近 2000 位工程师，跻身世界软件百强。

卡巴斯基的全球化策略与在世界各地的本土化，是能够成功的关键因素。在全球策略方面，卡巴斯基慎选代理商，以免付费使用抢曝光的方式，让市场接受卡巴斯基，并且积极争取与当地的免费电子邮件商合作，在邮件上打出商标，大量曝光，以中国大陆为例，上亿个使用网易信箱的网民在很短的时间内

① 故事来源：卡巴斯基网站，http：//www.kaspersky.com；《及商业周刊》第 1152 期。

都知道了卡巴斯基。

每个国家的市场都有其独特性，因此卡巴斯基无法在全球采用完全相同的做法，必须充分尊重代理商，根据当地文化调整产品与发展策略。卡巴斯基会利用粉丝俱乐部，让使用者的意见可以快速达到卡巴斯基的总部，有一批网络重度使用者，主动成立粉丝俱乐部，发文讨论各种高水平的技术问题，卡巴斯基的工程师最后也加入讨论，甚至参考网友的意见，作为产品调整的方向，世界各地的代理商也参考这种方式，成立粉丝俱乐部，以掌握市场动向。

卡巴斯基："使用者社群测试产品"模式（使用者网络模式 1）

思考点：防毒软件成立使用者社群网络，有什么好处？还有哪些产品可能也很需要这些好处，因而需要用到使用者社群网络？

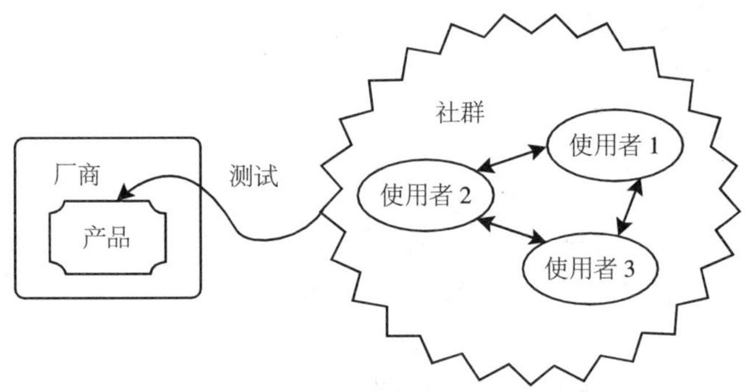

图 6–8 "使用者社群测试产品"模式

6.3.1.1 使用者社群共创价值

使用者网络社群可以为企业创造价值。企业要与使用者共同创造价值，需要能够快速而持续地与顾客互动，并从顾客的意见中了解使用者如何描述这些商品选项和特色，企业也需关注所提供的商品内容如何才能提供顾客更高的价值。

模式案例研讨 6–7

Nike

在 2006 年世界杯足球赛期间，Nike 在 Google 的协助下，设立了一个社群网站 Joga.com，广邀全球的足球迷拍下自己的球技、放上网站以展示自己的才华，再由该网络社群的参与者共同评论、打分，并分享这些录像内容。这个社群让成员分享个人或集体足球经验，每个月都会投票，选出一名冠军。

Nike 同时赞助足球“上马路”活动、创造让足球选手和粉丝联谊的网站，并且赞助传统的网络行销活动，例如，Nike 赞助拍摄的著名巴西足球选手罗纳尔多的某场影片，在网络上便被下载过了 3200 万次之多。

Nike 还在“Nikeid.Nike.com”网站上，邀请了 20 位“运动鞋达人”，共同竞赛为 Nike 设计新鞋款，竞赛布置像是实境秀节目，并让 Nike 的社群网络参与投票，选出最佳的设计鞋款。除了这些设计以及 Nike 的原创设计之外，粉丝还可以上这个网站，从多种设计风格和颜色中，筛选出独具个人特色的鞋款，Nike 更为区域性的球队和职业球队提供设计软件工具，让他们能够共同参与设计，并客制化自己球队的足球鞋。

通过这些活动，Nike 得以和全球数百万的足球粉丝建立起从未有过的顾客关系。虽然就是一项全新的挑战，但是 Nike 很快认知到，要在运动鞋市场寻求竞争优势，只有这么做，Nike 才能够快速地发展、修正新点子，并更了解顾客偏好及参与程度。

Nike 的爱好者也可以从互动中获得有价值的宝贵经验，参与并影响设计过程、成为企业产品或服务创造过程的一部分、与同样热爱足球的粉丝通过网络交流，降低对产品不满意的风险。对 Nike 来说，使用者社群的口碑，可降低产品或服务品质不佳的风险，让产品尽量符合市场口味，并强化市场的接受度。

Nike：“使用者社群设计产品”模式（使用者网络模式 2）

思考点：请分析使用者社群创造了哪些 Nike 无法独自创造的顾客价值？这些顾客价值是如何有助于营收的增加？

6.3.1.2　使用者社群网络的参与

在产品从设计、开发、制造、运送、宣传到评价的过程中，**使用者社群网络的参与程度，可以从较浅的提供产品评价，到极深的产品设计。**

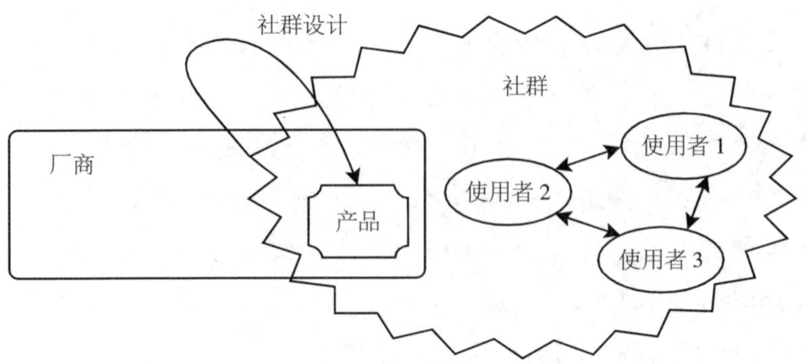

图 6–9 “使用者社群设计产品”模式

模式案例研讨 6–8

Newegg.com①

Newegg.com 是在 2001 年，由一位中国台湾留学生在洛杉矶以资本额 1 万美元创立，以贩卖电子 IT 产品起家，如今已经是美国第二大电子商务网站，营收仅次于全球电子商务龙头亚马逊（Amazon.com）。

以高阶电子产品打响知名度的 Newegg.com，吸引很多高阶电子使用者成为会员，网站上已经累积了上百万篇产品使用心得，并且每天以近千篇以上的速度增加，丰富的信息进一步刺激会员数和交易量的快速成长。高阶玩家会员的意见，尚称公正专业，因此，不只吸引消费者上线询问，甚至制造商也派专员在网站上响应顾客意见。

有些会员是领袖型的消费者，为了发挥口碑行销效果，Newegg.com 聘用了 500 名软件工程师，快速研发各种软件服务，例如，所推出智能型手机应用程序，让使用者在逛街时，只要将手机对准商品条形码，就会显示产品评价和价钱。

社群形成后，制造商纷纷在 Newegg.com 推出新产品，例如，惠普一款高阶游戏个人计算机 Blackbird 002 推出时，同时在亚马逊、Best Buy（同时经营实体店面与网络）以及 Newegg.

① 故事来源：Newegg.com 网站，http：//www.newegg.com/；《商业周刊》第 1230 期。

Newegg.com："使用者社群推荐产品"模式（使用者网络模式 3）

com 上推出，3 个月后，Newegg.com 卖出的量相当其他两者总和的两倍，再次见证社群经营的效果。Newegg.com 还以电子产品培养出的使用者社群为基础，陆续推出其他包括行李箱、珠宝、玩具等种类的产品。

思考点：如果是卖中低阶的电子 IT 产品，使用者社群网络有用吗？

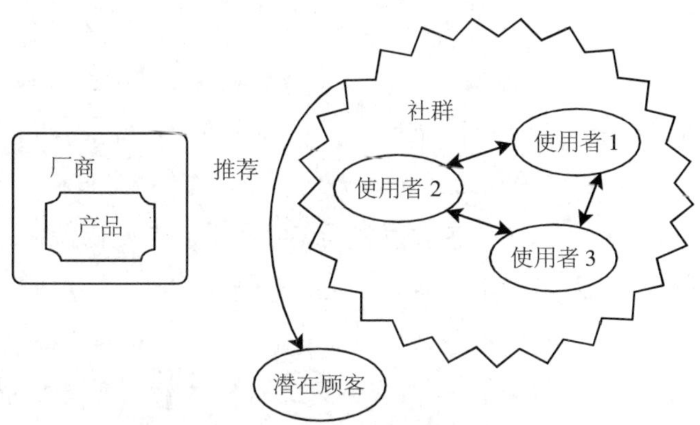

图 6–10　"使用者社群推荐产品"模式

使用者社群网络提供产品评价的功能，不一定都要在计算机网络上实现，企业也可以通过各种研讨会、工作坊来进行，特别是当企业的顾客是机构型顾客时，企业可以让机构顾客在工作坊上，对企业产品提出真实的看法，讨论企业产品可以如何为该公司创造附加价值，发表各自不同的看法。而听众则可以对发表者提出很多问题、评论，以及追问。对话从台上延续到台下，这些话题对客户来说，才是最重要的。

使用者社群网络的参与程度可以深入到参与产品开发，参与自己所需产品或服务设计、制作、定价等过程，进而成为客户价值和企业价值的共同创造者。因此，企业若是能将客户视为产品创新的伙伴，双方都能从客制化的产品和较合理的价格获得好处，新产品也不再完全产生自实验室或工厂，而是在企业与使用者直接互动的过程中完成。例如，房地产开发商在准备开发高档别墅时，可以在前期设计时就请客户参与，按照客户的要求来建造别墅，通过与客户的互动，不仅满足了客户客制化的要求，而且也有销售量的保证。又例如，装潢业者可以开发数字化装潢软体，让设计师根据客户的需求，在计算机上设计出立体室内装潢效果图，在整个设计过程中随时与客户保持互动，利用软件随时修改装潢图，也能让客户选择不同价格的材料，进而精确地显示出各区的装潢费用以及整体装潢费用。

模式案例研讨 6–9

自己的衣服自己设计

服饰制造商 Threadless 建立了独特的商业模式，通过使用者网络，销售完全由顾客设计的 T 恤。在 Threadless 网站上，有一群数量不断增加的业余设计师，他们可以提出设计构想，并对想购买的产品进行投票。Threadless 再利用大量客制化的技术，在几小时内制造出这些受欢迎的设计品。

Threadless："使用者社群测试产品"模式（使用者网络模式 1）

借由让顾客直接控制该公司的产品设计，Threadless 建立了一个蓬勃发展而且自认该拥有公司品牌股权的消费者社群，预先掌握需求，让 Threadless 可以持续压低成本，利润高达三成以上；因为社群成员明确告知需要哪一款 T 恤，Threadless 每项产品都可以卖完，从未失败。Threadless 完全模糊了生产者和消费者间的界限，顾客在该公司运作中扮演关键角色，从构想的产生、行销与销售预测，所有这些工作都被外包给消费者了。Threadless 的模式，说明了顾客在网络世界中的权力，成功地从外向内、从市场延伸进入企业内部。

思考点：在何种情形下，Threadless 的模式最能为企业带来竞争优势？

6.3.2 强化个别顾客关系

企业在构建使用者关系网络时，可以将个别顾客视为单独存在的个体，以其为核心，建立与这个个体之间的深厚网络关系，建立起顾客忠诚度。这种使用者网络关系的形态特别容易满足一些商业模式的要求，例如专属服务、精致服务或是满足深度需求，经常需要建立深厚的个别顾客关系。

在美国次级房贷风暴期间，社区银行比起一般商业银行有更低的倒账率以及较高的获利力。社区银行和大型商业银行最大的不同，在于大型银行是依据科学的计算决定产品与交易对象，社区银行则重视与客户的关系及客户的特性决定产品与交易对象，如果放款的对象是同一社区内的熟识，倒账的概率当就大幅下降。相对于大型银行，社区银行对客户的信息更了解，也就更能详加评估客户的信用状况，并且实地了解客户所经营的（中小型）事业，倒账率得以降低。社区银行的地域关系，对吸收存款也有正面的影响，大型银行有许多国际资金流动，社区银行则更重视利用与客户的关系来吸引存款，包括在社区及学校提倡节俭并鼓励存款。另外，社区银行通常在贷款的审核条件上，较能适应客户的需求，甚至有量身定做的产品。一个想要创业的年轻人，可能无法通过大型银行放款时的信用评分标准，但却有机会获得社区银行的肯定，获得贷款，因而与社区银行有较强的情感联系。

要强化与个别顾客的关系，需要独特的管理模式，确实执行以下几项活动：

（1）关注并迅速满足个别顾客的需求：只有顾客感到其需求是被个别关注且被迅速满足时，顾客才会对企业的产品和服务感到满意，愿意与企业建立深入的关系。企业必须要在内部建立跨部门的合作制度，减少顾客与解决问题的员工之间的层级。实时关注并征求顾客对服务人员以及其他相关人员的意见，调整相关人员，确保对客户的销售系统和沟通系统的畅通，企业要将为客户解决问题作为全企业的共同信念。

（2）提升员工的服务品质：拥有优秀员工的企业才能拥有最好的顾客，企业要认识到员工的重要性，对待员工如同对待顾客，重视员工本身的需要和期望，帮助员工实现，使其服务水平和自身能力都得到有效提升。

模式案例研讨 6-10

生活帮手 Concierge

对忙碌的人，时间是最珍贵的资源，能够负担得起专业服务的消费者，愿意花钱帮自己留下更多的时间。专业居家清洁公司进行钟点计费打扫可以省下自己打扫的时间；健康饮食公司可以省下自己煮饭的时间；洗衣店可以省下自己洗衣的时间。但是品项繁多的生活琐事则很难找到专业的人来单项地处理，Concierge 是一家位于英国的强调生活风格的管家顾问公司，对会员收取昂贵年费，加上钟点费的计费方式，提供几乎不设限的客制化生活杂事服务，专门负责帮顾客省下的时间的生意。会员家中即使是小事情需要帮忙，不管是安排全家暑假旅行、还是紧急的电器维修，只要电话通知公司，公司便会派员前往帮忙，解决了现代人没有时间处理琐事的问题。

Concierge：“限制顾客数目，强化个别顾客关系”模式（使用者网络模式 4）

Concierge 将会员数限制在百位以内，以便于提供最精致的服务，选择限量精品的路线，无论是服务范围、员工人数，或者顾客人数，公司都以“质”而非“量”取胜。Concierge 面试员工的过程长达数周，首先进行严格的背景筛选，接着，对员工进行“个人助理”的魔鬼训练，让每个员工都具备成为助理的态度，在实际执行任务一段期间后，Concierge 才会视表现决定是否聘用，正式聘用后，再实施各种专业训练。Concierge 的每位会员，都由一位组长带领两位组员负责，员工对每位会员的生活状况都很了解，也因此能让服务更贴心。

思考点：这些会员如果自己聘一个管家解决生活琐事，会比成为 Concierge 的会员更好吗？

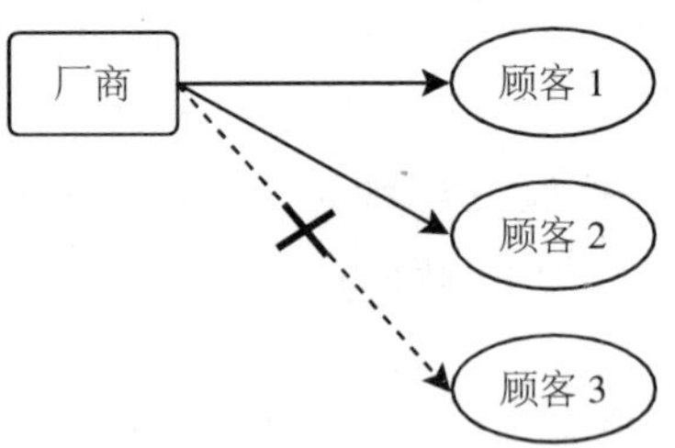

图 6-11　“限制顾客数目，强化个别顾客关系”模式

（3）设计顾客互动管理体系：在分众年代，市场区隔日渐细分，越来越多的客户追逐个性化的产品服务，已经不再满足于市场销售人员及广告商的安排。希望深化顾客关系的企业，必须建立“以客户为中心的经营哲学，唯有充分了解顾客，才能全面而又有针对性地满足其需求。企业与顾客的互动，可以具体表现在互动资讯、情感和价值的交流，企业通过双向交流，掌握顾客需求，进而改进产品以及内部流程，近距离地置身于生产过程或消费过程中，以确保顾客购买的产品或服务是其所需的。

企业可以运用网络、电子邮件与顾客交流，让顾客提供意见、建议，参与产品开发。顾客的互动管理，必须建立与客户之间良好的沟通渠道，以便准确理解顾客的需求，并根据顾客需求进行从产品设计到实现订单的业务流程重组，因此，企业应该建置完备有效的顾客数据库，以掌握顾客需求信息。

为深化与个别顾客的关系，企业需要关注个别顾客的消费频率、消费金额、最近一次消费时间、消费品项、购买习惯等购买历史信息，客户对产品功能、品种、规格、价格等方面的需求信息；对服务产品的及时性、便利性等方面的信息；顾客对企业的产品或服务不满意的投诉信息等，对这些信息进行及时、准确的统计、汇总及分析，要让与特定顾客管理有关的各个部门了解这些信息，同时针对整体市场变化以及个别顾客的消费轮廓变动，进行实时调整。

即使是理发店，如果每次客户来理发时，除认真服务外，还能建立顾客数据库，让到过该店理过发的客户，都能收到一份通知，告知顾客在何时曾来店理发、是何种发型、喜欢何种洗发精、润发乳和香水，本店已经备妥所有材料，竭诚准备为您服务。

这样的资讯可以让顾客感到受重视，也就十分自然地再次光临。

模式案例研讨 6-11

放款百亿零呆账的芦洲区农会①

农渔会信用部总逾放金额曾经高达995亿元，呆账竟逼近千亿元，曾被视为金融怪兽，但芦洲区农会却能放款百亿零呆账，其关键在于调整过去习以为常的放款催收分离的模式，改成让放款的人自己负责催收。当承办人要对放出去的钱负责到底时，征信会特别确信，甚至会实际到借款人的家中，了解其财务状况，顺便打探一下借款人的家庭成员及亲友。

① 故事来源：芦洲区农会网站，http：//www.lujhou-farmers.com；《商业周刊》第1156期。

如果真的碰到呆账，芦洲区农会很少会将抵押品直接拍卖，而是让债务人出面沟通，再依个案协商方式，协助处理债务。对于有能力还款的，可暂时缴息不缴本；临时周转不灵的，可暂时宽限数月不缴息也不缴本。对真的无力还款的客户，则劝说请其自行卖抵押品还款，否则由农会拍卖，所得金额可能低于市价好几成，无论如何都是要站在客户立场去思考如何解决债务。

芦洲区农会：“增加互动，强化个别顾客关系”模式（使用者网络模式 5）

芦洲区农会的职员必须靠打高尔夫球与潜在客户联谊，农会会办高尔夫比赛，但是在高尔夫赛局前后，农会员工绝口不提贷放业务，打高尔夫球最重要的作用是与客户拉近距离并近距离观察，在紧密互动中，可以约略看出客户的个性，对于冲动型的客户，放款时会特别小心。同时也能观察出当地中实户家中的实际情形，对客户信息充分掌握后，信用良好的客户可在一天之内，就完成所有的贷款动作。

思考点：银行的授信部门，可以使用芦洲区农会的做法吗？

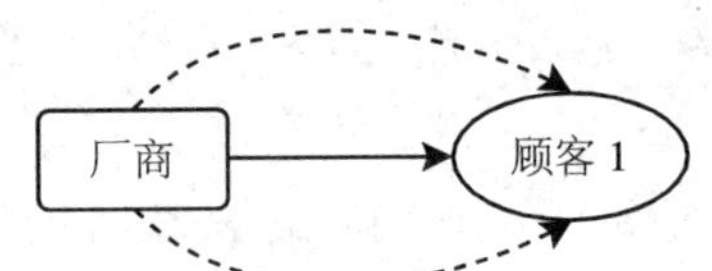

图 6–12 “增加互动，强化个别顾客关系”模式

与客户建立休戚与共的情感联结，是顾客互动体系要达成的项目，也是维系顾客忠诚度的有效途径。企业应积极建立与老顾客的情感联系管道，在为客户提供优质产品和服务的过程中，传达情感和关怀，以努力建立情感联结，正如同模式案例研讨 3–9 中提到的陈文敏面对重要顾客的处理方式，让顾客对企业或某一品牌产生一种情感上的偏好，最后，基于信任及喜欢的心理，长期购买企业的产品和服务。

传统上对于顾客互动的看法，往往是从企业的角度，考量如何减少和顾客互动的时间（如电话客服中心），以降低成本，即使是从顾客角度来考量，也多半着眼于使交易更简单、快速、容易、便利，以减少互动时间，然而顾客和企业互动的时间增长，往往可以创造更高的价值，如星巴克将顾客的姓名加注在容器上，就是一个增加互动、创造情感联结的例子。又如一些 IKEA 店家在白天卖家具，晚上则变身免费旅馆，让消费者免费体验所欲购买的家具。迪士尼乐园提供的生日庆典服务，通过设计特别的庆生主题、极具娱乐性的演员表演以及有趣的游戏环节，给游客一个独一无二的生日体验。这些增加企业与顾客互动的作为，都为顾客增添了价值。

模式案例研讨 6–12

卖螺丝五金的富豪①

德国螺丝富翁 Reinhold Wurth 靠卖螺丝起家，建立福士集团（Wurth Group），身价 75 亿美元，建立起全球最大的五金销售部队，仍旧陪着业务员跑客户，这是他从创业之初就有的坚持，只是为了能深度掌握客户与市场需求。

早期他的公司是一人公司，常常跟着维修工人躺在汽车底下，研究客人需要何种螺丝、扳手等五金工具，与客户一起研究产品，深度接近客户也就成为 Wurth Group 的精神，这精神让他不只建立起一支阵容强大的直销部队，更布建起一个强力的信息回报队伍。了解客户需求，紧紧地与客户结合，成为别人无法取代的顾客关系。举例来说，在德国福斯汽车厂中，福士的业务员甚至跟其他原厂工程师一样熟悉福斯的车辆，当业务员从几万种材料中，找出建议用来解决问题的产品时，原厂工程师就马上采用。将客户服务做到极致，意味着可以收到更高的价格。德国维特根集团是一家贩售建筑机器的公司，也是福士集团的客户，中国台湾分公司有一次临时要买某一支特殊扳手，同时向福士及另一家公司询问。两天后，中国台湾分公司就收到福士从德国特别直接空运到中国台湾的扳手，另一家公司却回复要两个星期才能送到，即便福士的扳手比市面上的售价贵两倍，维特根集团中国台湾分公司仍然接受。

思考点：请推想市面上单价不高的产品，要如何才能做到深度服务？做到深度服务后，要如何才能扩大营业额？

Wurth Group：“增加互动，强化个别顾客关系”模式（使用者网络模式 5）

① 故事来源：Wurth Group 网站，http：//www.wuerth.com/；《及商业周刊》第 968 期。

本章提及模式的相关网站

1. Concierge，http：//www.conciergelondon.co.uk/#/london/。

2. Newegg.com，http：//www.newegg.com/。

3. Nike，http：//www.nike.com。

4. Sonicbids，http：//www.sonicbids.com。

5. Suica，http：//www.jreast.co.jp/suica/。

6. Threadless，http：//www.threadless.com。

7. Wurth Group，http：//www.wuerth.com/。

8. 日本黑猫宅急便（大和运输），http：//www.kuronekoyamato.co.jp/top.html。

9. 王品集团，http：//www.wowprime.com/about.html。

10. 卡巴斯基，http：//www.kaspersky.com。

11. 伊藤久右卫门，http：//www.itohkyuemon.co.jp/site/index2.html。

12. 东阳实业，http：//www.tyg.com.tw/oem/aboutus.html。

13. 通用电气资本公司，http：//www.gecapital.com/en/。

14. 义乌小商品城，http：//www.ywbb.com。

15. 芦洲区农会，http：//www.lujhou-farmers.com。

第 7 章　商业模式的营收结构与成本结构

对企业而言，设计或是参与任何一项商业模式，最终的目的，不外是创造利润或是取得关键资源，本章将就创造利润此项目说明，利润是营收扣除成本的结果，故本章分别介绍商业模式的营收结构及成本结构。

7.1 营收结构

传统上，企业是以一次性银货两讫的方式获取营收，也就是企业与消费者一手交钱、一手交货，结束整个交易，至今日常生活中大部分的消费及买卖还是以这种方式为主，但是新形态的商业模式不断翻新交易设计，让企业得以大幅调整营收结构，为企业创造更高的总营收。**营收结构的调整，**可以沿着收费对象及收费形态两个面向进行；另外，**价格决定机制的选择，也会影响营收，以下分别说明。**

7.1.1 收费对象

企业获取的营收，通常是某个利害关系人（如顾客或是政府）**为交换产品服务所付出的代价，因此，可以再根据利害关系人以及产品服务的组成，设计各种不同的商业模式。**

7.1.1.1 依利害关系人区分

非诚勿扰："改变收费对象"模式（营收成本模式 4）

企业的利害关系人是指会被企业营运所高度影响或是能够高度影响企业营运的人或机构，在第 6 章关系网络中提到的网络成员，全部都是企业的利害关系人。**企业一般是向顾客收费，但是其他网络成员也可能成为企业获取营收的对象，**例如，电影的植入性行销可以向广告商收费，以"非诚勿扰"电影为例，成本是人民币 4000 万元，但广告利润达人民币 2500 万元，在电影中，故事主角在北海道谈恋爱，是帮北海道旅游局打观光广告、喝茶的桌子上放着招商银行商标、女主角舒淇在海南航空当空姐、用摩托罗拉手机，都是植入性行销的一部分。

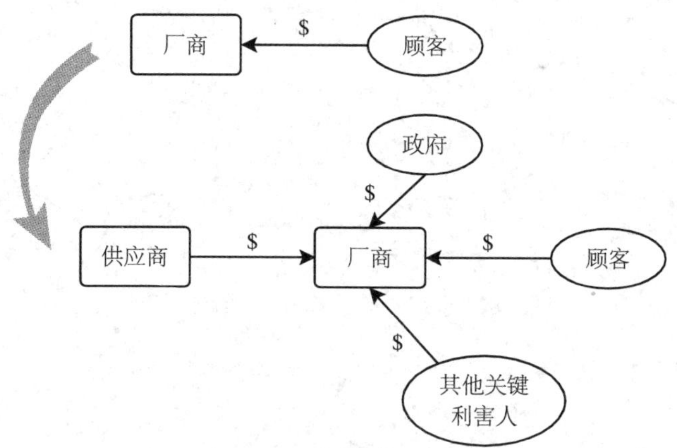

图 7-1　“改变收费对象”模式

又例如，旅行社在接受旅客网络订房时，其利害关系人包括饭店旅馆，一般而言，旅客在网络上或通过旅行社订到的价格，和自己上饭店网页订到的价格不会相差太多，而旅行社则向饭店抽取若干佣金，作为营运收入。但日本的高级饭店网络订房网站 www.ikyu.com，却能提供比一般旅行社网站以及饭店网站更低的价格，而且只接受高级饭店的订房，其原因在于这个网站将原先可从饭店获得的佣金回馈给旅客，因此可以订出相当低的价格，但是却采取会员制收取会员费，也就是**将收费对象从旅馆转成旅客，但提供旅客较低的房价。**

www.ikyu.com：“改变收费对象”模式（营收成本模式 4）

即使是面对同一个利害关系人，企业是向此利害关系人收费、还是付费给此利害关系人收费，都存在着商议空间，例如，模特儿经纪公司在面对模特儿新人施与训练时，是要向这些新人收费，还是要付费给这些新人，这两种方式都是可行的，视模特儿本身条件以及整体合约而定。

模特儿经纪公司：“创造价值，反向收费”模式（营收成本模式 7）

商业模式演练 7-1

模特儿经纪公司向模特儿新人收费或是付费，各自搭配的商业模式会有何差异？

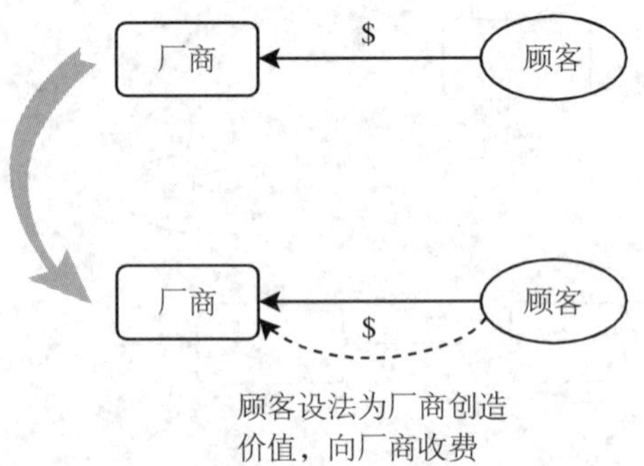

图 7-2 “创造价值，反向收费”模式

模式案例研讨 7-1

租车不必去租车公司[①]

顾客一般在租车时，要面对的不仅是租车公司，还包括加油站、保险公司，有时甚至会有罚单、要跟政府打交道的问题，现在向 Zipcar 公司租车，这些都省去了。

跟 Zipcar 租车，就跟到提款机取钱一样简单。从加入会员，租车到付款，都可以在网络上完成。加入会员需要支付 50 美元的年费，Zipcar 在确认申请者的官方驾驶记录没有问题之后，会寄发会员芯片卡。租车费用以小时或者天数计算，一个小时的租金是 10美元，一天的租金是 70 美元，租金已经包含了油钱、保险费与停车费，如果顾客一天开车超过 290 公里，需加付费用，会员想要租车的时候，可以选择打电话到客服专线，或者直接上公司的网站输入地点、时间以及预计租用时间，网站根据会员所在地，列出可租用的车辆，会员到达车辆停放地点，在车子挡风玻璃后的接收器前刷一下会员卡，车子就会自动开锁并且发动引擎，车子的钥匙与预付好的加油卡都放在车内。用完车后，会员再把车子停回原处，就算完成还车手续。会员在申请入会时，需要留下信用卡资料，用完车之后，Zipcar 会寄给会员电子账单，由会员的信用卡支付款项。如果在租车期间，有违规行为，Zipcar 在接到罚单之后，同样由会员的信用

Zipcar：“分项收费，改一篮子收费”模式（营收成本模式 16）。

① 资料来源：http：//www.zipcar.com/.

卡支付款项。

思考点：Zipcar 设计的收费模式，在什么条件下，会同时对租车的顾客及 Zipcar 都有好处？

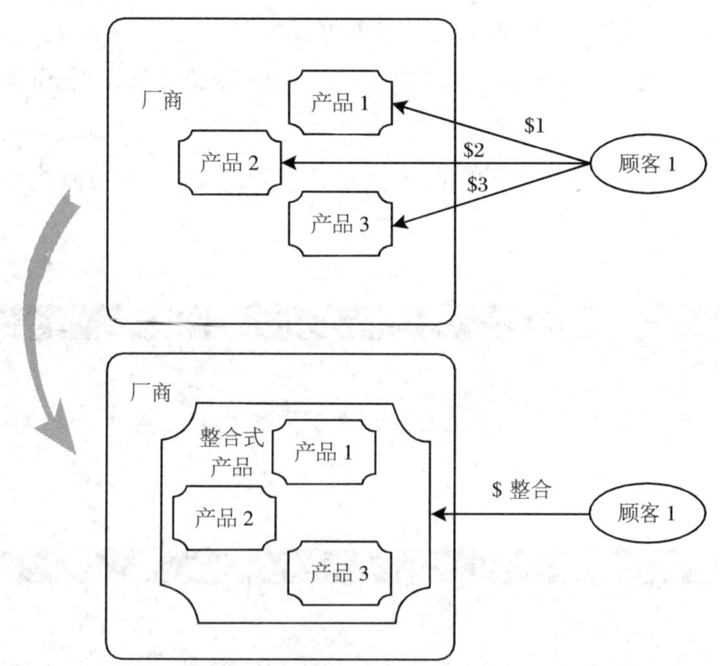

图 7–3　"分项收费，改一篮子收费"模式

7.1.1.2　依产品组成区分

第 6 章曾提到，一项完整的产品可以拆解成众多组成部分，**商业模式的收费形态，可以针对不同的组成部分做出不同的设计。**

打印机："产品低价/服务高价"模式（营收成本模式 3）

（1）根据耐用组件/耗用组件拆解产品：若将产品进行拆解，其中有些组件可以使用相当长的年限，有些则是耗材，企业可以针对不同耐用年限的组件设定不同的收费，广为人知的便是刮胡刀的刀柄低价/刀片高价模式，刮胡刀是由刀柄及刀片组成，刀柄可以用相当低的价格售出，刀片的部分收取较高的价格。类似的做法可以运用在打印机/墨粉盒上，若是厂商以极低的价格出售打印机，以墨粉盒这项耗材来获取高额利润，此时耗用组件会以提供服务的形态出现，形成所谓的"产品低价/服务高价"模式。当企业的产品可以拆解成较耐用的基础产品以及易耗尽的后续产品时，就可以使用刀柄/刀片模式，先推出具有扩展性的基础产品，在以后的使用中，此基础产品必须与后续产品搭配，才能发挥功效。顾客购买了基础产品后，必须长期购买其后续产品，基础产品的销售额和利润虽然不高，但在后续产品上却可创造持续稳定的利润。

由于刀柄低价/刀片高价模式有“以刀片补贴刀柄”的意味，因此运用刀柄低价/刀片高价模式时，必须对刀柄及刀片之间的规格拥有完全的控制权，若是其他厂商也可以轻易做出适用于自家刀柄的刀片，那么采用这种模式无异于补贴其他厂商的刀柄。这种模式运用到极致，会成为所谓的“免费模式”，免费赠送产品当中的某一部分，以获取另一部分的收入，零元手机/绑约三年的模式亦源自于此。

商业模式演练 7–2

企业要成功地从“免费模式”获取利润，需要何种条件？

商业模式演练 7–3

在检测血糖时，血糖机及试纸需要搭配使用，请分析血糖机制造商在出售血糖机/试纸时，应该是买血糖机送试纸呢？还是买试纸送血糖机呢？要视哪些因素而定？

在面对终端消费者时，可以运用“耐用组件/耗用组件”模式获取利润；在面对机构客户时，依然可以套用类似的概念，有时甚至可以创造更高的利润，例如，提供饮料厂商利乐包作为饮料包装的利乐公司，在中国大陆面对蒙牛、伊利等饮料乳品大厂时，是将整条利乐包的生产线免费送给饮料厂商，供其生产饮料乳品包装使用，但是针对制作利乐包的材料向饮料乳品大厂收费。利乐公司免费提供的利乐包生产线经过特别处理，只能接受利乐公司提供的利乐包材料，如果用了其他公司的利乐包材料，生产线将会断线。利乐公司同时给客户提供市场通路、行销等方面的建议，当利乐公司的客户在饮料及乳品市场上进行激烈的厮杀时，也正是利乐公司获取高额利润的时候，根据估计，利乐包在中国大陆的产能一年达 400 亿包，中国大陆的乳品公司每做一包牛奶需要给利乐 0.2~0.3 元人民币，若以均价0.25元估算，相当于100亿元运营收。

利乐包："耐用组件免费/耗用组件收费"模式（营收成本模式1）

（2）根据必备组件/附属组件拆解产品：产品还可以拆解成必备组件及附属组件，针对不同部分订出不同的收费标准。**"必备组件/附属组件"与"耐用组件/耗用组件"的概念区分，在于一项产品必须同时具备耐用组件及耗用组件，才能使用**，例如，缺乏刮胡刀片的刮胡刀无法使用，**但是没有附属组件的产品，依旧可以使用，**网络游戏是一项例子，即使没有各种游戏中的武器或配备，依旧可以玩网络游戏。

模式案例研讨 7-2

中国大陆的网络游戏业

中国大陆的网络游戏业的产值在2003年只有9亿元左右，2008年突破了180亿元，其关键在于收费方式。早期网络游戏依时间计费，并未考虑不同玩家的差异性。后来，盛大游戏公司做出了改变，宣布让玩家可以免费使用游戏，虽然可以免费使用游戏，但是游戏中会用到的各种装备，却需要付费，玩家如果没有这些装备，也可以玩游戏，但是会减少许多乐趣，一般的装备价格在5000元人民币左右，某些特殊装备价格高达数十万元。金钱可以换来完全不同的乐趣，玩家花的钱将会更多。随后一家游戏公司，推出"征途"游戏，更是将这种手法推到极致，这家公司定期组织"包机"活动，将位于农村的5万个网吧内所有的机器包下来，只允许玩"征途"游戏，一个月就要支出上百万元的费用，这种方式受到农村网吧老板的欢迎，对很多上座率不到一半的农村网吧，可以获取包机利润，还能分享卖"征途"游戏点卡10%的折扣。

网络游戏业："必备组件免费/附属组件收费"模式（营收成本模式2）

这家公司接着打出了"给玩家发工资"，只要玩家每月线上超过120小时，就可能拿到价值100元以虚拟货币发给的工资，但玩家可以与其他玩家交易而换得现金，根据这家公司的资料，截至2007年5月，"征途"成为全球第三款线上同时超过100万人的网络游戏。那么这些收了工资的玩家在征途游戏中扮演什么角色呢？在"征途"游戏中，击倒对手可以获得满足及成就，能否击倒对手取决于游戏技巧以及所拥有的装备，一些相当富有的玩家，愿意付出极高的价格买下威力强大的装备，击倒其他人，而收了工资的玩家，通常缺乏精良的装备，在威力强大的装备之前，是不堪一击的。

思考点："征途"游戏创造了何种新的营收结构？

商业模式演练 7–4

在不考虑法律限制的前提下，大学有可能不向学生收学费吗？

商业模式演练 7–5

宗教寺庙是如何维持其营收的？为何其营收模式可以运行及维持下去？

（3）主产品/副产品模式：企业在生产产品的过程中，可能有许多副产品；个人使用产品时，可能会有许多废弃不用的物品。这些**副产品或是废弃不用的物品，有可能成为新的营收来源**，例如，酒厂制酒剩下的酒糟可以制成酒糟面膜；制咖啡剩下的咖啡渣，可以制成通风效果极佳的衣衫；鱼货处理剩下的鱼鳞，可用于生产胶原蛋白。对企业而言，如果规模够大，副产品可以成为另一项事业；甚至单就副产品处理本身，就有可能成为一项事业。

模式案例研讨 7–3

处理废弃物①

再处理顾问公司（Re–Use Consulting）的业务是建物拆解

① 故事来源：http：//www.reuseconsulting.com/Home_Page.php.

(Building Deconstruction)，具体来说，是协助顾客以更能产生价值的方式，处理房屋重建过程。在房屋重建时，经常需要先处理旧房子，常见的处理方式是出动推土机跟怪手，推坏屋顶墙壁，再以大型卡车再一车车地把垃圾载走。

再处理顾问公司改变建物拆解的作业方式，先评估旧房子中还有残留价值的部分，像是完整的铝窗或是数平的木制地板，小心拆除保留这些有残留价值的部分，也就是建物收割(Building Harvesting)，再搬出可回收的建材，最后才清除剩余的垃圾。

再处理顾问公司："多方寻求副产出获利途径"模式（资源模式 9）

再处理顾问公司也可以做到部分拆解（Partial Deconstruction)，在不损及其他部分的情形下，只拆解房子的一部分，并同样将其中有价值的建材做有效利用，对于想部分整修房子的顾客，这是非常受欢迎的。

从屋主的角度来看，这种拆屋法可以回收建材，出售赚钱，或者供新房子再使用，减少盖新房子的成本。从再处理顾问公司的角度，可以获得拆房子的收入，还多了帮屋主转售建材的佣金。

再处理顾问公司为顾客贩售建材，也贩售建材给顾客。公司四处收购二手建材，经过整理、分类、标价之后，进行贩售，以赚取买卖之间的差价，特别是这些建材越是被原使用者当成垃圾时，再处理公司的利润更高。

思考点：以再处理顾问公司现有的业务为基础，还可以衍生哪些商机？

（4）根据消费流程拆解产品：**当顾客的消费流程可以明确被拆解成数个部分时，企业也可以针对不同的部分向顾客收费。**

模式案例研讨 7-4

一只羊可以扒几层皮？

位于加州的六旗乐园（Six Flag)，内部的游乐设施都是云霄飞车，其中一项设施 X2，在 2008 年启用，是全世界第一座四维度云霄飞车，相当受欢迎，可说是镇园之宝，X2 设施总是

六旗乐园："依消费流程阶段收费"模式（营收成本模式 5）

大排长龙，经常要等超过一小时才能玩到。

要进入六旗乐园游玩，有多种入园券，对附近居民而言，可以购买年票，开放时间内随时都可入园，但对远道而来只能玩一天的游客，只会买一天券，年票价格稍高。只能玩一天的人，若是想玩 X2，必须花一小时排队，而且还有许多其他颇富趣味的设施，若是都要排队，一天不可能玩完，六旗乐园因此为一些受欢迎的设施设计了快速通关信道（Fast Pass），让游客可以预定游玩时间，直接前去游玩，但是要利用 X2 的快速通关信道，必须先花超过 100 美元购买不包含 X2 其他三项也很受欢迎的设施的快速通关券，再凭这个快速通关券购买另一项 X2 单独的快速通关券，才能快速玩到这项设施。

但是，如果要让友人知道自己曾经玩过 X2 这项设施，在 X2 的出口处，有类似于许多其他乐园的照相设计，将游客的尖叫表情拍摄下来，游客如果想取得乘坐 X2 的照片，可以付费取得一组密码，上网看自己略显模糊的照片，但是不能下载，如果要下载，需要再付一次钱。全部都完成之后，就可以下载照片，印在衣服上或是杯子上，向友人展示自己曾经玩过 X2 。

思考点：如何让消费流程可被切断成数段，逐段收费？

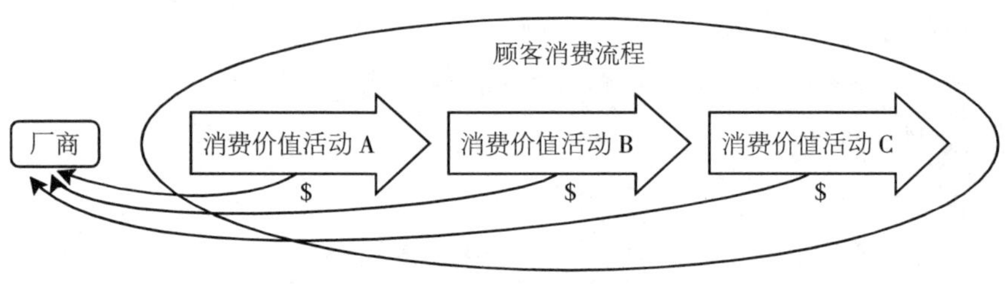

图 7-4 "依消费流程阶段收费"模式

（5）在不同网络成员间重新配置产品组成：**企业在将产品拆解成众多部分后，除了可针对不同部分订定特殊的收费方式外，也可以将不同的产品部分在网络成员间重新配置，产品部分的重新配置意味着营收的重新分配。**

模式案例研讨 7–5

电动车要怎么跑①

电动车是未来节能减碳的重要环节，传统上，车厂将汽油车卖给顾客，顾客自行到加油站购买汽油，类似的思维被沿用到电动车的生产，但是电动车的电池容量以及充电的问题，一直困扰着各家电动车制造厂，这也让电动车成本居高不下。

但设立 Better Place 公司的以色列企业家 Shai Agassi 想出一种特殊的模式，他认为可以将汽车的所有权与电池的所有权分离，不必把电池视为汽车的耐久组件，而是将电池视为能源基础架构的一部分，设法让顾客免费得到电动车，同时建立基础架构，发展庞大的充电网络，将电力网与停车场联结起来。GPS 可以将充电站的位置传送驾驶人的电动车内，让驾驶人知道该把车停在哪里，当他们回来时，车子会完全充好电。同时为解决路程可能过长的问题，Better Place 建立如洗车场般运作的“换电池站”，长途驾车者可以把电池已耗尽的车开进来，换上充饱电的电池，整个换电池的时间，比加满油箱还短，而电池可以利用电费低廉许多的夜间时段充电。

这种设计应该可以让消费者感到便利，但是营收及成本仍应进一步计算，Agassi 是这么计算，电动车电池目前要价 10000 美元，可回充 2000 次左右，充饱状态可走大约 100 英里，相当于每英里 5 美分。1 度的洁净电力大约花费 10 美分，可走 4~5 英里，也就是每英里 2 美分。所以电动车的总能源成本大约是每英里 7 美分，电池容量的改进，可说没有任何突破，但是对于电池寿命，有许多前途看好的发展。目前正在测试的技术，保证可以在 2015 年时，让充电次数几近增加一倍，相当于将成本减半，低到每英里只要 3.5 美分。美国油价平均每英里 10~15 美分，欧洲油价则高达 3 倍，销售每英里只需要 3.5 美分的能源应该是不错的想法。

---

① 故事来源：Johnson（2010）.

Agassi 并没有马上就将免费提供电动车的方法纳入模式，他设计了另一个可行的模式，Better Place 公司很像行动通信公司，利用电费和每英里汽油费之间的价差来补贴新电动车的成本。同样的，也可以用消费者购买行动电话通话分钟数的方式来销售电动车里程数，提供多种订购方案，吸引不同的驾驶区隔市场，如频繁通勤族、城市开车族等。

不过这个模式显然过于激进，需要政府的介入和支持，否则，无法推动必要的公共建设，而且这个模式会破坏太多现有的基础架构和经济运作，从汽车经销商到石油公司，都会被此模式威胁。

Betterland："分拆产品组成，共同分摊成本"模式（营收成本模式19）

Agassi 认为，以色列可能是理想的滩头堡市场。以色列幅员相当小（很少有人一次开车超过 20 里），而且车子很少开出国界。在 2006 年，Agassi 把想法告诉当时的以色列副总理，赢得了大力支持。副总理鼓励 Agassi 继续进行计划，并准备立法支持电动车，让电动车买主只要付 10% 的税，而汽油车买主要支付 72%的税，借此加速转换成电动车。这项措施将让 Agassi 的 Better Place 公司快速渗透市场，有了政府支持，Better Place 需要确保另外两项关键资源：汽车制造商和经费来源。以色列政府再次伸出援手，让 Better Place 公司与雷诺日产（Renault-Nissan）合作，雷诺日产制造电动车，搭配 Better Place 的电池，再加上减税优惠，这些汽车的价格大约是以色列目前一般轿车的一半。

思考点：将电池的所有权进行切割，有何意义？从此一切割，尝试推导出要将产品的某个组成部分，成功地由网络成员 A 转到网络成员 B，需要哪些条件？

7.1.2 营收形态

一项商业模式的营收形态，是指取得营收的方式，营收形态可以分为以下几种：[①]

（1）出售资产（Asset Sale）：借由销售一个实体产品的所有权的

① Osterwalder and Pigneur（2009）.

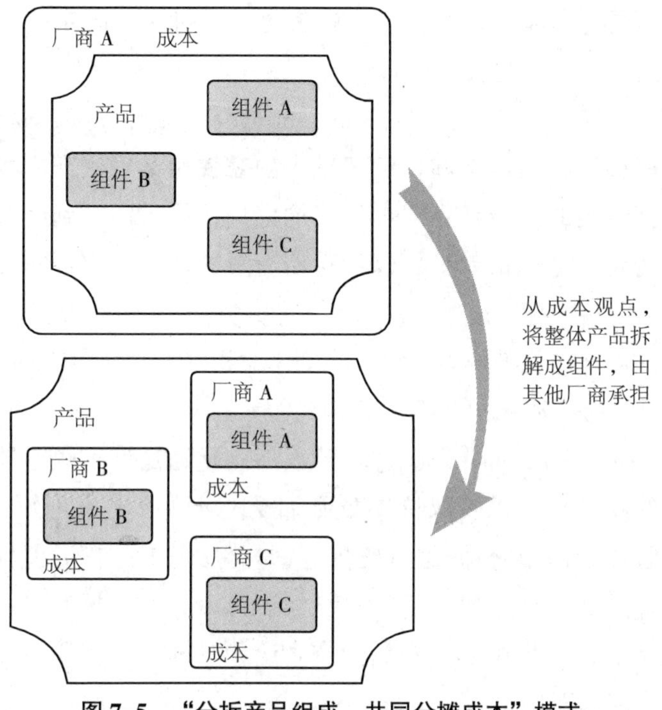

图 7–5　“分拆产品组成，共同分摊成本”模式

出售资产形态，是最广为人知的营收型态，例如，Amazon.com 在线上销售书籍、音乐、消费电子以及更多的东西。顾客向计算机公司购入计算机后，就可以免费使用、转售甚至丢弃。这种营收形态相当传统，也是一般生活中最常见的形态。

（2）使用费（Usage Fee）：**这种营收形态是使用特定服务而产生**，使用越多的服务，顾客所要支付的就越多，例如，电信业者会向顾客收取以每分钟计算的电话使用费，旅馆会向顾客收取住宿几晚计算的使用费，包裹快递公司会向顾客收取包裹从一地至另一地的运送费。

电信业者：“使用费”模式（营收成本模式 13）

（3）会员费（Subscription Fee）：**这种营收形态是出售持续的服务而产生**。体育馆贩售其会员每月或每年的会费，使会员得以接触其运动设施。线上计算机游戏魔兽世界（War of War Craft Online）允许使用者玩它们的线上游戏并收取每个月的会员费。诺基亚（Nokia）的音乐服务（Come with Music Service）给予使用者使用其音乐数据库并收取会员费。数字音乐的兴起，展示了多种可能的收费形态，数字音乐的营收来源可以有两大类，一是使用费模式，根据顾客下载的歌曲数目向顾客收费，二是会员费模式，例如在

魔兽世界：“会员费”模式（营收成本模式 12）

spotify 公司的串流音乐平台上，顾客每个月付一笔固定的费用，就可以点播平台上有的所有歌曲。

租车业："租赁"模式（营收成本模式 11）

（4）借贷/租赁/出租（Lending/renting/leasing）：这项营收形态是借由**暂时性地在某段期间，给予某人独家使用某项资产的权利并收取费用而产生的**。借贷者提供借贷的好处，是可以得到经常性的收益；租赁者或是出租者则可以仅花费有限的时间享有经常性利益而不必承担所有的拥有成本。Zipcar.com 提供了一个很好的例子，这间公司允许顾客在北美城市以每小时为单位租赁其汽车。Zipcar.com 的服务使得许多人决定租车而舍弃购买汽车。

专利授权："授权收费"模式（营收成本模式 10）

（5）授权（Licensing）：这项营收形态是**通过许可顾客使用受保护的智能财产权，以收取特许费用**。授权可以使权利拥有者从其财产获得收益，而不必通过生产产品或是将服务商品化。授权普遍存在于媒体产业，当贩售使用许可给第三方时，内容拥有者可保有版权。同样的，在科技公司专利拥有者给予其他公司使用科技专利时可以收取特许费用。

房仲业："经纪费"模式（营收成本模式 9）

（6）经纪费（Brokerage Fees）：**企业或个人可以代表欲进行交易的两方或是多方，提供中介服务，撮合交易以获得收益，即构成经纪费**。例如，信用卡公司通过收取每一笔在信用卡商店与顾客间的交易价值的百分比，以获得收益，经纪人和财产代理人也是通过成功撮合买卖双方以赚取报酬。

报业："广告费"模式（营收成本模式 8）

（7）广告费（Advertising）：**这项营收形态是通过替特定产品、服务或是品牌登广告而获得的**，例如，报业及杂志业者就非常需要广告刊登产生的收益。

商业模式演练 7–6

生产名牌包的厂商，可以采用哪些营收形态以获取营收？

7.1.3 决定价格的机制

决定商业模式营收的因素中，价格无疑是关键因素，"价格如何决定"本身就是商业模式设计的重要一环。一般而言，价格是由供应方决定，顾客面对厂商标出的价格，考量产品提供给自己的价值是否值得付出这样的价格，再决定是否交易。然而价格的决定并不是仅有“卖方决定”这种方式，定价机制可以区分为固定定价（Fixed Menu Pricing）及动态定价（Dynamic Pricing）两种[①]，以下分别说明。

7.1.3.1　固定定价

固定定价是指厂商基于一些静态的因素，预先将商品价格订出，可以再细分为以下四种：

（1）卷标价（List Price）：卷标价是为个别产品、服务所订出的固定价格，例如，便利商店所卖的商品几乎全部都是这种定价。

（2）依产品特性而异的定价（Product Feature Dependent）：价格是依据产品特质而定，有时某些产品特质并不容易观察出来，例如同一项水果，会依照其等级或品质的不同，而有不同的定价，然而水果的品质并不是所有顾客都可以轻易观察出来。

（3）依顾客区隔而异的定价（Customer Segment Dependent）：价格是基于不同顾客区隔类型及特性而制定，例如同样是可乐，在高级饭店、便利商店以及大卖场会有不同的价格。

（4）依据数量而异的价格（Volume Dependent）：价格是基于不同购买数量而制定，即使在同一个交易地点，卖方会因买方的购买数量不同而定出不同的价格，例如第二件八折，就是因数量而异的定价。

7.1.3.2　动态定价

在动态定价机制下，价格是根据市场状况随时调整，可以再细分为以下四种：

（1）协商/议价（Negotiation/bargaining）：价格是根据两方或多方合作谈判伙伴的谈判力量及谈判技巧而定，例如团购模式提高了买方的议价力，因而可能得到较优惠的价格。

（2）收益管理定价（Yield Management）：价格是依据存货数量或是购买时点而定。例如，旅馆房间在一天将尽或是飞机座位在起飞之前，如果还有多余的房间或座位，为了增加营收，都可能出现降价的情形。

（3）实时市场定价（Real-time-market）：价格是建立在市场的供

---

① Osterwalder and Pigneur（2009）.

给与需求的实时动态机制之上，例如在布袋鱼市场内，刚由渔船捕回的一些特殊的新鲜鱼货，经过分类整理成堆之后，会由一位喊价官，就各堆鱼货由某个价格开始机动性地向上加码或向下减码喊价，各家餐馆先出声的就以出声当时的喊价得标。

（4）拍卖（Auctions）：价格是由竞争叫价的结果而制定的，例如在艺术品市场，许多作品都是以拍卖方式成交。

Priceline.com："买方出价"模式（营收成本模式 6）

模式案例研讨 7–6

自己出价

Priceline.com 提供了一种"买方定价"预订旅馆、机位、租车等业务的服务，在买方定价的交易平台上，消费者开出希望购买的产品价格，以及产品的大致属性，然后等待是否有卖方愿意接受这个价格，并为消费者服务，当有卖方愿意提供服务时，消费者必须接受这次交易，无论该提供者是否为买方喜欢的旅馆。

思考点：请问这种定价模式为谁带来哪些好处？这种定价模式要成功，需要什么条件配合？

商业模式演练 7–7

在消费者使用商品折价券的行为基础上，可以衍生出哪些商业模式？

7.2 成本结构

商业模式的成本结构，牵涉到模式运作所涉及的所有成本，商业模式的各个要素都和成本有关，不论是累积资源、执行关键活动、创造和传递价值、维持顾客关系、建构网络以及产生营收等方面，都与成本有关。

在任何一项商业模式中，成本都需要被最小化，但对于某些经营模式而言，低成本结构比其他更为重要，特别是提供的顾客价值与价格有关时，如西南航空（Southwest）即为典型的 成本驱动的商业模式。

商业模式的利润，是营收扣除成本而来，当许多产业都面临平价产品的挑战时，更必须关注成本结构。平价未必导致低毛利率，因为良好的成本结构可以提高毛利率。例如一家以平价出售防毒软件的公司，如果是以线上传送密码，由购买者到公司网站下载软件程序，这样的经营形态，其边际成本是相当低的，低价格未必导致低毛利率。

吃到饱火锅："高周转大规模，降低成本获取利润"模式（营收成本模式 17）

即使净毛利低，未必代表总利润低。一项商业模式若是具备高周转次数、大规模运作，依旧可以创造高额的总利润，常见的薄利多销，一些平价吃到饱的火锅店，非常重视翻桌率，便是此种模式。除了周转次数及规模之外，如果企业可以减少自有资金的投资，让成本由网络伙伴共同分摊，即使利润净额不高，依旧可以创造良好的投资报酬率。因此，成本结构的设计及管理对于商业模式的利润创造，有关键的影响。以下分别说明成本的种类、降低成本、分摊成本以及成本的管理系统。

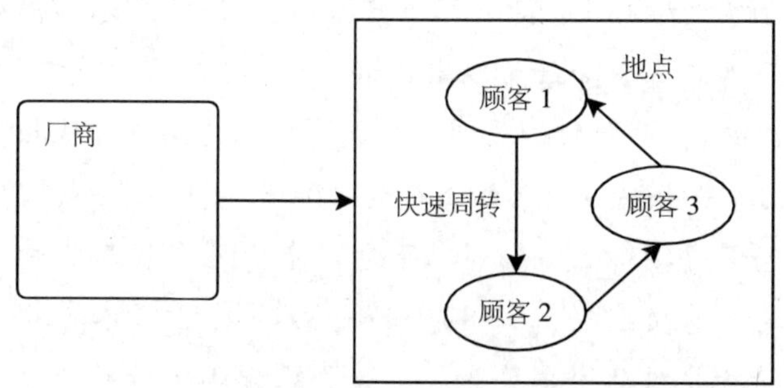

图 7–6　"高周转大规模，降低成本获取利润"模式

7.2.1　成本的种类

从商业模式的角度，固定成本（Fixed Cost）及变动成本（Variable Cost）的区分，对于商业模式创造获利的能力有密切关系，固定成本是在一定期间和一定业务量范围内，不受业务量增减变动影响而保持不变的成本额。当业务量增加时，每单位业务量所分摊的固定成本会随着降低。变动成本是指在一定业务范围内，成本的总发生额随着业务量的变动而呈同比例变动的成本，例如直接人工、直接材料都是典型的变动成本。

固定成本及变动成本的区分，对商业模式有几项含义。第一，**同一项活动的执行成本，是以固定成本还是变动成本呈现，存在着选择空间**，一些事务设备，例如复印机、公务车，企业可以采取购置，也可以采取租赁的方式，采取购置方式时，其成本会以固定成本形态呈现，采取租赁则会以变动成本形态呈现。**固定成本比例越高的模式，越需要扩大销售量，才能达到损益两平点**。

第二，**生产方式的改变，可以改变固定成本及变动成本的相对比例**，而特定的生产方式也经常会伴随特定的商业模式出现，在模式案例研讨 2-3 当当网的例子中，就是采取不同的运送技术，降低固定成本投资。

模式案例研讨 7-7

山崎面包

在日本，零售业的蓬勃发展，为零售业者及面包、食品及饮料业者之间的关系，带来相当大的变化，强势的零售业者逐渐主导了物流管理与产品研发，最后甚至零售业者都拥有自己的自有品牌。零售业经常以自己的配送车，将来自于不同企业的产品，混合“共同配送”到各店铺，但山崎面包却抗拒零售业的强势力量，坚持以自己的货车进行配送。

山崎面包：“增加固定投资，降低平均成本”模式（营收成本模式 20）

面包保存期不长，销售通路也以中小型零售店为主，因此负责配送的人员，也担负推广任务，如果基于成本考量，将物流配送的主导权交给零售业者，等于让自己从研发到配送的附加价值无法一贯相通，因此山崎坚持以自己的货车进行运送，即使如此会增加公司维持物流体系的成本。

但是面对超市共同配送的强烈希望，山崎面包成立货运子公司配合运送，连竞争对手的面包、白米、水果都配合运送，如果把物流配送工作交给零售业者，虽然可以省下一些成本，但零售业也可能因而要求降低成本，使得山崎失去改善工作流程以提升获利的可能性。

在成本管理方面，在山崎的工厂内，大量制造的吐司，其生产线会引进机器大规模生产，彻底自动化；但是一些品项繁多的面包，为了不断推出多样少量的产品，反而更依赖人工生产。

另外，有些同业是用毛利率看待每件产品，但山崎的做法是连物流成本、总公司管理费用都精算出来，分摊到各个产品线及生产线，以掌握产品的“营业利益”。

思考点：山崎面包的固定成本/变动成本比例，受到哪些因素的影响?

7.2.2　降低成本

降低成本是每个商业模式都应该关注的事项，但对于以低价作为顾客价值的商业模式，降低成本更是首要工作，以下说明降低成本的几种主要途径。

7.2.2.1　降低关键项目成本

降低成本的第一种途径，是找到成本结构中的关键项目，设法降低这些关键项目的成本。例如在吃到饱火锅店，关键项目是食材，设法降低食材成本，即成为吃到饱火锅店能否获利的关键。

关键项目包含的不仅是投入要素，还包括处理这些投入要素的相关价值活动，例如在航空公司，从青岛飞到济南，飞行时间约 50 分钟，空姐需要为每一乘客发送乘客可能根本不需要的三明治，空姐递出三明治后，需要催促顾客赶紧吃完，因为飞机很快就要降落了，最后空姐要收拾三明治，因为飞机要降落，必须把垃圾收拾干净。

在这样的过程中，三明治这个项目所代表的不仅是三明治本身的成本，而是前前后后的管理成本，包括因此多聘用的空姐、食品配餐中心、食品安全保证的活动成本等都包括在内。

模式案例研讨 7–8

分众传媒

分众传媒（Focus Media）是中国大陆的数字媒体集团，2003 年，分众传媒首创中国户外视频广告联播网络，以精准的顾客区隔和传播效果，获得消费者和广告客户的肯定。2004 年底，分众传媒推出卖场消费端联播网，锁定快速消费品的主要购买决策人群，对消费端购物中的品牌选择和消费决策造成相当大的影响，填补了全国性消费端媒体的空缺。

2005 年 10 月，分众传媒收购了占据全国电梯平面媒体市场领先地位的框架媒介（Framedia），进入社区平面媒体领域，该网络成为分众传媒户外广告的重要组成部分。2006 年 1 月，分众传媒合并了大楼影像媒体的第二大运营商聚众传媒（Target Media），巩固了在户外大楼影像市场的领先地位。2006 年 4 月底，分众传媒正式推出户外 LED 彩色 LED 媒体，覆盖都市中心商务区的主要道路。

分众传媒："无创收能力，即删除"模式（营收成本模式 18）

分众传媒能够如此快速扩张，因为它删除了"内容"。"内容"原本是媒体最为重要的一项要素，很多发行量很大的报纸杂志，依靠内容吸引读者、获取广告收入，而编辑、印刷、发行都是为内容而存在，但雇用这些人的成本也非常高。在电视台每小时内只有 10 分钟左右的广告，而 50 分钟左右都是"内容"，10 分钟的广告意味着收入，而 50 分钟的内容意味成本，这些成本就使得电视台盈利能力大幅度下降。

思考点：解读分众传媒的成本观。

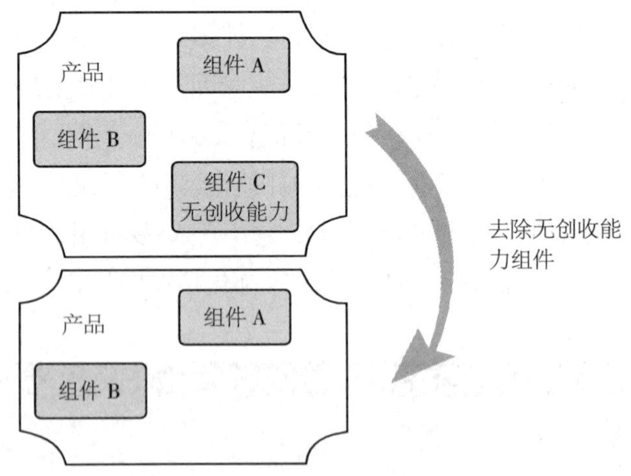

图 7–7 "无创收能力，即删除"模式

初期的降低成本，可以从可确认的项目，像是飞机的三明治供餐或是内容物等项目着手。但**关键项目不一定都是以像是某种投入**

原料或是某种特定范畴的事物等，可明确辨认的形态出现，有时企业必须从流程中的小步骤来掌握，才能将降低成本的工作，执行到极致，特别是一个被极高频率执行的小步骤更是如此。

模式案例研讨 7–9

携程网

携程网是中国大陆最大的网络订票订房公司，是中国大陆服务业中第一家引进制造业的标准，经营服务业的企业。推动 6–Sigma 服务水准，这是代表制造业极高的品质管理，6–Sigma 意味着每百万件产品只有 3.4 件不良品。携程网采用 6–Sigma 服务水准，就代表着每百万次电话只有 3.4 次明显错误。

制造业有许多控制品质的方式，例如，利用模具把模具打好以后，基本上品质不会有大问题，流水线作业只要按照流水线一个个环节走下去，基本上也不会发生大错误。但是服务业的业务是由人员一次次执行完成，携程网有 3000 名客服人员，一次次的订单处理，这些服务环节很难实现像模具和流水线作业模式。

携程网因此建立了一套详细的业务指导规范。当顾客打通电话进入携程网呼叫中心时，接听电话的人全部都是按照计算机上的答案念出来，不用再去思考，只要念出计算机上的答案就可以了，这正是携程网借助制造业模具化的原理。

在电话应答中，做一些调整，可以让携程网省下许多成本，例如取消“先生，抱歉让您久等了”这句话，一年就能够节省上千万。“少说几句话”的概念，源自于携程网 6–Sigma 项目中的“减少电话时长”这个子项目。携程网每天有 20 万次电话量，每一次通话只要能够减少半分钟，就可以大幅节省成本，减少电话时长，每年能够帮助携程网减少将近 2000 万元的人力成本，如果没有实施这种管理方式，携程网每年需要增加 400 名电话服务人员。

携程网：“极致简洁，降低成本”模式（营收成本模式 21）

思考点：如何确认值得加以关注的小步骤？

7.2.2.2 以复制降低成本

企业可以从现有的项目中，寻找还可以再降低成本的标的。**当企业在进行扩张时，则可以寻求以复制既有营运的方式降低扩张的成本，以同样的业务系统、同样的无形资源、同样的能耐，可以在多个地理区位、多个市场区隔，甚至多个产业重复执行，以较低的成本进行业务扩张。**

复制是近年来许多中国台湾地区连锁经营形态的企业常用的经营手段，例如，王品集团、85 度 C、MPM 数学都是以此种方式崛起，以复制手段进行低成本的扩张。

以复制方式进行较低成本的扩张，标准化是不可或缺的，如果缺乏标准化的过程，一项活动的执行将缺乏明确客观的依循，会让活动在不同地方执行，带来不同的结果，导致复制将难以进行，成本也会急剧攀升，反而无法达成减少成本的目标。复制及标准化对于商业模式的设计有关键的影响。**标准化的一项效果，是要降低个人判断造成的变异及影响**，例如中国大陆的全聚德烤鸭，在店数尚少的时候，是以个别师傅的烹烤经验，作为制作烤鸭的关键技能，每个师傅在培养技能的过程中，都需经过师徒相传的训练，再从无数次的经验中累积个人独特的心得，这些心得有时甚至无法明言；但是当全聚德寻求扩张拓点，上市募集资金时，就采取了以烤箱烹烤鸭子的做法，烤箱从西德引进，烹烤参数设定多达上百个，只要设定好标准的参数值，所有烤箱烤出来的鸭子口味是一样的；虽然全聚德宣称用烤箱烤出来的鸭子口味和过去师傅亲烤的口味一样，但是还是有一些顾客认为烤箱烤出来的鸭子，少了过去师傅用核桃木炙烤时渗进鸭身的核桃木香味。从全聚德的例子可以看出，标准化是成功复制的关键，如果全聚德在没有发展出这些标准参数的情形下，就要进行扩张增设新店面，就算通过上市募得必要的资金，但若由烹烤技能尚未成熟的师傅负责，将只是让新设店面的烤鸭品质受到质疑。

全聚德："以复制标准化降低成本"模式（营收成本模式 22）

发展标准化作业规范及流程，相当于将无法明言的知识经验加以明言化。设想全聚德发展出这些标准参数的过程，需要一位具备实际烹烤经验、了解烹烤出美味烤鸭需要何种条件及程序，同时也能掌握烤箱的功能及作用的个人或团队，才能发展出以标准化方式运作的体系。**建立标准化体系之后，整个企业的运作模式，会从高**

度依赖具有高技艺能人的“艺匠模式”，转变为依赖体系的“标准化模式”，在标准化模式下，需要的艺匠数目减少；因此建立标准化体系是一个吊诡的过程：一方面需要依靠技能极高的艺匠建立标准化体系，建立体系的后果却是“体系取代了艺匠”，也因此，对于负责建立体系的高技能艺匠，企业必须给予极高的回馈，常见的做法是让这些艺匠拥有企业的股权，否则这些艺匠没有必要建立起一个将自己取代掉的体系，这也正是 85 度 C 在创办时，必须延揽大饭店主厨，共同创业的原因。

7.2.2.3 活动规模与成本

一项活动的成本状态，与这项活动的规模有密切关系，在第 2 章提到的规模经济现象，说明平均成本会随着规模扩大而降低，值得注意的是，从商业模式的角度，价值活动的规划会影响到网络成员分工以及利润分布，某些价值活动能够创造较高的利润，因此，**规模经济必须从活动的层次而不是从最终产品的层次观察**，某一项产品的产制即使存在着规模经济，但此一规模经济若是并不存在于企业自家所执行的活动，那么企业依旧无法享有规模经济的好处，例如晶圆产品存在强大的规模经济，此规模经济会体现在晶圆制造活动上，因此可以存在一家单独执行晶圆制造的企业，这也正是台积电早期的模式。

即使规模经济不存在，活动规模的扩大，依旧可以通过范畴经济的作用，降低活动的平均成本，**范畴经济是指两项产品因为共享某项活动，而使得由一家企业同时产制这两项产品的成本，低于由两家企业分别产制这两项产品加总的成本**，这项活动在本质上不存在规模，但是在被共享时，可以通过适当的排程让活动规模的量的增加比例，高于成本的增加比例，例如，昂贵的医疗检查并不存在规模经济，昂贵的美容服务也不存在规模经济，但这两种产品在一起时，在顾客关系维护、服务、销售等活动上都存在范畴经济。

台积电：“以规模经济降低成本”模式（营收成本模式 23）

7.2.3 在不同网络成员间分摊成本

企业可以让网络成员共同分摊一项活动的成本，网络成员之所以愿意分摊一项活动的成本，通常是因为企业设计的活动体系，可以为网络成员带来附加的价值。例如在租车业，车子太旧会失去对顾客的吸引力，因而赫兹租车公司的车子通常只使用一年，如果赫兹所有的车子都要由自己以一般正常的市场折扣价格购入，那么其获利空间会被高度挤压，不过赫兹租车的采购量相当大，使得汽车厂愿意以极高的折扣提供新车，而且这些新车 70% 有购回协议，剩下的车子可以在二手市场出售，不管是车厂购回还是二手市场出售，其价格跟赫兹租车买进的成本相差不多，等于是赫兹让车厂免费提供新车，车子折旧摊提则是由车厂负担。对车厂而言，赫兹提供的订购量，更有助于实现规模经济，虽然几乎是免费提供给赫兹车子，但是赫兹售回给汽车厂之后，至少还有二手车可以出售，也健全了汽车厂自己的二手车市场。另外，赫兹和航空公司、旅馆业者、信用卡、旅行社合作，一方面可以从多元的管道接触顾客，另一方面也可让这些业者分摊营业成本。

模式案例研讨 7–10

成本全部你来扛

ITAT 是中国大陆中国服装百货最大的连锁机构。一般而言，连锁业者会面对四方面的资金需求：货品库存、店面房租、人员费用以及推广费用，这些项目构成连锁业者主要的成本。为了处理这些成本，一方面，ITAT 找到一些成衣加工产能过剩的工厂，如果这些加工厂过去做一件衬衣是 20 元成本，可以赚 5 元，ITAT 提出的合作方案是采取分成，如果 ITAT 在零售点卖了 100 元，将分给成衣加工厂 50 元，但是 ITAT 不负担任何库存成本，也就相当于成衣加工厂只是将成衣寄在 ITAT 出售，虽然有些成衣加工厂认为库存成本完全要由自己负担，而不愿合作，但还是有成衣加工业者认为利润丰厚，同意分成模式，尤其是一二线的成衣加工厂。因此，ITAT 实现了“零库存”，库存归属于成衣加工厂，ITAT 销售得款后，再付款给上游加工厂。

ITAT：“所有成本变动化”模式（营收成本模式 24）

另一方面，ITAT 又找了一些商业地产公司，以几乎同样的方式进行说服，把每个月销售额的 15% 分成，如果 ITAT 卖到 100 万元，地产商可赚到 15 万元，卖到 200 万元，地产商就获得 30 万元了，若是销售状况好，可能超过现有的房租，一些地产公司会想反正租不出去的地产，闲置也是闲置，还不如就这么用了。通过这种方式，ITAT 又实现了“零租金”，有销售业绩后再交房租。这家公司利用了中国大陆商业地产过剩，以及服装加工业者产能过剩的条件，与商业地产和服装加工厂实行“分成模式”，实现了“零租金、零库存”的模式，将成本分摊给其他网络成员。

虽然 ITAT 后来因为财务报表遭受质疑而未能上市，但是这一套商业模式在问世时，其独到之处引起许多创投资金希望能投资，甚至一家资本投资公司在见面谈过 4 小时后，就决定投资 5000 万美元。

思考点：ITAT 的模式有什么潜在的问题？

7.2.4　商业模式的成本管理

商业模式的成本管理，并不是单纯地只求降低成本，否则就可能犯下“为求降低成本，而损害顾客价值”的错误，以下分别就商业模式的成本管理思维以及成本管理系统说明。

7.2.4.1　商业模式的成本管理思维

商业模式的成本管理思维，基本精神是**不能让成本管理伤害顾客价值**，否则再低的价格也没有意义。

如何不要让成本管理伤害到顾客价值，IKEA 的做法值得参考，IKEA 是先决定顾客价值及订定价格、再决定产品设计，IKEA 在参照了所有销售记录以及同类竞争产品的状况后，首先订出确保有助于销售的价格，例如低于市价 20% 的价格。其次，再决定产品要如何设计，在产品研发阶段，IKEA 以独特的模块化设计为导向，将低成本与高效率结合，其设计理念是以同样价格为前提，推出比竞争者成本都低的产品设计，因此 IKEA 的设计师们常常会为了“是否可以少用一颗螺钉”而激烈争论，这样的运作方式不仅能降低成本，而且往往会激发一些杰出的创意。在生产阶段，设计师们与生产商会共同努力找出利用现有工艺制造家具的巧妙办法，接着，IKEA 的采购部门会在全世界范围内寻找最合适的原材料供货商；最后，产品生产完毕后，IKEA 特殊的包装方式，大幅降低了运输的成本和难度，并提高了运输的效率。而且在后续的卖场展示中，也节省了大量的空间，同时顾客的自助购买和运输以及自行安装，也节省了IKEA 这方面的人力。

7.2.4.2 商业模式的成本管理原则

商业模式的成本，一方面体现在商业模式的设计中，例如让网络成员共同分摊成本，另一方面则会体现在商业模式的执行中，例如，技术熟练的员工的生产效率会较高，但工资成本也会比较高。因此，在商业模式中的成本管理，需要注意以下原则：

（1）成本是在价值链的各项活动的执行中产生的，成本投入涉及企业的投资、采购、制造、研发、销售等诸多活动，企业需要对各项活动的成本要素之间的价值关系进行细部分析，寻找最低成本的价值链配置。

（2）从顾客角度，成本的发生一方面会在价格上损耗价值，另一方面又是创造非价格价值所必需，因此企业的成本管理应避免单纯追求成本最低的做法，应该对于成本所损耗的价格价值以及所创造非价格价值之间的关系，有充分的理解；换言之，企业应该了解当商业模式提供了一项非价格价值（如精致的服务）时，企业需要付出的边际成本以及顾客愿意付出的边际价格是多少。

（3）成本管理系统必须诱导各部门，甚至各网络成员，从追求各自单独的成本降低，转变为追求系统成本降低，从追求单一的成本指针，转变为追求提高价值。因此，企业必须建构一套有效的成本控制体系，打造创造价值的组织文化氛围。企业每一个部门、每一个员工的成本管理工作，都要以为企业创造价值作为评判标准。同时，有效的成本管理系统必须依赖成本管理信息系统的建置，如果成本管理系统牵涉到各网络成员，那么成本管理系统的范围，就必须涵盖相关网络成员的价值活动，建立起网络层级的成本管理系统。

本章提及模式的相关网站

1. Better place，http：//www.betterplace.com/。

2. ITA，http：//www.itatclub.com.cn。

3. Re –Use Consulting， http：//www.reuseconsulting.com/Home_Page.php。

4. Zipcar，http：//www.zipcar.com/。

5. 山崎面包，http：//www.yamazakipan.co.jp/。

6. 六旗乐园，http：//www.sixflags.com。

7. 分众传媒，http：//www.focusmedia.cn。

8. 携程网，http：//www.ctrip.com。

9. 利乐，http：//www.tetrapak.com/tw/pages/default.aspx。

本章参考文献

[1] Johnson, M.. Seizing the White Space [M]. MA: Harvard Business Press, 2010.

[2] Osterwalder, A., and Pigneur, Y.. Business model generation. A handbook for visionaries, game changers, and challengers [M]. Amsterdam: Modderman Drukwerk, 2009.

第 8 章　创造利润的经济原则 Ⅰ：产品及顾客端出发

第 3 章~第 7 章，介绍了商业模式的构成要素，商业模式的设计，需要在这些要素上做出合适的安排，然而，个别要素的安排经常需要与其他的要素做整体的考量，共同遵循一致的原则，如果缺乏一致性的原则指导，不同的模式要素就很难发挥协同一体的效果，甚至可能会发生不同模式要素的效果相互抵销的情形。例如，微软的窗口软件在产品设计上是采取高度开放式的安排，但在安排营销网络时，如果像一些统计软件采取独家代理权的模式，将会阻碍让窗口软件成为业界标准的趋势，也相当于削弱了开放式产品设计的效果。

模式要素的安排上，所要遵循的一致原则，也就是一项商业模式得以创造利润的经济原则。辨识一项商业模式得以创造利润的经济原则，是相当重要的工作，若能充分掌握商业模式的经济原则，不仅有助于正确地安排模式要素，也可以让商业模式的创新有所依循。这些经济原则中，有着重产品面者，也有着重顾客面或是网络面，本章将说明从顾客端及产品端出发的经济原则，第 9 章将说明从价值体系及价值网出发的经济原则。

8.1 从产品端出发者

从产品端出发的经济原则，是指一项原则主要是从调整产品属性着手，再扩及到其他商业模式要素。

8.1.1 规模

规模作为商业模式获利的经济原则，是指企业通过将产出或是某个活动的规模量扩大获取经济利益，常见的一种经济利益就是规模经济，当规模经济出现后，可以降低成本，提高进入障碍，台积电、鸿海、台塑、麦当劳、家乐福都是典型的例子。

8.1.2 一次购足（成套全面解决方案）

一次购足是指企业将产品组合设计成可以让顾客在企业自家，就一次买到满足相关需求的全部产品，例如百货公司、大卖场的设计，都是希望顾客能够在单一的营业据点，买到所有生活相关的产品。

模式案例研讨 8-1

家乐福（Carrefour）

家乐福是在 20 世纪 60 年代成立于法国的零售业者，经过 50 年的扩张，已经成为全球仅次于 Wal-Mart 的第二大零售商。在家乐福出现之前，法国的零售系统是由高度分散的小商店所构成，每个城镇都有小型的肉店、面包店及各种产品的专卖店，顾客如果要买足家庭一周所需的日用品，经常需要在多个不同的商店间来回穿梭。每项产品都有自己独特的批发零售系统，批发商需要花费可观的成本将货品运送到成百上千家零售店。

到 1958 年，Marcel Fournier 、Denis Defforey 以及 Jacques-Defforey 成立了第一家家乐福。到 1963 年，家乐福在距离巴黎 25 公里的郊区，成立了一家面积超过 2500 平方米、有 500 个停车位的大型店铺，当时许多零售业者认为这个做法风险极大，因为一旦顾客数量不足以支持这种规模时，将会招致极大的损失。但 Fournier 认为大规模可以降低成本，可以让销售的品项增加，从食品、食材、日用品、药品甚至轮胎，都让顾客一次购足，大幅节省消费者购买物品的时间。

如果要让消费者一次购足，品项繁多及面积大是基本条件，但还需要其他条件的配合，包括要有足够多的结账信道，范围够广的附加服务，让消费者可以在店内理发、娱乐、用餐等，毕竟这是要一次购足全家人的生活用品的店。

思考点：汽车用品、旅游用品、沐浴清洁用品，哪些用品适用一次购足原则？为何适用或不适用？

家乐福：“一次购足”模式（产品模式 1）

当一次购足的众多产品项目，是要解决特殊的一组有相当难度的问题或需求，如环游世界，**这些个别的产品项目**，可以**组合成一套全面解决方案**，此时企业设计出一次购足的商业模式，除了基于节省顾客采购成本的考量之外，也可能是基于取得比竞争对手更好的竞争位置的考量，企业推出的众多产品在整合成为一整套的产品后，若是可以让消费者必须全套购买，不仅可以满足消费者一次购足的需求，还可以借着提供成套解决方案，击退只有单一产品的竞争者。

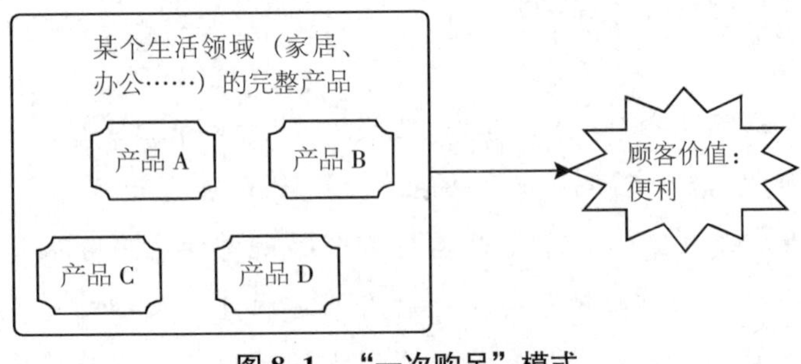

图 8-1 “一次购足”模式

模式案例研讨 8-2

一次解决办公室的软件需求

在微软推出 Office 软件之前，其实各个领域都存在着其他实力强大的企业，例如，在文字处理软件领域有 Corel 的 Wordperfect，在电子表格领域有 Lotus 的 Lotus-1-2-3，在演示文稿软件领域有 Corel 的 Presentation 等。微软先以 Windows 操作系统，对付麦金塔的图形使用者界面软件，接着再以 Word 软件对抗其他已被广泛使用的文书处理应用程序，然后再以 Excel 软件对抗其他电子表格软件，之后以 PowerPoint 演示文稿软件击败 Corel 的 Presentation，最后再组合成 Office 软件包，阻绝了后续可能出现的其他功能更强的单项软件。

Office 软件：“成套产品”模式（产品模式 2）

在浏览器逐渐蓬勃的年代，微软再次感受到威胁，便将作业系统免费搭配自家开发的浏览器贩售，且不惜违反托拉斯法，试图把自家的浏览器跟操作系统绑在一起，以完全阻绝对手的浏览器，击败曾经拥有超过 90% 浏览器市场的网景，虽然最后被判决违反托拉斯法，必须将浏览器与操作系统分拆销售，但是微软却已经抢下足够的市场占有率了。

思考点：微软将软件绑成套的商业模式，在什么情形下会失去效果？

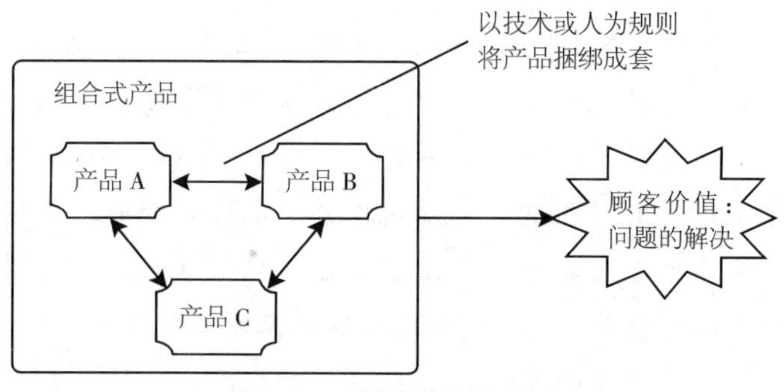

图 8-2　"成套产品"模式

8.1.3　齐全的单项产品

企业在特定单项产品上，可以在店中布满非常齐全、各种规格、各种尺寸、各种设计的该类产品，让消费者只要需要这项产品时，就会先想到这家企业。

模式案例研讨 8-3

零件搜寻商机①

有许多产品，只要少了一个小零件，不管是打印机还是电风扇，都可能造成消费者很大的困扰。

在曼哈顿的零件搜寻科技公司（Partsearch Technologies）为解决这个问题，在家电、电子、计算机、园艺工具、行动装置五项产品上，建立了几乎包含所有品牌、所有零件的数据库，消费者可以上公司网站 partstore.com 搜寻订购，公司全年无休宅配到家。公司也可以协助顾客装好零件，只要顾客有这项需求。

零件搜寻科技有两位创办人：桑姆斯（Dean Summers）和罗迈斯特（Glenn Laumeister），桑姆斯曾管理过电子产品连锁店，亲自观察到消费者找不到零件的问题，罗迈斯特则善于利用网络科技解决复杂的商业问题，两位创办人的经验结合，对这家公司的发展有相当大的帮助。

① 故事来源：零件搜寻科技公司网站，http：//www.partstore.com 及 http：//en.wikipedia.org/wiki/Partsearch_Technologies.

零件搜寻科技公司："齐全的单项产品"模式（产品模式 3）

零件搜寻科技公司有以下几种顾客：消费者、修缮工作者、零售店以及产品制造商。消费者在找零件时，可以依照商品的种类、厂牌或型号，进行零件搜寻，也可以购买商品的说明书。公司建立的庞大目录库，详细列出每个零件的外形，消费者确定找到需要的零件之后，可以直接在网站上订购，也可以选择拨打公司的免费电话订购，将零件送到顾客指定的地点。

水电工等家庭修缮工作者可以利用公司的产品目录更顺利地完成工作。产品零售店甚至可以将整个送修服务外包给零件搜寻科技公司。当顾客到零售店寻找零件时，可以由零件搜寻科技公司接手，从为顾客订购零件，一路负责到通知顾客到店面领取零件。零售店也可以自己经营送修服务，只购买公司的数据库及应用软件，或者请该公司担任顾问，协助零售店建立自己的送修服务。

产品制造商也可以将整个送修服务外包给零件搜寻科技公司。公司为制造商建立及更新维护零件数据库、代为经营客服中心，以及安排零件的库存、配送等。

2007 年零件搜寻科技公司被创业家杂志评为热门 500 公司的第 93 名，到 2010 年 partstore.com 更成为全美网络零售商的第 273 名。

思考点：何种产品特质或消费情境，会适合采用"齐全的单项产品"原则？

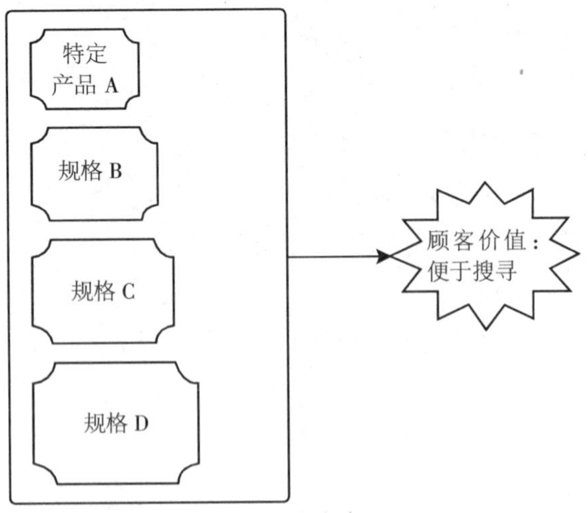

图 8–3 "齐全的单项产品"模式

8.1.4　不断升级

"产品不断升级"原则，是指**企业可以不断推出产品的升级版，在每一次升级中，不断改进一项产品的功能或是增加产品的趣味性，**极知名的例子就是微软的窗口软件从 3.1 版不断升级到 95、98、2000、XP 及 Win7 。在信用卡上，这项原则也被广泛运用，从普卡、金卡、白金卡到钛金卡、世界卡到黑卡。

产品不断升级，也可以满足不同客户对产品风格、颜色等方面的不同偏好以及不同消费能力的顾客，企业为了使自己的客户群最大化，可以推出高中低各种不同等级的产品，布满从低价位、大批量的产品，到高价位、小批量的产品。**在产品升级的原则下，如果同时存在着多种等级的商品，高级产品是利润的主要来源，低等级的产品则可以扮演有效阻碍竞争者进入的作用，以保护高等级产品的利润。**例如，Gillette 刮胡刀片的价格范围相当广，从杂货摊上售卖的纸包装刮胡刀，到 20 世纪 80 年代之前，公司的旗舰产品特拉克Ⅱ，Gillette 刀片公司大部分的价值来自于具有高获利的高等级产品。Gillette 公司在 20 世纪 80 年代后期开始开发高于特拉克Ⅱ等级的产品，第一个较高文件次产品是感应刮胡刀，这项产品卖出了数百万只，带来了巨额收入和利润，直到今天，Gillette 还不断开发更高等级的产品。

另一个知名的例子，是美泰尔公司（Mattel）出品的芭比娃娃。

模式案例研讨 8–4

芭比娃娃[①]

芭比娃娃是由美泰儿公司（Mattel）出品，在 1964 年正式生产，第一个芭比娃娃绑着马尾辫，身穿黑白斑马纹泳装，并有金发及深褐色两种头发。初期芭比以"青年时装模特儿"为噱头，她的衣服由美泰儿的时装设计师 Charlotte Johnson 设计。芭比娃娃推出后首年售出了约 35 万个。芭比娃娃很早就使用电

① 故事来源：http：//zh.wikipedia.org/wiki/%E8%8A%AD%E6%AF%94%E5%A8%83%E5%A8%83.

芭比娃娃："产品不断升级"模式（"产品金字塔"模式）（产品模式 4）

视推广，在超过150 个国家有售，并售出超过 10 亿盒。

芭比娃娃及其相关的产品的标准比例是约一比六，此比例亦称为 Playscale。芭比的产品不限于玩偶和玩偶的衣饰，亦包括芭比品牌下商品，如书本、时装及电子游戏等。芭比曾出现在一系列的动画中，并于 1999 年的动画"玩具总动员 2"以及 2010 年的动画"玩具总动员 3"中客串。

芭比的全名是 Barbara Millicent Roberts，她有许多朋友，最为人知的是帅男友 Ken（Ken Carson），于 1961 年首次登场，芭比与肯之间的关系分分合合，在 2004 年宣布暂时分开，在 2011 年又复合。芭比的社交圈中还包括泰瑞莎（Teresa）、克莉斯堤（Christie）与史提芬（Steven）以及 Kayla 。

芭比有记录的宠物曾有 13 只，包含了猫、狗、马儿、一只熊猫、一头狮子和一匹斑马。她拥有粉红色的敞篷车、拖车、吉普等车，也拥有一张飞行员执照。

美泰儿公司估计全球有超过 10 万位芭比的收藏者，其中九成为女性，平均年龄 40 岁，每年购买超过 20 个芭比，而四五成收藏者每年花超过 1000 美元于购买芭比。早期的古董芭比在拍卖中是最高价的，1959 年原版芭比当时售 3 美元，2004 年 10 月原版芭比在 eBay 的价钱高达 3552.5 美元。在 2006 年 9 月 26 日，一个芭比在伦敦佳士得的拍卖会上以 9000 英镑售出，创下世界纪录。

近年美泰儿出产多种特别为收藏者设计的芭比，包括瓷器版本及以芭比作电视角色，如怪物家族（The Munsters）及星际争霸战中的芭比，此外，收藏者系列亦有将芭比制作成不同种族。2004 年美泰儿在收藏者系列加入颜色等级（Color Tier）制度，根据娃娃的生产数量多少将芭比分成粉红、银、金及白金。

思考点：芭比娃娃的产品不断升级，为美泰儿公司带来什么好处?

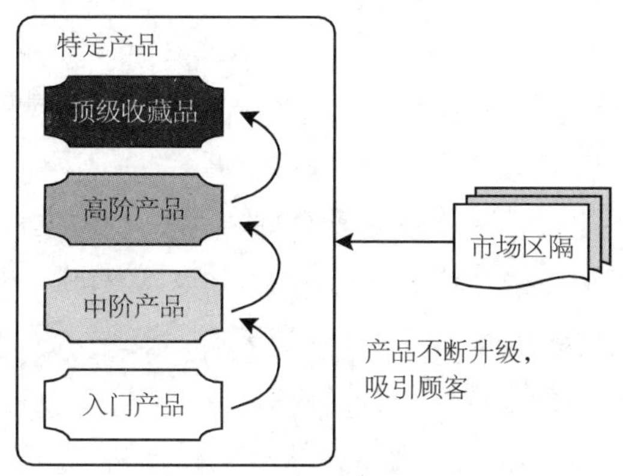

图 8–4　“产品不断升级”模式

8.1.5　产品单纯化

产品单纯化是指将产品组合及产品特质设计成极单纯的状态，可以让顾客快速了解企业的产品及其属性。采取产品单纯化原则的商业模式，可以塑造出独特的定位，也可以降低企业经营的复杂性，但是其风险是营收基础会比较狭窄，企业营收的成长空间也因此受限，并且企业一旦要扩展产品线，需要确保原先的独特定位不至于变得模糊。

模式案例研讨 8–5

只做中文搜索引擎的百度

百度是全球最大的中文搜索引擎、最大的中文网站。于 2000 年创立于北京中关村。在发展过程中，百度的产品线一直坚守在中文搜寻引擎，没有被其他不熟悉的网络商机所诱惑。2005 年，百度在美国纳斯达克上市，一举打破首日涨幅最高等多项纪录，英国《金融时报》将百度列为“中国十大世界级品牌”，成为这个榜单中最年轻的一家公司。

百度拥有数千名研发工程师，这支优秀的技术团队掌握着相当先进的搜索引擎技术，以中文搜寻引擎这项产品，为企业推出了基于搜索的行销推广服务，并成为最受企业青睐的互联网行销推广平台。目前，中国已有数十万家企业使用了百度的搜索推广服务。

中文搜索引擎市场正逐渐被中国1000多万家中小企业客户所看好，百度推出的竞价排名服务，将关键词搜索竞价拍卖，也就是把公司的网站或产品等关键词排在百度搜索结果前列，同时出现在各大搜索引擎的搜索结果中。这种商业模式的核心在于网站除了收取每次点击费0.3元外，还收取企业之间的竞价费。企业为了能排名在前，必须竞价，晋级一个位次需付1分钱。在2004年4月中旬，南京一家化妆品经销商参与竞价，从0.31元竞价到98元才被排在第3位。由于中国大陆各类中小企业有2000多万家，如果每家企业愿意出100元做竞价广告，市场将蕴含着20亿元的商机，竞价模式就是在专注于搜索引擎过程中衍生出新的商业模式。

百度的CEO李彦宏认为，搜索这种业务，在其他市场已经被证明是成功的商业模式，因为百度是一个更专业、更专注的公司，在中国这个巨大的市场上只做一件事情，就更有机会成功。

百度：“产品单纯化”模式（产品模式5）

百度自成立以来，经常被拿来与Google比较，李彦宏认为百度和Google是在不同发展阶段的市场，就中国大陆的搜索引擎市场来说，可以清晰预测到未来5年或10年都会高速成长，因此不应该分散精力，但Google不一样，在美国已经有70%的市场，再往前走是有疑问的，因此必须要尝试搜索引擎以外的领域。

思考点：百度与Google的发展路线差异，除了可以由市场阶段解释之外，还有哪些其他可能的原因造成两者的差异？

8.1.6 产品重复多元应用

产品重复多元应用，是指企业将一项有高度市场价值的产品，与其他多项产品广泛结合，创造一系列的商品，以充分利用这项产品的高市场价值，创造更宽广的获利来源。这项产品可能是一个卡通形象、一则故事、一则有价值的信息、一种技术等，让这种产品创造利润的关键，是不断地重复描述、运用或是赋予这些产品种种不同的外部形象。这种具有高度市场价值的产品，如果有鲜明的形象，对于认同此一形象的顾客而言，极有可能接受以这个形象为基础，广泛结合其他产品而形成的一系列商品。

模式案例研讨 8-6

狮子王

一些电影或电视剧吸引了众多观众的注意力，这些电影或电视的人物或道具造型制造的衍生消费品，也获得顾客的欢迎，这些衍生消费品包括了玩具、衣服和日常用品，迪士尼的狮子王正是创造了许多衍生产品的例子，这些衍生产品可以单纯到只是有狮子王标志的产品，例如迪斯尼的狮子王 T 恤、睡衣、水壶、午餐盒和护唇膏等，另外，可以仿照影片主题或情节的产品，如狮子王云霄飞车，也可以是承袭作品风格或气氛的产品，如米高梅老片中出现过的晚礼服、钟表、沙发、化妆箱、书柜等。

思考点：你认为台湾地区有哪些产品，具有重复多元应用的可能性？可以怎么运用？运用的原则是什么？

狮子王："产品重复多元运用"模式（产品模式 7）

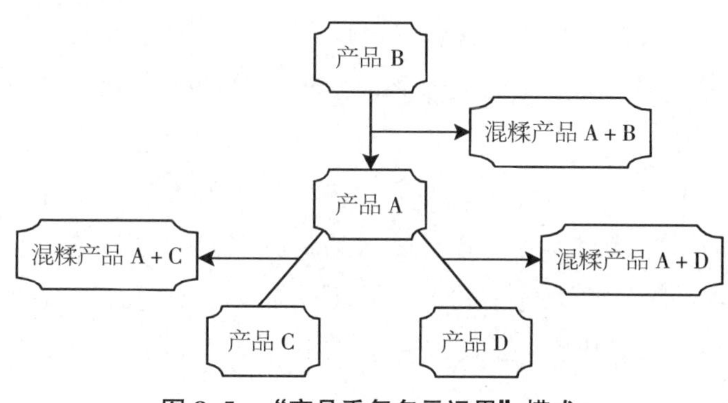

图 8-5　"产品重复多元运用"模式

8.1.7　产品重注单押

在许多产业中，利润经常是极不均匀地分配在不同企业的产品上，平凡的产品往往只能获得相当微薄的利润，特别是**顾客消费任何一家企业的产品，所耗费的成本相差不多的情形下，就自然会选择最令人满意的产品**，典型的例子是电影，消费者看一部首轮电影，不论是好片还是普通片，票价不会相差太多，所花的时间成本也类似，因此自然会选择欣赏较为精彩的电影，连带这个产业的从业人员的收入差异就会扩大，这是一个原因。类似的情形也出现在体育运动、书籍出版。

另一个会造成利润极不均匀地分配在不同企业产品上的原因，是这个产业的产品之间只要存在着些许明显的品质差异，就会造成品质差的产品几乎完全失去市场，如果存在这种情形，利润的分布也会极不平均，典型的例子是制药业，疗效较差的药，除非以相当低的价格贩售，否则不会有市场。在这些情况下，一些企业会开始集中资源，重金打造某个产品，设法创造出重量级的产品，期待这项产品能够创造可观的营收。

模式案例研讨 8–7

迪士尼

在 1987 年，迪士尼的电影业务虽然保持获利，但是一直未能制作出极卖座的大片。卖座大片有助于建立声望和信心，也能提高公司的市场价值。而且卖座大片的盈利水平明显高于一般电影。因此，在重视利润的前提下，总裁 Michael D. Eisner 决心把迪士尼从让电影获利的制作模式，转变为创造卖座大片的制作模式。

卖座大片的模式关键要素，是从关注电影产品本身转到关注整个电影制销体系。Eisner 很早就了解到，以优秀的电影故事为基础就可以让电影获利，但是一部卖座大片所需要的不仅是优秀的电影故事和完美的制作，还需要成功的市场宣传、首映以及强有力的销售工作。

迪士尼："产品重注单押"模式（产品模式 8）

如果没有成功的首映，一部电影就不可能成为一部卖座大片，上映后的前 10 天决定了一部电影是否具有票房号召力，这又反过来决定了它能否在利润丰厚的录像带市场上获得成功，因此，首映的准备工作必须更谨慎周全，不能仅期待将电影塞进电影院，再加上一些广告就可以创造极佳的卖座。

迪士尼先前曾推出许多电影，这些电影以动画再次发行，迪士尼只需支付广告和行销费用以及极少的销售成本，再次发行可以让先前对影片的投入再创营收，1987~1990 年，迪士尼再次发行了“白雪公主”、“灰姑娘”、“小鹿班比”、“小飞侠”、“森林王子”等影片。

动画片的可观利润及影片再次发行相当成功，Eisner 受到了激励，开始重组动画电影业务部门，动画电影业务部门制作了“谁陷害了兔子罗杰?”(Who Framed Roger Rabbit?)，在全球获得了 3 亿多美元收入，到了 20 世纪 90 年代，迪士尼的动画片部门成为最赚钱的卖座大片生产机器。每隔 12 个月就能策划、生产并发行一部一流的动画大片，包括“美人鱼”、“美女与野兽”、“阿拉丁”、“狮子王”、“风中奇缘”、“钟楼怪人”以及“大力士”，都创造极高的利润。

思考点：“产品重注单押”的模式若要成功，需要哪些条件的配合?

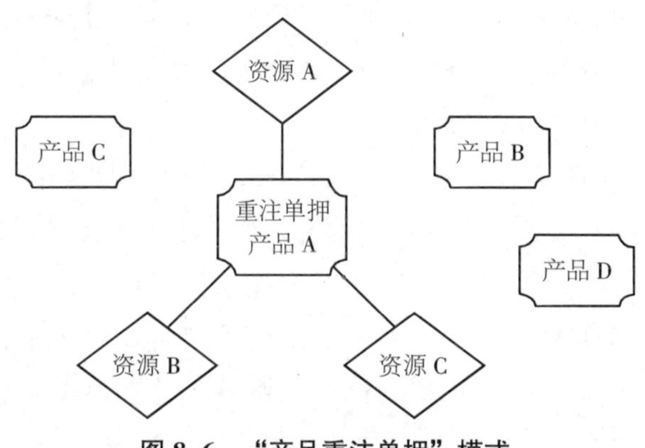

图 8–6　“产品重注单押”模式

8.1.8　美好经验限量供应

企业为顾客提供的产出，如果是要为顾客带来美好惊奇的经验，限量供应是一项可行的原则，尤其**在企业产能本质上无法大幅扩张的情形下，企业应该设计出能让这些产能尽可能地创造收益的商业模式**，美好经验限量供应，也就是一项可以依循的原则，美好经验为产出赋予高价值，限量供应则可以大幅提高产出的单价。

模式案例研讨 8-8

El Bulli 餐厅[①]

位于西班牙的 El Bulli 餐厅名列米其林三星餐厅，连续四年被英国的餐厅杂志（Restaurant）在全球 800 位餐饮业专家投票中，选为全球第一的餐厅。

El Bulli 每年只营业六个月，其他六个月用于不断研发新菜，每年菜单一定全部翻新，可是顾客在进入餐厅时，并没有菜单可看，在 El Bulli，一顿要价 230 欧元（约台币 1 万元），一餐共有 40 道菜，一顿餐要花 5 个小时，由服务生掌握顾客用餐速度及送餐进度，每道菜只有几口分量，吃法、做法往往超乎顾客想象，餐点大部分都不需要使用餐具，大部分的餐点都会让顾客惊艳，如装在香水瓶里的酒，不是面包夹火腿而是火腿夹面包的反向三明治，冰淇淋以棒棒糖的形式呈现。

El Bulli 每年平均有 200 万人想订位，但每餐只收 50 名顾客，每年只能供应 8000 个座次，因此要到 El Bulli 用餐，可能需要等好几年才订得到位。

El Bulli 餐厅："美好经验限量供应"模式（产品模式 9）

El Bulli 的交通极不方便，要从巴塞罗那开两个小时的崎岖山路才能到达，厨房团队就有 40 个人，再加上大群的服务生与酒侍，员工比顾客多好几倍。这让到 El Bulli 成为一个独特的经验。竞争激烈的订位，想办法到达餐厅所在的山里，一道道令人惊叹的创新料理，周到贴心的服务，一个用餐经验，是一场令人难忘的餐饮之旅。

El Bulli 餐厅的网站条列出顾客搭飞机、乘船或者开车，应该如何前往的地图和信息，另外，餐厅也列出附近旅馆的信息，到 El Bulli 用餐是一个对手无法复制的热门商品，用餐本身就是一趟旅行，顾客在还没去之前会充满想象，去了之后会将故事告诉朋友，听到这些故事的人，则成为下一批等着抢位的新顾客。

思考点："美好经验限量供应"的模式若要成功，需要哪些条件的配合？

---

① 故事来源：http：//www.elbulli.com/historia/version_imprimible/1961-2006_en.pdf.

8.2 从顾客端出发者

在驱动及统整商业模式各项要素运作的经济原则中，有一些原则是关注顾客层面，顾客与企业产出发生接触时，会具备一些行为或心理状态，这些原则是用以设定或修正顾客的行为或心理状态，并以此作为设计商业模式的基础，以下分别说明。

8.2.1 顾客自主性

重新设定顾客自主性，可以作为商业模式的设计原则。顾客在接触到一项产品时，这项产品的属性可以完全由顾客自主决定，也可以完全由供应者决定，在由这两端构成的光谱带中，**企业可以选定独特的位置，设定某种程度的顾客自主性，作为设计商业模式的基础**。例如在餐饮业，某些餐厅如 El Bulli 不提供菜单，将顾客自主性降到最低，也有些餐厅如蒙古烤肉的方式，完全由顾客自己配菜及酱料，餐厅只负责烹饪，大幅提高顾客自主性。又例如美泰儿的“我的芭比设计”（My Design）[①]，设计了一套交互式的电子商务系统，让顾客可以设计自己的芭比，大受欢迎。苹果公司在 iPad 、iPhone 上建置的 App Store 也是从提高顾客自主性的角度构思，让顾客自行决定要下载哪些程序，打造一台专属于自己的智能手机或平板计算机。

模式案例研讨 8–9

该吃药了吗？自己决定[②]

在英国的多可博医疗服务公司（Docobo）提供的 doc@HOME 服务，专门提供慢性病患的居家护理。病患在自己家中，每天早晚都要做一次包括血压、体重、睡眠品质、压力大小、当天是否有抽烟或喝酒等各种身心理以及生活习惯的健康问卷，

① http：//shop.mattel.com/shop/index.jsp?categoryId=4213488.

② 故事来源：http：//www.docobo.co.uk/Default.aspx.

这份问卷完全针对病患的个别健康情况所设计。

病患可以选择通过网络、手机或多可博的手持式小型电脑，将问卷的答案传回多可博的资料中心。如果整体情况看起来没有问题，病患会收到中心制式的标准回复，有时候还会有一些建议。如果任何细项有了可疑的改变，中心会同时通知医生与病患，以进一步详细追查原因。

由于病患每天的健康状况都被管控，只要问题一出现，就可以尽快处理，病患的血压、体重等控制得宜，有助于慢性病病情的控制，病患到医院求诊的频率也可以降低。doc@HOME的互动性，让医院及病患能够通过网络直接进行沟通，病患可以预约看诊，医师也可以告知病患调整用药时间。

多可博医疗服务公司："提高顾客自主性"模式（顾客价值模式 1）

从多可博资料中心提供的趋势分析，假如病患可以选择调出自己过去四周的血压记录，资料中心会将数据化为简易图表，让病患读出自己的血压整体趋势，让病患更了解自己的健康状况，主动努力改善；假如患有高血压的病患一旦看到自己的血压数值变高，可能立刻就会主动减少摄取食盐，或者多吃些蔬果，给予病患参与和主控自己健康的权利。

思考点：降低或提高顾客自主性，需要搭配哪些条件，才能提高模式成功的机会？

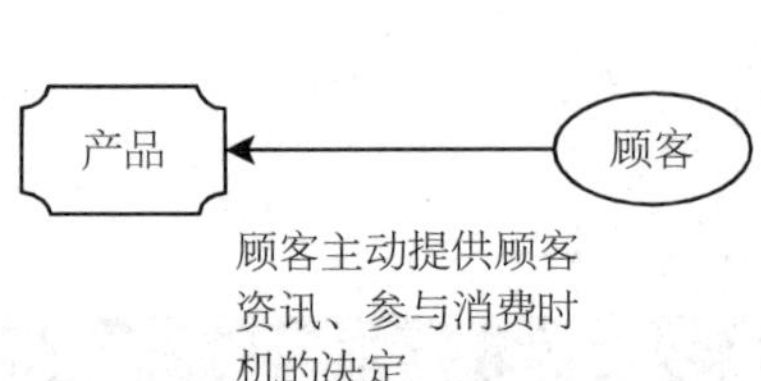

图 8-7 "提高顾客自主性"模式

8.2.2 顾客便利性

顾客在消费一项产品时，如果感到消费流程上的不便利，降低顾客的不便利，将可以成为设计商业模式的指导原则。例如在 20 世纪 90 年代初期，艾克森美孚（Exxon Mobil）发现许多顾客觉得到加油站很麻烦，加油也是一件令人不愉快的事，顾客都会尽量减少在加油站的时间。因此美孚和德州仪器合作开发速通卡（Speedpass）[①]，速通卡是一种小型电子收发器，只要近距离接触加油站的接收器，就可以依照持有人设定的信用卡账号，进行小额交易，可以让加油变得更便利。

模式案例研讨 8–10

传送机构带你追星[②]

传送机构（Delivery Agent）是一家通过网络专门贩售电视节目、电影、音乐录像带以及运动赛事等娱乐节目中所出现的产品的公司。当消费者很希望拥有在某个节目中看到的某一项物品时，都可以在传送机构的网站上找到这些产品，并且直接付费订购，这项产品就会被递送到府，传送机构提供观众相当便利的购物管道，让观众在看到汤姆·克鲁斯的太阳眼镜后，也可以在网络上立刻同步购买一样的眼镜，不需要花费很多时间四处打听这项产品。

传送机构的商业模式，是先找到娱乐节目制作公司，由制作公司的服装、道具、布景等工作人员，列出节目中所使用的产品，传送机构再与产品的制造商联系，如果制造商愿意合作，节目的网站上会出现这项产品的广告，让有兴趣的观众点入，连接到传送机构的网站进行购物。传送机构是以批发价向合作厂商买进产品，在网站上再以零售价卖出，所得的利润会与节目制作公司分享；产品制造商与传送机构合作，可以增加让产品曝光、增加销售量的一个新管道，在这样的商业模式中，传送机构、节目制作公司以及产品制造商可以共同创造三赢的局面。

传送机构："提高顾客采购便利性"模式（顾客价值模式 2）

思考点：找出三项你觉得消费不便利的商品，这些不便利带来什么商机？

① https：//www.speedpass.com/forms/frmHowItWorks.aspx.
② 故事来源：http：//www.deliveryagent.com/about-us/.

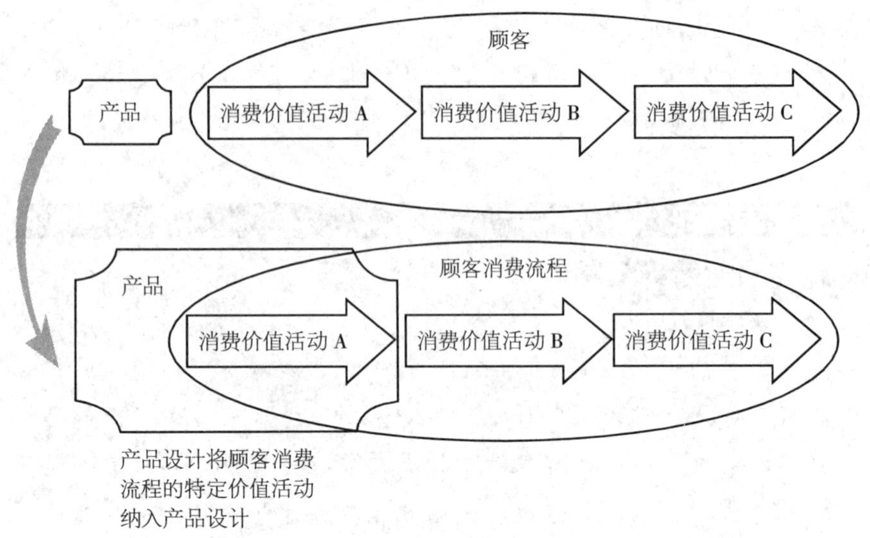

图 8-8 “提高顾客采购便利性”模式

8.2.3 注入体验

经济价值的创造、演进过程是从利用初级产品（如手工制作木柜）到制造商品（如大规模机器生产木柜），再到提供服务（如木柜的保养维护），最后是展示体验（如顾客亲身参与了从木材选取、木柜设计、木柜制造的整个过程），[①] 伴随着演进过程的是更高度的差异化以及更高的顾客价值，**企业在设计商业模式时，可以设法增加在消费过程中的体验成分，以提高顾客价值，创造更高的营收**，例如许多果园转型成为观光果园，让游客体验采果收成，并可借此创造高于一般果园单纯卖水果的营收。

自己做熊熊工作室:“注入体验”模式（顾客价值模式 4）

模式案例研讨 8-11

自己做熊熊

在美国的自己做熊熊工作室（Build-A-Bear Workshop）创立于 1977 年，是一家将体验成分大幅灌注在毛绒玩具产品上的企业，顾客进入自己做熊熊工作室的店面后[②]，可以按照店中标

① Pine and Gilmore（1999）.

② 可以参考 http：//gticl.pixnet.net/blog/post/18893043-build-a-bear-workshop 的图文描述。

示的流程，现场自行制作自己专属的毛绒玩具。顾客先挑选毛绒玩具的外层毛皮，现场有泰迪熊、兔子、青蛙、狗等动物可选。接着，顾客可以选择是否要为玩具增加声音，从店中的声音数据库，挑选出喜欢的音乐，之后顾客把毛绒玩具的身份条形码以及棉花填充入毛皮之中，交给店员将毛绒玩具缝好，接着顾客要为毛绒玩偶取名字，还可以加购各式衣服配件。最后，发给毛绒玩偶一张出生证明以及一个公寓形状纸盒，顾客就可以提着住在公寓里的玩偶回家。自己做熊熊工作室以这种方式，创造了与其他贩售毛绒玩具的竞争对手不同的销售方式，除了卖给顾客一只毛绒玩具外，还卖给他们一段有趣的经验。

思考点：何种产品特质比较有利于采用“注入体验”原则？

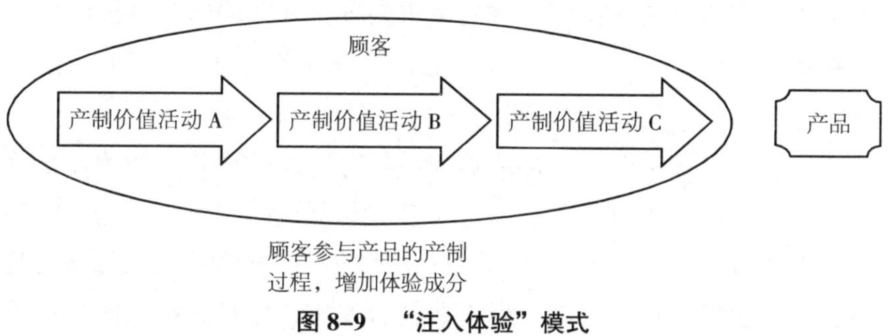

图 8–9　“注入体验”模式

8.2.4　凸显特定价值内涵

从顾客的角度来看，一项能够满足特定价值的产品，才是值得购买的产品，因此，**企业需要让商业模式可以满足特定的顾客价值，凸显出特定的价值内涵**。如同第 4 章对顾客价值的阐述，每一项价值内容都有可能成为商业模式的诉求点，**能够体察到有别于一般同业的特异价值诉求的企业，相当于发现了独特的市场区隔**，若能在商业模式中贯彻这项价值，将可为企业带来利润。典型的例子是吴宝春的面包店，先前一般消费者很难想象单个面包可以订出超过一百元的售价，但是吴宝春为面包灌注的价值，改变了消费者的认知，也开发出了高价面包区隔，这也是许多台湾地区小吃可以考虑的途径。

商业模式演练 8-1

医院可以诉求哪些顾客价值？

8.3 客制化

“客制化”（customization）是许多企业在设计商业模式所依循的原则，客制化有相当多元丰富的内涵，这些多元内涵，都是对立于一种“对所有顾客销售完全相同的商品”的做法，**采取客制化做法的企业，会高度关注不同顾客的需求差异，并根据这些差异调整产品制程及属性**。由于近年来，“客制化”是许多企业创造良好绩效时所采用的原则，因此对“客制化”需要较详细地加以说明。

客制化有多种形态，都能够为不同顾客提供符合其独特需求的产品。企业可以根据设计、制造、装配和配送四项价值活动上的客制化/标准化，区分出三种不同形态的客制化[①]，**一项活动的标准化是指企业在执行这项活动时，所有的执行属性，包括执行时间、执行产出、执行技术等，都不会因服务对象的不同而有所差异**，一项活动的客制化则是会考虑服务对象的差异而调整某些执行属性。三种不同形态的差异化如图 8-10 所示，以下说明这三种形态以及作为对照组的完全标准化以及区隔标准化。

8.3.1 完全标准化

完全标准化（Pure Standardization）是指从设计、制造、装配到配送活动都是以标准化的方式执行，生产者或经销商都不执行客制化的活动，消费者必须自行去适应产品，并且对设计、生产甚至配送都缺乏直接的影响力，例如消费者到大卖场购买成衣，只能选择接受或是拒绝这件成衣，而不能影响到成衣的设计、颜色、款式，就是属于此类形态。在市场上，绝大部分的产品属于此类。

---

① Lampel and Mintzberg（1996）.

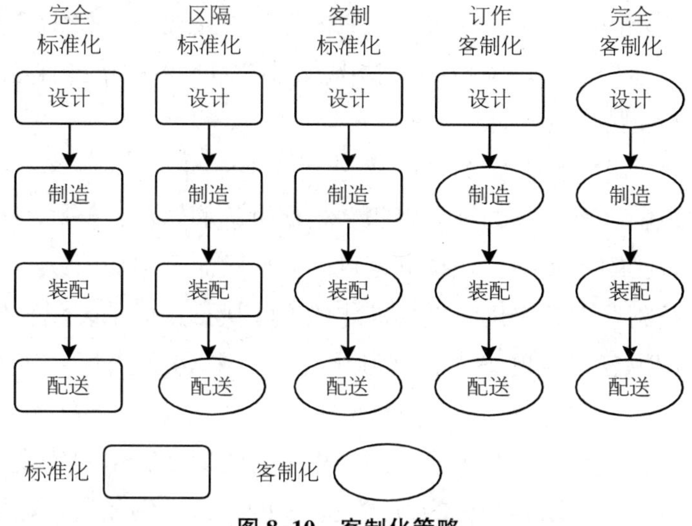

图 8-10　客制化策略

资料来源：Lampel and Mintzberg（1996）.

8.3.2　区隔标准化

区隔标准化（Segmented Standardization）是指设计、制造、装配仍是采取标准化的执行方式，消费者对于设计、制造、装配并没有直接的影响力，但是可以决定配送的流程、交货时间和地点规划等，例如在网络上向商家订购成衣，指定交货时间及地点，即属于此类形态。

8.3.3　客制标准化

客制标准化（Customized Standardization）是指设计、制造活动的执行采取标准化，但装配及配送是客制化的，此时消费者可以从标准组件清单作选择，组合成满足其独特需求的最终产品。这也可称作为模块化制造，例如 2005 年，中国大陆的泰康人寿推出“爱家之约”[①]，打破了保险是由个人为保险主体的业界惯例，改为由家庭为保险主体，并且增加新险种，扩大缴费期限，将保险商品形态从保险套餐转变为保险自助餐、再到保险超市。“爱家之约”产品可以看成一种“保险超市”，可以由客户自由选择组合，由客户自己量身定做。“爱家之约”由 19 个险种组成，涵盖了养老、理财、健康、

① http：//www.taikang.com/tab165/info392.htm.

医疗、意外伤害、豁免保费、生命保障、子女教育、女性健康等保障功能。客户可根据家庭经济情况及保障需求自由选择保险项目，用最少的钱获得最大的保障利益。

球鞋厂商阿迪达斯（Adidas）也运用类似的概念，让客户在指定窗口实现做一双自己的鞋的梦想并根据可选的颜色、鞋底和其他元素设计自己的专属鞋。客户甚至可以把自己的名字加入设计，但是在设计及制造上其实仍是以标准化的方式执行，但是装配工作的执行是依照顾客设定的条件，客制化的产品在 14 天内可以送到客户手中。

遵循客制标准化的企业，需要思考在装配客制化的阶段中，哪些项目可以构成以客制化的方式被装配的对象，例如当智慧型手机还不具备 App Store 或 Android Market 时，手机的应用程序并不是一项可以被使用者客制化组装的对象，在手机出厂时，就已经标准化地设定好各种应用程序，但是当 App Store 或 Android Market 成熟后，应用程序就成为一项可以被使用者自行装配而客制化的项目。

要回答“哪些项目可以构成以客制化的方式被装配的对象”这个问题，必须先具备产品架构（Product Architecture）概念，**在产品架构观念下，产品是由各式各样的零组件（Component）所组成[①]，有些零组件共同构成标准化的基本产品（Base Product），有些零组件则构成选购配备**，例如台湾地区的有线电视市场，一家有线电视系统提供给区域内所有用户的频道都是相同的，因此对这家有线电视而言，只有基本产品，没有选购配件；若是有一家有线电视系统业者只将少数几个频道列为基本产品，其他频道都可以由用户自行决定是否要订阅，月费则视用户选择的频道而定，选购配备就变得非常多样化，每个家庭的有线电视也就是客制化的了。

随着市场变动、科技变迁及商业模式的演进，产品架构必须时常调整。以汽车制造商为例，企业必须决定在其基本产品（Base Product）外，还要附加哪些特色，哪些可作为选择配备，哪些可作为售出汽车后由车主自行购置的配件。在第二次世界大战前，汽车制造商并未将空调设备纳入汽车基本配备，但随着与日俱增的消费者需求，某些车款将空调设备列为基本配备。到了今天，绝大多数

---

① Evans and Webster（2007）.

美国新出厂的汽车，空调设备都是标准配备。尽管居住较冷地区的车主，平常开车并不常使用空调，甚至根本不想要空调，但他们仍然得购买有此设备的新车。最近几年，卫星导航系统也开始成为某些车款的标准配备。在此之前，没有任何新车出厂前即加装这种先进配备。

列为选购配备的零组件，必须能够展现出选购者的个人风格或是满足选购者的独特需求。如果企业将无法展现个人风格或是满足独特需求的组件列为选购项目，可能会给顾客带来购买上的困扰，也会增加企业的管理成本；反之，如果企业将可以展现个人风格或是满足独特需求的组件列为基本产品，将会失去提供客制化产品的机会。例如在二星级旅馆，房客只关心房价及清洁的情形下，若是二星级旅馆将枕头类型当成选购配备，将只是提高旅馆的管理成本，但是五星级旅馆的房客会很注重舒适，因此就需要将枕头类型当成选购配备，借此也可订出更高的房价。

企业在区分出基本产品及选购配件之后，**决定能否增加产品营收的关键决策有两项：一是基本产品与选购配件搭配销售的方式；二是组装方式**。

8.3.3.1 客制标准化下的搭配销售方式

在客制标准化形态下，一般常见的搭配销售方式有以下几种：

（1）切割销售：选购配件和基本产品在本质上若是可以切割，例如新力公司既生产电视机，也卖 DVD 播放机，这两项产品是可以切割的，企业就可以将基本配备和选购配件的销售进行切割，分别销售，让消费者自行创造最符合其需要的产品形式，消费者可自由选择如何购买这两种产品，并自行装配成符合其需求的客制化产品。

（2）成套式销售：企业可以将所有选购配件整合成全套的产品，在个别选购配件上都有多种样式可供选择，消费者在购买时，可以选择能够表现其风格或是满足其特殊需求的样式。这种方式排除了顾客只购买单项配件或只买基本产品的可能性，例如报纸不会卖给消费者一份不含体育版及分类广告的报纸，尽管有些消费者可能从不阅读体育版及分类广告。当选购配件和基本产品在本质上无法切割时，企业只有这个销售选项，但是**当选购配件和基本产品在本质上可以切割，并且某项选购配件相当具有吸引力时，企业可以考虑采用这种销售方式，以增加企业营收**。例如，许多大饭店的自助餐销售设计就是采用全套式销售，消费者可能是因为特别喜欢这家饭店自助餐的海鲜而前往用餐，饭店可以不让消费者有机会以较低的价格只享用海鲜。

(3) 基本型/加值型共存销售：企业也可以同时提供基本型产品及包括某种选购配件的加值型产品，但顾客不能只买加值型产品，而不买基本型产品，例如，一些旅行社除了提供基本行程之外，还提供消费者可以自行加购的自费行程，但是消费者无法只买加费行程，不买基本行程。**当基本产品存在规模经济，同时又有一些相当吸引消费者的选购配件，并且消费者的偏好存在分歧，有些消费者只需要基本产品，有些则偏好选购配件时，可以采用这种搭配销售方式。**

(4) 任意组合式销售：企业可以采取“任意组合式”销售，提供一连串的排列组合供消费者自由选购，对于这种销售方式，基本产品并不存在，产品架构完全是由选购配件组成。例如，微软虽卖整套的 Office 软件，顾客也可单独购买其中的软件；就算是 Office 软件包也有好几种版本可以选择。

不论是哪一种销售方式，企业必须让购买基本产品及选购配备的顾客，能够认知到同时购买这两项产品带来的便利性及总价值，高于个别产品价值的加总。

商业模式演练 8-2

有某家企管顾问公司推出一系列的课程，包含 A、B 、C 、D、E 、F 六堂课，分别由甲、乙、丙、丁、戊、己六位老师上课，其中甲老师具有极高的全国知名度，其他五位老师知名度一般，该企管顾问公司设计出下列的销售方式：甲老师的课不单独销售，乙、丙、丁、戊、己五位老师的课单独销售，顾客若想听甲老师的课，必须同时购买乙、丙、丁、戊、己五位老师的课，才可以购买甲老师的课。请问这种销售方式合理吗？

8.3.3.2 客制标准化下的组装

在客制标准化形态下，组装可以有三种方式：

(1) 使用者组装：**使用者组装指制造端提供基本产品及各种选**

购配件，让使用者自行选择需要哪些选购配件，并完成组装活动，典型的例子是苹果的 iPhone，使用者在购入 iPhone 的基本产品（硬件机+系统门号+基本的应用程序）后，其他的应用程序是由使用者自行组装，真正让 iPhone 变成客制化的关键动作，是由使用者自己组装而成。**要能让使用者自行组装，制造端必须让各项选购配件之间以及选购配件和基本产品之间，能够易于组装连接**，如同 App 应用程序在苹果的 iOS 平台上，不能经常出现严重的运行问题，如果连接需要的操作技术有难度，就必须由受过训练的人员进行操作，此时使用者组装的模式，就会遭遇阻碍。

（2）通路组装（Channel Assembly）：**通路组装是由经销商完成最终产品组装，当一些产品的组装需要技术能力或特殊工具时，制造商可以对通路商施行组装训练**，例如一些系统家具，其组件的设计及制造是标准化的方式进行，但是顾客可以根据自己的需求，选择不同的组件，但这些组件的组装，需要特殊技术及工具，因此，由受过训练的经销商负责为顾客进行组装。

（3）延迟组装（Postponement）：**延迟组装是一种让企业先完成产品中可以标准化的部分，在确知特定规格的实际需求后，再对需要客制化的部分进行最后组装，让产品尽可能符合顾客的特殊需求，同时让供给量和需求量可以达成均衡**。例如惠普科技（HP）在欧洲的打印机，就利用延迟组装以解决长期以来制造端和需求端的失衡问题。由于欧洲各国的电流和语言不同，生产销售给英国和意大利的打印机就必须有所差异，惠普科技先前并未对各国需求的变动做出调整，造成严重的存货过多或缺货问题。惠普科技后来采用延迟组装策略，把变压器和特定语言的操作手册延到最后接到顾客订单时再进行组装，以同时维持弹性和低库存，同时也能让企业尽可能对顾客实际的需求差异，积极地做出响应。

8.3.4　定制化

在定制化（Customization）下，**设计活动是标准化的，但制造、装配及配送活动是客制化的**。企业提供产品的一般原型给消费者，然后根据顾客个人的喜好和需求去做调整。例如一些为大型机构提供信息系统服务的企业，在提供服务时是根据既有的信息系统架构，再针对大客户的特殊需求，调整参数或是添加功能，制作出一套专属于这个大客户的信息。例如世界知名的 ABB 涡轮系统公司，为每台发动机的尺寸设置了 350 万个理论变量，这让 ABB 公司能针对客户的特定应用领域订制解决方案。

采取这种模式的企业，通常是以接单生产（Build-to-order，BTO）的方式运作，完全依据顾客的实际规格及特定要求提供产品和服务，在产品淘汰率高的产业中，接单生产可以解决存货问题，有助于改善财务表现。

8.3.5 完全客制化

在完全客制化（Pure Customization）的模式下，从设计、制造、装配到配送活动都是客制化的。产品是接单后才开始设计、制造、装配及配送的模式，在设计阶段中，顾客的特殊规格及需求就已经会影响整个生产过程。例如蛙王菲尔普斯（Michael Fred Phelps II）所穿的泳衣，是用鲨鱼皮制作，就是从设计到配送活动都客制化的例子。

模式案例研讨 8-12

完全客制化的大学申请服务

在美国，得以进入名校的学生，不见得是最好的或最聪明的，而是懂得凸显自己优点的学生，申请大学需要进行包装。因此出现相当一些申请学校的私人顾问，他们会先评估客户的在校成绩、课外活动、特殊才艺等条件，在客户有兴趣的大学里，找出比较有可能申请到的几所。

之后，针对这些目标大学，私人顾问会与客户一起努力增加卖点。顾问需要深度参与客户生活的各个面向，建议他在高中应该选修哪些课程、阅读哪些课外读物、检查他们的作业，最后，不断为他们修改申请大学所需填写的表格与缴交的文章。

顾问也会建议家长，何时该帮学生聘请家教，甚至帮全家安排寒暑假的旅行行程，以确定客户有更漂亮的经历。有些私人顾问的九成以上客户，都成功进入了第一志愿就读。这些私人顾问并不是真的把每个客户都送进了哈佛、耶鲁，而是在一开始就管理了客户的期望。新客户一上门，私人顾问所做的第一件事，就是根据客户的情况，撰写出几页长的报告，仔细分析客户有多少机会申请到自己感兴趣的大学。从一开始，就为客户订出合理的第一志愿，少了不切实际的期望，失败率自然下降。

这些私人顾问的收费走高价路线，有时顾问费比业界平均贵十倍，客户几乎都是中高阶层人士，因此这些私人顾问坚持自己亲自担任所有客户的顾问，因此仅能维持有限的客户数目。

思考点：完全客制化的大学申请服务要连锁扩张，增加客户数目，可行吗？

模式案例研讨 8-13

杰腾造船[①]

20 世纪 70 年代，中国台湾地区的游艇闻名世界，却在 80 年代跌落谷底，也因此，仅存的台湾游艇厂，全往生产高单价的大尺寸豪华游艇方向走。正当中国台湾地区游艇厂全面朝大尺寸豪华游艇发展之际，1999年才成立的杰腾，很清楚自己只是后进者，因而，杰腾刻意避开同业着墨已久的欧式游艇市场，专攻美式小型的游艇开发。

欧式游艇与美式游艇最大的不同在于欧式游艇造价极高，注重奢华与精雕细琢的装潢。反观美式游艇，其最重要的诉求为海上的第二个家。因此，引擎使用高文件机种，内部装潢也更重视居家化，相较欧式游艇，价差则达至少一倍。正因两者的市场区隔明显，锁定美式游艇市场的杰腾初成立时即选择在中国大陆设厂，可应付美式游艇人力成本较高的特性，也能避开其他同业在中国台湾地区遇上劳力与土地取得成本高涨的不利因素。

但微利得靠规模经济来支撑，要能发挥规模经济，就必须要有极高的生产效率。这又是一个与中国台湾地区其他游艇厂截然不同的逻辑。举例来说，欧式游艇主力产品是一艘 91.44

---

① 故事来源：《商业周刊》第 1043 期。

尺、价值新台币 1 亿6000 多万元的豪华游艇，因为强调奢华，所以费工；杰腾的生产模式却大不同，每艘游艇的平均单价为2300 万元，单价虽然仅有欧式游艇主力产品的 1/7，每一艘游艇的造船时间却不到六个月，且最多同时有五艘游艇同步建造。

中国台湾地区游艇同业走的是精致路线，杰腾则注重效率。虽然是全然不同的生产逻辑，反而闯出自己的一片天。杰腾是后起者，又在中国大陆生产，短期内难与中国台湾地区同业在精致度比拼，因此，一定要靠速度才能打天下。杰腾高生产效率的关键在于采用模块化生产。一般游艇生产过程是先将船身造好，再由工匠装潢内部，尺寸不合就直接修改，准确度高，非常适合量身定做的游艇，这也是中国台湾地区游艇业者的强项，而杰腾则能同步作业，把工人分成两组，一组制造船身，另一组负责游艇内装，制程可缩短一半。

生产模块化的难度在于必须精算，只要有一点差错，内部装潢就无法置入船内。刚学习生产模块化时，就曾发生外部加工完成后，拿到舱内拼装，拼到最后几块才发现尺寸不够精确，结果只能全部拆掉重新加工，甚至还因此造成杰腾团队的内部失和，施工师傅认为是设计部门没将内装设计做好，才造成尺寸不合，设计部门则是归咎木工师傅未按图施工。终于，杰腾发现，唯有投资设备仪器，才能彻底解决这个问题。

走进杰腾位于东莞的游艇工厂，像是走进电子精密控制中心，其中光是计算机设备，投资就超过 3000 万元，造价近千万元一台的精密切割机，杰腾更是唯一敢大手笔投资的台商，还特别礼聘 IBM 前高级工程师驻厂，以确保同步作业不出包。

杰腾造船："客制化/标准化阶段式混合"模式（产品模式 11）

难得的是，即使在标准化的组装工法下，杰腾却还可保留客制化的服务。杰腾的做法是像魔术方块一样将游艇切分为许多块状，以一艘 64 尺的游艇为例，内装即分切超过 800 块，由于细分到极限，杰腾才能保留打造专属空间的选择性给客户。过去，一艘游艇只使用一种木材，而杰腾的游艇则有数十种材料供选择，常常一艘有五个房间的游艇里，就使用到五种木材，来呈现不同的色彩与风格。

思考点：分析杰腾的客制化策略。

商业模式演练 8-3

请说明在完全标准化、区隔标准化、客制标准化、订作客制化以及完全客制化的模式下，家具、成衣制作、大学教育这三种产品可以如何产销？

本章提及模式的相关网站

1. El Bulli 餐厅，http：//www.elbulli.com/。
2. 多可博医疗服务公司，http：//www.docobo.co.uk/Default.aspx。
3. 百度，http：//www.baidu.com/。
4. 自己做熊熊工作室，http：//www.buildabear.com/。
5. 芭比娃娃，http：//www.barbie.com/。
6. 迪士尼，http：//disneyinternational.com/。
7. 家乐福，http：//www.carrefour.com.tw。
8. 杰腾造船，http：//www.jtyachts.com/。
9. 传送机构，http：//www.deliveryagent.com/about-us/。
10. 狮子王，http：//www.boxofficemojo.com/movies/?id=lionking. htm。
11. 零件搜寻，http：//www.partstore.com/。

本章参考文献

[1] Evans David S. and Webster Karen L.. Designing the Right Product Offerings [J]. MIT Sloan Management Review，2007 (49)：44-50.

[2] Pine B. J. and J. H. Gilmore. The Experience Economy：Work is Theatre and Every Business a Stage [M]. Harvard Business School Press，1999.

第9章　创造利润的经济原则Ⅱ：价值体系及价值网出发

9.1　从价值体系出发者

9.2　从网络关系出发者

9.3　与整体商业模式的时间运作有关者

本章说明从价值体系以及从整体价值网络激活让商业模式创造利润的经济原则。

9.1 从价值体系出发者

从价值体系出发的商业模式经济原则，是指该项经济原则的落实，是以价值体系要素作为切入点，价值体系中的上下游必须共同参与。

9.1.1 精准性

精准性是指商业模式强调上下游厂商之间，在金流、物流、商流、信息流上，能做出精确的协调，以最低的成本满足相互的要求。以精准性为指导原则的商业模式，必须在上下游厂商之间建立通畅的信息流，以传递关于产品规格及需求量、顾客属性及行为、资金运作、物流需求等方面的精准信息，让上下游依照这些信息，共同合作，例如在中心卫星工厂体系，中心厂必须将隔天及可见未来的生产进度充分告知零组件供货商，零组件供应商根据这些信息进行零组件的生产及备料工作，中心厂也需要适时掌握零组件厂的备料状态及品质水准，以免延误整体的生产进度。

威望国际："精准预测市场，控制产能水准"模式（其他类 1）

对需求的精准预测，有助于企业安排合适的产能规划及行销方式，例如院线电影发行量相当大的片商威望国际（CatchPlay），发展出一套可以量化预测电影卖座与否的方法，如 2010 年在台上映的"三个傻瓜"，这部片集当时许多不讨喜的元素，像是印度片、没卡司、盗版充斥、长达三个小时等元素于一身，原本不被看好，但威望国际却判断"三个傻瓜"应该有一定的票房，因此威望国际决定放弃大张旗鼓式的宣传，而是通过首映与特映的方式，让口碑在网络上慢慢延烧，同时，把影厅数量限制在规模最小的三个厅，让影厅每天呈现爆满的感觉，上映厅数少，观影人潮却络绎不绝，使得戏院不敢轻易下片，让这部影片连续在戏院放映了 4 个月。如果当初无法精准预测、刻意抢下过多的影厅，导致每厅进场人数稀稀落落，可能很快就全线下片。

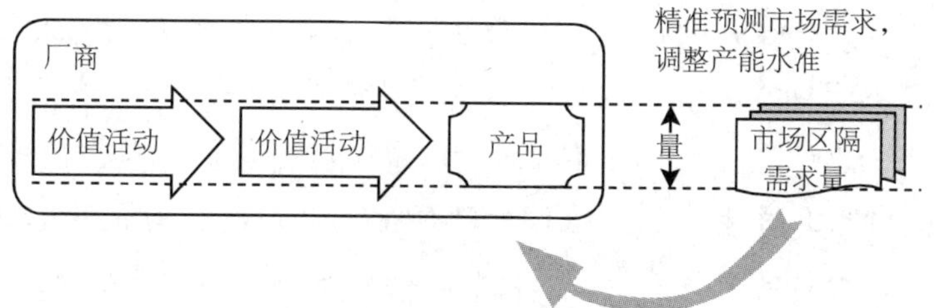

图9–1　“精准预测市场，控制产能水准”模式

模式案例研讨 9–1

戴尔计算机（Dell）

在数字化的知识经济时代，数字化的企业拥有较强的适应环境能力，能迅速对环境不确定性做出快速反应，戴尔公司是个典型的例子。戴尔公司是桌上型计算机的第二大供货商，其总裁将之归因于物流电子商务化的巧妙运用。

戴尔计算机：“数位串联，精准获利”模式（产制网络模式 17）

戴尔公司的日销量超过1200万美元，但其销售全是通过网际网络和企业内部网络进行，在日常的经营中，戴尔公司仅保持两个星期的库存（产业标准超过60天），存货一年周转30次以上。因此戴尔公司的毛利率和资本回报率可以达到20%和106%。戴尔网站会提供消费者查询订货状况的窗口，让消费者查询所订购商品从发出订单到送达消费者手中的进度，戴尔以标准的销售方式面对所有消费者（包括个人或机构），其物流也配合这一销售政策。戴尔的电子商务销售有八个步骤：

（1）订单处理：消费者可以拨打免费电话到戴尔的网上商店，可以网上订货，也可以通过浏览戴尔的网上商店，进行初步检视，确认项目是否填写齐全以及订单的付款条件。戴尔会优先处理信用卡支付方式的订单，其他付款方式的订单则要等到付款确认后才会处理；确认款项已经支付的订单，就会自动发出零组件的订货，并转入生产数据库中，订单也会立即转到生产部门，进行下一步作业。用户订货后，可以自行追踪产品的生产过程、发货日期以及物流发货状况。

（2）生产前置时间：从接收订单到正式生产之前，有一段等待零组件进厂的时间，称为生产前置时间。生产前置时间主要取决于供货商的仓库中是否有现成的零组件，戴尔会告知消费者一项订单的生产前置时间，以减少消费者等待的不愉快感。

(3) 零组件准备：当订单转到生产部门时，所需的零组件清单也就自动产生，相关人员将零组件备齐传送到装配线上。

(4) 组装：组装人员将装配线上传来的零组件组装成计算机，然后进入测试过程。

(5) 测试：检测部门对组装好的计算机用特制的测试软件进行测试，通过测试的计算机送到包装部门。

(6) 装箱：测试完后的计算机被放到包装箱中，同时要将鼠标、键盘、电源线、说明书及其他资料一同装入相应的卡车运送给顾客。

(7) 配送准备：一般在生产过程结束的次日会完成送货准备，但大订单及需要特殊装运作业的订单可能要花更长时间。

(8) 运送：将顾客所订货物发出，并按订单上的日期送到指定的地点。戴尔设计了几种不同的送货方式，顾客订货时可以选择送货方式。一般情况下，订货将在 2 ~ 5 个工作日送到指定地点，同时提供免费安装和测试服务。

思考点：戴尔的哪些环节需要数位化处理？

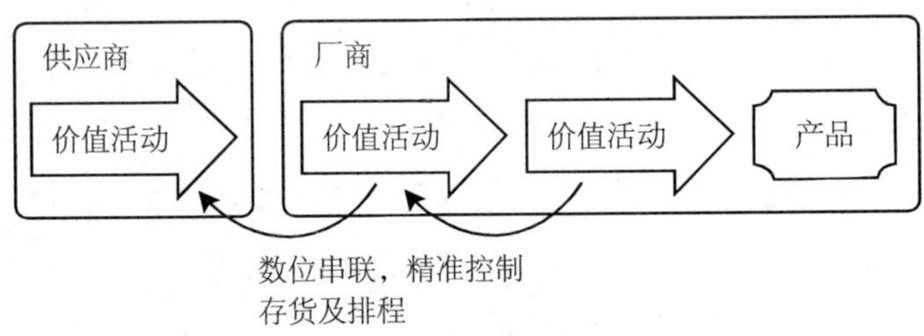

图 9–2 "数位串联，精准获利"模式

9.1.2 专属性

专属性的原义，是指某项资产可以用于其他用途或由其他使用者运用，而仍旧不牺牲资产创造价值的程度。此概念若是应用到价值体系成员之间的专属性，是指某一价值体系成员 A 能够与其他成员终止合作或交易关系，而仍不牺牲 A 的生产力、效用或创造价值能力的程度。如果 A 终止了与现有价值体系成员间的合作或交易关系，寻求其他合作或交易对象，还可以维持相同的生产力、效用或创造价值的能力，A 就完全不专属于现有的价值体系。例如一瓶 A 牌矿泉水，卖给张三或李四的价格是一样的，张三买 A 牌矿泉水或 B 牌矿泉水，得到的效用满足是一样的，那么 A 牌矿泉水与张三之间，就不存在任何专属性。

会出现专属性的例子是第 5 章提到的宏全国际的 In-House 模式，已经把机器设备接在客户生产线上的宏全，若是离开现有的客户，必然会招致损失，而宏全的客户若是要终止与宏全的关系，也同样会招致损失，因此这是一种双边专属的状况。

企业设计的商业模式，如果可以让价值体系其他成员都专属于自己，同时降低自己专属于其他成员的程度，那么企业将可获得可观的利润，例如**下游厂商可以要求上游厂商建立专为自己设计的生产线**，创造上游厂商对自己的专属性，之后将可以拥有对上游极佳的议价地位。

展颂："价值链延伸，瞄准高阶区隔"模式（价值链模式 13）

上游厂商要创造客户对自己的专属性，常见的方式是为客户提供客制化的产品服务，客制化可以表现在时效、产品规格、特殊需求的满足等方面，例如在尼龙丝的生产上，温控、产品规格、色泽、光度等管理难度都相当高，生产尼龙丝的展颂企业，可以做到品质稳定，包括产品开发、交期与价格都愿意配合客户，让客户从与展颂的合作中获利，让客户要另找一家可以替代展颂的供货商，就不是那么简单；另外，展颂客户的一位操作员可一次管 120 台织机，效率至少比中国大陆的同业高一半；展颂能同时协助客户共同开发商品，无形中提高客户转换供货商的成本与门槛，这些特性都创造了客户对自己的专属性。

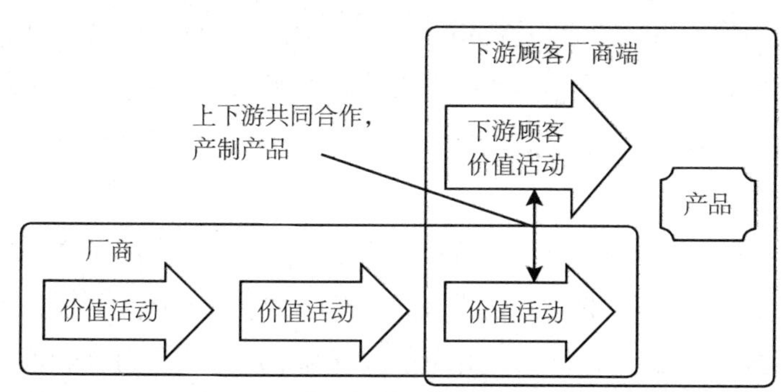

图 9-3　"价值链延伸，瞄准高阶区隔"模式

9.2 从网络关系出发者

一些商业模式的运作原则是从网络关系要素出发，再延伸到整个商业模式，这些原则牵涉到产制网络、营销网络或是使用者网络的运作互动，经由特定的运作互动，让商业模式创造利润或满足价值。从网络关系出发者，又可以分为三部分说明：在单一网络关系上操作、在网络关系的种类及数量增减上操作、在多元网络关系上操作。

9.2.1 在单一网络关系上操作

在单一网络关系上进行操作的经济原则，是指让该项网络关系成为商业模式获利的关键，以下是常见的两项原则。

9.2.1.1 使网络关系承载更丰富的内涵

一项网络关系可以承载多种内涵，例如某甲与某乙之间，可以同时是亲戚及商业合伙人，在营销网络及使用者网络中，同样可以让单一网络关系承载更丰富的内涵，例如在营销网络中，大卖场充满各式各样的商品、银行被视为发动“交叉销售”的通路、邮局出售各地农产等，都是让相同的营销网络关系承载更丰富的内涵。

在使用者网络关系上，面对单一的使用者，让单一使用者网络关系承载更丰富的内容，有两种做法，一是**企业可以提供成套的解决方式**，如同在第 8 章提到的，微软提供成套的办公室应用软件；二是**从顾客使用流程或消费流程的角度，检视还可以为这位顾客提供哪些产品服务**，在第 6 章 6.1.1 节提到的通用电气资本公司，为消费者、中间商、生产者提供各式各样的金融服务，每一次提供服务时，都会关注通用集团是否有其他的产品服务，不论是网站设计、仪器设备，还是医疗服务，可以卖给这位顾客，让这种网络关系成为新一轮交易的发起点。

中国大陆的有线电视：“汇聚各家精华，顾客自行拣选”模式（营销网络模式 6）

在中国大陆，每一省及许多城市都有自己的节目制播系统，加上中央电视台（CCTV）、各省及各城市为这些电视台都投入了不少资源，这些各省及各城市的电视台，单独来看，因为资源有限，无法时时刻刻都播出高品质的节目，但在组成联播系统之后，在一台

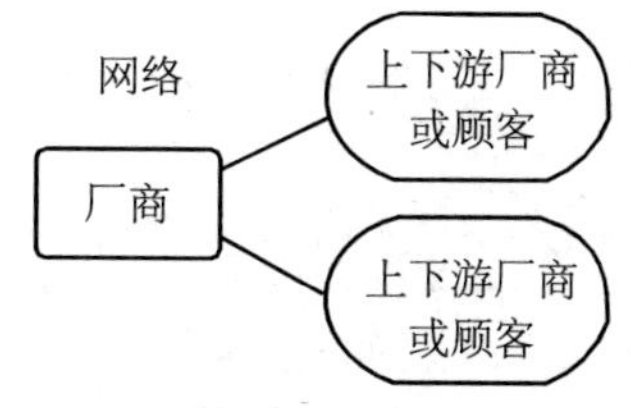

1. 在单一网络关系上操作

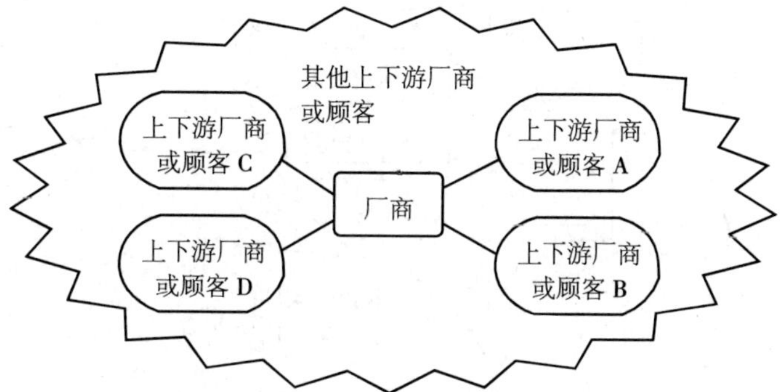

2. 在网络关系的种类及数量增减上操作

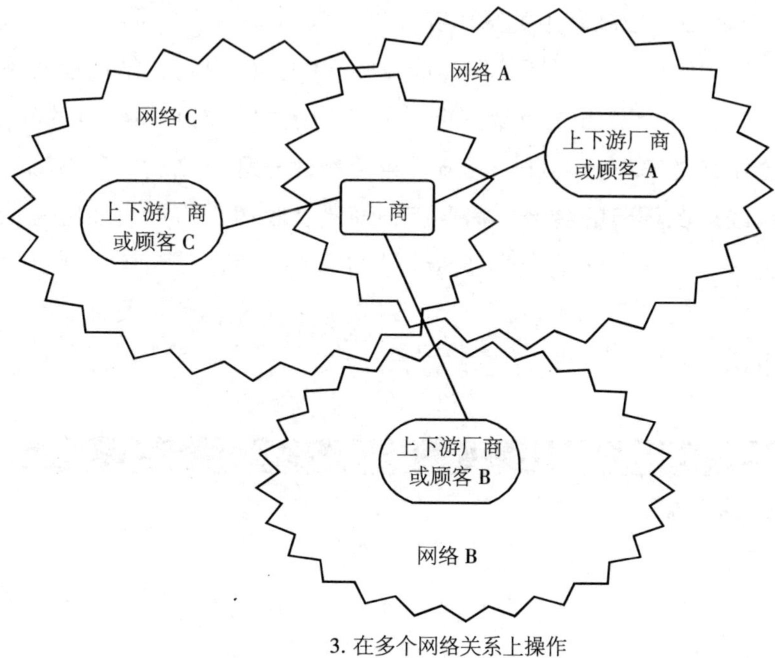

3. 在多个网络关系上操作

图 9–4　从网络关系出发的商业模式

电视上，可以看到多个省份的节目频道，只要某个省份的频道现正播出高品质的节目，各个省份及城市的观众都能够经常看到优质节目，节目的广告价值就进而获得提升。百货业及各产业的专卖店所使用的也是类似的模式。

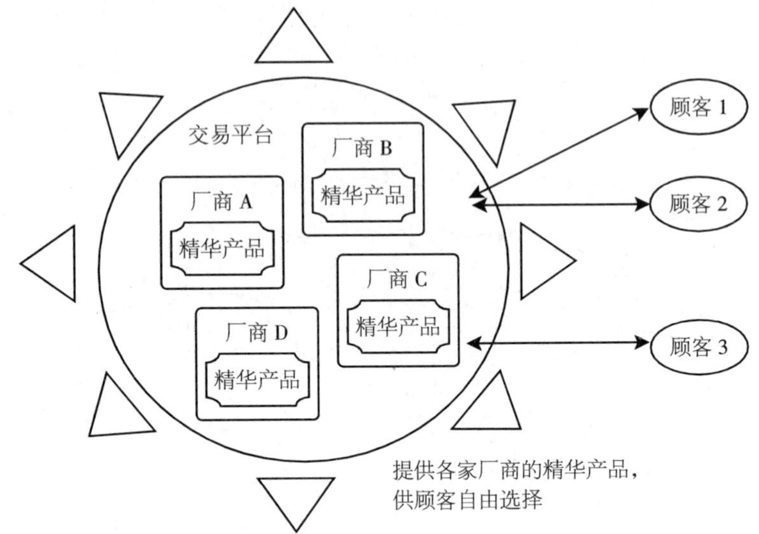

图 9–5　“汇聚各家精华，顾客自行拣选”模式

9.2.1.2　控制网络关系环节

以控制网络关系环节作为商业模式的运作原则，是指**让某种网络关系或某个节点成为从制造商源头到消费者端必须经过的环节，而企业又能牢牢控制此一环节，当控制此一环节之后，自然就容易控制经过此环节的金流、信息流、商流及物流**，例如有线电视系统业者是目前家庭电视娱乐必然经过的节点，因此在这个市场上，就曾经出现过富邦、旺旺、中信、东森等集团竞相争夺及并购有线电视系统的情形。

模式案例研讨 9–2

百丽国际

百丽鞋业是中国大陆最大的女装鞋零售商，拥有超过 6000 家鞋业连锁店以及 3000 多家运动服装连锁店，代理耐克、阿迪达斯等主流的服装品牌。百丽国际拥有强大的零售网络，最有价值的部分并不是品牌，也不是设计及代工能力，而是终端销售网络。

百丽鞋业 1979 年在香港设立，1987 年在深圳开始设厂，1992 年回到中国大陆开始销售，2001 年成为中国大陆的鞋业销量和销售额最高的企业，直到 2001 年，百丽鞋业都只是用自己的品牌，委外代工，再交由其他通路来卖，但 2002~2005 年，百丽购入数千家店面的股份，开始控制销售网络，百丽鞋业以多品牌策略，在百货商场零售端控制了 1/3 至 2/3 的柜台，因而拥有广大的接触消费者的机会，也控制了国际鞋业品牌商，更取得了面对大规模百货商场的议价力。

即使具有国际知名度的鞋厂要进入中国大陆，也都需要依靠百丽鞋业这个成本低、风险小、销量大的管道，2008 年，世界第二大制鞋企业 Geox，把中国大陆的零售代理权交给了百丽公司，代表百丽公司在零售端的控制力获得进一步的强化。

思考点：百丽鞋业的商业模式，有什么风险？

百丽国际："控制关键通路"模式（营销网络模式 1）

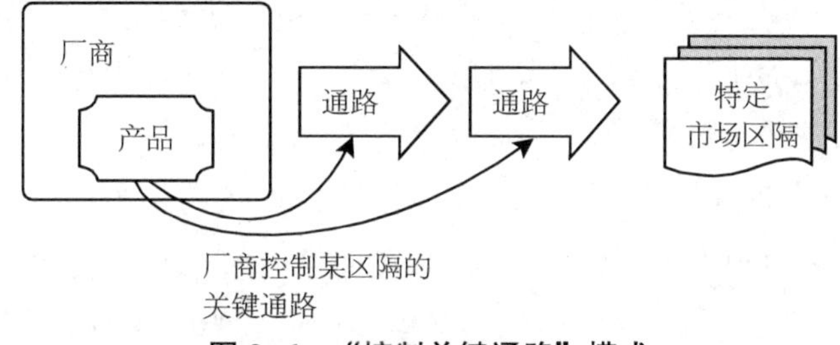

图 9–6　"控制关键通路"模式

控制网络关系环节，除了从拥有某类网络关系的主导权着手之外，还可以从占据结构洞（Structural Hole）① 的角度出发，商业社会是由许多网络组成，这些网络有时会被分隔开，如果**两个原先被分隔的网络，在联结之后，可以让两个网络的成员都获得好处，这两个网络之间就存在着结构洞**。例如台湾地区的生产网络和美国的使用者网络，原本是隔离的，若是有人架起关系，将台湾地区的产品出口销售至美国，这两个网络即发生联结。

一些从事进出口贸易的企业，如果所代理的商品相当独特而且是独家代理，就是一种以"占据结构洞"为经济原则的商业模式，例如 BMW 的独家进口商，将德国的产制网络与中国台湾的使用者

① Burt（1992）.

网络加以联结，从此关系获取了相当丰厚的利润。但如果进出口贸易商所代理的商品缺乏特色或是在国内本就有相当多的替代品，那么“占据结构洞”的效果会比较弱。

9.2.2 在网络关系的种类及数量增减上操作

一项商业模式可以在网络关系的种类及数量上进行操作，让网络关系变得多元化，或是反向让网络关系单纯化。

9.2.2.1 网络关系种类的多元化：营收多元化、机动调度、降低风险、取得资讯

一项商业模式若是以**拓展网络关系的种类或数量建立起多元化的产制网络、营销网络或是使用者网络作为运作原则，即为网络关系的多元化**。多元化的网络关系，可以让产品内容更丰富，从更多元的通路创造更宽广的营收来源、从更多样的顾客接触中充实关于顾客行为的知识。例如在产制网络方面，智能型手机的平台（不论是苹果的 iOS 或是 Android）可以让众多程序撰写者撰写 APP，让智能型手机更为丰富有趣；在营销网络方面，可口可乐利用多元化的营销网络在超市、便利店、旅馆、自动贩卖机、机场、饭店、小餐馆、麦当劳、迪士尼乐园等很多地方，都可以看到可口可乐，可口可乐已经渗透到生活的各个层面，只要是目标客户可能会想喝到可乐的地方，都已经摆上了可口可乐的产品，这些多元化的营销网络，让企业可以不断开发新的营收来源。在使用者网络方面，消费者类型的多元化，使得一些房地产商推出针对单身族、丁克族、小家庭、三代同堂的住屋，建立多元的使用者网络关系，在模式案例研讨 4–10 中的花样年物业管理公司，也是将建立多元的使用者网络关系，作为建构其商业模式的一项重要基础。

除了营收多元化之外，网络关系的**多元化还可以带来两项好处：全面性了解市场以及通过机动调度获取利润并降低风险**。

模式案例研讨 9-3

嘉丰关系企业[①]

嘉丰关系企业是台湾地区最大的冷冻水产加工集团，在越南、泰国、缅甸、大陆都设有水产加工厂，销售地区遍及美国、加拿大、欧洲、墨西哥、日本、韩国、中东、苏联、澳洲、非洲等地，于 2009 年获经济部颁发“创新服务奖”。

嘉丰的一项能耐是分析情报资讯，并迅速研拟策略，从各国水产品品项进出口的动态资料，找出合适的渔产原料，进入适当的市场。由于全世界的鱼种有区域性限制，加上气候、气温等大自然的变化，供需就会受到影响。例如越南虾这一季突然便宜了，嘉丰马上大量收购、加工，甚而库存起来，接着等到美国市场或其他国家市场需求浮现，再抛出赚取获利。达到了全世界养鱼、收鱼，全世界卖鱼的能耐。

嘉丰花了十多年的时间，在海外建立养鱼卖鱼的关系网络，例如在中国大陆的广东廉江市找人养殖时，光是说服农民将田地改为鱼塘，就花了两年。

然而养鱼这个行业是进入门槛相当低的行业，因此嘉丰还做了一些布局，以确保优势。嘉丰每年按照产季与季节的变化，调整进货与库存量。在低价盛产期购入库存，作为高价出货的准备，不管是鱼还是虾，都是如此操作。嘉丰还将供货商分为长期配合与弹性配合两类，长期配合的供货商品质稳定，但产量有限，因此还需要弹性配合的供货商，以因气候变化调整采购策略，提高产量，以免受制于任何单一厂商。

嘉丰接着在海外布局加工厂，因而具备了全年不断货的能耐，进而打进 Wal-Mart 市场，海外布局还有助于找出可以彼此相互替代的鱼种，例如越南鲇鱼，口感与吴郭鱼相似，制作成鱼排也能获得市场接受。

嘉丰关系企业：“多地点多项目，降风险寻利池”模式（产制网络模式 13）

① 故事来源：嘉丰企业集团网站，http：//www.gallant-ocean.com/chinese/index.asp；《商业周刊》第 1125 期。

思考点：是哪些产品特质及产业特质，让嘉丰的操作方式得以奏效？

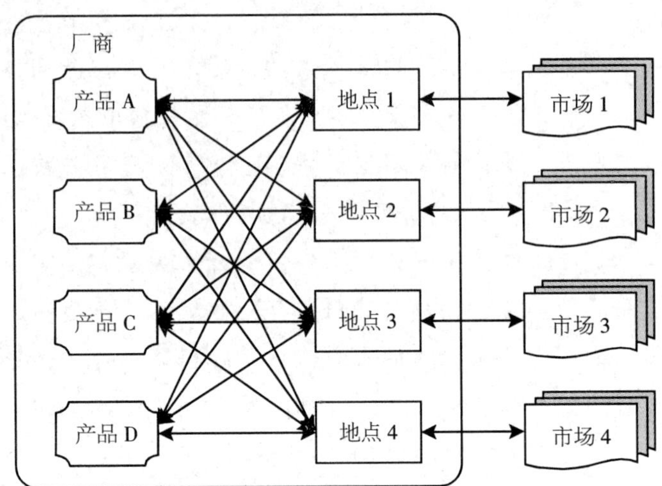

图 9–7　“多地点多项目，降风险寻利池”模式

9.2.2.2　增加网络关系数量：复制

一般见到的广设营业据点的连锁业，像是便利商店、星巴克，**都是发展出某种成功的营运方式，这些成功的营运方式，相当于独特的资源能耐，复制到新设立的据点上，增加这项能耐创造营收的空间**。企业广设营运据点，等于让产制网络及营销网络的关系数目增加。

以复制为运作原则的商业模式，必须重视关键活动及业务的标准化，否则会造成复制失败，近年来在各个产业崛起的连锁业者，都是将标准化作为建立连锁体系的重点工作，标准化第 8 章已有说明，不再赘述。

复制并不只局限在产制网络及营销网络的关系，也可以应用在使用者网络，企业有时会希望在某个客户上的成功经验复制到其他客户上，例如对机构客户销售内部知识管理平台的软件业者，会希望将某个客户的购买及使用经验、重复套用在潜在客户身上，以增加营收。

9.2.2.3　网络关系单纯化：专注

企业刻意减少网络关系的种类或数量，让网络关系单纯化，可以获得专注经营的效果。使用者网络的单纯化是只认真经营某一类型的顾客，例如旅行社可以只经营银发族的顾客；营销网络的单纯化是指专注经营某一种通路，如戴尔计算机以网络销售为主；产制网络的单纯化是指只使用特定种类的零组件或是生产特定属性的产品，如在日本一些坚持用特殊木材（如桃木）为熏材的制作鳗鱼饭的店家，通常只会跟特定的食材及木材业者往来。

网络关系单纯化使企业可以专注经营，真正了解某一类顾客、某一种产品、某一种通路，或是某一地区的细微需求，提供精致的服务。例如成功经营清水服务区、将休息站打造成观光景点的南仁湖企业，在中国大陆曾经有多达十个省份邀请其前去设立高速公路服务站，南仁湖后来选择了浙江、山东、河南与福建作为主战场，而设点的方式也与在台湾地区的经营方式迥异，取得连续三个休息站的经营权，采取这种做法的原因，是因为中国大陆的高速公路是上下公路付一次过路费，而不是依距离收费，因此在用餐时段，驾驶人若是在高速公路上，就会在休息站用餐，否则上下一次高速公路还要收费，而连续三个休息站涵盖约 150 公里的路程，捕捉到客源的机会提高，也可以减少单点经营面临邻近休息站杀价竞争的威胁，再配合提供长途用路人亲切的服务，让南仁湖在中国大陆创造相当好的绩效。

南仁湖：“设定模式适当地理幅员”模式（其他类 4）

模式案例研讨 9-4

广州珠江啤酒

啤酒由于讲究新鲜度及运输成本高，使得区域性的产品一直都有市场。在中国大陆，几乎各地都有自己的啤酒品牌，啤酒的生产又具有强大的规模经济，消费者口味养成之后，也往往不易变化，这些都使得啤酒厂必须在特定的区域建立起稳固的基础，才有向外发展的可能性。

广州珠江啤酒集团是一家以啤酒业为主体、以啤酒配套和相关产业为辅助的大型国有企业，1985 年建成开始生产，啤酒产能从最初 5 万吨发展到 2011 年的 200 万吨，其中广州总部以 150 万吨产能成为全球单厂最大的啤酒酿造中心之一，拥有国家级技术中心，获得“中国名牌产品”以及“中国驰名商

广州珠江啤酒：“地理区域专注，产业经营多元”模式（产制网络模式 11）

标”。珠江啤酒集团设立了艺术团、珠江啤酒文学以及珠江—英博国际啤酒博物馆（此博物馆已经是广州的重要景点）。另外，珠江啤酒还创建了集“啤酒美食、文化创意展览、休闲娱乐观光”为一体的“珠江·琶醍啤酒文化创意艺术区”，作为接待国内外游客、传播岭南文化的新旅游点以及供广州市民休闲消费的开放社区，也是传播珠江啤酒品牌的重要平台。珠江啤酒也赞助广东珠江啤酒男排，其男排训练基地经常对外开放。

思考点：广州珠江啤酒做一些啤酒本业外的事业，是否合理？

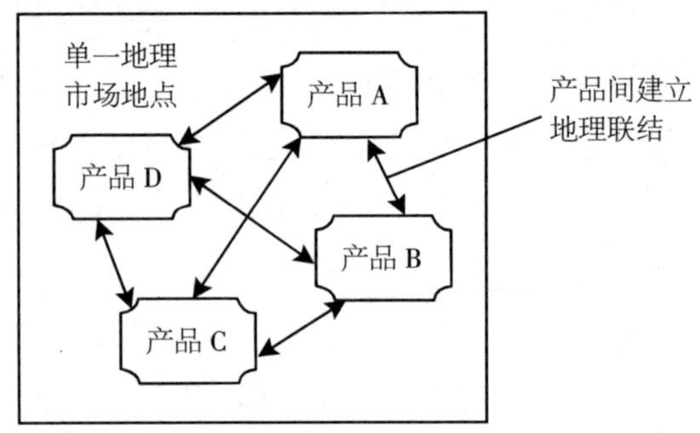

图 9–8 “地理区域专注，产业经营多元”模式

9.2.3 在多元网络关系上操作

当企业面对相当多元的网络关系时，可以尝试以多元化的网络关系为基础进行操作，建构出独特的商业模式。

9.2.3.1 转换机制的建立

一般在商品银货两讫之后，一旦过了反悔期，就无法退换，这种无法退换可以为企业带来创新的获利机会。**消费者购买一项商品，相当于建立了一项交易关系，当一项商业模式容许厂商或个人在不同的交易关系间进行切换，这种转换机制本身就足以成为一项价值，让买方免于懊悔**。例如早期在购买基金时，顾客在选定一档基金后，如果要更换基金，必须付出手续费，也需要复杂的行政流程，嘉信理财公司（Charles Schwab & Co.，Inc.）推出了一套包含多个基金公司的基金的平台系统，让客户只需一个电话，就可以进入这套平台中的任何一个基金，所有基金的买卖会呈现在一份报告上。而按照传统做法，客户为了从一个经纪人那里买入共同基金，支付的费用会占该次买入资产的 8.5%，这个平台将上述交易费用降低到零。

嘉信公司理财模式的关键，在于不仅使客户的投资过程变得非常简易，也使共同基金公司更容易找到自己的客户，毕竟基金公司进行大规模市场行销的成本很高；另外，单一投资人同时与几家基金公司打交道将会十分耗时费力，嘉信理财所做的就是在基金公司及客户两者之间设置一个平台，让基金公司在寻找客户的过程中，就能够降低成本，客户也可以轻易更换投资标的，现在这种做法几乎已经成为银行理财部门的标准配备。

转换机制也可以运用在二手精品的贩卖，许多高级定制服装和成衣，经常只穿一次，几乎还完好如初就被弃置了，这给专门贩卖这种“新鲜”二手衣提供了市场空间，有些消费者很乐意用相对较低的价钱购买，这使得高级精品服饰忙着推出新款式的同时，二手衣市场也正蓬勃发展，在美国，原本独立经营的小型二手衣商店已逐渐被更有组织的连锁店取代，像是专卖二手名牌衣物的 Buffalo Exchange，在全美已开设 30 多家分店。

模式案例研讨 9-5

兑换机制[①]

很多人手中都有各式各样的红利点数，例如中国信托的红利积点、中华电信的欢乐点，甚至网络游戏中的各种游戏币，但这些点数未必累积到足够的点数，就算累积到，也不一定可以换到想要的赠品，如果有一种交换机制，可以让自己手中的各式各样点数集中成某一家的点数，就更可能换到自己喜爱的商品。

里斯特（Richtor）想出了一个别出心裁的点子：“网路社交货币”，发行虚拟货币，让网友的各种红利积点可以兑换成 Richi 币，各种红利积点就可互相流通、交易，Richi 则从发行虚拟货币的机构收取 2.5% 的手续费。

---

① 故事来源：里斯特信息网站，http：//richi.com/?utm_expid=61309867-3；《商业周刊》第 1202 期。

最早发行虚拟货币的是 Facebook，货币名称为脸书币 (Facebook Credits)。一开始只是为了强化使用者黏性、提高互动趣味的设计，但很快地，脸书就发现它的潜力不仅于此，脸书把脸书币销售管道拓展到百思买（BestBuy）、沃尔玛（Wal-Mart）等实体大型通路，让消费者可以购买到面值 10~50 美元不等的储值卡，再上网登录转成脸书币。

后继的 Google 及 Apple 也跟进，希望打造自己的社交金流系统，然而不管是这世界三大网络霸主，还是各家网络游戏公司，其思维目的都是在自己的王国内建立中央银行，借由发行自己的货币，获得最大的垄断利润。

Richi 则正好相反，它虽然也有自己的货币，但其目的是建立中央汇兑机制，打破不同虚拟货币间的隔阂，促进彼此流通。至于不同虚拟币值间的汇率要如何计算，里斯特认为可以交给市场决定，每家公司可以个别与 Richi 谈合作，提出觉得适当的汇率，接着只要看网友的兑换意愿，就可以判断出此汇率是否合理。截至 2012年 8 月，里斯特信息已经可以接受摩斯汉堡、丹堤咖啡、屈臣氏、博客来、今周刊等约 40 家知名店家的点数交换，未来是否能继续扩大，值得观察。

里斯特信息："串联闲置资源，建立交换平台"模式（使用者网络模式 9）

思考点：Richtor 若要顺利达成其目标，需要哪些条件?

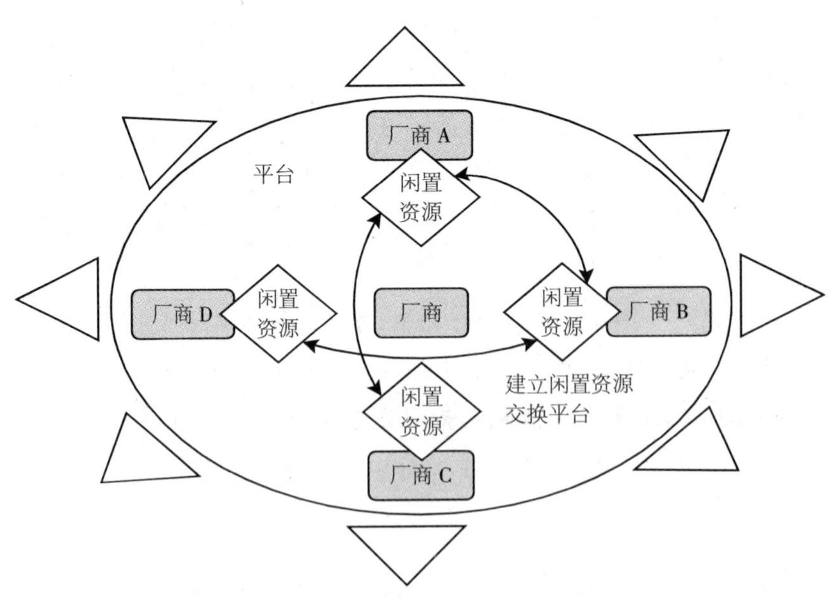

图 9-9 "串联闲置资源，建立交换平台"模式

9.2.3.2　移动机制的建立

许多人会连续利用办公室及家中的时间，完成一项完整的工作或者是消费，如果**完成一项工作或一次消费，经常会牵涉到多个地点，就会产生移地工作或消费的需求**。在早期，如果要在家中及办公室连续完成一项工作，必须亲自将公文或文件在办公室及家中来回迁动，接着是用笔记型计算机满足这个需求，再之后是用随身碟，随后是云端概念（如 Dropbox）来满足；又例如租车旅游，经常会有甲地租、乙地还的状况，此时便出现了让人可以移动工作及移动消费的需求，这些能**促成人在多地点移动工作及消费的机制，可称为移动机制**，这种机制的建立，本身也具有商机。中国早期的钱庄某个点签发的银票可以在不同点兑换、旅行支票、银行 ATM 也都是移动机制，让人们不会因为无法在异地处理工作而感到不便。

Dropbox：“便利顾客移地工作生活”模式（产制网络模式 20）

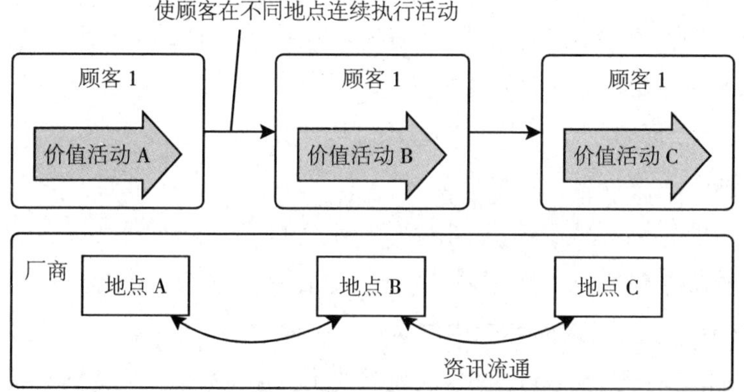

图 9–10　“便利顾客移地工作生活”模式

拥有绵密产制网络及营销网络的企业，其顾客如果有移地工作及消费的需求，企业可以尝试建构出移动机制，更紧密地掌握顾客，建构移动机制的一项关键是要贯通资讯流，让顾客在甲地、乙地的消费及工作信息可以相互流通。

商业模式演练 9–1

请找出有哪些消费及工作会有移地执行的需求。

9.2.3.3 兼容机制的建立

在一个关系绵密的网络系统中，当网络成员经常需要彼此传递讯息或是共享对象时，若是众多成员使用的语言或是规格各自不同，整个网络就会以极高的成本运作，设想如果家家户户使用的水龙头口径都不一致、彼此不兼容，这将会让水龙头制造商、水管制造商及水电修护工等成员构成的产制网络以相当高的成本运作，带来相当大的困扰。

因此在**繁密的网络关系中，若是网络成员能以相同的语言沟通、使用相同的对象规格，让成员可以以此为基础传递讯息或共享对象，网络就能够更有效地运作，因此兼容性的建立会成为一项关键的议题。建立兼容性的第一种方式**，是建立产业标准，产业标准的建立可以由官方推动，也可以由民间法人或企业推动，例如个人计算机中，IBM 制定的产业标准，在很长一段期间也就是个人计算机的架构。如果一家企业可以建立并掌控产业标准，让其他成员在使用此一标准时，向其收取费用，将可能成为一项获利丰富的商业模式，例如台湾地区的光盘片业者必须付给光盘片规格制定者飞利浦 3%的权利金。

产业标准模式具有正向网络外部性的特质，也就是接受此标准的人越多（代表网络关系越绵密），会让有沟通需求或是使用该对象需求但尚未使用此标准的人，为了便于沟通或共享对象而使用此标准，加入此网络；因此网络涵盖范围越大的标准，就越具有吸引外部成员的能力，形成“大者恒大、赢者全拿”的状况。

建立兼容机制的第二种方式，是生产可以在多种规格间切换的产品，在前面水龙头的例子中，厂商可以生产一端可以弹性调整口径、另一端是固定规格口径的连接阀，让制造水管的厂商可以只使用一种口径规格生产水管，另外如万国插座、USB 万用接头，也是运用兼容性概念的产品。

模式案例研讨 9-6

Adobe

在电脑产业中，有多种电脑作业系统同时在市场上活跃，使用者经常会遇到一种困扰，就是要将在某个操作系统上建立的资料文件，放到另一个系统上处理，经常会出现无法兼容或是格式错乱的情形。

基本上，计算机应用软件如果依照与操作系统的契合关系，可以分成两类，第一类软件只适用于一种操作系统，放置在使用者的计算机中，可以运用这套操作系统的所有能力；第二类软件则放在网络上，适用于所有的操作系统，但是只能拥有有限的功能，而且要在使用者联机时才能使用。

Adobe 期望能打造一种运作环境，能够结合这两类软件的优点，这家公司在拥有 PDF 种软件后，逐步实现了这个期望，Adobe 并购了拥有 Flash 软件的 Macromedia 软件公司，Flash 软件是网络上播放影带与动画的标准。

Adobe 认为当一个产品到处都有顾客时，公司可以吸引更多人使用这项产品，或是从其他相关的业务上获利，让使用者免费下载阅读 PDF 的软件，当越多人的计算机上有 PDF 软件时，用 PDF 看档案的人多了之后，就会有越来越多的人向它购买制造 PDF 档案的软件，当一个产品普及并成为标准时，公司自然有商机。

Adobe 相当强调兼容性，其软件一向强调可用性，使用者不需费心考虑所使用的操作系统差异，当可用性相当强时，使用的人多了，自然就普及了。沿循着这个想法，在拥有 Adobe 及 Flash 两项高兼容性的数字内容软件后，更进一步想形成 Engagement Platform 平台，让不同操作系统的使用者，能够更通畅无阻地进行操作。这个平台是让使用者以视觉的方法，更容易分享信息，使用者之所以使用公司的软件，是因为希望创造能吸引对方的信息，加深跟对方的互动与了解，因此 Adobe 所有产品要提供的，就是让使用者有效率地去做这件事。这个平台若能统一信息沟通的语言，将会让操作系统变得无关紧要。

Adobe：“跨越多元平台，建立兼容组件”模式（产制网络模式 15）

思考点：如果 Adobe 真的创建出能够统一计算机上信息沟通的语言，对微软、苹果会有什么影响？微软及苹果应该加速或阻挡Adobe 这个企图的实现？要怎么做？

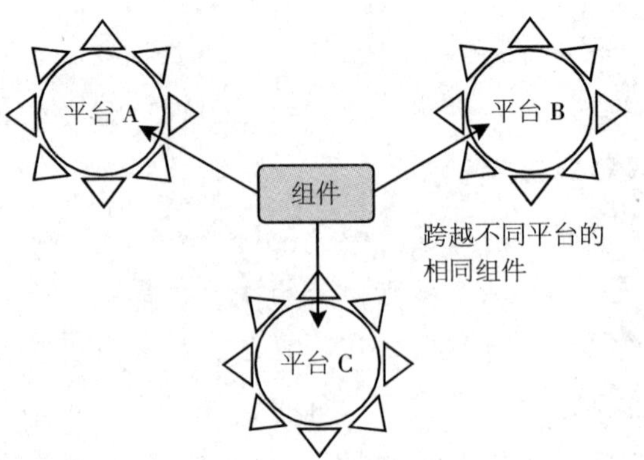

图 9-11　“跨越多元平台，建立相容组件”模式

9.2.3.4　合作机制的建立

当完成一项任务或是生产一项产品，需要众多不同技能的人共同合作，然而这些具有不同技能的人若是经常分散各处，彼此之间缺乏有效的撮合媒介，让这些人迅速找到合适的合作对象，整个产制网络将会处于低效率的状态。**如果存在一种促成合作的机制，让具有不同技能的人可以快速接触到拥有互补技能的其他成员，将可以提高产制网络的运作效率，**一般会将这种模式称为平台模式，打造合作机制的企业，也将有机会从这项机制中获取利润。

在美国，有一位在好莱坞有相当影响力的人物 Michael Ovitz，于 1975 年创立了 Creative Artists Agency，早期从事的是电视艺人经纪业务，负责拼排出整组相关的演艺工作人员，包括剧组作家、导演、明星、演员，把整组人员带到摄影棚制作戏剧，这样的运作让演艺制作变得相当便利，戏剧制作公司也因而获利。Ovitz 手上拥有的经纪艺人及导演数目相当多，包括 Tom Cruise（汤姆·克鲁斯）、Michael Douglas（迈克尔·道格拉斯）、Sylvester Stallone（西尔维斯特·史泰龙）、Barbra Streisand（芭芭拉·史翠姗）、Steven Spielberg（史蒂芬·斯皮尔伯格），都曾在 Ovitz 旗下，Ovitz 因而更能够拼整出合适艺人与剧组人员。Otivz 的模式是典型的建立合作机制模式。

模式案例研讨 9–7

本山传媒[①]

本山传媒是由中国大陆知名艺人赵本山所创立，赵本山最早是“二人转”演员，“二人转”是中国大陆东北的一种民间艺术，从 1989 年在中国大陆的中央电视台春晚节目演出后，赵本山成为全国知名的艺术家，获得相当多的奖项肯定。2001 年 8 月，赵本山办了首届“赵本山杯”东北“二人转”大赛，在沈阳举行，赵本山在东北有强大的号召力，东北三省的众多优秀“二人转”人才齐聚沈阳，比赛结果评出一等奖、二等奖、三等奖若干名，评比结束后这些人都成了赵本山的徒弟。

赵本山决定搭一个舞台，让更多的优秀“二人转”演员上台表演，而不是自己走到前台。赵本山所搭的舞台，就成为后来的本山传媒，其产业主要分成四大块：演出业、影视制作业、娱乐节目业和艺术教育业。

本山传媒：“媒合协寻互补要素”模式（产制网络模式 3）

在演出方面，辽宁民间艺术团是本山传媒的核心事业，是本山传媒的主体，以演出东北“二人转”、喜剧小品、东北民间歌舞为主。艺术团成立后不久，赵本山在沈阳建立了“刘老根大舞台”作为“绿色二人转”的大本营，“刘老根大舞台”已在北京、沈阳、哈尔滨、天津、长春、吉林市开办了 8 家连锁剧场，其中 7 家剧场天天有演出，场场都爆满，特别是位于沈阳中街的“刘老根大舞台”旗舰剧场，一年四季都是一票难求。

在影视制作业方面，制作了电视剧“刘老根 Ⅰ、Ⅱ”，“马大帅 Ⅰ、Ⅱ、Ⅲ”，“乡村爱情 Ⅰ、Ⅱ”，“乡村爱情故事”等先后在中央电视台一套播出，接连创下中央电视台当年电视剧收视率冠军，赵本山也因此跻身名导演。

在娱乐节目方面，2006 年，本山传媒与辽宁电视台合作推出了“刘老根大舞台”栏目，收视率更是稳居辽宁卫视节目之首，成为辽宁电视台娱乐节目的龙头。辽宁卫视播出的由本山

① 故事来源：http：//www.zbs.cn/index.html 。

传媒、辽宁卫视共同策划执行播出的娱乐节目“明星转起来”，由“二人转”演员与影视娱乐明星分组搭档，在中国大陆当期的收视率也居冠。

在艺术教育方面，为了培养和挖掘更多优秀的艺术人才，赵本山于 2003 年与辽宁大学签订联合办学协议，共同创办了“辽宁大学本山艺术学院”，开设民间艺术、影视表演、导演和文学艺术四个专业，成为东北艺术人才培养的重要基地。

思考点：从本山传媒的运作，归纳平台模式要运作成功，需要什么条件?

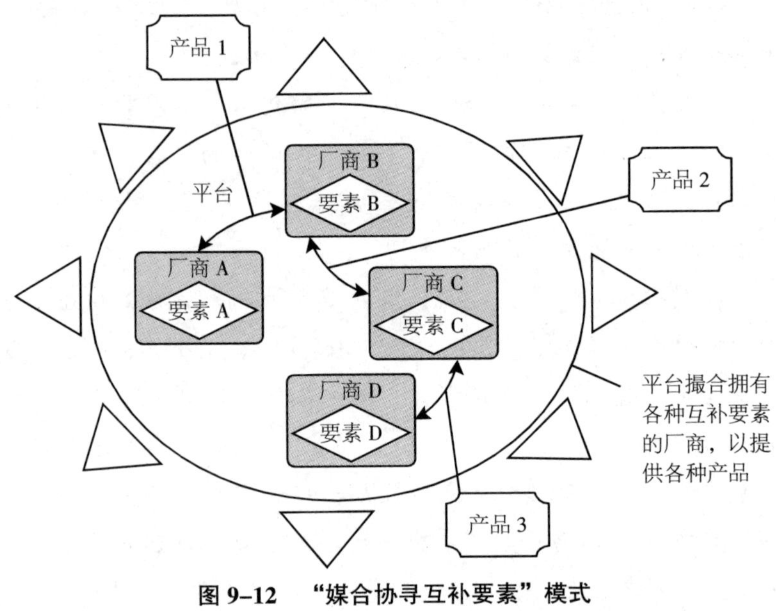

图 9–12 “媒合协寻互补要素”模式

9.3 与整体商业模式的时间运作有关者

商业模式的运作原则，有时是指向整个商业模式的时间条件，这一类的经济原则并不会改变产品及服务本身，它对商业模式的影响，**会表现在营运时段、营运时机、营运速度等方面，甚至时间本身都可以成为商业模式的交易标的。**

9.3.1　营运时段的调整

顾客何时可以使用一项产品服务，经常受到业界既成惯例的制约，这些惯例有时候是源自一些不必要甚至过时的设定，例如在早期，大学只有春、秋两个学期，现在许多大学一年开出了三个学期；早期零售业经常只营业到晚间 10 点，现在便利商店及部分量贩业已经 24 小时营业；早期的金融服务只营业到下午，现在 ATM 以及网络银行可以 24 小时提供服务，都是调整服务时段的例子。

消费券："设定期限，刺激消费"模式（时间模式 2）

延长服务时段可以为顾客提供更好的服务，但是服务时段的调整并不是只有延长一个选项，缩短提供服务的时段或是设定期限，反而可以促使顾客立即消费，一些消费者在拥有无期限限制的礼券时，会不断推延消费，但若是这张礼券在一个月后就无效了，消费者会立即采取行动[①]，在 2009 年初，当地政府曾发放有使用期限的消费券，以刺激当时的消费。

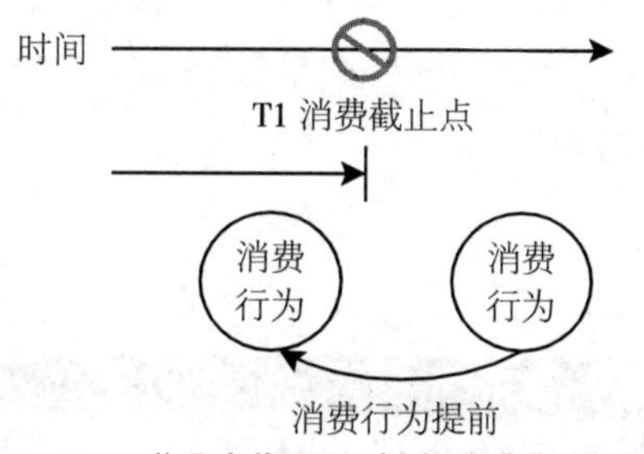

图 9–13　"设定期限，刺激消费"模式

9.3.2　营运时机的调整

充电去："最佳时机，刺激消费"模式（时间模式 1）

提供一项产品服务的时机，深刻地影响其所伴随的顾客价值，在顾客迫切需要时出现的产品服务，自然可以获得较高的评价。在不改变产品服务内容的情形下，企业依旧可以思考，在什么时机下，顾客会相当需要这种产品服务，再循着这个时机，建立起独特的商业模式。

例如消费者在外经常会遇到手机电力耗尽，却还有紧急事务有待联络的窘境，美国"充电去"（Gocharge）看准消费者出门在外的

① Shu and Gennzy（2012 forthcoming）.

充电需求，在 2008 年推出自动充电机，以满足这个需求。“充电去”将自动充电机放在购物中心、游乐园、医院等公共场所，消费者可以全程自行操作，以现金或信用卡付费数美元，只要十分钟的时间，即可完成快速充电。

消费者在等候充电的时候必须盯着自己的行动装置，自动充电机就有机会播放广告，向广告主收取广告费，广告主可以挑选要在哪些机器播放，广告主再根据广告的长度和播放机器的总数支付费用。“充电去”还收取自动充电机出租或出售的费用，有些组织在办活动时，会需要短期租借自动充电机，以服务参与活动的人，许多竞选活动以及展览主办单位都曾在大型聚会租用“充电去”的自动充电机。

服务时机的设定，除了可以表现在特殊的时点提供服务外，**也可以表现在将一般习惯的交易次序重新调整，以解决特定的问题**，例如在网络购物时，买方会担心卖方的货品品质不佳、卖方会担心买方不支付款项，不论是“先收货、后付款”，还是“先付款、后收货”都会有疑虑，一种改进方式是如淘宝网设立“支付宝”工具，由买方先存入足够款项，确认卖方商品无误之后，由支付宝付款给卖方。

商业模式演练 9-2

有些独居老年人有房但缺乏足够的养老费，以致生活水准无法提升，北京采用过以下做法：①老人的房地产交给政府支持的社福机构或银行，养老费由这些社福机构或银行支付；②老人将房屋所有权交给社福机构，享受社福机构提供的服务；③老人将房子卖给社福机构，一次取得售屋款，再向社福机构租回房屋，按月支付租金。请问这三种方法有何差异？

9.3.3 营运速度的调整

营运速度有时会对企业的经营绩效造成关键的影响，例如外送 Pizza 店必须以极快的营运速度，才能确保顾客满意；又例如一家医院面对临柜挂号的病患，挂号、候诊、问诊、领药的业务，如果必须花费 2 小时才能处理完，那么这家能承载的看诊病人数量，必然比花费 1 小时就能处理完毕的医院看诊量要低。

Cisco 的总裁 Chambers 提出的“快鱼吃慢鱼”（Fast Fish Eat Slow Fish）法则，认为无论是产品的开发、销售、还是企业内部的经营管理，都必须以最快的速度和最高的效率来执行，真正决定企业胜负的是速度。**营运速度快，可以为企业带来两项主要的好处，首先是降低成本**，当营运速度变快后，资金周转会加速，现金投入与现金回收的间隔会变短，经营风险与财务风险也就比较容易控制；同时在产制端充分利用生产设备，可以在单位时间内生产更多的产品，进而减少折旧费用和其他费用的支出，戴尔计算机的模式在营销网络端是顾客先付款，在产制网络端采用实时供应系统，享有了快速营运的这项好处。

营运速度加快的第二项好处，是可以取得市场上的领先地位，反应快的企业有较多的机会取得较佳的市场位置，进而获取市场占有率及控制市场。尤其是对于先期固定投资及固定成本极高的产业，如果能先进入市场，取得市场占有率，或是从快速的顾客回馈中修正产品，将比较容易取得领先地位。

模式案例研讨 9–8

英特尔（Intel）

英特尔是世界上最大的半导体公司，也是第一家推出 x86 架构处理器的公司。从 20 世纪 70 年代开始，英特尔的商业模式就是不断改进芯片的设计，从事技术创新，让计算机制造商及软硬件产品公司在推出新一代性能更高的产品时，可以获得英特尔芯片的支持，这项商业模式极为成功。支持这项商业模式的概念是摩尔定律(Moore Law)，这项定律是由英特尔创始人之一 Gordon Moore 在 20世纪 60~70 年代所提出，摩尔定律认为当价格不变时，集成电路(IC) 上可容纳的晶体管数目，每隔 18 个月便会增加一倍，也就是性能将提升一倍。

英特尔以摩尔定律为指导原则，展开其“加速产品更新换代”的商业模式，自己不断地淘汰自己未来会过时的产品，以

英特尔："加速产品淘汰速度，甩开对手"模式（时间模式3）

不断的技术创新把竞争对手远远抛在后面。英特尔在1971年推出第一颗用于个人计算机的4004型微处理器之后，仅仅一年的时间又推出了升级产品4008，虽然当时微处理芯片还未广泛应用于CPU，但英特尔公司并不放弃，一年后又开发出真正通用型的微处理器8080，成为8位芯片市场的领导者。

由于市场前景十分看好，竞争对手很快也开始生产8位微处理器。为了保持竞争优势，英特尔随后推出了速度更快、功能更多的8085型处理器，并调动研发人员，开始研发更先进的32位432型微处理器。

英特尔为了确保市场占有率，对抗来自同业的竞争，必须坚实地掌握产品更新换代的主动权。到1993年，英特尔推出微处理器的第五代产品—— Pentium，这也是英特尔最具产品深度的处理器系列，包括最初的60MHz、66MHz，和后来的75MHz、90MHz、100MHz、120MHz、133MHz、166MHz、200MHz，十几种之多。到1999年，当消费者还热衷于便宜的第五代CPU —— Pentium MMX时，英特尔又推出了新产品，将芯片内的缓行记忆体从16KB提升到32KB 。到1997年，在Pentium MMX还处于畅销之时，英特尔又推出第六代处理器的第二个成员Pentium II，接着再推出233MHz、266MHz、300MHz、333MHz四种主产品。到了1999年，英特尔更是开始挺进网络市场，并推出新一代的Pentium III。

英特尔对自己产品的不断淘汰，将竞争对手远远地抛开，不断创新，让企业获得不断的活力。英特尔在竞争中也采取了"快鱼吃慢鱼"，在芯片市场上，自己创造需求、快速更新产品，成就了市场的霸主地位。

思考点："自己淘汰自己"能够奏效的内外部条件有哪些？

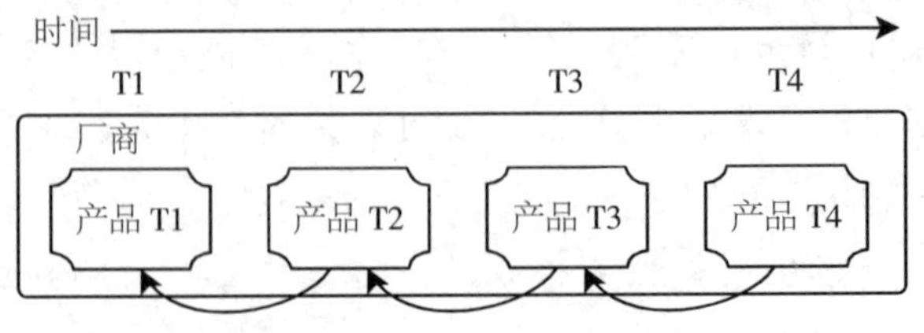

图9-14 "加速产品淘汰速度，甩开对手"模式

企业要建构快速的营运体系，需要从第 5 章提到的资讯流、金流、商流、物流的改善着手。在营销网络端，数字化的信息系统更是其中不可或缺的项目，能够以性能优越的信息系统，进行市场分析、消费者行为分析、竞争分析以及客户满意度调查，配合各种试销手段，企业就可以实时处理所获得的信息，并转化为有用的市场情报。例如 7-Eleven 便利商店在发展的初期，并不是一家积极推出各种新产品的企业，但是在开发出功能强大的电子信息系统后，任何一项新产品的推出都可以很快速地获得市场反应，不必担心因为信息回馈过慢，而造成新品滞销囤积的情形，因此也就可以更积极地推出各种新产品。

在营运速度的调整上，加速并不是唯一的选项，企业也未必要在产制网络、营销网络、使用者网络上都采取快营运速度。**一些强调放缓营运速度的商业模式，在市场上也可以寻得独特的利基，甚至可能创造可观的投资报酬率**。例如和信医院，是以限额门诊量来提升医疗品质，也是中国台湾地区少数不施行医师分红制度的医院。院内要求医师为每位病人看诊，望、闻、问、切的时间，至少要 30 分钟。和信医院是以治疗癌症病人为主，癌症治疗存活率媲美欧美医疗水平，存活率较国内其他医院平均高出 20% 左右，但和信医院并非限定于癌症病人，也有治疗糖尿病、高血压、心脏病等慢性疾病。和信医院的急诊部并不对外开放及不接受急性转诊病人，而是负责处理院内病人紧急状况及并发症的治疗与急救，也是避免外来的急诊病患打乱医院内的营运节拍。

商业模式演练 9-3

快餐店有可能在产制网络、营销网络、使用者网络的某一端放慢营运速度吗？

9.3.4　以时间作为交易对象

在时间因素上，企业除了可以调整时段、时机、速度以建构独特的商业模式之外，甚至可以**将时间本身作为交易对象，设计商业模式**。时间对于有些人而言，是宝贵的资源，但是对另一些人而言，却是丰裕甚至闲置的资源，此种现象即构成交易的可能性，这是以时间作为交易对象的第一种形态，例如跑腿帮的设计，就是让一些有空闲时间的人，协助临时照顾小孩、代接送小孩、代查任何信息、酒醉代送等工作，并收取一定酬劳。在美国也有类似的服务，例如Lisa Schreider 在波士顿开设了丽莎的时间之手（Lisa's Hands of Time），协助顾客完成购买杂货、订饭店、等待有线电视公司来家维修、清理橱柜等事情，只要顾客一通电话，Schreider 或者她所雇用的兼职员工，就会按照顾客的要求，完成任务。丽莎的时间之手会为老顾客建立个人档案，公司帮某个顾客到超市购物三次之后，会整理出客户三次都要购买的清单，下次客户再提出购物请求时，可以直接在清单上打勾，再补写新的物品，清单同时会详列惯用的商品品牌和尺寸，节省了双方的时间。

以时间作为交易对象的第二种形态是时间银行模式，时间银行是由 Edgar Cahn 所创办，在时间银行中，拥有技能 A（修计算机）的会员甲可以为其他会员服务，获得一定的时间货币（Time Dollar），并储存起来，当某甲需要其他人的服务（修水电）时，可以用所储存的时间货币向其他人购买自己所需的服务。在中国台湾地区，时间当铺正是以类似的概念为基础在运作。

本章提及模式的相关网站

1. Adobe，http：//www.adobe.com/tw/。

2. Buffalo Exchange，http：//www.buffaloexchange.com/。

3. Dell，http：//www1.ap.dell.com/content/default.aspx?c=tw&l=zh&~ck=perm。

4. Intel，http：//www.intel.com/content/www/tw/zh/homepage.html。

5. Lisa's Hands of Time，http：//www.lisashandsoftimeconcierge.com/。

6. 充电去，http：//gochargenow.com/。

7. 本山传媒，http：//www.zbs.cn/index.html。

8. 百丽国际，http：//www.belleintl.com/sc/index.jsp。

9. 里斯特信息，http：//richi.com/?utm_expid=61309867-3。

10. 时间当铺，http：//www.touchtime.com.tw/about/about.asp。

11. 嘉信理财公司，http：//www.schwab.com.hk/public/schwab-

hk-zh。

12. 嘉丰企业集团，http：//www.gallant-ocean.com/chinese/index.asp。

13. 广州珠江啤酒，http：//www.zhujiangbeer.com/。

本章参考文献

［1］Burt R. S.. Structural Holes［M］. MA：Harvard University Press，1992.

［2］Shu Suzanne B. and Ayelet Gneezy. Procrastination of Enjoyable Experiences［J］. Journal of Marketing Research，2012.

第 10 章　商业模式的变迁

商业模式的设计，并不是静态孤立的事件，而是一个不断经历变迁的过程，此过程可以从两个层面来理解。**一方面，企业采取的商业模式会因应时势及本身条件不断演化**，例如 7-Eleven 从早期争取好的店面地址以及增加店数，到重视产品及服务创新、推出鲜食抢占外食市场、增设店内用餐区、择店推出量贩预购便，再到近期推出生鲜商品，其商业模式不断变迁。7-Eleven 的商业模式不断变迁，一方面是基于本身能耐的增长，另一方面也是因应来自同业的竞争，因此企业不断改变商业模式，是相当自然的，企业不但应该接受，更该主动思考商业模式变动的各种可能性。**另一方面，在一个产业中，通常不会只存在一种商业模式，不同的商业模式会相互竞争**，例如在外食市场中，民间的小吃店必须与便利商店提供的外食竞争；在补教市场中，传统大班教学方式的补习班，必须与新兴起的诉求一对一教学的补习班模式竞争。特定商业模式创造利润的能力，会因为替代模式的出现而有所消长，当这项商业模式无法再创造利润时，就会被市场淘汰，也就构成商业模式的迁移，企业需要不断检视环境中是否出现新的商业模式，足以威胁现行商业模式的有效性，企业是否因而需要调整商业模式。

商业模式的变迁可以从价值迁移（Value Migration）**观点说明，价值迁移观点认为商业模式创造的价值，会不断经历价值流入（Flowing in）、价值稳定（Stable）与价值流出（Flowing out）三阶段**，如图 10-1 所示。

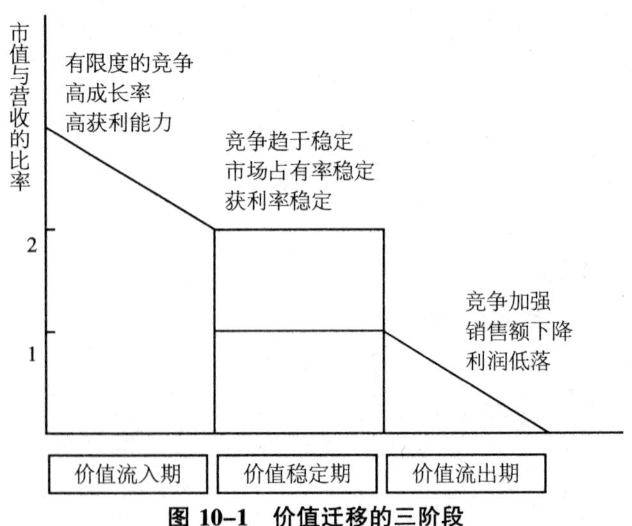

图 10-1 价值迁移的三阶段

资料来源：Slywotzky（1996）.

（1）价值流入期：在价值流入期，一家公司因为商业模式比较能够满足顾客的需求，而能从所属产业中的其他区隔吸收价值。引发价值迁移的竞争者通常采用新的商业模式，并满足现有竞争者没有看出或忽略的客户需求。因此，利润会流入采用这种商业模式的公司，同业也逐渐了解这种模式满足顾客需求的力量。例如王品餐饮连锁系列（王品、西堤、陶板屋等品牌）的出现，让中高价位料理的产品及服务的标准化程度提高、服务客层更普及化，就是一种为普罗大众引入新价值的商业模式。

（2）价值稳定期：第二阶段是稳定期，特征是商业模式和顾客需求的关系密切，而且整体竞争状况呈现均衡状态，这个阶段的时间长短不一，要看顾客需求变化，比较有效率的新商业模式出现之速度而定。在稳定期，价值留在商业模式当中，但是因为大家预期未来成长会相当温和，新市值不会流入这种商业模式。

（3）价值流出期：在第三阶段的价值流出期，由于新商业模式的出现或是环境区隔的变动，使得原有商业模式提供的价值不再具吸引力，价值开始从企业的传统业务中流走，流向比较能有效满足顾客新需求的商业模式，虽然开始时价值流出可能很缓慢，却会随着商业模式逐渐过时而加速流出。

本章将依序说明商业模式的发起及执行、商业模式的模仿、商业模式的对抗以及对新商业模式的管理，以理解商业模式的变迁；最后说明商业模式创新的发起。

10.1 商业模式的发起及执行[①]

一项**新商业模式的发起及执行，经常带有实验的色彩，也会面对许多预期之外的状况**，同时一些会影响模式成效的执行细节，也需要进行细部微调或是学习调整，因此在商业模式初发起时，除非生产技术要求企业一次投入大量资源，否则企业应避免一次就投入相当庞大的投资。另外，**商业模式的设计，也经常是建立在许多假设之上，在发起模式时，也应该不断对这些假设进行测试**，例如消

① 本段参考 Johnson（2010）及综合相关企业案例写成。

费者是否会接受稍高于量贩店的价格，在便利商店购买大批量商品，这种区隔是否存在，就是“量贩预购便”模式需要检测的项目。

在实验阶段，除了检视关键假设之外，还必须选择某个小规模的地理区域或是顾客群进行操兵测试，也就是所谓的滩头堡市场（Foothold Market），**滩头堡市场应该是企业相当熟悉的或友善的市场，但必须能代表未来所欲追求的大型市场**。例如在模式案例研讨 7-5 中，Agassi 将以色列作为滩头堡市场，以色列虽然是个小型交通孤岛，也欢迎其公司的电动车计划。又如来自瑞典的宜家家具（IKEA），在跨出瑞典设立跨国的第一个分支机构前，也在瑞典国内花了超过十年的时间对其独特的商业模式进行不断尝试及修正，才跨出国门，开始进行大幅的扩张。

新的商业模式在滩头堡市场被证明可行之后，便需要设定**能让商业模式获利的作业惯例及流程，并且制定商业模式的关键绩效指针（Key Performance Indicators，KPI）**，再将这些作业惯例、流程及关键绩效指针内化为组织的规范，让组织成员的行为有所依循。

ZARA：“寻找试验基地”模式（其他类 2）

模式案例研讨 10-1

ZARA

ZARA 成立于西班牙，是全世界成长最快速和最成功的服装零售商之一，其成功有一部分源自于建构商业模式时的耐心，ZARA 在成立之后的 15 年中，只在西班牙国内扩展，并且在国内创造了庞大的获利。直到 1988 年，ZARA 才跨出西班牙，在邻近的葡萄牙设立了第一家国际分店；1989 年，跨海到美国，但并不很成功。从美国的经验中，ZARA 了解到要在国际上以集中制造和控制为基础的模式为基础进行扩充，会面对一些挑战，需要大幅调整价值链和产生利润的机制，特别是需要设计先进的整合式通信系统，让垂直整合的生产模式能够成功延伸到其他国家。

1990 年，ZARA 进入法国市场，快速在法国主要市中心增设新分店，获得相当大的成功，对 ZARA 而言，每一次的市场进入都提供了进一步的试验调整机会。ZARA 对成长保持耐心，以及愿意尝试各种不同所有权形态的进入方式，在欧陆采取直营的超级商店、在俄罗斯采取加盟店，以及在其他地方建立策略联盟关系，这些尝试增进了 ZARA 对自己的创新模式的了解、最适合从事的事情以及最不该做的事情。

思考点：一项商业模式从初生成到扩张，会面临哪些问题？

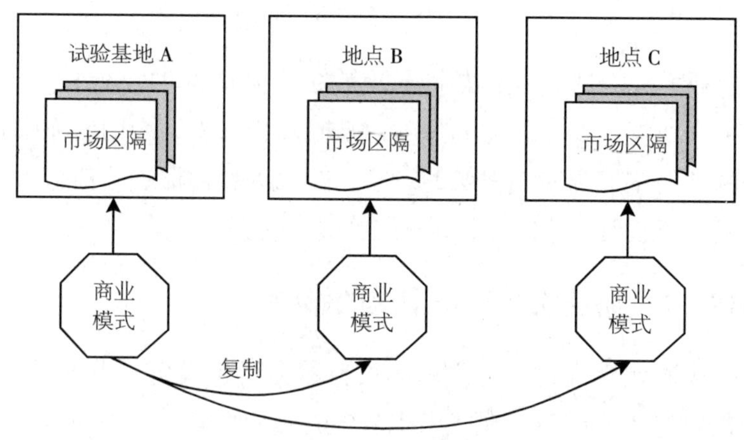

图 10–2　“寻找试验基地”模式

在执行新的商业模式时，企业经常会面临是否要将新商业模式与既有核心事业加以隔离的问题，整合营运固然可以更有效调动全公司的资源来支持新商业模式；然而，公司既有的业务惯例又可能会妨碍新商业模式的独特性的建立，因此如何决定新商业模式与既有业务间是要共同整合或是彼此隔离，是新商业模式能否成功的关键决策。

一般而言，**在下列情况下，新商业模式应该与现有的业务单位隔离。①当新商业模式需要一套截然不同的商业规则时，如果这些规则演变成非常独特的规范时，为避免与既有业务规则产生扞格，企业应该选择隔离。②当新商业模式需要截然不同的品牌时，由于品牌牵涉到顾客价值主张以及相伴随的承诺，如果新品牌与核心品牌的承诺差异相当大，企业应该选择隔离。③当新商业模式对核心商业模式具有破坏性，特别是会以更低的价格抢走原先的市场时，企业应该选择隔离。**

如果以下状况发生，将新商业模式与既有业务进行整合，是可行的选项：①新商业模式的经济原则与既有业务相似，甚至能提供更高的利润；②新商业模式可以强化既有的核心品牌；③新商业模式可以转化和改善既有业务。这些原则在本章最后一节将会详细说明。

10.2 商业模式的模仿

商业模式的核心，是第 8 章及第 9 章提到的一些经济原则，除非一项商业模式是以特定的技术为基础建构起来，否则商业模式的经济原则很难成为专利保护的对象，在缺乏法律保护的情形下，模仿便成为商业模式分析必须面对的关键议题。

10.2.1 商业模式模仿造成的影响

一项商业模式在成功之后，很自然会引起模仿，即使是 Wal-Mart 的创办人都同意其模式中相当多的元素是模仿他人而来。模仿可能来自同业，例如在连锁咖啡烘焙业的星巴克证明了其模式的获利能力之后，坊间即出现许多同样模式的咖啡连锁店；模仿也可能跨业发生，例如刮胡刀柄/刮胡刀刃的模式，在打印机、手机等许多产品上都被广泛应用。

商业模式的模仿，在市场面会**造成两种明显的影响：一是在个别厂商的微观层次，模仿者会直接侵蚀到率先采用此商业模式的厂商的市场，而使率先采用者的营收减少；二是在宏观层次，一项新模式被更多企业采用，会让这项模式受到市场更多的注意，因而有助于整体市场的扩大**，例如 7-Eleven 便利商店在刚开始卖现制咖啡时，市场曾持观察的态度，但众多便利商店纷纷加入之后，反而让市场接受了这种模式。

商业模式的模仿在能耐面造成的影响，是可以让商业模式的惯例、能耐以及关键的业务流程，在不断地模仿及竞争中获得改善的机会。例如在中国大陆相当风行的海外代购模式，早期的做法较为单纯，是由一批负责代购的妇女在美国的特卖网站上，在特定的开卖时间进行下单扫货，再送回中国大陆贩卖；在许多商家纷纷起而仿效后，早期的单纯模式发展出数种改良的新模式，第一种改良模式是企业从美国、中国台湾地区代购商品卖到中国大陆，赚取中间利润；也有企业不收代购费，却把美国当地的折扣商品放在网络上卖，在中国大陆营销美国货，之后再向美国商家抽成。第二种改良模式是由网络物流公司介入，原先这些公司只帮企业客户做物流，现在则专做代购客的小生意，只收小生意的现金，净利润却比企业客户还高。第三种改良模式是传统物流公司转型服务个人客户，这些传统物流公司开发一套全自动软件，让中国大陆的客户可以直接在网络上下订单，再整合美国各州的注册邮寄地址，让免税州变成物流中心，根据不同州的免税条件寄往中国大陆各地，后面三种都是根据原始模式改良而来。

10.2.2　助长商业模式模仿的因素

让商业模式易于被模仿的主要因素有两项：广泛快速的信息散播以及知识的系统化及商业化。广泛快速的信息散播，让企业可以接触到同业及异业成功的商业模式，并加以模仿，尤其在高度全球化的商业世界中，跨国的资讯流通，助长了商业模式的传播，让在特定国家的企业可以学习其他国家有效的商业模式，例如，中国台湾地区百货业者的经营形态就深受日本百货业者的影响，美国麦当劳的连锁经营也对许多国家的餐饮服务造成深刻的影响。

知识的系统化及商业化是加速商业模式模仿的另一项因素。当商业模式的设计及经营的技巧被系统化地记载及描述之后，模仿就更可能发生，而许多现代的商业机制正具有将知识系统化的效应，例如各种标准认证、标杆、最佳实务及顾问服务，都能让企业以更低的成本、更快的速度、更精确的方式，取得完整的商业模式经营知识。甚至一些企业就是以出售自家曾执行过、被证明有效的商业模式作为营收来源，更加速商业模式知识的系统化及其传播。

10.2.3　抑制商业模式模仿的因素

尽管商业模式的模仿很难杜绝，企业依旧可以采取一些措施，**延缓商业模式被模仿的速度。主要的措施有以下三种**[①]。

① Teece（2010）.

第一种方式是**企业可以设计出复杂、难以模仿的商业模式**，例如 Dell 计算机的直销模式，在概念上不难理解，但是执行上却有很多细节需要注意，使得另一家 Gateway 计算机即使想模仿，也因为在作业流程上无法达到像 Dell 计算机一样的绩效水准，而使得模仿失效。

第二种方式是让自家的商业模式维持某种程度的模糊性，让外界无法清晰理解其商业模式为何能吸引顾客或是如何执行的关键。

第三种方式是让同业即使能彻底掌握自家商业模式的运作方式，但由于同业一旦执行此商业模式，就能伤害既有的营收，因此不愿采用模仿自家的商业模式，例如即使西南航空的商业模式如何运作已是众所周知，在各国也有许多模仿者，但是美国国内现有的几家大型航空公司却少有跟进，原因即在于即使跟进，也只是侵蚀这些大型航空公司原有的市场，这些大型航空公司模仿西南航空的意愿自然较低。

10.3 商业模式的对抗

在特定产业中，经常会有多种商业模式并存的情形，如果这些商业模式所争取的顾客有重叠，商业模式之间会发生对抗，若是就企业与顾客的接触接口进行观察，对抗会发生在价格与价值两个主要面向上。

10.3.1 价格面的对抗

中低价产品的出现，经常会造成产业内的价格破坏现象，企业面对价格破坏现象，需要审慎应对。

10.3.1.1 价格破坏现象

商业模式在价格面的对抗，引人注目的一个现象，就是价格破坏的现象。**价格破坏是指企业持续地以明显低于市价的价格，出售与竞争者产品功能类似的产品的现象**，价格破坏现象并不是暂时性的降价促销，而是以激烈的方式打破既有的产业均衡状态，创造新的产业区隔划分。

价格破坏经常牵涉商业模式的重新设计，近年来一些知名的价格破坏现象包括了中国大陆的山寨机、日本的百元商店、Amazon 低价平板计算机、华硕的 Eee PC 、印度 Tata 集团的低价汽车等，都牵涉到商业模式的转变。为了**创造价格破坏的效果，企业需要建构出能够大幅删减成本的商业模式，这使得价格破坏者在商业模式的众多环节上，需要采取特别的设计**。例如在设计工程方面，常见的做法包括：

（1）专注于流程设计，而不是产品设计。例如模式案例研讨 7–9 的携程网，重视客服应答流程的精简化。

（2）即使模仿同业的设计构想也不介意。例如许多中低价的连锁咖啡店，明显模仿星巴克的运作。

（3）与供货商合作开发产品。例如优衣库（UNIQLO）经常与上游纺织业者合作开发轻量、保暖的特殊衣物。

（4）设法标准化及模块化，降低复杂性。例如模式案例研讨 8–13 的杰腾造船，运用模块化的方式降低游艇的成本及售价。

在采购及供货商管理方面，常见的做法包括：

（1）尽量与供货商一起到低成本国家和地区合作设厂。例如从 20 世纪 90 年代起，中国台湾地区许多生产零组件的厂商应国际大厂要求，共同至当时成本尚低的中国大陆设厂。

（2）设计时加入采购人员的观点。采购人员相当清楚何种产品设计可以使用较低成本的零组件，例如，IKEA 的产品设计相当重视采购人员的意见。

（3）将供货商成本透明化。例如 Wal–Mart 对供货商成本的深入掌握，有助于 Wal–Mart 的议价。

（4）将产品标准化，以整合采购流程。产品标准化后，可以共享零组件及服务，减少成本，例如西南航空将飞机机型种类缩减到最少，以降低维修人员训练成本以及采购零件的成本。

在装配方面，常见的做法包括：

（1）建立低成本装配厂，例如，到低成本的国家设厂或是建立全自动化工厂。

（2）杠杆运用过剩产能，用于自有品牌的生产。

（3）采用及时送货，例如 Dell 计算机的供货商管理系统，在需要零组件时，才让供货商送零组件进厂。

（4）要求供货商人员在工厂现场待命，例如鸿海集团会在重要客户周边设立工厂，相当于提供近距离的服务。

在品质方面，常见的做法包括：

(1) 将供货商整合进品质流程，可以避免供货商未被检出的品质瑕疵影响到成本地位，例如 7-Eleven 会将食材供应商纳入整体的品质管控。

(2) 增加标准化，以改进品质测试。

(3) 透过 IT 及资料整合，让供货商和制造部门作有效联结。例如裕隆汽车与供货商之间的信息系统高度整合，让汽车厂可以掌握进厂零组件的品质。

在订单及配送方面，常见的做法包括：

(1) 将物流外包。

(2) 建立独特通路，例如电视或网络购物。

(3) 经由标准化产品，增加订单效率，例如将产品限制在少数几种套装选项，缩短顾客的购买决策时间。

(4) 由供货商自行补货，减少企业自家建置订货系统及执行订货活动的成本，例如量贩店可以将一些有销量规律的产品的补货活动，交由供货商自行处理。

(5) 允许重要顾客享有价值链上的多重接触联络点，以便于让重要顾客的需求能及早进入设计及生产规划中。

在行销方面，常见的做法包括：

(1) 建立共享品牌，降低行销费用，例如量贩店在所有的产品上，使用同样的品牌作为自有品牌。

(2) 直接通过电子通路进行销售，以降低销售人力成本。例如旅行社采用网络购票，减少所需的销售人力[①]。

模式案例研讨 10-2

山寨机

山寨机泛指那些由生产者自行取品牌名字，或模仿品牌手机的功能和样式，没有广告、促销等费用，加上适当的成本控

---

① 以上各项摘自 Morehouse，O'Meara，Hagen and Huseby（2008），并加入部分中国台湾地区的企业实例。

制和灵活的分销手段，导致其终端零售价格往往仅是品牌手机的 1/2~1/3。

山寨机能维持低廉价格，归功于廉价且全面的联发科方案，联发科可以用高度客制化的方式，将顾客需要的功能放在同一片芯片上，联发科方案所带来的便利，使得一些生产规模较小，生产工艺也较为粗糙的小厂也具备了直接生产手机的能力。

几乎所有的山寨机都可以以功能全面而著称，不论是超大荧幕，拍照摄像头，MP3/MP4 多媒体播放，还是堪称高阶的 GPS 导航功能，联发科都可以满足。

山寨手机采用联发科平台解决方案，可以大幅降低手机的研发成本并缩短生产周期，只要找到一个小规模的分众市场，一个小的创意，山寨机就会迅速反应，以小团队的模式来达到速战速决的效果，例如给佛教信徒使用的如来佛手机，传统的品牌厂商显然不屑此道，却给山寨机留下了很大的机会。

山寨机的一大优势是功能全面，但问题是样样功能都不精，并且山寨机的维修一直是最让人担心的，不过由于成本较低，销售商一般会采取直接换机的解决方式。另外，很多销售商和手机维修商形成合作关系，售出手机一般都提供一年保修服务，这有效地解决了山寨机的售后问题，使得消费者敢于购买。

山寨机："降低互补品进入障碍，提高自家议价优势"模式（产制网络模式 18）

一款山寨机的形成过程及所需时间大致如下，第一步是地方性的市场调查团队与销售管道讨论机款构想及模型，费时 1~3 天；第二步是与晶片方案商讨论增减修改样机功能，制作整体解决方案，费时 4~7 天；第三步是生产商找第三方测试公司进行测试，再与芯片方案商反复交换意见做改进，费时 15~30 天；第四步是招商及开模，让主要销售管道看样机，收取订金，决定订购量及进行生产，费时 3~9 天；第五步则是交货，费时约 7 天。

思考点：山寨机的价格破坏效果，是如何产生的?

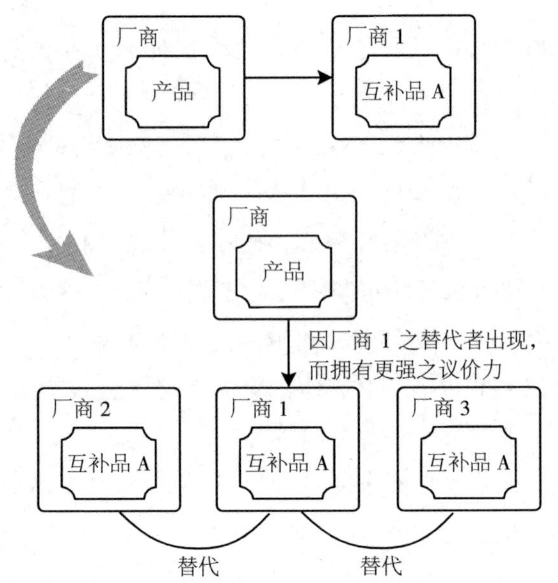

图 10–3 “降低互补品进入障碍，提高自家议价优势”模式

10.3.1.2 对低价商业模式的因应策略

当竞争者采取低价商业模式时，会对产业的市场区隔结构造成重大的影响，企业面对低价商业模式，必须在商业模式上进行调整，根据商业模式的调整幅度，可行的因应策略可以分为以下几项：

（1）降价维持市场占有率，确保市场地位：企业可以用降价的方式，与竞争者直接在价格面向上进行对抗，以确保市场占有率及维持产能，采取这种方式的企业，内部必须还存在降低成本的空间，否则将会成为一场“与竞争者比拼谁有较强的现金周转能力”的战争。采取这种方式**会让产业毛利明显降低**，甚至引起价格战，**更糟的情况是让竞争者在价格战中建立起低价商业模式的坚实基础**而抢走顾客，企业自己却付出流血以维持市场占有率的状况。

（2）向竞争者学习：变成低成本竞争者或发展低成本产品。企业在面对新的低价商业模式时，可以选择向竞争者学习，改变自己的商业模式，成为新的低价商业模式，经由推出比对手更低的新定位或削弱平价业者的价格竞争优势的方式，与低价竞争者对抗。具体做法包括简化设计、去除某些产品效益、创造能够降低成本的新价值链，利用创新的价值链，提供价格与效益皆比对方更低的产品，以获取利润。但此种方式必须推动重大改革，才能真正全面提升企业的效率，这种方式的困难是企业必须**剔除旧商业模式中无法在新**

模式下创造价值的残留资产，包括人员及实体设备，此举通常会引发激烈的抗拒。

（3）缩小目标顾客，让低成本竞争者拿走无利可图的顾客：企业面对低价商业模式的第三个选项，是企业**如果能够辨识个别顾客为企业创造的利润**，那么可以**尝试缩小自己的目标顾客群，仅服务那些能为企业带来利润的顾客**，将无利可图的顾客让给竞争者，短期内可以增加利润，但未来的成长空间将会受限。

（4）通过行销手法，**强调产品或服务的差异性**：企业可以选择不在价格方面进行角逐，而是通过广告、促销及销售通路等行销手法，强调自家产品或服务的差异性，这种回应方式必须强化行销焦点及品牌，广告及行销预算相对会提高，然而若是顾客认为企业和竞争者的产品在实质上没有差异，此举将形同把市场拱手让给低价竞争者。

（5）合并相关产品、解决方案、服务或其他产品，**组成套装 产品**：如果企业除了受威胁的产品之外，还生产其他相关产品，可以选择将相关产品合并成为一组套装产品或是全面性的解决方案，但顾客可能会要求拆散套装产品。

（6）**全力发展差异化产品或高价位产品**：面对低价商业模式的威胁，企业可以选择走向更高阶的市场区隔，发展差异化产品或高价位产品，避开低价商业模式的威胁。

（7）多角化：最后一种方式是**拓展经营领域，转移到有利可图的产品或其他市场**，而非全心关注受低价商业模式威胁的特定产品，至于受威胁的产品，则以平常心对待，这种响应方式会发展出多角化的产品组合，企业必须严谨评估市场及产品，否则一旦做出错误的产品市场组合决策，企业将蒙受严重损失。

商业模式演练 10-1

如果市场上出现 20 万、1200C.C.的低价汽车，请问台湾地区的 车厂能如何因应？

上述七种方式，前三种是在价格面向上进行对抗，在 10.3.1 节已进行说明；后面四种响应是在价值面进行对抗，10.3.2 节便说明价值面的对抗。

10.3.2 价值对抗[①]

企业在面对低价商业模式的入侵时，若是要从价值面回应，一般而言有以下四种做法。

10.3.2.1 通过行销手法强调产品差异，改变顾客认知到的价值

企业可以通过广告、通路选择强调产品差异，改变顾客的认知价值，例如以时装业为例，面对 ZARA 的低价模式入侵，有些公司会请名人代言，以提高品牌的形象，并提高顾客对自家产品的认知价值。欧洲平价服装品牌 H&M 就邀请麦当娜（Madonna）代言，推出物美价廉的商品，让 ZARA 模仿名牌服饰的做法，相形之下失去竞争优势。H&M 的目的就是以相同或更低廉的价格提供给顾客更多的效益。另外，H&M 重新设计各销售门市，使其看起来比 ZARA 的店面更有质感。

企业也可以设法改变顾客看待价格的方式，当竞争者企图以低价模式的产品抢占市占率时，企业可以告知消费者如何看待这种低价，例如便宜的车子，可能必须更换引擎或其他零件，才能延长产品的寿命，所以拥有车子的实际成本应该连同日后的维修成本全都加总计算，通过这种方式改变顾客的认知价值。

10.3.2.2 合并相关产品、解决方案、服务或其他产品，组成套装产品

除了被低价模式威胁到的产品之外，企业如果还生产其他相关的产品，可以将这些产品包装成套，提供有别于低价模式的价值，例如中价位的婚纱业者如果同时拥有旅馆、餐厅、旅行社等产品服务，在面对低价位的婚纱业者的入侵时，可以整合这些产品，成为套装的结婚蜜月服务，提供顾客有别于价格的价值，以对抗低价者的入侵。

10.3.2.3 发展差异化产品及高价市场

企业避开低价模式入侵的另一种方式，是发展差异化的独特商品或是向上升级，将低阶市场让给低价模式竞争者。

---

① 本段的一些概念来自 D'Aveni（2010）。

模式案例研讨 10–3

回应 ZARA 的攻击[①]

在时装业，面对 ZARA 的低价模式攻击时，部分时装公司希望借由彻底与平价市场脱钩，以继续保有自家产品的品位。像法国精品品牌爱玛仕（Hermes），便全力发展具有经典价值的高级精品，而不走每季或每年翻新的流行路线，爱玛仕同时减少授权厂商与专卖店的家数，使其产品更具独特性。

有的业者则是诉求差异化，选择独特的素材以便于与 ZARA 区隔，像 Diesel 便努力建立自己在牛仔服饰的专业地位与优势。

古驰（Gucci）和迪奥（Dior）这两大精品品牌则是利用创新与速度来削弱 ZARA 的抄袭优势，这两大品牌每年的营业额有半数来自新产品，一般推新品速度的品牌，新品的营收往往只占全年总额的两成。古驰和迪奥以快速推出新品以及重新定位品牌的方式，建立更明确的品牌定位与客层区隔。顾客花钱买的是品牌的形象、独特性与情感内容之类的无形价值。这让 ZARA 强调模仿名牌样式的具体价值，相形变差。这些企业不采取回避 ZARA 的策略，而是加快脚步，一年的新装发表，从原本的两次一口气增加到八次，让 ZARA 的模仿行为变得比较困难。为了重新定位品牌，拥有古驰、圣罗兰（YSL）、Bottega Veneta、Alexandermc Queen 与 Balenciaga 的法国 PPR 集团，展开品牌的重新定位，清楚划分每个品牌的形象与目标市场，并使集团的整体形象变得更一致，以便与 ZARA 做出区隔。

亚曼尼与 Dolce & Gabbana，则是针对制造商和零售商举办不对外公开的新装预览，因而可以在正式的新装发表之前，已经先通过私下管道卖出大多数的新设计；ZARA 则要等到模特儿公开走秀之后才能抄袭。目前，亚曼尼的营收中有高达六七成皆来自预售。

---

① 故事来源：D'Aveni（2010）.

由于社会中富有阶级的消费力道仍然存在，使得奢侈品的需求依旧旺盛，精品可以继续锁定这个市场区块，不必担心ZARA的染指。

思考点：案例中提到的时装业者所使用的方式或原则，可以套用到手机业者如何抵抗山寨机入侵吗？

模式案例研讨 10-4

回应 Wal-Mart 的攻击

当 Wal-Mart 以低价模式横扫量贩业时，许多平价量贩业者也必须做出回应。有一家平价量贩业者 Target，决定不在价格上跟 Wal-Mart 缠斗，而是加强产品的设计与质感，成功瓜分掉 Wal-Mart 一部分的市场。而 Costco 则是向会员收取年费，提供精选的大包装商品，贩售最吸引顾客上门的超人气商品，并在这些商品上比 Wal-Mart 更便宜。

另外一家量贩业者 Krogers，在生鲜食品产品线上，以便宜一点的价格与更好一点的服务而持续成长。Krogers 提出“顾客至上”策略并展现在四方面：员工水准高、货色够齐全、购物真愉快、价格很优惠。成功抵挡 Wal-Mart 进军生鲜食品量贩业的挑战。

在 2008 年景气开始衰退时，民众所得减少，只好再度寻求低价的业者，使得 Wal-Mart 再度占上风。不过还是有一些小型量贩业者，在特定的产品线上，创造优于 Wal-Mart 的表现，例如 T.J.Maxx 进军平价服装市场时，Wal-Mart 也想加入战局，但 Wal-Mart 却一直无法取得合适尺寸的货品，但供货给 T.J.Maxx 与会员制量贩店的厂商，他们制作的服饰尺寸及款式都相当齐全，Wal-Mart 如果要将服饰产品线补齐，不但存货成本会增加，同时也会因采购和销售的复杂度大增而增加其他成本。

思考点：低价商业模式可能有哪些可受攻击的地方？

10.3.2.4　避开低价模式，开发其他产品及市场

在面对低价模式的竞争时，**企业的一个方式选择放弃受威胁的产品，转而开发其他更具潜力的产品**，例如在服装业，许多高级订制服装公司为了回避 ZARA 的低价破坏力而退出时装市场，转而把重心放到其他高阶产品上。像是 Versace 、Bulgary 及 Armani 进入旅馆及餐厅业；Armani 与 Samsung 合推消费性电子产品与配件；Prada 为 LG 设计手机；Versace 为顶级的兰博基尼轿车设计内装；Versace 为 Agusta Westland 的直升机设计内装；Armani 成立家具专卖店甚至推出自己品牌的花艺设计专门店，企图为顾客提供“亚曼尼式生活品位”。这些由知名设计师操刀的产品，锁定的区隔是超级富豪，设计的产品极具品位，不会与 ZARA 产生竞争，ZARA 的大量生产与采购系统也不可能加以模仿。

有时企业会从被低价模式威胁的区隔中完全退出，例如当亚洲企业开始掌控内存市场时，英特尔（Intel）明白自己不可能在价格上与亚洲企业相抗衡，于是转进到个人计算机使用的微处理器市场，到了 21 世纪初期，微处理器市场又有亚洲的低价业者崛起，英特尔便再转而研发供消费性电子产品与其他特殊应用的芯片。在 2005 年，英特尔更决定把重点放在其他更有成长性的市场，例如消费性电子产品与医疗保健，以避开微处理器市场的低价厮杀困境，生产专供消费性电子产品使用的 Viiv 晶片，此产品具有将家用个人计算机、立体声音响以及有线电视结合起来的能力。

避开低价模式的另一方式是另辟新市场，另辟新市场可以经由寻求新通路达成。例如宝洁旗下的爱慕思猫饲料（Iams）以及希尔思宠物食品（Hills Pet Nurtition），都是通过兽医诊所与宠物店销售，以避开隶属雀巢集团、在超市贩卖的重量级竞争对手普瑞纳(Purina)。咖啡市场也发生类似的情况，咖啡在超市被认为只是一种商品，使得在此贩卖的咖啡品牌都长期陷入价格战，但星巴克却为咖啡开辟了一个全新的销售管道，避开低价的威胁。

向新的区域发展，是另一种避开低价模式攻击的方式，例如当西南航空进军美国国内线客运市场时，其他几家大型航空公司随即将营运主力转移到国际客运市场。在口腔保健用品上也有类似的状况，美国国内，许多低价业者是以知名度低的品牌获利，而高露洁(Colgate) 与宝洁这两家并非诉求低价的业者则在美国市场平分秋

色，但高露洁在海外市场却是独霸天下，市占率超过七成，高露洁在全球牙膏市场的地位相当稳固。

在美国国内，高露洁愿意容忍宝洁与其他品牌瓜分美国市场，但是如果竞争者想要侵入国际市场，高露洁一定会予以痛击，迎头痛击的方式是高露洁运用旗下的许多非主力品牌，平常高露洁在国内外都不会大力促销其非主力品牌，但当国际市场被侵犯时，就可用这些非主力品牌加以反击。

10.4 对新商业模式的管理

当企业面对竞争者的新商业模式时，在考虑是否要采取新商业模式时，必须考虑到一项新商业模式与现有商业模式间的关系，一项商业模式，最终总是针对外部的某个市场区隔而设计，因此在设计新商业模式时，就会与现有市场区隔发生联动；另外，就企业内部来看，必须判断与既有商业模式在价值链上的关系，再决定是否要采取一项新商业模式。

10.4.1 新商业模式与新市场区隔的管理①

商业模式与市场区隔是联动的，因此从市场区隔考量是否要采取一项新商业模式时，可以考虑以下三项问题。

10.4.1.1 竞争者的新商业模式所创造的市场区隔，企业是否应该服务这些市场区隔？

竞争者的新商业模式吸引的顾客，未必是企业应该锁定的顾客族群。例如连锁牛排馆吸引的顾客群，与茹丝葵牛排（Ruth's Chris Steak House）所设定的顾客群差异相当大，如果要服务新商业模式创造的顾客群，会与企业现有的愿景使命相冲突，甚至不是企业现有的资源能耐所能负荷的，那么企业就不应进入新商业模式创造的市场。

然而，这并不代表企业应该漠视这些新出现的商业模式，企业可以选择以持股的方式投资现有的公司，或是提升现有模式面对新

① Markides and Oyon（2010）.

商业模式时的相对竞争力。

10.4.1.2　若是选择进入竞争者的新商业模式所创造的市场区隔，企业应该使用既有的商业模式，还是设计新的商业模式?

企业如果决定进入新商业模式创造的新市场区隔，那么第二个问题就是“应该以原先的商业模式为新的顾客提供服务吗？还是设计新的商业模式?”，例如廉价航空模式的出现，让航空公司思考“该为了价格意识强烈的顾客，开发类似于西南航空的全新商业模式或是在现有飞机上提供特惠机位就可以了?”

对这个问题的回答，并没有标准答案，取决于企业的雄心及判断。例如雀巢公司为了开发高阶的咖啡顾客群，设立了一个称为“Nespresso”的新单位，并给予该单位发展自我商业模式的自由。Nespresso 运作的方式，比较像是个奢侈品制造商，而非提供量贩消费品的公司。之后，雀巢在低阶市场开发一款咖啡机种“Dolce Gusto”，然而，雀巢对该机种的管理方式，是将其列为原有的雀巢咖啡（Nescafe）部门的一部分。如果企业认为新市场有足够的规模，也有发展潜力，并且用相同的商业模式来同时面对新顾客及旧顾客太过困难，就会将其视为独立的市场来设计全新的商业模式，这也正是雀巢用不同的组织形态处理两种新产品的原因。

10.4.1.3　企业若是需要新的商业模式开发新市场，是否应该直接采用竞争者的商业模式?

一旦企业决定要以新商业模式进入新市场，就立即面对了一个攸关成败的抉择，到底该采用哪种商业模式？一种选择是模仿竞争者的新商业模式，然而当原有企业采用了和竞争者相同的商业模式时，就非得和这些竞争者正面交锋，但想在对方设立的游戏规则当中，玩得比对方还高明，并借此打败对方，这种方式成功的机会并不大。

企业想在新市场中取胜，需要发展出一套与竞争者截然不同的商业模式。竞争者的新商业模式之所以具有攻击性，正是因为这些模式破坏了既有的商业规则，企业在面对竞争者的新商业模式时，也应该抱持相同的逻辑，若企业想获得同样的成功，自然也须要使用一套全新的商业模式，来进入新商业模式所创立的市场。

例如索尼（Sony）与微软在进入电子游戏机市场时，任天堂所采取的应对行动，完全不同于索尼和微软以青少年和年轻男性作为目标族群，任天堂开发了家庭导向的 Wii 游戏机，而不是像 Sony 的 Playstation 和微软的 Xbox 一样强调功能、速度以及高画质；Wii 的重点是使用简单。这个策略对索尼和微软来说，也是出其不备，也将任天堂拱上了该产业的王座。

另一个例子是进入汽车出租市场的 Enterprise 租车公司，Enterprise 租车公司进入了由赫兹租车公司（Hertz）与艾维斯租车公司（Avis）主导的租车市场。Enterprise 租车公司并未和赫兹与艾维斯争夺商务旅客，而是将目标放在替换市场（Replace-ment Market），如车子正在送修当中的顾客；Enterprise 租车公司也并未以机场为营运重心，而是将办公室设立在城市的商业区之中；Enterprise 租车公司并未以旅行社作为合作伙伴，而是找上了保险公司和汽车维修厂；Enterprise 租车公司并未要求顾客自己来取车，而是将车送到顾客面前。简单来说，企业租车公司所建立的商业模式，与竞争对手采用的模式完全不同。

这些都意味着如果一个原先已存在的公司，一旦决定进入竞争者的新商业模式所建立的新市场，并且决定使用一个与它在原先市场截然不同的商业模式，那么它所设计的这个商业模式，就必须要与竞争者采用的新商业模式有所差异。虽然这么做并不能保证绝对成功，但却能提高企业与竞争者竞争的胜算。

10.4.2 新商业模式与既有商业模式间关系的管理①

企业在建构新商业模式时，除非采取像 Toyota 生产 Lexus 的方式，建构出一套完全不同的包括品牌、销售、通路、奖励制度的独立系统来经营 Lexus，否则会面临同时管理既有商业模式和新商业模式的问题。从过去的经验中，试图操作一套以上的商业模式难度相当高，在航空业中，原本提供全套服务的航空公司，在跨进廉价航空的区隔时，很少有成功的案例。同时管理多种商业模式的难度，在于需要面对以下两项挑战。

（1）**更高的复杂度**：两种商业模式如果运用到相同的活动，活动的执行可能需要依循两套不同的准则，例如同时经营高阶服饰及中价位服饰的企业，若是要在相同的通路贩售两种服饰，通路的布

① 本段的一些概念及例子引自于 Casadesus-Masanell and Tarzijan（2012）。

置若是相当精致堂皇，会让中价位服饰分摊过高的成本，通路的布置若是以简洁亲民为主，又无法凸显出高阶服饰的品位；并且顾客类型的差异，也可能会让两种不同等级的服饰彼此造成干扰。

（2）**更强的组织能力**：同时操作多项商业模式的企业，在组织面需要更多元化的能力，例如一家餐饮集团，若是在成立极重视规模及标准化的餐饮连锁店的同时，也成立了以细致贴心服务作为诉求，但较不重视扩点的高级餐厅，对这两种类型餐厅的评估、人员的训练、食材的采购政策等管理措施，都必须精心设计。

企业是否需要同时操作两项商业模式，必须从这**两项模式之间的互补、替代、杠杆以及冲突等四项因素观察**①，**互补性是指两项商业模式可以共享企业的有形资产的程度**，例如悠游卡要成为电子钱包的模式和与各大学院校的教职员及学生识别证结合的模式，两项模式都会高度运用到加值机以及实体卡片。替代性是指两项模式在市场上是否相互取代，例如廉价航空与一般全套服务航空在远程航线上的市场重叠性相当高，因此这两项模式就具有替代性。**杠杆是指一项商业模式的要素，是否能作为发展另一项商业模式的杠杆**，例如拥有绵密营销网络的便利商店体系，可作为经营物流及宅急便配送商业模式的发展基础。**冲突是指两项商业模式若是在各项模式要素上的要求，是否相互冲突**，例如前述段落提到的中价位及高价位服饰在营销网络上的要求便是彼此冲突的。

当两项模式之间的**互补性越强、替代性越低、杠杆程度越高以及冲突程度越低时，同时经营两项商业模式便是可行的**。

模式案例研讨 10-5

智利航空（LAN Airline）②

当廉价航空横扫航空业，许多传统的航空公司转而经营廉价航空模式却铩羽而归时，智利航空却结合了三套商业模式：提供完整服务的国际客运航线、航空货运以及国内廉价客运。在完整服务的国际客运航线上，智利航空与其他航空公司类似，

① 前两项引自 Casadesus-Masanell and Tarzijan（2012）.

② 故事来源：Casadesus-Masanell and Tarzijan.

提供经济舱及商务舱，商务舱有可以躺平的座椅、精致美食，经济舱则有热食饮料，娱乐设施也一应俱全。在货运业务上，其航线与国际客运业务的航线几乎完全相同，而且是同时运送客运及货运，一些易腐坏的商品如鲜花、芦笋、鲑鱼，或是高价值的商品如计算机、手机，都是智利航空货运业务会承接的项目。在国内廉价航空业、务上，与西南航空的模式类似，服务项目少、网络购票、不提供餐饮等。

智利航空在这三项商业模式上有相同的获利关键：飞行更多的航班、飞行更多的地方以及让航班满载。在国内廉价航空上，机体较小，难以承载货运，又有比较高的价格弹性，因此以降价的方式吸引更多的乘客，让公司可以投资在更新的机种上。在国际航线上，需求弹性较小，同时承揽客运及货运，货运营收可以降低客运的损益平衡点，同时将国际航线设计成环状，而不是其他航空公司常采用的两点来回，因此一次航班从A地出发，会依序飞到B地、C地、D地再回到A地，如此可以最大限度满足货运市场的需求，只要是A、B、C、D等地的货运，都可以承揽。损益两平点降低之后，智利航空可以开辟更多的航线，而更多的航线又带来更全面的货运市场。

智利航空："选择适当要素杠杆，跨模式经营"模式（其他类3）

思考点：请分析智利航空三套模式间的关系，并思考在同时执行这些模式时，有什么挑战？

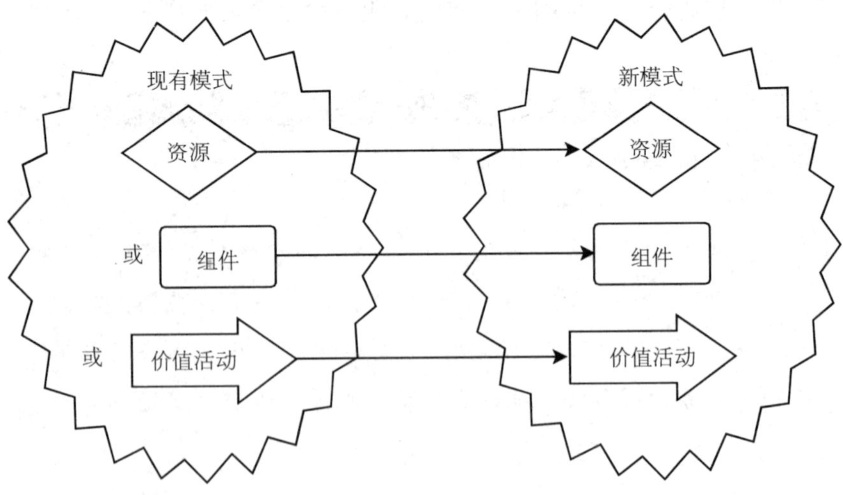

图10-4 "选择适当要素杠杆，跨模式经营"模式

10.5 商业模式创新的发起

企业决定要设计新商业模式后，便需要思考如何发起商业模式创新。**商业模式创新的发起，需要同时从商业模式创造利润的经济原则的选择以及商业模式的构成要素的调整两方面着手**。就商业模式创造利润的经济原则的选择而言，企业需要选择一组经济原则，作为商业模式的设计原则，例如开设一家牛排馆，可以在专注原则（见 9.2.2.3 节）、复制原则（见 9.2.2.2 节）、齐全的单项产品原则（见 8.1.3 节）、美好经验限量供应原则（见 8.1.8 节）、顾客便利性（见 8.2.2 节）等多项原则中择一或结合多项原则，作为建构新商业模式的指导方针。

这些不同的原则会反映在商业模式要素的调整上，同样以牛排馆为例，若是以**专注原则**为指导方针，会设计出类似茹丝葵牛排馆的商业模式；若是以**复制原则**为指导方针，会设计出类似西堤牛排的商业模式；若是以**齐全的单项产品原则**为指导方针，可能只做牛排，但是提供各式各样的牛排；若是以**美好经验限量供应原则**为指导方针，牛排馆必须提供惊艳服务，而且必须设法让用餐者愿意将其用餐经验作为社交话题；若是以**顾客便利性原则**作为指导方针，企业可以设计出现做牛排外送，同时附上或租借给顾客特殊的保温餐具，让顾客很方便地在家中就可以享用接近餐馆水准的牛排。这些不同的原则会牵涉商业模式要素的重新调整。

商业模式的创新，必须在商业模式要素的调整上落实，任何一种商业模式创新都必然牵涉商业要素布局形态的变动。掌握了商业模式要素布局形态的变动，可以对商业模式创新有深入的观察及理解。第 11 章~第 14 章，将依序说明如何从价值链、顾客价值及产品定位、网络重组、价值体系四项要素的变动形态激活商业模式的创新。

本章提及模式的相关网站

1. ZARA，http：//www.zara.com/。

2. 智利航空，http：//www.lan.com/sitio_personas/country_selector.html。

本章参考文献

[1] Casadesus-Masanell R. and Tarzijan J.. When One Business Model Isn't Enough [J]. Harvard Business Review, 2012, Jan.-Feb: 1-6.

[2] Johnson M.. Seizing the White Space [M]. MA: Harvard Business Press, 2010.

[3] Markides C. C. and Oyon D.. What to do Against Disruptive Business Models: When and How to Play two Games at once [J]. Sloan Management Review, 2010 (51), No.4: 25-32.

[4] Morehouse J., O'Meara B., Hagen C. and Huseby T.. Hitting back: Strategic Responses to Low-cost Rivals [J]. Strategy & Leadership, 2008 (36) Iss: 1: 4-13.

[5] Slywotzky A.. Value Migration: How to Think Several Moves Ahead of the Competition [M]. MA: Harvard Business School Press, 1996.

[6] Teece D.. Business Models, Business Strategy and Innovation [J]. Long Range Planning, 2010 (43): 172-194.

第 11 章　价值链调整驱动的商业模式创新

对商业模式创新的理解，可以从商业模式要素的布局形态的变动来掌握，本章说明价值链要素的变动所驱动的商业模式创新。价值链是由众多价值活动串联而成，价值链布局形态的变动，可以依据是否改变价值链结构，区分为两类：一类不改变价值链结构，只牵涉价值活动执行方式及流程调整，在第 11.1 节及第 11.2 节介绍；另一类则牵涉到价值链结构的改变，在第 11.3 节介绍。

在介绍商业模式创新之前，必须注意的是，从价值链的布局变动说明商业模式的创新，并不代表本章所介绍的商业模式创新只局限于价值链要素，而是价值链要素是掌握这些商业模式创新的关键，商业模式的创新是从某个要素出发，最后往往会延伸到其他要素，因此即使是从价值链要素出发，仍旧需要在其他相关的要素做出相应的设计，才能完成整个商业模式的创新。

11.1 单一价值活动执行方式调整

企业可以改变单一价值活动的执行方式，让这项价值活动能创造更高的价值或是新种类的价值，并据以建构新商业模式。根据对实务的观察，**从调整单一价值活动执行方式，发动商业模式创新的形态，有自动化、标准化、品质升级、艺匠化、去自动化、融入异业技术六种**。

11.1.1 自动化

自动化是以机器代替人力执行某些价值活动，以达成节省成本、活动执行更精准快速、维持品质稳定的效果，例如雇用非常多员工的鸿海集团，很早就将建设无人工厂视为重点工作，以达到自动化节省成本的目标。

11.1.2 标准化

标准化是指将一项活动的执行方式及执行步骤以明文的方式订出，不论由谁来执行这项活动，都能以相同的方式、有相同的产出结果。例如瓦城泰国料理的内部厨师培育学院负责厨艺人才的培训，相当重视烹调的标准化，以跆拳道式的厨师管理制度——“11 级厨务臂章制度”，来培训超过 350 位东方料理厨师，其概念与跆拳道的训练相同，在每个阶段都必须接受一段时间的培训，经考试合格后才可晋升，为集团展店提供充沛且高度稳定的厨师人力资源，每位厨师做出来的泰国菜口味相去不远。标准化可以让活动产出维持一致的品质，通常是为了扩大营运规模做准备。将活动执行的相关知识明文化，这项知识将不再是机密，因而会让执行活动的相关知识的可模仿性提高。

11.1.3　品质升级

品质升级是指改变一项价值活动的执行方式，让这项价值活动产出的某方面属性更加提升（如品质更好、速度更快），例如早期信息储存设备的容量有限，随身碟及记忆卡的容量只有 512M，其用途受到相当多的限制，但是在容量大幅提升到 16G 及 32G 之后，足以储存大量的影音资料之后，便成为许多新的商业模式的重要基础，包括数字相机、iPod 、智能型手机的商业模式，如果缺乏大容量的信息储存设备，就必然无法推动。又例如物流技术在时效及成本的进展，也是让线上购物及电视购物成为有效商业模式的基础。

如果**企业价值链的某个价值活动正好是最弱的环节，那么企业更需要以品质升级的方式来强化关键环节**，例如麦当劳在进军俄罗斯市场时，俄罗斯的特殊气候让种植出的马铃薯难以炸出好口感的薯条，成为最弱的环节，麦当劳便决定强化俄罗斯当地农夫种植马铃薯的技能。

麦当劳：“补强价值链弱势环节”模式（价值链模式 12）

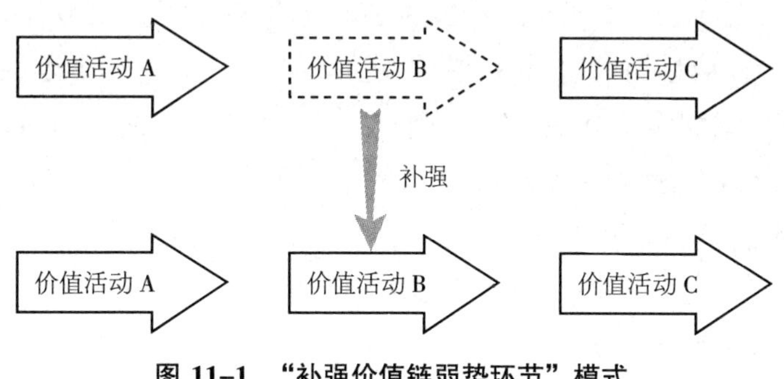

图 11–1　“补强价值链弱势环节”模式

11.1.4　艺匠化

艺匠化会创造出迥异于标准化的效果，艺匠化是刻意让执行价

值活动的关键知识及技能，保持在局外人难以一窥奥秘，进而学习模仿的状态，例如为庙宇制作神像的专业匠人，以其一生的技艺为神明打造形象、为庙宇瓷瓦赋予灵魂，都是难以模仿的，现在许多强调手工制作的餐饮、艺术品、工业设计，都希望能打造出强烈的艺匠风格。艺匠化会让活动执行的规模缩小，但是由于仅此一家，供给有限，因此有机会订出更高的价格。

艺术品："活动执行艺匠化"模式（价值链模式 3）

11.1.5 去自动化

与艺匠化有关的另一种模式是"去自动化"，**去自动化是将原先已经高度机械自动化的活动，改成以人工手动方式执行**，在第 3 章提到的轻资产模式，其中一项原则是降低固定资产，当企业以变动资产代替固定资产时，也正是轻资产模式的体现。例如日本的船井电机（Funai）在中国大陆设立的 DVD 录放机厂、蓝光 DVD 播放机、打印机等生产工厂，都积极避免机械化或生产自动化，改以人力生产为主，船井这样做的原因是考虑到虽然机械化生产可以确保产量及规模经济，但是在产品生命周期较短的情形下，人工生产可以保有弹性调整的空间，并且人工生产同样也可以提升效率，又能大幅减少设备成本的提列及维修保养费用。

Dynaconnective："人工手制去自动化"模式（价值链模式 4）

又例如日本 Dynaconnective 生产的 32 英寸液晶电视，在 2009 年的价格是 49800 日元，而当时 SONY 生产的同尺寸电视却要 119800 日元，两家公司生产的电视经过拆卸对比，发现 Dynaconnective 的组装过程使用相当多未经设计的拼凑零组件，生产过程相当依赖密集的劳力，也正是如此具弹性的组装过程，让 Dynaconnective 可以在液晶面板这项原材料价格暴跌时才进货，而不是像 SONY 以年度契约固定价格的方式向面板厂进货，因此 Dynaconnective 得以用极低的价格销售液晶电视。然而需要注意的是"去自动化"和"艺匠化"虽然都是"自动化"的对立面，但"去自动化"未必就是"艺匠化"，"去自动化"如果缺乏精致的技艺巧思，只是单纯以人工替代机械，那么便不能算是"艺匠化"。

11.1.6 融入异业技术

企业可以引进在其他产业已经证明为相当有效的执行方式，用于执行某项价值活动，以创造新的价值，例如在阿里山的鼎风制茶厂，引进电子业的无尘室，以免茶叶受到污染，让消费者不必为了洗去灰尘，将营养精华最丰富的第一泡茶舍弃。中国信托也曾经为了缩短发卡时程，引进在汽车业已经非常成熟的丰田式实时管理系统。又例如世堡纺织将光纤加进布料中，做成可以发光的光纤布，让光电产业的不良品成为纺织业的特殊材料，也降低了其他来自人力成本较低国家的纺织业者的市场侵蚀。

11.2 价值链流程调整

价值链的流程调整，是指通过对价值链各项价值活动串联的流程合理化或是更强的活动串联整合，达到商业模式的创新。

11.2.1　流程合理化

流程合理化是指企业在依序执行各价值活动时，从整个价值链的角度，检视各项活动的执行方式，能否让各项活动串联的更有效率、更为紧凑、对紧急事件做出更快的反应，以提高价值链的整体效率。

模式案例研讨 11-1

Colowide

Colowide 创立于 1963 年，旗下超过 900 家遍布日本各地的各类饮食店，包括各类餐厅、酒吧、寿司店、居酒屋、卡拉 OK、饮食店等。公司总部位于神奈川县，是日本证券交易所上市企业，已经发展为连锁式餐饮集团。

随着日本经济的萧条，日本外食产业出现萎缩，Colowide 开始检讨如何降低成本，从店铺人员的配置、菜单的开发等各个面向不断尝试，公司的管理阶层认为必须从菜单改良和经营效率两方面着手。

2010 年，Colowide 居酒屋内做了一些改变，将菜单全部收掉，改以桌上的一个触控小屏幕点菜，客人看着屏幕上的照片

Colowide："流程合理化降低成本"模式（价值链模式 10）

菜单，以手指触控点菜，不会有人前来招呼，5 分钟后，店员会送上餐点。

Colowide 居酒屋将所有吃与喝的菜单，包括酒类，全部都订为 299 日元的统一价格，打着"均一低价居酒屋"的招牌，不会让客人在不知价格的情形下不敢点菜，客人可以安心地享受餐饮及酒类，这使得店铺快速扩张，几乎普及全日本。

要在全部连锁店导入触控设备，成本相当高，由于餐饮单价不高，提高营业额来获取利润的可能性不大，最明显能削减成本的地方，就是人事费。Colowide 有特别针对店员的工作，进行细密的调查分析，发现店员 30% 的工作时间是接受客人所下的订单，使用触控屏幕后，省下了这些点菜的时间，就可以支援其他工作，像是到厨房去帮忙。因而过去单纯只是"跑堂点菜"的店员，也会兼顾厨房料理，以省下另外一个人的工资。

居酒屋需要不断推出新的餐饮，过去一般业者是先研发新餐点，如果受到欢迎，再由食材采购部门进行采购。食材对居酒屋来说，占一定比例的成本，如果推出的新菜不受欢迎，会造成食材浪费，但是，如果能买量产季节、价格较便宜的食材，则可以节省很多的成本。因此在食材采购和餐饮种类的决定方面，Colowide 加强了商品政策与采购部门的权限，食材采购部门一旦发现某些食材价格下跌，而厨房部门又能保证可以以这类食材为基础创造产品价值时，采购部门会大量进货，让旗下的连锁店都供应同样的菜单。

Colowide 旗下多种形态的餐饮店有共同的食材，但由于过去是以并购的方式将各种不同形态的餐饮业者纳入，因此采购还是各自为政，没有一套合理的食材采购系统，每个连锁店在采购时各自为政，结果发生许多重复采购，公司便开始进行整合，把总共对外采购大约 12000 种的食材减少到 7200 种。

思考点：有什么线索可以协助找出价值活动流程的不合理之处？

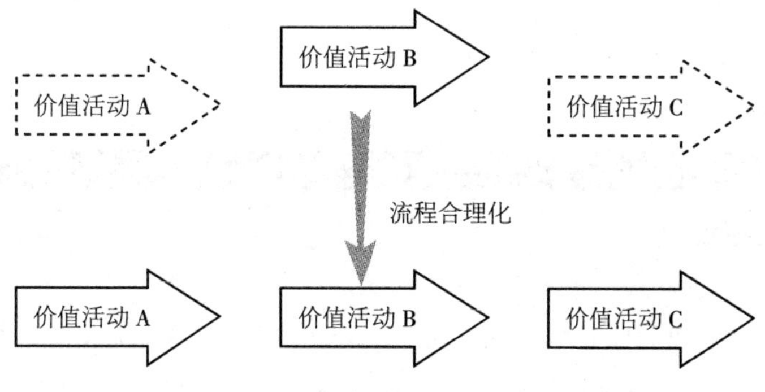

图 11-2　“流程合理化降低成本”模式

11.2.2　价值链的流程整合

价值链中的各项活动往往是由不同部门掌管，例如行销活动由行销部门执行、制造活动由生产部门执行，然而商业模式从投入到产出的流程，会贯穿多个部门，因此各部门之间一旦出现隔阂樊篱，将会发生整合问题。**价值活动的整合，是指各项价值活动在某个系统之下，接受有顺序、有准则的统一调度，以达成商业模式的效果。**例如过去医院在看诊、检验、治疗等活动未被整合的情形下，经常是同一份纸本病历在不同部门间流动，并且这些有先后次序的活动时程，也是以人工的方式安排，成本相当高，也很难确保不出错。在引入电子通信系统或是流程软件进行统整之后，不同部门可以针对同一个病患安排活动，不至于让病患等待太久甚至多跑一趟，也可以让医院产能及设备有更充分的利用。

价值活动的整合，需要特定的整合工具，一种常见的工具是数位系统，例如可以操控各项价值活动执行速度的整合软件；**另一种常见的工具是以某个协调人或办公室以人为判断的方式进行整合**，正如模式案例研讨 2-5 的双童日用品，在积极开发小型客户时，会有一组人专门负责开发小型客户的流程，订单接进来后，每个小型客户都会再有一组人负责订单制程的进度。又例如在中国大陆，原先医院是以高度分工的方式运作，有些护士只打针，有些护士只负责看护，一个病患在急诊、门诊、病房、守夜的医生都不一样，造成病患及诊疗的困扰，明基在南京开办医院，引进一位病患由一位主治医生负责到底的模式，很快就达到损益两平。整合工作有时会直接由计算机执行，在日本北九州，可果美（Kagome）建置了一处温室，完全以计算机控制，根据每天的温度、湿度及日晒状况，调节各种原料及营养剂的施洒量，被称为“植物工厂”。

模式案例研讨 11-2

苹果电脑[①]

以推出 iPod、iPhone、iPad 而掀起市场热潮的苹果公司，在 20世纪 90 年代中期，亏损金额高达数十亿美元。股价也低荡谷底。苹果电脑尽管拥有先进产品和大批死忠顾客，营运状况却一团混乱，1996 年底，库存金额高达 7 亿美元，存货周转率竟然只有 13 倍，而销售一般电脑的戴尔（Dell）年存货周转率高达 41 倍。

在苹果电脑公司，需求预测不准确是很严重的问题，苹果电脑的畅销商品在销售旺季缺货时常缺货，造成经销商很大的困扰，也相当于将顾客送给产品更新、价格更低的竞争对手。苹果电脑在滞销商品上的存货过多，过时零件和成品就必须以相当低的价格倾销，导致企业纯益大幅下降，当苹果电脑推出更新款、速度更快的麦金塔电脑时，存货过多的旧计算机价格降到谷底，经销商根本无法获利。

在 1997 年重回公司主掌大权的贾伯斯（Steve Jobs）找来了康柏电脑（Compaq）的科克（Tim Cook）为苹果电脑服务，设法解决苹果电脑的供应链问题。找出了一大串的问题，包括以下几点：

- 简化产品规划流程，从原先超过 15 种减少到 4 种基本款，大幅减少零件数目，也能更专注客制化少数的产品、省下产品项目过多导致的高存货成本。
- 关闭散布各地的多家仓库和配销中心。
- 导入企业资源规划系统（ERP）。
- 利用网际网络策略，让顾客可直接设计所要的产品规格，量身定做所需的电脑。

---

① 故事来源：Bovet，Martha，and Kramer（2000）.

● 供货商数量大幅减少至一小群核心供货商。

● 提供预测信息给供货商，要求供货商从最近的供货中心进行补给，形成更为集中的供货商网络。

● 将制造外包。

● 重新检视既有的全球供应链，原先在亚洲购买零组件、到英国组装、再卖回亚洲的模式，改成直接在亚洲组装。

苹果电脑的这些改革，减少了 6 天的库存量，比戴尔电脑的库存量还少 1 天。到 1999 年，包括原物料、半成品和成品的存货，更降至 2 天的量。

思考点：苹果电脑在哪些活动上进行整合？应该还会有哪些活动应该整合进来，才能形成完整的整合态势？

苹果电脑："活动整合，消除阻滞"模式（价值链模式 11）

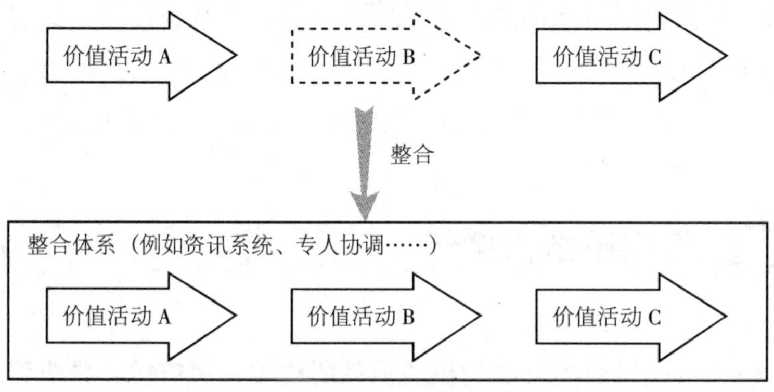

图 11-3　"活动整合，消除阻滞"模式

价值活动的整合，需要在某个准则（亦即商业模式所欲达成的效果）下进行，商业模式要求的若是成本最低，那么各项价值活动的执行，便应该在成本最低的指导原则下进行。例如 ZARA 的各项价值活动的整合，便是在"时尚快速"的原则下整合，当大部分时尚服饰业者将布料采购、制造和加工作业与设计和行销等内部功能分开，使得价值链的每一个活动都需要额外时间来协调，设计师发现自己必须在长达销售季节的前一年就先确定外观款式，导致顾客已经有更新的时尚要求，设计师却还是持续推出上一年的外观款式。

ZARA 了解这个流程的问题，便构思了一个新流程，借由创造"实时时尚"（Instant Fashion），让设计和上市速度跟得上需求脚步的服饰，可以使顾客参与重要社交活动的流程。ZARA 因此彻底重新设计关键资源和流程，以截然不同的方式进行整合，才能提供新的顾客价值主张。ZARA运用先进的自动化系统，紧密整合零售、库存和设计流程，建立先进的通信系统，将店长变成趋势专家，与公司内部的设计师联机。它将大部分服饰集中到本地，建立一个能够每周两次送货到各家分店的实时出货系统，ZARA建立了一个几乎是根据需求制造服装并且只运送所需件数的整合式供应链，通常一件产品从设计开始到选料、染整、剪裁、针缝、整烫、运送到成品上架，最长15天，最短10天完成，提供市场新一波的流行时尚。在顾客的社交和情感层面引导下，ZARA重新塑造服饰业商业模式的关键细节，提供顾客前所未有的客制化和新鲜感。

若再以明基在中国大陆办医院为例，明基从IT产业跨进医疗产业时，察觉到IT产业与医疗产业一项很大的差异，就是IT产业可以将同一项产品卖给一群"面孔相似、需求相似"的消费者，但是医疗产业面对的每个病患都是独特的，因此在整合价值活动时，医院不能做到"零库存"，否则无法保障急诊病患，因此医院在整合价值活动时，需要同时采取低成本及维系医疗服务保障两项准则。

11.3 价值链结构重组

价值链是由众多种类的价值活动所构成，**价值链结构重组，是指企业在设计商业模式时所选择执行的价值活动种类与现有主要业者的价值链所包含的价值活动种类有很大的差异，此时便有机会以这种选择作为商业模式创新的主轴**。以价值链结构重组为主轴的商业模式创新，包括**截取价值链、插入新价值活动**以及**延伸价值链**三大类。

11.3.1 截取价值链

产业中的主要厂商的价值链，若是都包含了从上游到下游的完整类别的价值活动时，企业可以尝试只截取其中某几类价值活动，推出创新的商业模式，具体来说有聚焦于少数种类的价值活动、价值活动外包、价值链切割三类。

11.3.1.1 聚焦于少数种类的价值活动

近年来许多重要的产业是在聚焦于少数种类的价值活动的商业

模式下产生，其中一个相当鲜明的例子是台积电，在晶圆设计、晶圆制造、晶圆测试、IC 封装流程、高阶封装技术及测试流程等一连串的价值活动中，聚焦于晶圆制造活动。

在价值链中的各项活动，不论是主要活动还是辅助活动，都有机会成为聚焦的对象，例如许多人力银行业者，最初是聚焦在人力资源发展的招募活动，随后再扩张到其他种类的价值活动。

商业模式演练 11-1

在医院产业中，有哪些活动可以作为聚焦的对象？

模式案例研讨 11-3

员工福利可以是事业[①]

在 2009 年获得“创新服务光点台湾推广典范”的福委公司，是一家为企业提供员工福利服务，解决琐碎职工福利事务的公司。福委的总经理曾在电子业人资部门任职，任职时发现职工福利是块空白市场，政府规定企业必须提升员工福利金，公司里面多半是由员工兼职担任福委，管理这些员工福利金，不管怎么做都会被骂，这些兼职员工不但要奉献自己的公余时间，还得面对大批供货商与同仁的抱怨，只要过年过节，就是这些兼职员工的痛苦期，不是忙着消化福利预算，就是要为尾牙活动或各种节庆活动奔波。

福委公司：“截取活动，扩大客源”模式（价值链模式 1）

因此企业的员工福利市场是一块有资金、有顾客，却缺乏专业服务、顾客又经常抱怨的市场，于是，全台第一家专门承包企业职工福利的公司诞生了，一开始没有知名度时，福委公司先帮企业洽谈特约商店、办团康园游会或设计联谊活动。但福委公司并不是只局限于办活动，还希望能提供更广的服务，因此砸下 2000 多万元，建置了一套完整的福利信息平台，提供

① 故事来源：《远见杂志》第 283 期；福委公司网站，http：//www.benefit.com. tw/。

各种客制化及互动化的服务。各家企业只要登入系统，每家企业都可看到自家的福委信息网站，员工也可在平台上选择自己想要的三节礼品、投票挑选旅游行程、参加团购或查询下班后可到哪家特约店消费，一共提供了近百种福利服务。

目前福委公司的客户群已超过 200 家，共服务超过 14 万名员工，包括友达、鸿海、台积电、工研院等大公司，都是他们的客户。福委公司认为，如果没有信息平台来为服务加值，只帮企业办活动、买东西，会很容易被取代。虽然这项服务并不是什么惊人创意，但由于福利业务相当繁杂，因此经验成为关键的进入门槛，单是线上投票表决，福委公司就设计了 8 种表决方式。

思考点：福委公司的模式和模式案例研讨 4–10 中的花样年物业管理公司有何异同？

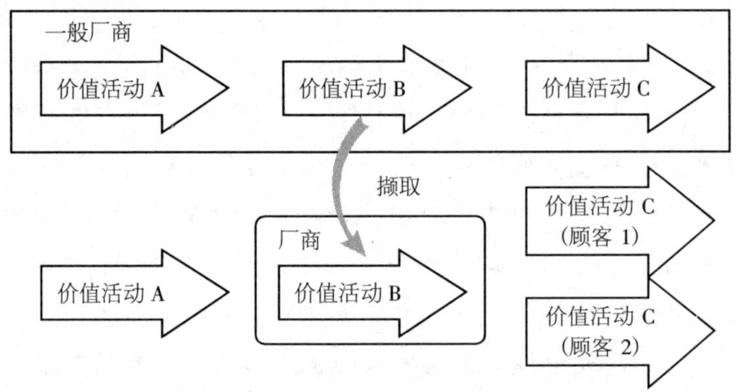

图 11–4 “截取活动，扩大客源”模式

希望采取聚焦模式的企业，需要先检视在产业内是否存在价值链解组的可能性。在顾客的需求变化日益快速、市场竞争日益激烈的情形下，高度垂直整合的经营形态依靠对原材料供应、产品制造和销售整个过程的控制，而达到创造价值目的企业，除非能够建立企业内部极为通畅的市场信息、生产信息及原料信息的流通管道，并且能根据这些信息快速调整制程，否则往往很难快速响应市场变化。

高度垂直整合的企业要在所有的价值活动上都维持相当高的品质及竞争力，有相当难度，因此在市场竞争日益激烈的情形下，这些企业在自家执行较差的价值活动上，就可能采取委外的方式，让一些专精于特定价值活动的厂商代为执行这些价值活动，当产业中出现越来越多专精于特定环节价值活动，具有成熟、精湛技术和较低成本的厂商时，原先是高度垂直整合的厂商，只需维持自己最具优势并且对产业最具控制力的价值活动，没有必要维持绵长的价值链，当**产业的主要企业都纷纷在多项价值活动上采取外包，而承包的厂商如果在所承揽的价值活动上都有良好的执行成效，产业价值链的解组现象就会发生。**

产业价值链解组的知名例子是个人电脑业，在 20 世纪 80 年代初期，IBM 是从中央处理器、制造到系统软件设计，一手包办完全整合的电脑厂商，当时产业也是处于高度整合。IBM 后来决定将中央处理器交给英特尔、将系统软件交给微软公司，带动了电脑产业的解组，但是中央处理器与系统软件却是个人电脑的关键控制点，这两项价值活动的委外，使得 IBM 在个人电脑产业并未获得可观的价值回报，反而是英特尔及微软成为个人电脑产业解组下的重大获利者。

电脑产业到了 20 世纪 90 年代，康柏电脑是主要的个人电脑硬件制造厂商，但是戴尔却先于其他竞争者，认识到进一步解组个人电脑生产价值链的机会。戴尔是专门从事成品组装和销售的公司，它是一个电脑的“组装者”。

通过解组产业价值链，戴尔公司开发了一种优越的、低成本的生产模式。它根据实际需要，从当地供货商处购买各式各样的零组件（主板、处理器、存储设备）。由于与这些供货商有着密切的关系，戴尔公司几乎没有必要储存货物。只要提前一周得到零组件且这些零组件到达组装厂，戴尔的财产清单上便会出现库存，使戴尔公司每年可以更新其存货清单 52 次。相比之下，康柏每年只有 13.5 次，IBM 则为 9.8 次。利用实时的制造程序，戴尔公司降低了它的固定资产比和存货成本。同时这种高效能产生，使得戴尔公司的营运支出与销售之比仅为 11.4%，比康柏低 3 个百分点，比惠普低约 11 个百分点，比 IBM 低约 16 个百分点。

商业模式演练 11-2

举出两个发生过价值链解组的产业，说明其解组的过程及推测造成解组的可能原因。

企业采取聚焦模式时，需要将所选择的价值活动种类执行到相当完美流畅的状态，而且必须以所设定的顾客价值作为执行准则；并且由于企业所选择的价值活动范畴较窄，创造营收点也就比较少，因此商业模式必须锁定比较广大的顾客基础，才能维持企业的营运。

模式案例研讨 11-4

携程网①

携程网创立于1999年，总部设在上海，是中国大陆最大的网络旅行社，拥有超过5000万名会员，提供旅馆预订、机票预订、度假预订、商旅管理、特惠商户及旅游信息在内的全方位旅行服务，携程网于2003年12月在美国纳斯达克成功上市。携程网有国内外5000多家饭店可供会员预订，每月的饭店预订量达到五十余万次；在机票预订方面，携程网覆盖国内外绝大部分的主要航线，在45个大中城市提供免费送机票服务，每月出票量四十余万张。

携程网最原始的商业模式相当单纯，就是替客户订房间、机票，这种模式并不具备高技术门槛，但携程网能够拿下中国饭店、机票预订市场过半市占率，其中关键就在于把最简单的事情做到最深。

携程网的客服中心是从四个人以及一套客服中心数据库软件开始，靠跑遍全中国的饭店谈预订合作，随着生意逐渐增多，也让网络预订公司核心竞争力的客服中心演化出一套预订酒店、机票的标准作业流程。

2000年左右发生网络泡沫时，几乎所有的大陆网络业者都陷入危机，很多网络旅行社同业开始自行开酒店或是旅游公

① 故事来源：携程网网站，http：//www.ctrip.com/；《商业周刊》第1134期。

司，但唯有携程网坚持只做好预订工作，在每一次订单中，客户的朋友是谁，谁跟谁有往来关系，每次花了多少钱、钱花在哪里、路线怎么走，都要一一记录，随着资料的累积，携程网的简单模式反而创造出竞争力，日益繁复的客服中心标准作业流程，反而成为一道难以逾越的障碍，通过电脑软件记录的客户档案以及软件自动分析，客服中心的服务人员可以在电脑上看到这些资料，客户电话一打进来，报出姓名，档案就会自动显示，资料虽多却一清二楚。

携程网根据经验估计，设计出不同的数据库及标准作业程序，让接线生接电话，压缩到平均每次只有三分钟，三分钟内该说什么话，都有标准作业程序规范。携程网再将工作人员分工细分，以饭店预订来说，接电话、做信息、联系酒店、确认预订与客户联系、记积分等一系列过程中，都是由不同的工作人员完成的，这让客户不论是在多繁忙的旺季来电，20 秒内接通率可以高达 90%，以这样的方式，创造了超过 70% 的毛利率。

携程网：“聚焦活动，精实执行”模式（价值链模式 2）

思考点：聚焦者在面对拥有较长价值链的竞争者时，可以如何取得竞争优势？为什么拥有较长价值链的竞争者无法这么做呢？

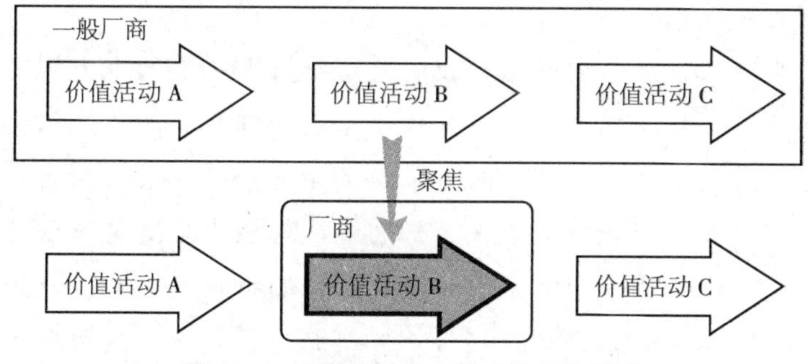

图 11–5　“聚焦活动，精实执行”模式

11.3.1.2　价值活动外包

如同在产业价值链解组一段中所述的，外包决策是造成解组的重要原因，在长而复杂的产业价值链上，单一企业可以在产业价值链的某几个环节具有高度竞争力，但想在所有环节上都具有竞争力难度相当高，**企业需要确认在整个产业价值链中具有策略控制力、附加价值最高的是哪些价值活动，在这些价值活动上定位，将其他非核心的或低附加价值的一些活动，“外包”给其他企业执行**，共同完成整个价值链的全部过程。然而企业需要设法联结散落在不同企业的价值活动，让这些企业以自己为核心，成为利益共同体。

模式案例研讨 11-5

不做任何一双鞋的耐克总部

运动鞋产业是产业解组的一个典型范例，耐克（Nike）早期曾经是美国运动鞋的主要生产者，但是在认清自己在各项价值活动的相对优劣势以及每项活动可能创造的市场价值之后，耐克决定专注在创新设计及市场行销，将生产活动交由其他厂商负责，而创新设计及市场行销这两项价值活动，为耐克创造了极高的市场价值。

耐克用不到 50 年的时间，打败了体育用品界中的龙头企业 Adidas，跃居第一，并一直保持着惊人的业绩。

在美国俄勒冈州比弗顿（Beaverton）市的耐克总部里看不见一双鞋，员工们只忙着做两件事：建立全球营销网络以及管理遍布全球的子公司。一双耐克鞋，生产者只能获得几美分的收益，而凭借其在全球的销售，耐克总公司却能获得上百美元的利润。

耐克：“创造利润高地，策略外包布局”模式（价值链模式 15）

耐克的成功，要归功于独创的商业模式。他们率先摆脱传统的生产模式，不再亲自投资建立工厂、招募工人、组织庞大的基层部门来生产鞋子。耐克采用了生产外包的模式，耐克很早就发现自己所拥有的生产工厂的产能已经无法满足市场的大量需求，经常出现供不应求的情况，特别是一些创新设计的球鞋款式，耐克的生产部门经常无法及时提供产品，这给耐克带来营收及商誉上相当大的损失。

耐克为此找出问题，也就是在生产方面并没有比竞争对手有更多的优势，其制造系统跟不上企业设计及销售的脚步，严重阻碍了企业的发展。而且起初耐克的策略并不是靠生产取得市场，而是以先进的技术、优质的产品打败竞争对手。因此，耐克开始寻求外部厂商来执行生产活动，也就是生产外包。

耐克不投资建设生产场地，不装配生产线，生产外包的对象从日本、西欧转移到了韩国、中国台湾地区，进而转移到中国大陆、印度等地。这些都是世界上劳动力十分低廉的地区。耐克巧妙地把生产压力直接转向外地。

生产外包带来的优势，不仅仅在于生产成本的降低，还展现在许多层面。首先，生产外包可以使耐克的管理重点转向新技术的开发、产品营销和人力资源、品牌、企业形象等无形资产，精简了企业繁重的机构部门，减少了许多费用，使耐克的球鞋更具备时尚的要求。

其次，当耐克将生产外包给发展中国家企业时，也促进了当地的经济发展，增加当地就业、输出部分先进的生产技术及设备，受到当地政府的欢迎，不仅可以轻松完成生产活动，还得到许多优惠政策，比起在美国国内设立工厂面临的多种严格限制和激烈的竞争环境，在国外设厂有更多好处。

最后，在国外外包生产不仅可以在生产上降低成本，在销售上更有拓展市场的效果，发展中国家消费者人数多，随着经济的发展，购买力也不断提升，当地够强的竞争对手也少，加上政府的优惠政策，使耐克很容易打入市场，在生产外包的同时，耐克的品牌也打入了该市场、深入人心，而且在当地生产、当地销售也避开了高额的进口税。

思考点：为何 IBM 的外包没有给 IBM 自己带来太多利益，耐克的外包却可以为耐克自己带来巨大的利益？

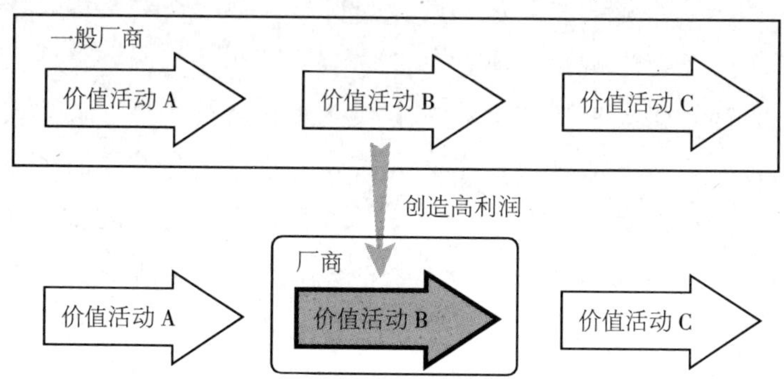

图 11-6　“创造利润高地，策略外包布局”模式

11.3.1.3　价值链切割

价值链切割是指企业将价值链中的一些价值活动切割出来，成

为一家独立的公司。企业需要进行切割，可能是基于管理上或财务上的考量，管理上的考量是指某些活动在管理上有特殊的要求，因而切割成独立的企业，例如宏碁集团在进行二次改造时，就将代工及品牌切割分家，以简化管理。财务上的考量，是指这些活动具有强大的获利或亏损可能，因而需要独立成为一家公司，例如联电将 IC 设计活动切割出来，独立成为联发科，创造了山寨机风行的条件；三星电子因为 LCD 可能成为潜在的亏损来源，为避免拖累整家公司，将 LCD 事业切割出来，独立成为三星显示器公司（Samsung Display Co.）。

企业将一些价值活动切割出来，成为独立的企业，可以扩大这些活动的服务对象，例如当企业拥有某些经营知识或是极特殊的资产时，可以将其切割独立，成为提供专业服务的“托管”模式。例如中国台湾一些导入整体资源规划（ERP）有相当成果的公司，可以为其他企业提供导入 ERP 的服务，为其他企业托管 ERP 。

模式案例研讨 11-6

万豪（Marriott）的旅馆托管

旅馆托管模式是现在相当盛行的模式，万豪旅馆集团则是早期发展出此模式的业者。在 20 世纪 70 年代，万豪和其他旅馆集团一样，都是以自建旅馆的方式进行扩张，结果导致很高的固定资产以及高负债。但是在石油危机期间，由于银行贷款利率暴涨，企业有相当迫切的资金周转需求，需要把绑在固定资产上的现金释放出来。

在这种情况下，万豪对底下的企业集团进行了一次重大的重组，分离出两家独立的子公司：专营旅馆地产业务的万豪服务以及专营旅馆管理业务的万豪国际。母公司把万豪旗下所有旅馆、地产都切割出来，由万豪服务该公司，负责进行证券化的包装，以取回现金。而专营旅馆管理的万豪国际则几乎不直接拥有任何旅馆资产，只是以托管的方式赚取管理费。

万豪：“生产产品转型为提供产制管理知识”模式（价值链模式 5）

目前的发展是两家公司各自经营良好，经营管理业务的万豪国际，已经成为全球最大的旅馆管理集团；经营旅馆地产的万豪服务，则将业务扩张到万豪品牌以外，为 Starwood 等其他旅馆品牌管理固定资产。

万豪的旅馆托管模式，现今很多国际旅馆集团都在效仿。例如在中国大陆的首都旅游集团把旗下的昆仑旅馆等一些旅馆资产出售给和记黄埔地产公司，首都旅游集团再与和记黄埔地产公司订定了长达 40 年的旅馆管理协议，由首都旅游集团负责旅馆的管理。通过这些措施，减轻首都旅游集团自己的负担，同时旅馆管理公司还与地产公司进行紧密合作，根据旅馆管理公司的扩张需求，地产公司会协助融资、改建旅馆，然后再与旅馆管理公司签订长期的委托经营合同，而旅馆管理公司的品牌，可以确保地产公司在买进旅馆后，可以进一步提高其市场价值。

思考点：托管模式成功的要件是什么？

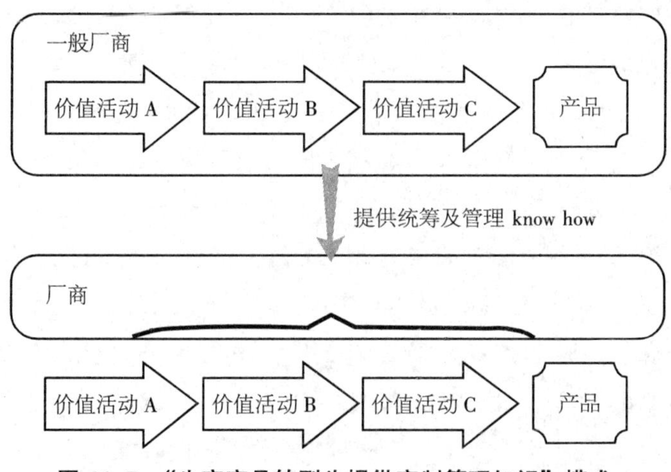

图 11–7　“生产产品转型为提供产制管理知识”模式

11.3.2　插入新价值活动

企业可以在既有的价值链中增加新种类的价值活动，以找出新的市场定位、创造新的顾客价值，以建构新的商业模式，例如许多工厂转型成为观光工厂，在成为观光工厂的同时，依旧维持着工厂的日常营运生产，但是加入了一些新种类的价值活动，以创造“观光”这项顾客价值，在南投的广兴纸寮是生产手工纸的工厂，除了致力于传统精致的手工纸生产之外，为了满足观光这项价值，需要设计教学体验，造纸、舞墨及印刷等课程，使游客在旅游行程上有特殊的学习收获，因而广兴纸寮就必须在传统制程的价值活动之外，增加许多体验、教学等新种类的价值活动，以增加旅游观光的知识性、趣味性及挑战性。

模式案例研讨 11-7

果园的转型①

香格里拉休闲农场的董事长张清来，中国台湾地区第一个观光果园是他创设的。张清来出生在兰阳平原，幼时即须在田中劳作，后来考上金融人员特考，短暂担任公务员，又决定回到家乡伴随绿地，踏上农业转型之路。

有一段时间，政府补助农民种植果树，张清来观察到每到周末，都市人会特地到农村，希望能吃到现采的李子，因此观光业可能就是农业转型的方向，卖门票可能比卖水果更能带来营收。张清来先收购村内的李子运到台北卖，赚到开发果园的资金，从 1988 年起，开始设观光果园，以 10 年的时间，不断购地扩大面积、亲手开垦、播种，在 18 公顷的土地上种了 12 种水果，让一年四季都有水果可摘，亲自设计凉亭、生态园区及亲子互动区，观光果园开幕后，第一年就净赚相当于当时公务员年收入 30 倍的利润。到 1995 年，张清来再开设香格里拉休闲农场，净利是观光果园的 2 倍，平均住房率六成以上，后进同业则只有三四成，能够提高住房率的原因在于张清来一直设法拉高平日的来客数，张清来观察到平日的来客主要是公务人员、进行户外教学的教职员学生以及进行教育训练的企业，因此推出公务员优惠方案，与旅行社长期结盟、拓展会议旅游市场免费招待企业内部的总务、福委会等员工，切入企业训练市场。

果园转型："不断植入新活动，持续增添新价值"模式（价值链模式 17）

到 2008 年，国内已有超过 2000 家的休闲农场，正当众多人都进入这个产业时，张清来又已经将文化灌注进台湾地区农村旅 游，把市场锁定在国际观光客，聚焦在东南亚、新加坡、日本市场，创造不同的价值。

---

① 故事来源：《商业周刊》第 1085 期；香格里拉休闲农场网站，http://www.shangri-las.com.tw/。

思考点：请描述从经营果园开始，张清来加入过哪些价值活动？增加了哪些价值？

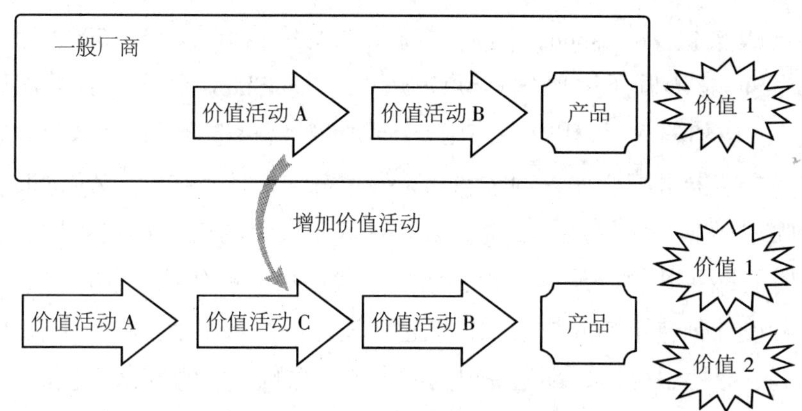

图 11–8　"不断植入新活动，持续增添新价值"模式

11.3.3　延伸价值链

企业从供货商获得投入原料、销售产品给顾客，因此企业价值活动的整合，若能将供货商及顾客的价值活动考量进来，将企业的影响力向顾客端或供货商端延伸，以创造更好的整合效果，建构创新的商业模式。

11.3.3.1　向顾客端延伸价值链

向顾客端延伸价值链，可以创造企业与顾客之间良好的价值活动整合，尤其在**两种情况下，企业更需要整合，分别是为顾客创造价值**以及**避免让顾客从企业自家攫取价值**。第一就为顾客创造价值而言，**企业向顾客端延伸价值链，可以让顾客的使用过程或营运流程更顺畅**，改善顾客的使用过程或营运流程，可以从以下四个途径着手[①]：

（1）省去顾客的某个步骤：对顾客的工作、事务、生活流程进行分析，不能只考虑一项事务的执行步骤，也要考虑顾客在执行此事务过程中同时执行的其他活动，检视是否有什么步骤或事务可以省去或合并执行的，或是企业可以为顾客代劳以节省顾客时间。

（2）节省顾客的采购时间：企业可以设计为顾客节省采购时间

① Ott（2010）.

的流程，尤其是在顾客只有仓促的采购时间的情境下，能够让顾客快速采购的流程设计，有创造营收的机会。例如提供自动贩卖机的 ZoomSystems，以美国及日本的机场航厦作为主要据点，设置自动贩卖机 Zoomshop，销售的商品平均价格介于 300~500 美元。ZoomShops 不同于一般的自动贩卖机，ZoomShops 结合了计算机程序、一支机器人手臂以及影像设备，协助顾客挑选合适的化妆品、香水、数字器材等。如果顾客想闻某品牌香水，按下按键，ZoomShops 会喷出微量香水让顾客试香。ZoomShops 锁定的就是行程匆忙、没有时间购买礼物的旅客，贩售机场免税商店未贩售的高档产品，以这种设计创造不错的绩效。大型超市设置银行自动柜员机、干洗店、药局、影片出租店，都是源自为顾客节省采购时间的概念。

ZoomSystems："提高顾客采购便利性"模式（顾客价值模式 2）

（3）让顾客能掌控自己的时间：顾客若是被限定在特定时空才能使用某个产品，就构成营运流程的限制，如果企业可以打破这项限制，将让顾客可以掌握自己的时间，也可以提高产品的接受度。例如录像机可以设定预录时段，让顾客不必一定要在特定时间出现进行操作。只要能消除顾客的"等待"时间，就相当于让顾客可以掌握自己的时间，例如模式案例研讨 7-1 的 Zipcar，让顾客可以任意使用停在各地的车子，就是让顾客可以掌握自己时间的做法。

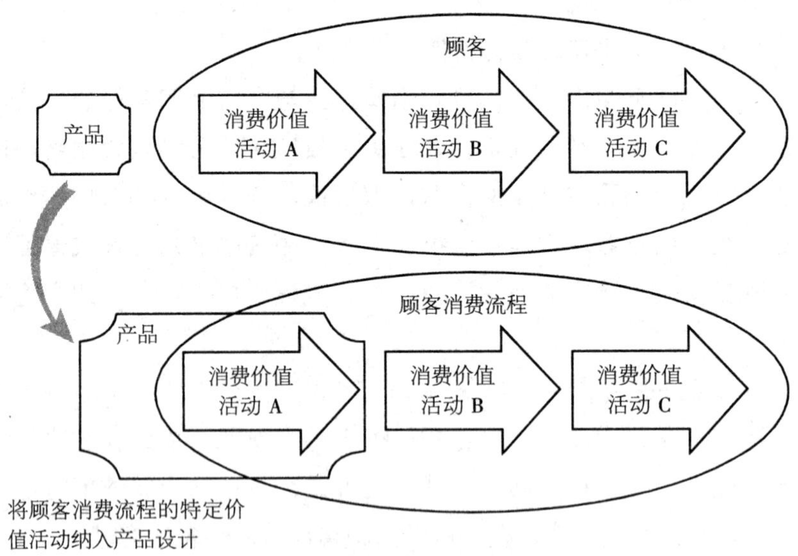

图 11-9 "提高顾客采购便利性"模式

"Nike+"："代管客户价值活动"模式（价值体系模式 1）

（4）为顾客组织其活动与流程：如果企业可以为顾客组织其价值活动及流程，顾客将可以从使用这项产品中获得便利，而提高购买意愿。例如 Nike 注意到许多慢跑者会在运动时听音乐，便和苹果合作，推出“Nike+”，在 Nike 运动鞋底部装上无线感应器，可以连接到 iPod，运动者在跑步时，感应器可以测量跑者速度，将数据传输到 iPod 同步计算出跑者的运动时间、热量消耗等数据，随后将 iPod 插入计算机，数据上传到 Nike +网站，跑者就可以和先前数据作对比，了解自己的运动状况。

商业模式演练 11-3

生产可携式记忆装置（随身碟）的厂商，可以如何向顾客端延伸价值链？

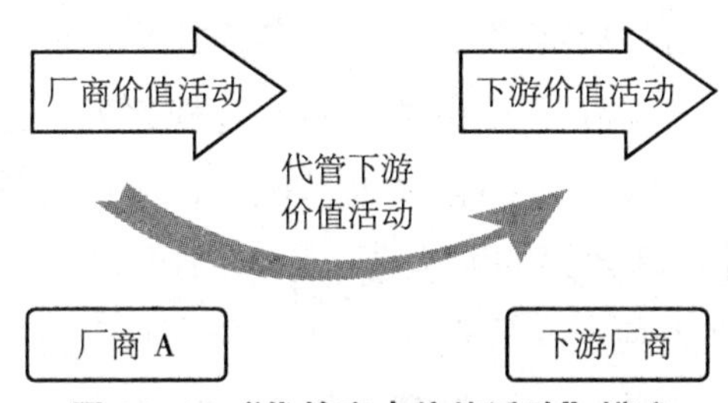

图 11-10 “代管客户价值活动”模式

第二就避免让顾客从企业自家攫取价值而言，当顾客拥有相当强的买方议价力时，企业也需要考虑将价值链向顾客端延伸，以避免顾客过于强大的议价力减损企业自家可以获得的赢利，例如许多饮料制造商（如光泉、统一、味全）都将触角延伸到便利商店；在有线电视业，节目内容制作业者例如 TVBS、各家购物节目等，是否能出现在最终收视户的眼前决定于有线电视系统业者的采购决策，因此一些制作节目内容的企业（如东森、富邦、中天），会将力量延伸到有线电视系统业者，提高自家节目面对掌握频道的有线电视系统业者的议价力。

商业模式演练 11-4

出售套装旅游产品（如东京五日游）的旅行社，可以如何向顾客端延伸价值链？

11.3.3.2 向供货商端延伸价值链

企业向供货商端延伸价值链，也就是向后整合，**在以下两种情形下，企业特别需要向供货商端进行整合：改进投入要素品质以创造价值以及避免让供货商从企业自家攫取价值**。第一，改进投入要素品质以创造价值而言，如果上游的某个环节出现品质瑕疵或是要提高最终产品品质及价值的关键在于投入原料时，企业就必须考虑是否将价值链向供货商端延伸，以便于改善投入要素，生产出品质较佳或能提供新顾客价值的产品。例如前面提到的麦当劳介入马铃薯农场的经营，以便于拥有品质稳定的马铃薯原料，让最终产品薯条能有更佳的口感，即为向供货商端延伸的例子。另外，台湾地区的许多纺织业者为生产具有机能性的布料，也向供货商端延伸价值链，例如以可以保暖的刷毛布的生产为例，一条长布经过染整刷毛过程，成为刷毛布，以生产刷毛布知名的菁华工业，为了生产保暖效果极佳的刷毛布，除了关注染整刷毛过程之外，还必须设立布料工厂，从聚酯、纤维抽丝都必须自己执行，生产特殊规格的布，才能进而生产最佳保暖效果的刷毛布。

第二，避免让供货商从企业自家攫取价值而言，如果上游原料的供应日益稀少或是上游原料产业的集中度相当高，企业在面对上游产业时，其议价力会相当弱，因此可以考虑将价值链向供货商端延伸，例如模式案例研讨 9-3 的嘉丰企业，就是将价值链延伸到水产养殖，以便于机动调度水产的生产及运销，避免因为缺乏水产养殖而临时缺乏货源从而被迫高价购入水产。

本章提及模式的相关网站

1. Colowide，http：//www.colowide.co.jp/。
2. Marriott，http：//www.marriott.com/default.mi。
3. 香格里拉休闲农场，http：//www.shangrilas.com.tw/。
4. 麦当劳，http：//www.mcdonalds.com.tw/。
5. 福委公司，http：//www.benefit.com.tw/。
6. 苹果电脑，http：//www.apple.com/tw/。
7. 携程网，http：//www.ctrip.com/。

本章参考文献

［1］Bovet D.，Martha J. and Kramer K.. Value Nets：Breaking the Supply Chain to Unlock Hidden Profits［M］. NY：John Wiley and Suns，2000.

［2］Ott A. C.. The 24-Hour Customer［M］. NY：Harper Business，2010.

第 12 章　顾客价值及产品定位调整驱动的商业模式创新

企业运用价值链完成产品的生产后，就会面对某个市场区隔中的顾客，满足顾客价值。产品定位、市场区隔与顾客价值三者紧密相连，商业模式的创新，可以从顾客价值、市场区隔以及产品定位的调整所驱动，产品定位及市场区隔的调整必然牵动到顾客价值调整，例如普罗大众自行车厂要转型到顶级自行车区隔，必然要设定新的顾客价值；然而，顾客价值的调整并不必然牵动到产品定位及市场区隔的调整，例如同样在顶级自行车的市场区隔中，车厂可以增添更多元化的顾客价值（如提供私房旅游及饮食名店导航指引）。因此，本章先说明既有市场区隔的顾客价值调整驱动的商业模式创新，再说明市场区隔及产品定位调整驱动的商业模式创新。

12.1 在既有市场区隔形塑顾客价值

顾客价值的调整，可以驱动商业模式的创新，各种具体的价值要素以及价值要素组合上的调整，第 4 章已有说明。市场区隔的调整必然牵动到顾客价值调整，但顾客价值要素组合的调整可以在既有市场区隔基础上进行。

企业可以**针对既有的市场区隔，提供创新的顾客价值要素组合**，这种做法可以**省下锁定新市场区隔所需的行销支出，也可让既有区隔的顾客有新鲜感**，例如英国的都市野餐盒公司（Urban Picnic Box）是针对上班族的外食需求，制作外带午餐便当，诉求是一周五天，每天提供不同国家的风味料理，便当盒是以硬纸制作，外表标明料理的种类跟内容物照片，12 个国家的料理，每天轮替，顾客吃到的是当季的有机蔬果，因而提供了同样是外食族菜色多元、食材在地、环保、快速方便的价值。但是，**如果既有市场区隔的顾客并未特别偏好新价值，那么企业就会面对成本提高的问题**。

模式案例研讨 12-1

诚品书局[①]

诚品书局创立于 1989 年 3 月，创办人为吴清友先生，在诚品出现之前，中国台湾地区的书店并不强调“提供一个良好的阅读空间”，当时诚品在台北市仁爱路圆环开了第一家诚品书店，提供了宽敞舒适的空间，引进一些外文艺术书籍，让当时的读者相当喜爱，1991 年诚品敦南店扩大营业面积，并且增设艺文空间，提供多元的文艺活动，在性别议题、非主流剧场、台湾地区本土艺术讨论、现代文学、纪实摄影、台湾本地区文化上，都曾举办过艺文活动。诚品敦南店并首创 24 小时不打烊的方式营业，吸引不少夜猫族深夜逛书店，打破购书的行为模式。

1992~1999 年，诚品书店陆续在中国台湾各地开设分店，在设立分店时，书籍选取及空间布置，有时会考虑到当地的特殊条件，例如在台中科学博物馆，会为喜爱深入了解自然的读者开设以“自然阅读”为特色的科博店；在台北的信义计书区，为位于国际经贸交流中心的读者开设以“商业人文”为特色的世贸店。

诚品书店也强调开发生活创意，把衣食住行视听娱乐等面向的创意商品加以组合，提供给读者，诚品的客群多为都会区中的居民，其设点也经常选在人潮多的区位，诚品以它所汇集的人潮为基础，经营商场、卖肥皂、酱油、零食，创造了一条文化财的路线，将生活风格转化为可销售的商品，着重商品制作者和商品之间的关系，所有制作者的故事都在商品卖场中展示，商品承载了文化及梦想，以阿原肥皂为例，它是本土化的商品，价格却是国际品牌的水准，诚品的会员已经超过 70 万人，以书籍文化带来商场人潮，诚品结合书店和各式各样商场，甚至电影院、音乐馆及旅馆的复合式商场模式，全台共有 39 家店，为诚品集团撑起 2011 年超过 200 亿元台币的营收。

---

① 故事来源：诚品书局网站，http：//www.eslitecorp.com/TW/Index.aspx；《远见杂志》第 283 期。

诚品书局："为既有区隔增添新价值"模式（"改造顾客"模式）（顾客价值模式 11）

诚品成为独具一格的品牌，是从文化角度去看事情。吴清友以买一件家具为例，买家具的意义是设计者的艺术观、设计观正好契合你的生活观，契合你的美学观。诚品不断寻求如何让很难获得利润的书业，找出它跟生活、跟商业、跟工作、跟人类心情、人类所需要的服务、人类所从事的活动如何整合。这整合出来的，就是所谓诚品的场所。

思考点：诚品为购书者提供了哪些其他书局欠缺的价值？

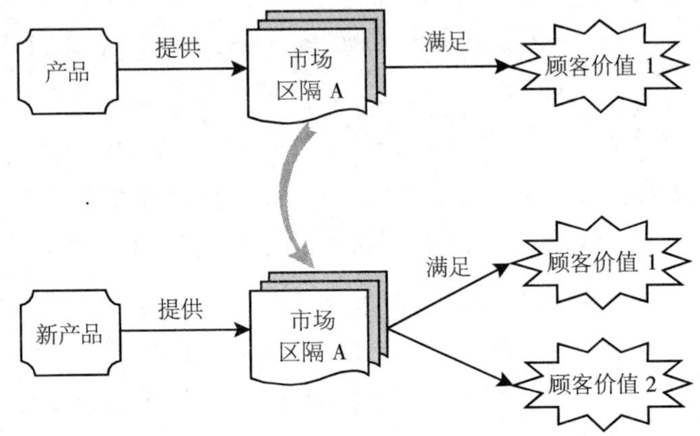

图 12-1 "为既有区隔增添新价值"模式

当企业的商业模式创新是锁定既有的市场区隔时，其行销成本可以因为区隔相同而降低，但是**提供新的顾客价值相当于试图形塑新的顾客态度、偏好及行为**，因此在商业模式中，需要一些可以引导顾客态度、偏好及行为的设计，例如广告、实体空间及产品设计的安排等，都应该以重新塑造既有顾客的态度、偏好及行为为重点，例如早期汽车业者的广告经常诉求理性面的价值，又如省油、性能等，近年来汽车业者广告则也同时强调感性面的价值，例如汽车广告强调家庭参与感，让汽车产品增添感性成分。

12.2 市场区隔调整

市场上存在着多种区隔，如果既有区隔内的顾客价值难以重新塑造，企业可以尝试转移到新的市场区隔，以新区隔为基础设计新的商业模式，当市场区隔改变之后，企业提供的顾客价值也自然会跟随调整。

12.2.1　向上锁定高阶区隔

当企业不断提升性能及品质、提升附加价值时，就会开发高阶客层区隔，在高阶客层区隔中，企业可以推出单价更高的产品，如果价格的增幅足以弥补因转换区隔增加的成本，企业便可从向高阶区隔的转换中获取利益。

模式案例研讨 12–2

高阶区隔如何展现？[①]

谢先生餐厅是武汉相当知名的餐饮酒店，是由台湾同胞谢志刚所开设，谢志刚在 1991 年投资人民币 80 万元，在武汉开出自己的第一家餐厅，当时走白领路线，开张半年，248 平方米的餐厅里经常每天只有个位数的客人。

某天餐厅来了两位客人，边吃边聊，看来相当满意，谢先生就过来征求他们的意见。这两位客人提到菜肴符合武汉人的口味，价格也合理。同时用餐环境高雅、卫生舒适，也是他们看到第一家用高级纯白布做台布的餐厅，餐具漂亮完好，而其他餐厅，桌上用的是塑料布，缺口缺角的餐具也继续用。

谢志刚后来就精心做了广告单，标出餐厅菜色，印上装潢和色彩，到白领出没的地方发传单。一周后顾客果然增加。

谢先生餐厅的菜色从一桌 200~10000 元人民币的都有，从炖肉卖到鱼翅、鲍鱼，但最重要的卖点居然是高级、精致和白色桌布。谢先生喜欢研究美术和装饰学，大厅展现出金碧辉煌、宽敞大气、高贵而典雅的格调，豪华的旋式楼梯两旁由淡绿色的玫瑰点缀，有天使羽翼的心形拱门，厅顶上用象征幸福的大红绸拉成波浪形状，上面挂着心形发光饰品。镀金桌椅、漂亮的玫瑰瓷餐具和典雅的桌布、用心别致的插花、精致考究的墙

① 故事来源：《商业周刊》第 1182 期；华夏经纬网 2007 年 07 月 31 日。

面、窗台、立柱等，都散发浪漫情怀。

很多情侣认为在谢先生餐厅办婚宴是非常惬意幸福的，许多要面子的人都会到谢先生餐厅办婚礼。每周五、周六和周日，多场婚宴几乎都安排得满档，来此办婚宴的新人均可获赠十项温馨服务，如免费的舞台音响及灯光设施、豪华婚礼仪式、全套免费录像等。

谢先生餐厅："以卓越品质瞄准高阶区隔"（市场模式7）+"以产品设计瞄准高阶区隔"（市场模式8）+"以细致服务瞄准高阶区隔"模式（市场模式9）

在谢先生餐厅中，墙壁上的镂空雕花壁纸都是从香港浅水湾空运到武汉，水晶顶灯是从欧洲进口，踢脚线也都是大理石雕花，化妆室里还有小孩子的专用马桶。把一般人吃饭的餐厅当作五星级酒店来装潢，隔着一条马路就是Armani、Gucci，邻近国外知名品牌，也拉高了自己的层次。

思考点：餐厅业的高阶可以如何展现？从谢先生餐厅的例子可以推导出哪些走向高阶区隔的方式？

为服务高阶客层，商业模式的要素也需要做出相应的改变，例如把米当礼品卖的禾掌屋，为许多上市公司制作客制化产品，作为股东会上送给股东的礼品。2公斤的包装米售价290元，打造了台湾地区极高阶的有机越光米品牌。为了能成为礼品等级的产品，首先需要克服生产问题，越光米品种稻秆相当脆弱，稻穗一旦遇到风雨就容易倒下，日照若是不足，未成熟粒也会增加，种植不易，一般农民不愿配合种植，直到禾掌屋保证收购价，才让一些农民愿意配合种植。其次在包装上，为呈现礼品感及环保诉求，从提袋提把、牛皮纸材质、提袋外形尺寸及美观，都重新设计，终于让米成为礼品。再例如Toyota及Lexus皆属于日本丰田集团的汽车厂牌，Toyota是专门设计给中阶消费者使用，而在20世纪80年代，Toyota的董事长丰田英二欲开发高阶的消费族群，创造了Lexus，将两种不同价位等级、市场定位的品牌完全区隔开，甚至连业务员与维修团队，都是从既有Toyota团队中调派最优秀的人担任。所以在展示经销地点都完全分开。由此可知，**区隔及定位的改变，需要价值链的调整配合，才能真正落实服务高阶区隔。**

12.2.2　向下锁定大众区隔

高阶市场区隔可以接受高单价的产品，但是消费者数目较少；相对之下，大众市场区隔的消费者为数众多，原先定位在高阶区隔企业，若是希望能扩大销售额，向下拓展大众市场区隔是一个可行的方向。

模式案例研讨 12-3

Callaway 将贵族运动变成消费商品

从 2005 年起，Fellows 开始担任生产高尔夫球具公司 Callaway的 CEO，大幅改变了 Callaway 的商业模式。在此之前，Fellows 曾在高露洁牙膏、International Playtex 内衣裤、露华浓（Revlon）化妆品等消费品公司工作，从来没有跟高尔夫球沾上边。

Fellows 刚上任时，曾被质疑根本不懂高尔夫球业，但是他相信，经营一家企业的基本原则并不会因为销售的产品不同就有所改变，他认为 Callaway 之前的问题，就在于只把自己看作一家高尔夫球公司，而不是一家消费品公司。只有将这个高价贵族运动平民化，才能够扩大潜在顾客的范围。Fellows 从联合利华（Unilever）挖角行销主管、从露华浓请来制造主管、从星巴克找人来负责国际市场的业务。

既然公司卖的不只是招牌的高尔夫球杆，Fellows 全力将 Callaway 转型为一个生活风格品牌，放更多心力在高尔夫球袋、球鞋、手套等外围产品上。并且设立了高尔夫球游乐中心，让顾客手持真正的高尔夫球杆，打真正的高尔夫球，但是是朝着标靶打，打中后机器会根据球的落点及速度算出成绩，像是棒球打击场一样的经营方式。

高尔夫球大众化，为 Fellows 招来了一些批评。Callaway 的竞争对手 Taylor Made 公司的 CEO 是 King，他在学生时代就加入高尔夫球校队。King 认为 Fellows 根本不是高尔夫球迷，他对这种运动根本没有兴趣。King 认为 Callaway 代表的只是高尔夫

Callaway：“以亲民版瞄准大众区隔”模式（市场模式 10）

球这门生意，Taylor Made 公司代表的才是高尔夫球这个运动，他只想帮助真正的高尔夫球手打好球，而不是想出聪明的方法卖球杆。Fellows 则认为，抱持这种狭义心态，永远也别想推广高尔夫球。

思考点：从商业角度，King 与 Fellows 谁的观点较合宜？

大众区隔商机的极度展现，就是金字塔底层商机[①]，金字塔底层商机是以服务穷人为目的的商机，例如在印度班加罗尔（Bangalore）的印度第一旅馆（IndiOne），每晚只收 20 美元，而当地的西式豪华旅馆一晚约要 250~300 美元。印度第一旅馆是一家现代化的旅馆，每一客房均有浴室、液晶电视、无线宽频网络、小型电冰箱、咖啡壶及一块不算小的工作空间。旅馆大厅设有自动柜员机、一间商务中心、一间不错的餐厅及一间小型健身房。印度第一旅馆将自己定位为“精准满足精明旅客基本需求”的服务提供者。2005 年的毛利率达 65%，高于一般豪华旅馆的 30%~40% 的毛利率。

模式案例研讨 12-4

廉价心脏开刀[②]

印度 Bangalore 的 NH 心脏科医疗中心创立于 2001 年，是全世界“从事心脏手术及提供其他与心脏有关疾病医疗服务，包括对儿童病患的照护”最大的医疗机构。到 2004 年，已进行了 7500 次心脏手术，门诊人数多达 60000 人，其中包括近 2000 位因居住地方离医院太远而通过视讯接受医疗服务的病患。

NH 心脏科医疗中心动手术收取的费用，一律都是 1500 美元，是美国医院动类似手术费用（45000 美元）的 1/30。但许多印度病患仍然负担不起。因此，在银行及政府的协助下，NH 为穷人设计了一种医疗保险计划，一次给全村人民每人每月仅需支付约 20 美分的保险费。在此保险计划下，医院动手术的费用绝对不能超过病患负担得起的价格，同时还要让医院有钱可赚。

① Prahalad（2004）.

② 故事来源：Prahalad（2004）.

NH心脏科医疗中心能够依旧获利，是由几项因素共同促成。首先是专业化，NH专精于心脏，才能将人员、训练、工作流程、资本设备等资源作最妥善的运用，也因此建立独特品牌，以吸引病患、医疗专才及捐款人。专业化也让NH心脏科医疗中心建立其他全科机构难以匹敌的专业知识技术，印度每年仅训练出80名心脏外科医生，医疗人才原本相当短缺，但NH了解到该关心的是医院所需的技能，而非医护人员的资格。在心脏外科这个领域，没有一位医生擅长所有次分类的手术，NH心脏科医疗中心的人才运用将医疗过程切割成多个步骤，以有效运用所有有能力的外科医生，提高医生的动刀次数，专业化与大量化的结合，让NH在很短时间内训练出更多优秀的医护人员。

其次，NH持续寻求降低固定及变动成本的方法，为它们的产品及服务建立更合理的成本结构，仅需购买心脏科方面的医事器材，医护人员分成三班，全天候使用这些器材并且提供诱因，例如降低收费，以鼓励病患选离峰时间来医院动手术。

再次，在一般医院，心脏外科医生为灵魂人物，从决定要不要收一名病患、指示作哪些检验、综合各种相关信息、规划外科手术、协调工作团队，到监视术后恢复情形等，都是由医生负全责。NH则采取了不同的方式：医生负责医疗专业的部分，至于医疗结果的责任，由整个工作团队负责。

最后，NH设法扩大客源的地理范围，涵盖面积超过6万平方英里，NH在较远地区的当地医院组成医疗团队，成员多半是年轻医生及护理人员，训练他们娴熟心脏科的诊断及照顾。如果当地医生检查出无法处理的案例，可通过视讯会议在线上讨论，如病患确实需要动手术，NH即建议病患到班加罗尔医院总部来接受治疗。

NH的所有员工都有一个强烈的信念及目的：不论贫富，为所有民众提供世界级的医疗服务。正因为大家都有共同的信仰，因此尽管人们背景不同、成就不一，却可组成工作团队，无须太多监督，即能有效执行任务。

NH心脏科医疗中心：“细分流程标准化，瞄准底层商机”模式（市场模式11）

思考点：NH心脏科医疗中心能以低收费提供心脏手术服务的关键有哪些？

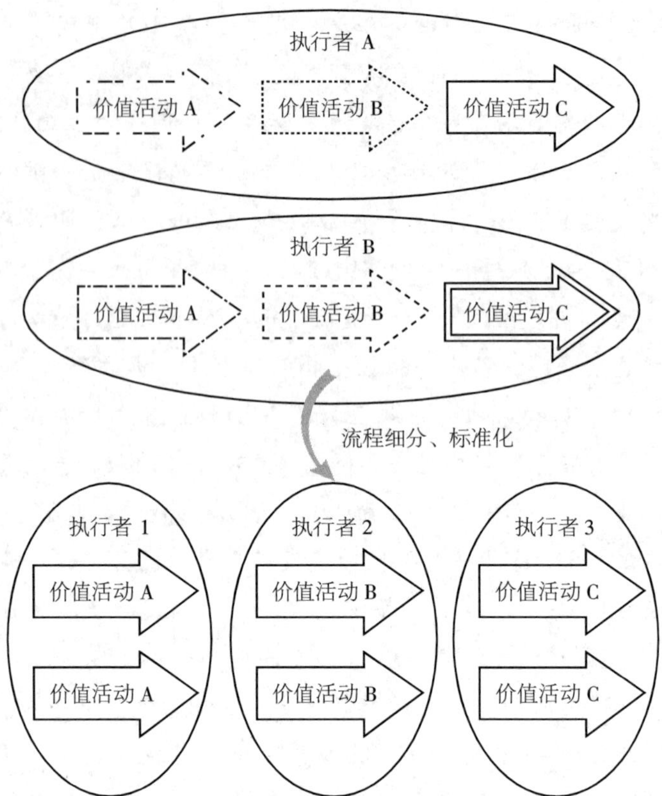

图 12-2 “细分流程标准化，瞄准底层商机”模式

寻求金字塔底层商机的商业模式创新，关键不仅在于技术面或市场面的突破，而是**牵涉到满足以下三项条件的复杂过程**①：

（1）**创新产品或服务必须具备相当水准的品质**。

（2）**创新必须大幅压低成本**，必须是金字塔底层的人负担得起的产品或服务。

（3）**创新必须可扩充**，必须能生产及行销到更多地区及不同环境。

企业若能满足这三项条件，将可提高锁定大众区隔的成功可能性。

12.2.3 重塑市场区隔结构

市场区隔由一些变量架构出来，某个市场区隔会对应到一组顾客价值，而这组顾客价值需要以一组特定的资源能耐来满足，例如银行必须具备操作女性产品市场的行销能耐，才能针对女性市场区隔推出女性信用卡，以满足女性消费者所需，因此**市场区隔、顾客**

① Prahalad（2004）.

价值以及资源能耐是相互对应的。

当企业的资源能耐组合在新的市场区隔结构下可以创造比同业更具优势的竞争地位时，重新塑造市场区隔结构，将成为可行的途径。重塑市场区隔结构的三种主要方式为**细分现有市场区隔、引进新顾客价值以及重新界定顾客**。

12.2.3.1　细分现有市场区隔

一项商业模式提出的顾客价值有时会相当抽象，企业可以将抽象的价值转化为众多的具体价值，据以设计出新的商业模式。此一观念反映在市场区隔上，就是**将一个现有的市场区隔加以细分成为众多小型的市场区隔**，例如在洗发精市场上，宝洁公司推出多款洗发精，“沙宣”强调有型、个性，要的就是追求时尚另类青少年，“飘柔”强调顺滑，“海飞丝”强调去屑，“潘婷”重视营养。

根据长尾理论（The Long Tail），过去的大众市场正在分化成许多小市场，单项产品能够热卖的大众主流市场虽然还存在，但是并不是唯一的选择，即使是同构型相当高的大宗商品（Commondity），例如面粉，都有超过 20 种以上，包括从全麦到有机面粉的面粉种类，这种环境让企业有机会将市场区隔细分到极致，并且可以设计合宜的商业模式从中获利，典型的例子就是 YouTube 上有成千上万影片，即使绝大多数影片的观看人都不多，但每一种影片都展示了某个区隔的存在，将这些微区隔汇集起来，成为 YouTube 模式的一项重要支柱。

在经过细分区隔之后，企业后续可以有两种做法，第一种做法是选择其中少数几个区隔善加经营，例如早期单一电视频道播放的节目五花八门，从新闻、综艺、连续剧、卡通到知识性节目，一应俱全，反映的是电视台想满足“室内视听休闲娱乐”这项抽象的顾客价值，但是一些专注于其中一类节目专业电视频道，像是体育赛事的 ESPN、电影的 HBO、知识生活的 DISCOVERY 等频道的出现，让综合性频道的收视率被瓜分。

模式案例研讨 12-5

美国西尔斯百货（Sears）面对的困境①

西尔斯连锁百货曾经是美国极具代表性的百货公司，但到了 20 世纪 90 年代中期，市场上出现众多业者，分别从事西尔斯的某一项业务，且比西尔斯更加深入，令西尔斯陷入众多对手的围攻。西尔斯在高阶市场遇到 Federated 百货之类的区域型百货公司的整合，这些区域型百货公司整合后，变成在全美各地拥有连锁店的全国性机构，采购实力达到相当的规模经济，能够网罗更多的高级品牌，并且在陈设更优雅的店面空间中，贩售价格较高但品质更好的商品。

位居底层的折扣量贩市场，Wal-Mart 与 Kmart 的崛起让西尔斯饱受威胁，尤其是 Wal-Mart 通过精心挑选的设店地点与供应链创新，以及跟供货商积极谈判大砍进货价格等手段，对其他业者造成莫大的威胁。

会员制折扣量贩店如好市多（Costco）占据的又是另一个低价、大量采购、自助式服务的市场区隔，这个区隔的厂商提供顾客自己找商品的乐趣，同时兼具零售店的其他优点。另外，还有一群创新的企业成立品类杀手分别瞄准西尔斯的个别产品部门展开攻击，譬如玩具反斗城重创西尔斯的玩具部门；Best Buy 则攻击西尔斯最主力的电子产品与家电；Ace Hardware 则蚕食掉西尔斯的传统强项：五金工具与居家修缮，所提供的产品样式众多。至于 Lands End 这类专业型录购物业者，则瓜分掉西尔斯的纸本邮购目录业务，之后甚至连网络零售商也来加入战局。

思考点：西尔斯百货的区隔，是在哪些面向上被细分？台湾地区的百货公司会（曾）发生过类似的现象吗？

市场细分之后的第二种做法是填满区隔，例如王品集团旗下的众多事业体，以牛排为产品的事业体就有王品台塑牛排、西堤牛排

① 资料来源：D′Aveni（2010）.

和陶板屋三家，在产品、价格和服务方面都做了区隔，王品台塑牛排以尊贵的服务为诉求，牛排一客约 1000 元，以款待最重要的人为诉求；陶板屋新和风料理以有礼的服务为诉求，走新和风料理路线，约 450 元的价位适合中年客层；西堤牛排以活泼的服务为诉求，价位在 430~450 元之间，主打 23~30 岁的年轻上班族。另外还有聚火锅和原烧烧烤，都是以符合大众一般口味的产品为经营焦点，而且一家店只经营一种产品，形成多品牌经营的策略，新近成立的石二锅则诉求更平价的火锅市场，这些是填满市场区隔的做法。

12.2.3.2　引进新顾客价值

企业可以经由引进一项被业界忽视的崭新的顾客价值，让市场区隔结构出现颠覆性的改变，例如台湾地区早期的报业，其市场区隔的主要变量是以地区性/全国性报纸、专业性（如经济日报）/综合性报纸、价格等变量为主，但是苹果日报挟“娱乐及视觉感官”这项顾客价值入台湾地区报业市场，让报业的市场区隔发生重大的改变。企业引进的新顾客价值，如果能够吸引过去极少消费此类产品的顾客，将形成“创造新市场的破坏式创新”。

12.2.3.3　重新界定顾客

企业经常会直觉地将产品的现有使用者界定为顾客，但企业若能扩大顾客的范围，将可以发现重新塑造市场区隔结构的机会，例如生产核心处理器（CPU）的英特尔以计算机电子设备的代工厂作为顾客，是很合乎直觉的界定，但是英特尔认知到最重要的顾客应该是最终消费者，而非计算机制造商，因此改变市场行销及商标的宣传策略，主打“Intel Inside”，在最终消费者端建立品牌知名度，配合可靠的产品品质，为英特尔创造出千亿美元的市场价值，这也就是“重新界定顾客”的商业模式。

除了产品的直接使用者之外，**重新界定顾客还存在着其他替代选项**，这些选项包括了**新市场区隔的消费者、新的决策者、新的对购买决策有影响力的成员、价值体系的不同阶段成员**等①。星巴克重新界定顾客，以重视气氛、咖啡体验的市场区隔中的消费者作为顾客，搭配着设计出精致的空间规划以及泡制咖啡过程的看板等小装

---

① 参考 Slywotzky，Morrison，Moser，Mundt and Quella（1999）分类及作者自行增加的案例。

饰，让顾客到星巴克消费像是一种空间文化的消费体验；企业可以以产品购买过程中的新决策者，作为新的顾客群，特别是面对机构型买方，更充满此类机会，例如证券交易商在购买信息系统时，过去主要是由分析研究部门主导分析研究部门重视信息的完整性，因此路透社的系统经常可以获得推荐，但是在 2000 年新兴起的信息系统商彭博（Bloomberg）则是以交易员作为证券交易商内的重要决策者，在信息系统内加入了购物休闲等相关信息，让工作压力相当大的交易员可以获得相关的信息，获得交易员的推荐，攻占下可观的市场。

在找寻新的具有决策影响力的成员方面，拜耳公司（Bayer）在销售拜贡（Baygon）杀虫剂，除了关注最终使用者之外，还把城市公寓的管理员当成关键顾客，毕竟公寓管理员经常是住户征询一些家居用品的意见来源；价值体系中的其他成员也可作为企业重新界定顾客的对象，除了前述的英特尔（Intel Inside）正是使用这种方法外，为饭店及旅馆提供床单、桌巾的纺织业者福泰兴实业，在内销市场上原本是将产品卖给大盘商，但其床单及桌巾却经常成为大盘商向饭店旅馆销售四小瓶盥洗用品的搭配品，福泰兴因而决定直接聆听饭店旅馆业者的需求，做出与意大利布料同等级的触感、使用期间更长，价格却仅是国外厂商一半的床单。

商业模式演练 12-1

办公家具业者的顾客可以是哪些人？

12.2.4 优化区隔组合

面对市场上的众多区隔，企业需要从这些区隔中选出对自己最有利的区隔组合，这些区隔组合构成商业模式的一项关键要素，**企业可以从顾客对利润的贡献以及跨区隔的策略布局两方面决定区隔组合。**

12.2.4.1 根据顾客对利润的贡献，决定区隔组合

每个市场区隔的顾客有其独特的需求特点、行为模式与偏好，企业应该试图了解各个区隔的顾客，愿意为何种档次的产品服务品

质付出何种价格，而企业又能够以何种成本为各种区隔顾客提供产品服务，据以判断企业在特定区隔上能获取的利润，进而决定区隔组合。在此思维下，**有两种进行方式：①分析企业现有客群的利润贡献；②分析目标区隔顾客的可接受价格及可能产制成本。**

(1) 分析企业现有客群的利润贡献：现有不同客群对企业的利润贡献程度各自不同，有些顾客愿意为优质的产品和服务支付更高的价格、对企业忠诚度高，更乐意尝试新的产品服务，这一类顾客对企业有较高的利润贡献。另一类顾客价格敏感度较高、忠诚度较低、购买量有限，对企业的利润贡献较低。最不值得维持的顾客是需要企业花费大量成本费用来与之建立和保持关系，对企业的产品服务要求相当高，经常对企业的服务有所抱怨，对企业的利润贡献有限但会使企业浪费大量资源。

为掌握各个客群的轮廓样貌及具体行为，企业需要建置数据库系统来进行顾客分类，从而能针对不同顾客层级提供**不同的服务。对于利润贡献最高的顾客群**，企业对他们提供的产品和服务不能仅仅停留在基本的需求，必须提供特殊的、客制化的服务，以吸引该类客户消费新的产品或服务项目，维持该类客户的忠诚度。例如航空业及银行业会为他们最好的客户提供优先服务，越来越多的企业也开始执行类似做法，例如嘉信理财配置公司的呼叫中心就能够保证其最好的客户在 15 秒钟内得到回答，而其他客户可能需要等上好几分钟。

对于服务价格的敏感度较高、忠诚度稍低的顾客，企业可以提供标准化服务，以满足客户核心需求，利用价格或数量折扣、创新产品组合或者开发更为廉价的产品项目，以吸引这群顾客。

对于需要耗费企业大量成本、无法贡献利润的顾客，如果企业无法改变这些顾客的消费行为，便可以考虑放弃这群顾客。

模式案例研讨 12-6

第一资本金融公司

在信用卡产业中，信用卡公司的传统做法是不断开发出各种信用卡产品，加上具有竞争性的利率和信用额度，成为盈利的关键。美国的第一资本金融公司（Capital One Financial Corp）

则打破这项传统做法，开发了一套用以预测个别顾客带来可能营利的精确模型，利用一些关键指针，像是持卡期间、积极性、服务种类、账面资金循环以及年费，预测用户的需求、偏好和营利性，加上综合性的顾客人口特质、所得特质（如信用风险和收入）和信用卡销售管道等顾客资料筛选顾客。第一资本金融公司累积这项数据库超过十年，让第一资本金融公司成功找出能带来高营利的客户，并剔除无价值和低增长的顾客群。

根据这些模型，第一资本金融公司得以预测未来的用户盈利以获取主动权并且能够为个别的用户群设计特定的用户卡。此外，它还能够确定数目增加最快的顾客群，并为他们提供独特的信用卡申请条件及优惠组合。只要第一资本金融公司获得了一位客户，就不断通过信用卡账目表、飞行常客计划，充实资料库，充实后的数据，再进一步被用于作为预测用户使用和支付行为模型的输入项目。

第一资本金融公司："精密算计，放弃招致亏损顾客"模式（市场模式 3）+"掌握产品知识、转向掌握顾客知识"（市场模式 1）

第一资本金融公司一方面进行持卡人的收益管理，通过重新定价的方式剔除无法带来利润的用户；另一方面，第一资本金融公司可以提供更多有吸引力的条件，如更低的利率，以奖励有良好记录的用户。

通过这种方式，第一资本金融公司创造了客户导向的信用卡申请制度，迥异于传统方式，第一资本金融公司运用人口统计、购买行为和客户偏好，用以制定客制化的申请条件，而不是邮寄标准化的申请表给数以百万计的消费者。第一资本金融公司代表的是将焦点从"掌握产品知识、转向掌握顾客知识"的模式。

思考点："掌握产品知识、转向掌握顾客知识"在哪些产业会特别有效？这些产业有什么共同特质？

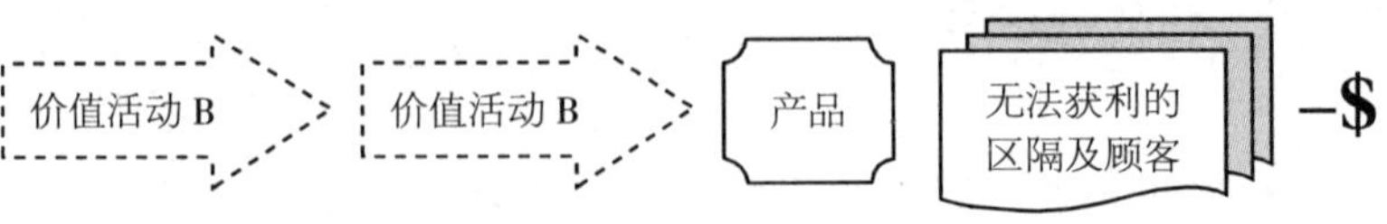

价值活动成本超出来自特定区隔及顾客的收益

图 12–3 "精密算计，放弃招致亏损顾客"模式

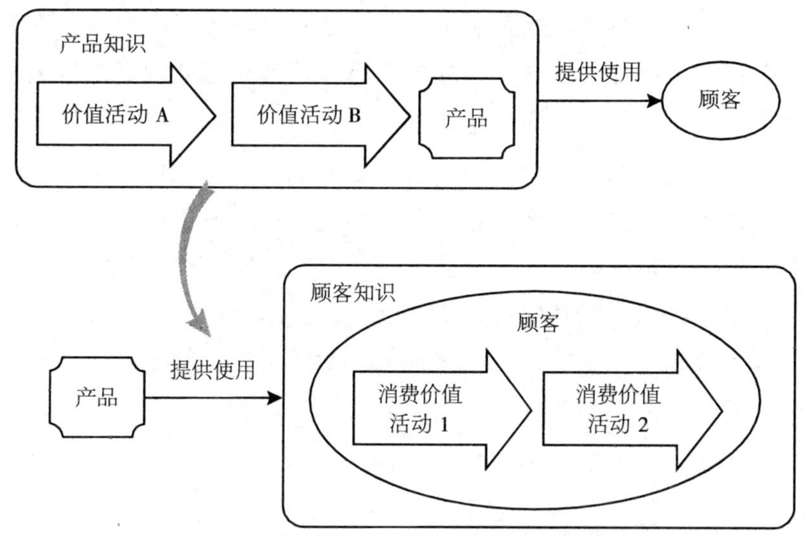

图 12-4　“掌握产品知识、转向掌握顾客知识”模式

（2）分析目标区隔顾客的可接受价格及可能的产制成本：企业对于目前已在经营中的市场区隔，可以用掌握顾客知识的方式筛选出可以为企业带来利润的次区隔；但**对于现有经营范围外的市场区隔**，要辨识这些新区隔是否可以带来利润，**可以采取先确认此区隔顾客可以接受的价格，再反向设法控制压低企业的产制成本，让企业可以在这样的价格下维持获利**，典型的例子是在纸尿布市场上，1956 年强生公司（Johnson & Johnson）旗下的夏克司公司将纸尿布定位为外出者使用的产品，价格过高，每一片约 8.6 美分，导致使用率仅 1/100；但宝洁（P&G）却将纸尿布设定在大众市场，订出每片 6.2 美分的目标价格，并据此将生产成本压低到每片 3 美分，顺利抢下大众市场。在台湾地区，王永庆先生在兴建养生村时，也运用类似的思维，先订出一般退休银发族可以支付的价格，再回推如何节省成本，以求能以设定的价格提供服务。

12.2.4.2　跨区隔的策略布局

跨越多个市场区隔的企业，可以进行特殊的策略布局，让多个区隔共享某种特定资产能耐以创造范畴经济是常见的策略布局。例如吉利（Gillette）刮胡刀多种产品，各自占据特定的区隔，但都使用吉利这个品牌；相较之下，宝洁则为旗下每一种洗发精赋予独特的品牌，多种洗发精无法共享同样的品牌，但是可以共享宝洁的行销能耐。

另一种常见的跨市场区隔策略布局是所谓的金字塔模式。**在金字塔模式中，企业会生产一系列的产品，从低阶区隔到高阶区隔都填满商品**，低阶区隔的商品是大量生产、为一般消费者提供的入门商品，高阶区隔的商品则是为高收入者提供、重视极佳的功能、品质并强调稀有性，高阶区隔是企业利润的主要来源，低阶区隔的商品则构成一道防火墙，保护高阶区隔的商品，特别是在消费者会从入门商品开始，逐渐升级高阶产品时，以低阶区隔防堵竞争者、保护高阶区隔的作用会更重要，例如各种芭比娃娃产品涵盖的价格区间相当大，低价的芭比娃娃几乎所有人都买得起，但高价的芭比娃娃售价可以达到 200 美元，供收藏家购买。

商业模式演练 12–2

请选择三项可以套用金字塔模式的产品，进行演练，并检视这三项产品有何共同特质？

12.3 产品定位调整

产品定位调整的具体操作是从产品组成的改变而来，产品组成是指一家企业所提供的所有产品品项，产品组成的改变有产品组成的单纯化以及产品组成的多元化这两种基本形态，牵动产品定位的调整，并进一步造成商业模式的创新。

12.3.1 产品组成的单纯化

产品组成的单纯化可以朝两个方向进行：简化产品功能以及缩减产品品项。

12.3.1.1 简化产品功能

过于复杂的产品不但耗费成本，还会模糊焦点，占用了原本可以投入到核心事务的资源，也会影响营运品质。一般提到的“减法模式”，就是去芜存菁，关心事务的核心，再将这些核心事务执行到最佳的状态。

简化产品功能的另一项思维，是只有在顾客需要的时候，才增加功能，不分时段、不分对象全面提供五花八门的功能或复杂的产品线，有可能正好掩饰企业对顾客的了解不足，让企业无法察觉到这项缺失。

模式案例研讨 12–7

一分钟诊所（Minute Clinic）

"一分钟诊所"的核心是向大众提供快速方便的医疗保健。2000 年，由 Rick Krieger 与两个合伙人在当地的一家食品店内创立了第一家快医疗 Quick Medx 保健中心，后在 2002 年改名为"一分钟诊所"。

为了方便居民随时就医，不延误治疗，一分钟诊所大多开在居民区。在创业初期，它的一些诊所也会开在大型超市内，但 2005年被美国第二个处方药零售集团 CVS 以 1.6 亿美元收购后，它现在几乎都开在 CVS 连锁药店里，诊所的面积通常只有 8 ~10 平方米。

为减少候诊时间，一分钟诊所在模式的设计上做了许多减法。它并不是什么病都看，主要诊治 18 个月以上的儿童和成人的普通疾病，如感冒、咽喉炎、红眼病和耳朵感染等，还有轻微外伤以及皮肤病等 40 余种小病。此外，诊所也提供健康检查、注射疫苗等。

病人到诊所后，诊所采取病人随到随诊、随治随走的做法，不必提前预约，所有治疗均不超过 15 分钟，医护人员也会把等待时间告诉顾客。

这种模式设计上的减法大大降低了诊治难度，使得它只要聘请注册护士和实习医生就能应付病人需求，节省人工成本之余，造就了一分钟诊所的 15 分钟超短看病时间。据统计，像感冒之类的小病，美国只有 1/3 患者能在当天获得治疗。没人愿意为个感冒而耽误一天的时间。

一分钟诊所将标准化操作做得非常彻底，为病人诊断时，护士只需要根据既定的"自动诊疗诊断流程"，为病人进行基本

一分钟诊所："简单产品，做到最好"模式（产品模式 6）

检查，听取病人陈述的病史和病情，就可以自行快速处理易于诊断的病症。复杂的病症则会马上转交给专业医护人员诊治。另外，每个诊所都配上一个有经验的医生。他不在诊所办公，护士或实习医生如有疑难，可随时打电话求助。如果有严重的病情，诊所会向医院转诊。

另外，针对每项医疗服务及其报价，一分钟诊所都会清楚列明，就像麦当劳的菜单上一样，清楚透明又低价，价格 30~110 美元不等。病人就诊的花费低于去医院的开销，也没有医院那么繁冗的手续。

靠着独特的商业模式，一分钟诊所在美国发展得很快。截至 2012 年，全美 49 个城市有近 600 家一分钟诊所。目前，根据一分钟诊所公司的网站显示，已累计接待 900 多万人，比上年增加了约200 万人。

思考点：一分钟诊所出现的背景和简化服务有什么关系？

12.3.1.2 缩减产品品项

当顾客面对复杂的选择时，可能会选择离开。一个例子是克莱斯勒（Chrysler）曾经从 5000 种现有的产品组合中，找出 200 种销售最好的汽车，并且通过分析，预测在各个地区可能最热卖的 4~6 种组合，将这些组合提供给经销商。结果，克莱斯勒却发现采取这种较少选择的经销商，反而比其他经销商多出 20% 的营收，大多数顾客会直接购买摆在展示场上的车子。

另一个例子是中国台湾地区安利早年贩售的品项从儿童套书、玩具到相簿，生活里用得到的东西都卖，直销商甚至建议卖卫生纸、酱油，产品最多达到 1340 项，因而分散了销售体系和消费者的注意力。2010 年则裁减到以营养品、个人保健用品为大宗的 500 项，在产品线裁减之后，聚焦在高附加价值、替代性低的商品，直销商价值反而凸显出来，也有助于品牌的建立。

即使在应该"百货并陈"的百货业，缩减产品品项也时而成为业者采用的模式，例如在台北市政府转运站的统一阪急百货，刻意去除童装部门，甚至将邻近捷运通道口的 1321 平方米卖场作为优衣库在台开设的首家旗舰店，将十个品牌的面积交由单一品牌经营，锁定平价消费客层；台北车站二楼原先是由金华百货经营，产品品项包含服饰杂货，在微风广场进驻台北车站二楼后，则删除服饰杂货等品项，专注于餐饮美食。

商业模式演练 12-3

缩减产品品项需要哪些环境条件及功能政策的配合才能成功？请举例配合说明。

12.3.2　产品组成的多元化

产品组成多元化的商业模式创新，是扩大企业自家所提供的产品品项或是增加功能将企业的经营领域延伸到新的范畴。然而延伸并不是无目的地任意进行，而是需要在特定的延伸主轴下展开，以免商业模式失焦。从过去的案例中，可以归纳出以下常见的产品多元化的开展主轴：

（1）**以资产能耐为核心展开**：企业可以以资产能耐为核心**开拓产品范畴，以充分利用有价值的资产能耐**。以这种方式设计商业模式，必须先依据资源基础论确认出能带来竞争优势的资产能耐，例如擅长引擎技术的企业可以将产品线拓展至汽车、游艇、割草机等项目；负责为拥有私人飞机进行托管及保养维修的华捷商务航空，可以运用所托管的私人飞机，将飞机转租给其他需要的客户使用，有效提高飞机使用率并节约开销。

商业模式演练 12-4

大学机构可以如何以资产能耐为核心，增加产品项目？

（2）**以地理为核心展开：当某个特定地理区域或面积范围创造出的人际纽带足以承载多项商品的经营时，企业可以地理为核心拓展产品品项**。例如地方性格极强的土地公庙，其贩卖部可以低成本向日用品制造厂商直接进货，低价卖给当地民众；自我定位为社区型民生消费品超市的美廉社则是以外围社区日常生活所需的产品为主；日本东京大田区是居民高龄化相当明显的地区，在当地经营超过 60 年的大森百货（Daishin）是以“半径五百公尺市占率 100%”作为经营原则，提供免费宅急便的服务以便利老年人，包装则是“超少分量装”，只要是当地老年人的需求，都会设法满足，店内贩卖品项多达 18 万种，小地理规模经营省下来的广告促销费用，可以回馈到满足当地顾客的真正需求，创造当地顾客极高的忠诚度。

（3）**以特定生活形态为核心展开：一些有特定价值观主张或特定需求的人，会有独特的生活形态**，例如乐活族[①] 的出现，让企业可以将产品品项扩张到有机和天然食品、有机和天然个人用品、乐活农业。在中国大陆，生产豆浆机的九阳公司则是把豆浆机当成生活及文化在卖，而不是当成小家电在卖，因此成立了九阳健康俱乐部以及豆浆生活网，推广豆浆生活。

（4）**以特定消费需求或使用流程为核心展开：**顾客在购买一项产品时，如果这项产品只是顾客的整体消费需求或使用流程中的一部分，企业可以**将产品项目延伸到整个消费流程或使用流程的其他部分**，例如提供人力招募的一些人力银行公司，如果想到人力招募仅是企业人力资源流程的一部分，流程中的其他项目还包括人员训练、评估等，人力银行就可以将业务范围扩充到这些领域。又例如系统供货商经常会为客户提供整套系统，如变电箱或者车门，而不是单位零部件，如变电箱中的齿轮或是车门中的轴承，省去了客户在设计和生产阶段需要自行进行零部件组装的程序。在金融服务业，诸如养老金保险、股票投资组合和储蓄账户等个人金融产品，正在被退休方案取代。有时整体消费需求或使用流程是由企业塑造出来，例如，泰国的康民医院（Bumrungrad International Hospital）针对跨国病患将医疗及旅游结合，让病患在到泰国就医的同时，可以游览泰国各处观光，这种消费流程是由医院刻意塑造的。

（5）以替代性为核心展开产品：一项产品或多或少都会有替代品，企业**为确保顾客在考虑转移替代品时依旧能够满足顾客，可以将产品品项延伸到替代品**，例如唱片业者为了因应数字音乐的威胁，

---

① 依据 Ray（1998）的定义，乐活族指“做消费决策时，会考虑到自己与家人的健康和环境责任的一群人”。

开始另辟财源，从现场演唱会门票销售获取新营收来源，在英国，2008 年现场演唱会门票销售的全年收入第一次超过唱片销售。

商业模式演练 12–5

生产茶叶的厂商，可以如何运用以上几项方式，开展商业模式？

12.3.3　产品组成单纯的模式与产品组成多元的模式间的对抗

产品组成单纯的商业模式与产品组成多元的商业模式经常是共存于市场上，这两种模式在重叠的产品项目上会形成竞争态势，至于哪一种模式较佳，并没有哪一种模式绝对优于另一种模式的情形，而是模式被如何执行的问题。

一般而言，**产品组成单纯的模式在某种性能上必须有相当卓越的表现，同时必须在这项产品上拥有极专业的知识，才有较大的机会胜过产品组成多元的模式；产品组成多元的模式**则有较多的方式可以胜过产品组成单纯的商业模式，例如创造成套的商品、对产品组成单纯的模式形成围堵态势，或是更直接地利用范畴经济，创造比产品组成单纯者更低的成本。

例如在应用软件市场上，微软利用产品成套出售的方式，将操作系统搭配 Office、浏览器、防毒软件一起出售的策略，对各种单项产品，包括赛门铁克（Symantec）与 McAfee 等专业防毒软件业者、试算软件 Lotus 、浏览器软件网景（Netscape）形成巨大的威胁。微软借由提供免费的防火墙与防毒软件等网络防护商品，让对手完全无法在价格上与之抗衡。

为了因应微软的套装攻击，赛门铁克与 McAfee 则是增加微软产品缺少的功能，例如 McAfee 加入了升级版的安全管理软体，让计算机系统管理员可以针对不同的机器、数据类型与软件，建立与执行适当的安全防护层级与使用权限；微软着重于保护作业系统，赛门铁克则对信息提供安全防护，未来甚至可以在互动与办识方面提供更多的保护。

微软也曾经推出会计理财软件 Money，这项软件一直无法胜过 Intuit 公司的 Quicken 理财软件，Quicken 拥有快速更新税务与会计法规能力，Intuit 公司也积极主动提供顾客服务，展示了产品组成单纯的模式，如何以专业知识以及卓越性能突破产品组成多元模式的围堵。

本章提及模式的相关网站

1. Callaway，http：//www.callawaygolf.com/。
2. 诚品书局，http：//www.eslitecorp.com/TW/Index.aspx。
3. 西尔斯百货，http：//www.sears.com/。
4. 第一资本金融公司，https：//www.capitalone.com/。
5. 一分钟诊所，http：//www.minuteclinic.com/。

本章参考文献

［1］Ray P.. The Cultural Creatives：How 50 Million People are Changing the World［M］. NY：Three River Press，1998.

［2］Prahalad C. K.. The Fortune at the Bottom of the Pyramid［M］. NY：Pearson Prentice Hall，2004.

［3］Slywotzky Adrian J.，Morrison David J.，Moser Ted，Mundt，Kevin A. and Quella James A.. Profit Patterns：30 Ways to Anticipate and Profit from Strategic Forces Reshaping Your Business［M］. Great Times Book，1999.

第 13 章　价值体系四流调整驱动的商业模式创新

商业模式的创新，可以具体展现在价值体系中的金流、物流、商流、资讯流四流的调整，调整的方式主要是四流的各自贯通及加值以及四流之间的结合与切割。

13.1 金流、物流、商流、资讯流的贯通与加值

价值体系是由上下游众多厂商的价值链串联而成，金流、物流、商流、资讯流四流会流动在上下游众多厂商之间，**如果这四流其中任何一流无法有效贯穿于上下游厂商之间，将会使价值体系的运作效能降低**，以金流来说，20 世纪 80 年代要办理存提款，都必须亲临金融机构柜台办理，自动柜员机的出现提高了存提款的效率。让四流中的任何一流更有效地贯通，可以促成商业模式的创新。

在提高金流、物流、商流、资讯流效能效率的同时，企业还可以寻求在四流上提高附加价值，例如使用信用卡可以获得积点或者现金回馈，是在金流上寻求提高附加价值，附加价值的提高可以让价值体系上的众多厂商及顾客有更紧密的联结。许多商业模式的创新是指消除金流、物流、商流、资讯流的障碍，让这四流可以创造更高的价值。

13.1.1 物流的效能效率与加值

有效的物流体系可以让商品迅速、正确、高效率地在上下游之间运传递送，**商业模式创新展现在物流体系效能效率的提升上，可以从技术及策略两方面观察**。在技术面主要是通信技术、登录及追踪商品的信息科技的发展、定位技术、地图显示技术、车辆派遣技术、仓库内的输送技术等，技术进步可以全面提升物流的效率，当这些技术获得改进时，会出现商业模式创新的机会，物流的现代化，高度仰赖信息科技的进步①；在策略面，企业可以通过**改变配送据点配置决策**，设计创新的商业模式，例如裁撤分散各地的中小型物流据点，整并成为大型中心物流据点，可以减少多个物流据点产生的

① 此处重点为说明商业模式创新在物流上的展现方式，并不在于详细介绍物流信息科技，对物流信息科技有兴趣者，可以参考物流管理的专业书籍，如颜忆茹、张淳智(2010)《物流管理》。

管理及人力成本、保管费和库存费，但是会增加配送距离以及运费，也可能降低顾客的便利性、不利于市场竞争，企业必须权衡利弊，做出适当的决策。

模式案例研讨 13-1

物流公司扩张的过程

锦程国际物流集团（www.jctrans.cn）创立于 1990 年 6 月，注册资金 3 亿元人民币，锦程国际物流集团先后荣获多项行业评比大奖，在“中国物流百强企业”、“中国国际货代物流百强企业”评选中名列民营企业第一名。

锦程国际从创立起，前十年发展直营的分支机构，接着就开始采取“轻资产”途径，以加盟的方式拓展据点，到 2010 年，分支机构已发展到 102 家并开始向海外扩展。锦程总部对各加盟企业基本上只参股不控股，各加盟企业原有的老板依旧是老板，各加盟企业可以共同使用以锦程公司名义统一签约的船东资源。

2004 年，锦程全球订舱中心设立了全国免费订舱电话，全球订舱中心项目开始激活，配合连锁经营，整合小型货运代理，集合客户资源，提供综合物流服务，也可以集中采购，推出低价产品，做全球物流批发商。

另外，从 1999 年开始，锦程国际提出“网上货运”的经营理念，以连锁经营的商业发展模式，加速推进网络布局，锦程国际物流集团于 2012 年成立了“锦程国际物流线上服务有限公司”，致力于开展专业网络物流服务，设立 24 小时呼叫中心和物流服务网站，通过资源整合，进行集中采购，实现网络受理、网络成交和网络客户维护，提供全面的物流解决方案和物流网络服务。

思考点：请推想锦程物流扩张途径的可能时代背景为何？

锦程物流：“远近虚实无缝隙，建构全面物流体系”模式（价值体系模式 5）

除了配送据点配置决策之外，企业可以改变**运送产品范畴的决策**，消除物流体系的障碍、提高物流体系的效能。某些有特殊物流要求的产品，如水产，其产品范畴就会受到限制：较广的产品范畴

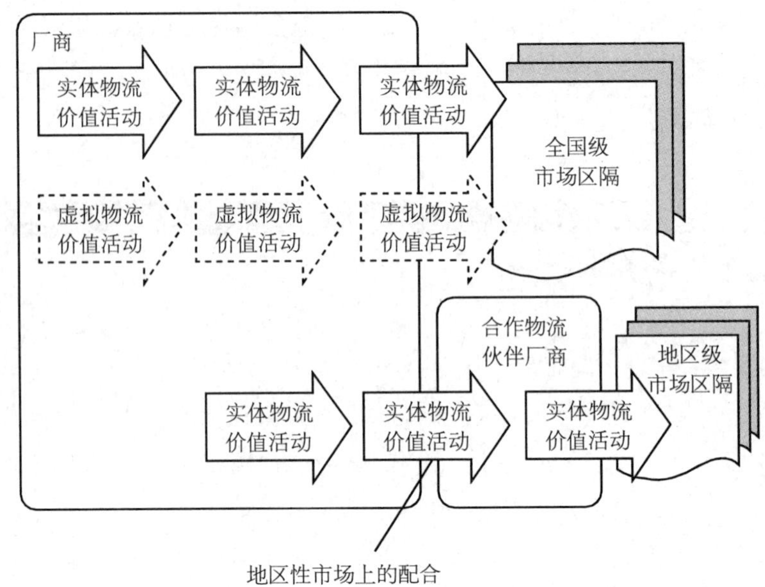

图 13-1 “远近虚实无缝隙，建构全面物流体系”模式

覆盖范围则可以降低物流成本，例如全球最大的快递机构，也是最大的包裹递送公司 UPS，2000 年收购 Fritz 公司，其考量正在于 UPS 的运送范畴是包裹，包裹仅包含 70 kg 以下的物品，而 Fritz 业务覆盖的领域，恰好是 UPS 比较少涉及的 70~500 kg 级范围。因此一旦取下 Fritz，UPS 物流业务的覆盖范围将可扩大，更有助于业务承揽及降低成本。

在物流上的商业模式创新，除了可以表现在物流服务之外，还可以表现在**提供物流服务的“体系”**上。

模式案例研讨 13-2

专业厂商的专业后盾

普洛斯（ProLogis）集团是世界级的物流配送设施和服务的投资开发商，到 2012 年 5 月，在北美、欧洲、亚洲 22 个国家拥有和管理的配送设施多达 3095 处，并不直接为需要物流配送服务的厂商提供服务，而是为专业物流业者提供物流设施、仓库物业管理、物流园区开发等服务，也就是普洛斯作为开发商，负责选地建成相关物流设施后，再转租给产品制造商、零售商和第三方物流企业。日常物流业务由物流公司操作，普洛斯只是负责投资开发和物业管理。

普洛斯是物流设施的长期业主，让客户可以灵活地租赁各种设备，以应对环境的周期性变化及激烈的竞争性。普洛斯的物流专业足以协助地方政府规划物流园区，拥有标准化的物流设施，但也可以为客户量身定做独特的物流设备如仓库，通过这些方式，可以更有效地帮助客户管理运用资金、降低成本、因应不确定性，提高企业的核心竞争力。

在众多国家营运让普洛斯拥有全球最大的物流配送设施网络，第三方物流业者只要借助普洛斯的全球网络，就可以让货物在全球自由流转。正当专业物流业者劝说制造商将物流外包之时，普洛斯也正以其专业的服务，吸引专业物流业者将其一部分业务外包给普洛斯。

思考点：普洛斯为物流体系提供了哪些附加价值？

普洛斯："生产产品转型为提供产制管理知识"模式（价值链模式5）

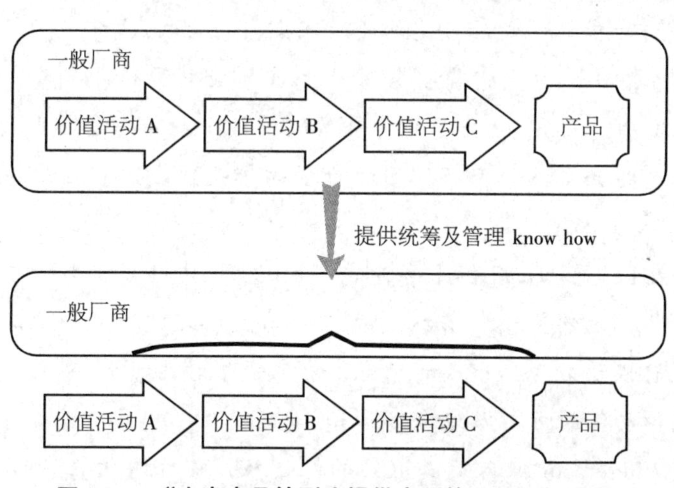

图 13–2　"生产产品转型为提供产制管理知识"模式

13.1.2　金流的效能效率与加值

金流是由买方卖方（交易者）进行商品交易而衍生，因此**金流的效能效率，必须在"交易者"及"支付工具"的基础上讨论**，例如就电视购物台此一交易者而言，使用信用卡这种支付工具进行交易的效率较高，但对于卖水果的摊贩，使用信用卡交易，其效率效能并不会比使用现金更高，因此在金流上设计创新的商业模式，首要考虑的项目是交易者，交易者属性会影响一项创新的金流商业模式的可行性及效益。

模式案例研讨 13-3

eBay 的金流布局①

eBay 在 2002 年以 15 亿美元左右的股票购并了 PayPal 公司，这是线上拍卖公司龙头与线上付费服务领导厂商结合的重大行动。eBay 曾经于 1999 年并购 PayPal 的竞争对手 BillPoint，但是由于越来越多的 eBay 会员使用 PayPal 付费，让 eBay 思考将PayPal 购入并且结束 BillPoint 的付费服务。购并 PayPal 给 eBay 带来若干好处，eBay 可以从网站交易取得更多获利，也能为会员建构更周全的付费服务。再者，未来可扩展 PayPal 的非拍卖业务。eBay 执行长惠特曼（MegWhiteman）认为，在结束 BillPoint 的业务后，可以将 BillPoint 转到 PayPal，吸引更多 eBay 会员，合并之后可望加速两家公司的营收成长。

PayPal 的电子付费服务可让会员利用电子邮件账号寄出或收取现金，而 eBay 公司的会员多数都是个人或小型企业，2002 年，这些会员不一定有信用卡付费的相关软硬件，因此 PayPal 与 eBay 是相当适配的结合。

2011 年，已成为同一集团的 eBay 及 PayPal 都激活了新一轮的购并计划，eBay 并购了可以协助使用者搜寻特定地点附近的饮食娱乐的 Where.com，线上金流领导者 PayPal 则购并一家提供行动付款解决方案的公司 Fig Card 。

Where.com 原本是以地区的媒体及广告收入为主，eBay 在并购 Where.com 后，可以导入 PayPal 的金流，让 Where.com 从原本的地区商店广告平台变成行动购物平台，使用者可以实时付费购买当地商家产品，不过若是用 PayPal 的网络金流交易模式，未必适用当地商家，要实现这项想法，还缺一块拼图，就是行动付费，在 PayPal并购了 Fig Card 之后，提供实体商家可

① 故事来源：综合自经济日报 2002 年 7 月 10 日及 http：//www.inside.com.tw/2011/04/24/o2o-war 。

以让消费者实时行动付费的机制，进一步完成了 eBay 的布局。

在 Fig Card 模式下，商家只要于收款机或 POS（Point-of-Sale）终端机插入一个价值 5 美元的 USB 设备与安装一个软件，就可以接受 iPhone、Andriod Phones 以及部分 Blackberry 安装 Fig Card App 的消费者行动付款。而且，通过这个机制，商家的收银员没有机会可以看到或是记录消费者信用卡的号码与细节，避免信息外露。

PayPal 目前在全球 190 个市场总共拥有超过 2 亿个会员账户，其中超过 8000 万个是有效账户，是网络交易的龙头，但 Paypal 深知无论如何也要跨入非网络交易，尤其是行动的金流商机。PayPal 的账户都有正确且有效的银行账户与信用卡，同时也有现金余额，所以若 PayPal 将其账户整合于 Fig Card 的 App 之后，此行动的付款机制对商家将非常具有吸引力。

eBay："多元金流布局"模式（价值体系模式 10）

思考点：eBay 为何需要发动这些并购？

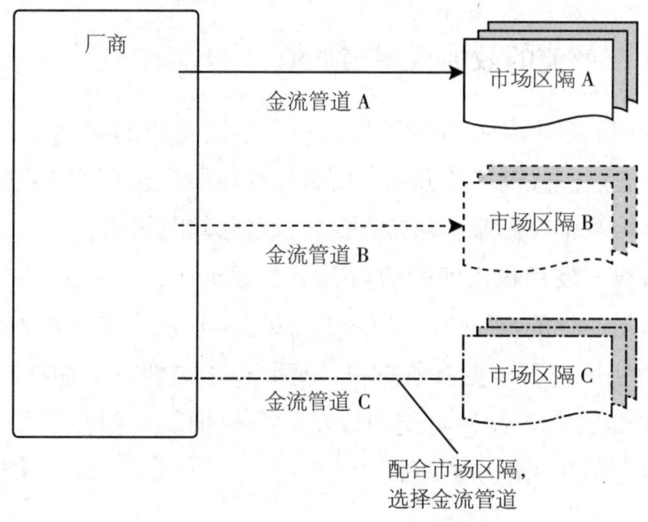

图 13–3　"多元金流布局"模式

再就**支付工具**而言，**特定的支付工具可以不断改善，提高效率**，例如旅行支票的发行者可以增加兑现据点；小额金额或是交易频繁的信用卡交易可以免去签名手续，提高交易效率。**不同支付工具之间可以寻求共通互联**，例如，信用卡、悠游卡甚至网络游戏货币等支付工具之间如果可以共通互联，将可以提高金流效率，在模式案例研讨 9-5 中的里斯特信息（Richtor），尝试建立不同红利点数体系之间的兑换机制，也是在金流上的一种商业模式创新，另外有一些社区，像是新店的花园新城内的居民发行了在社区内使用的“花币”，社区居民加入会员可以使用花币，加入的会员，如果有清水塔、带小孩、剪发、教英文或闽南语等事务，都可以用花币交换，帮助彼此，活络经济，同样是金流体系的创新。

金流体系为参与成员增加附加价值，常见的有两种方式，第一种方式是直接降低成员使用支付工具的成本，例如使用信用卡直接给予现金回馈，或是一些百货公司会以低于票面价值的价格出售礼券，都是降低使用支付工具的成本；**第二种方式是以提供其他有价值的产品服务，提高支付工具的吸引力**，例如许多信用卡会附加飞行里程、免费机位升等服务，其中相当引人注目的就是美国运通推出的年费 16 万元、限量邀请申办的 Centurion 卡（俗称黑卡），在 2001 年前后，埃及爆发反政府抗议活动，数百名台湾地区旅行团游客滞留当地，但美国运通仅用一天时间，就为一位黑卡持卡人找到一架包机让其家眷离开埃及，顺利脱困。

13.1.3　商流的效能效率与加值

商流牵涉到商品所有权的移转，在商品所有权的移转上，有许多可以从事商业模式创新的面向：所有权与使用权之间的切割/结合、所有权的移转及相应拆账、移转方式，以及移转时机的设计。

在**所有权与使用权之间的切割/结合的设计**上，广为人知的是租赁模式，租赁的标的物可以是从仪器、设备到厂房等各种投入要素，投入要素的使用者不必拥有所有权，因此也不需要为了拥有所有权而付出相关的成本。这种将使用权及所有权加以切割的租赁模式，可以广泛地运用形成创新的模式。

商业模式演练 13-1

第 1 章提到的分成制、押租制、永佃制及小地主大佃农，请分析四种制度的所有权与使用权切割/结合状态及对应的报酬分配方式。

中国台湾地区当局在 2001 年规划实施的“以房养老”政策，也是将所有权及使用权分离的一个例子。在社会迈向高龄化的年代，高龄者的安养给付支出，将会成为严重的财政负担。一些高龄者往往有自己的住宅，但是缺乏生活所需的流动性资产，许多国家，像是英国、美国、法国、日本推动“以房养老”，也就是反向抵押贷款（Reverse Mortgage）政策，高龄者将自有田宅向融资机关（政府或金融机构）抵押，换取生活资金。作为申贷者的高龄民众，可于贷款期间持续居住所抵押的自有住宅内，无须迁离。此政策相当适合年老生活资金不充裕，但拥有田宅高龄者。这些高龄者放弃田宅的所有权，换得生活资金，但仍拥有使用权。

商业模式演练 13–2

掌握资产的所有权，有什么好处？需负担什么成本？一般家庭里所使用的事物中，哪些是不必掌握所有权的？

商品从制造商到通路，商品的**所有权是否要跟随移转以及移转方式**，有多样化的设计，随之会有不同的拆账方式。

模式案例研讨 13–4

账该怎么算

产品的制造商及通路之间的分账方式是众多条件综合作用之后的结果。

月结制

连锁书店通路向书籍出版社进货，每月结清付费给出版社，书如果没有卖出去，会成为连锁书店的库存，就会囤积资金，因此连锁书店需要准备比较多的资金。

寄售制

书籍出版社将书寄放在连锁书店通路出售，依照卖出数量再向连锁书店请款，因此连锁书店所需的资金准备比较少。

共同分拆制

诺基亚等国际品牌手机厂商，手机先经过代理商，再交由通路贩售，利润分拆为手机厂商 20%~30%，代理商 10%~15%，通路端 5%。代理商并不买断手机，卖不完的手机可以退回给国际品牌厂，但是通路端的人员投入由代理商和通路端负责。

制造商全力承揽

中国大陆的“波导”手机生产商，对通路采取“人员支持+全程价保”方式，手机生产厂商独自承担销售员工的工资、手机库存压力和手机降价的风险，但是通路端获得的利润极少。通路买断产品中国大陆的手机生产厂商“天宇朗通”，自动将手机厂商毛利从 20%~30% 下调到 10%，剩下的 15%~20% 由通路分销商分配，但是通路必须买断手机产品，并承担一切人员成本。通路买断产品后，有一定的定价权，得到的利益经常高于约定的 15%~20% 。通路商得到了更多的利益后，更积极从事销售活动，让天宇朗通一举跃居为中国大陆的本土手机销售第一。支持通路专卖欧派橱柜对加盟商不收取加盟费，还提供授权品牌及提供产品给加盟者，但加盟商必须全额投资立商场，独立核算，自负盈亏。欧派要求加盟店统一欧派标识，统一 CI (品牌形象识别)，统一服装，统一培训。加盟店必须专卖欧派橱柜品以及欧派提供的相关配套产品，欧派则赋予加盟店区域独家代理的资格，为加盟店提供免费职工培训和商场专业装修指导。

通路加盟店的风险主要集中在开设店铺的前期投入，如果橱柜产品卖不完，可以退回给欧派，由于没有库存压力，实际上加盟店扮演的主要是接单角色，按照欧派的加盟方案，每个加盟店的起始投资在 15 万~50 万元（不包括房租），按照经验，加盟店在一年之内就可以收回投资。欧派连锁经营不到三年时间，营业额就突破亿元大关。

倒贴资金给通路

中国大陆的雷士照明倒贴钱给加盟通路商，雷士非不但不收取加盟费，还补贴 3 万元作为装修和样品展示费用，并给加盟通路商的店员发基本工资，让加盟商免费开张，但是其他方面像是店面的租赁、管理等，由通路商自己负责，盈利归经销商自己所有，但是雷士要求加盟商通路第一笔进货必须不少于 10 万元的货，以保证雷士不亏本。制造商一般是 30 天交货给通路商，雷士照明则把交货期控制在 15 天，增强加盟通路商的竞争力。结果雷士照明的销售额从 2003 的 3 亿元增至 2004 年的 6 亿元。

思考点：请归纳哪些因素会影响制造商及通路商的拆账方式？如何影响？

商业模式演练 13–3

电风扇制造商、冷气机制造商该用哪一种拆账方式面对通路商？为什么采用该种方式？

企业可以让**商品所有权快速移转，从快速的移转中获利**，模式案例研讨 1–2 的史考地唱片行便是将 CD 的所有权在短暂的一段期间交给顾客，通过此种方式获利。

模式案例研讨 13–5

只要曾经拥有，不必天长地久①

跳蚤本铺是中国台湾地区最大的“寄卖专门店”，将“省钱理财”与“过度购买”两种现代商业现象加以结合，提供一部分民众出售闲置物品的场所，以及另一部分民众以低价购买商品的平台。跳蚤本铺不买断任何商品，而是采取卖方寄卖，完成交易后再与店家拆账的方式经营，不负担进货成本与风险。

跳蚤本铺专卖低价品，其每家店平均每月能卖出约 12000 件商品，平均售价 32 元，超过七成的售出商品售价在 100 元以下。而且许多东西都是“烂东西”，例如百货公司周年店庆送的锅碗瓢盆、年轻男女上汽车旅馆顺手带走的沐浴品、过期杂志等，庄嘉玮认为烂东西货源才会源源不绝，而且烂东西的寄卖

① 故事来源：跳蚤本铺网站，http：//www.bbbobo.com.tw/；《商业周刊》第 1131 期。

主不会计较要卖出多少钱，因此跳蚤本铺才能拥有定价的主动权，因此寄卖的二手商品由店家定价，而非卖方定价，这是跳蚤本铺的另一特色。如此一来，就不会发生因卖方开价过高而无法售出的库存压力。也因此跳蚤本铺可以订出商品售出后卖方才能收款的政策，卖方也往往不在意。

关于跳蚤本铺的拆账方式，定价 100 元以下的商品，售出后由店家与卖方对分；100 ~300 元的，店家拿四成；300 元以上的，则取三成；超过 7000 元的，店家最多收取 2000 元。开业至今，跳蚤本铺最高单笔销售金额是一间 800 万元的透天厝房子，依旧只收 2000 元的佣金。单价较低的商品才是跳蚤本铺的利润来源。庄嘉纬会使用“福袋”销售法，例如会将 10 枝包含红、黑、蓝色圆珠笔与荧光笔全包装在一块，定价只要 28 元，将难卖及好卖的混在一起，价格不贵，消费者多半会一起买下。

跳蚤本铺 CEO 庄嘉纬幼时跟着邻居到酒店卖花，学习到与酒店小姐合作，让一束花在一个晚上可以卖二十几次。经营跳蚤本铺，还会劝说客人，将买回去的东西再拿来卖，获利来自交易次数，他认为二手商品店的获利关键取决于交易次数，而非单一商品取得最大利润。

跳蚤本铺：“快速转移所有权”模式（价值体系模式 11）

例如，一本杂志售价 99 元，卖方上门寄卖，第一次定价50元，卖出后双方各得一半，如果买进的客人隔天再拿回寄卖，对客人来说，只需要花 25 元成本就能读到一本杂志，比在租书店租一本当期杂志 30 元还便宜；因此，一本杂志一星期在跳蚤本铺平均可转手 5 次，这等于庄嘉纬不花任何购入成本，就能赚进 125 元。“价值始于流动”也是跳蚤本铺的核心信念。

思考点：具备何种特质的产品，可以多次寄卖？这和租用有什么差别？

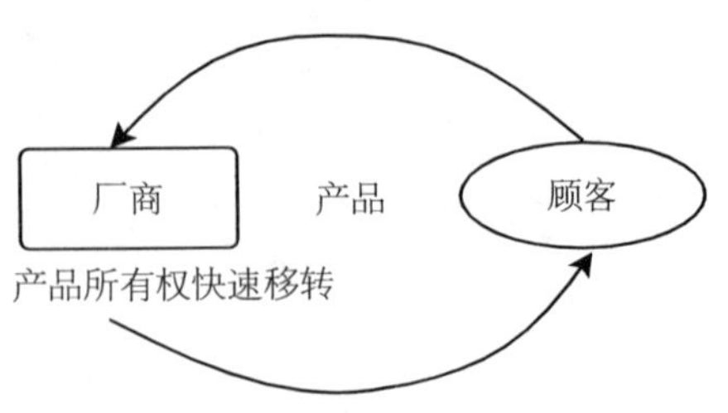

图 13–4 “快速转移所有权”模式

企业可以利用**商品所有权转移的时机**，为商流体系中的成员提高实质面或心理面的附加价值，例如药局在出售药品时，可以提供良好的医药咨询，让顾客更正确使用药品；电器卖场可以差价退货服务，增强顾客对低价保证的信心；精品店可以让店面的装潢更华丽，让顾客感到尊荣。

13.1.4　资讯流的效能效率与加值

资讯流是连接上下游厂商的价值链的关键，有效的资讯流体系可以确保上下游厂商之间的产出投入在数量、规格、时效、营运成本方面符合期待；资讯流的数字化有助于建立有效的资讯流体系，例如便利商店体系的电子资料系统，让各店面可以在适当时点获得适当数量的产品，许多网络零售业者也经由记录购买者行为及购买者属性，建立起庞大的数据库，分析顾客的偏好，例如量贩店可以记录顾客的消费品项，如果日后顾客在购买同样的消费品项，即给予折扣，以建立顾客的忠诚度。

资讯流的设计必须在创造利润的经济原则下进行，商业模式的经济原则若是客制化以及专属性，进行顾客关系管理会成为资讯系统设计的重点，例如美发业，在一般的理发店，服务经常仅止于设计师与客户之间，客户跟着设计师走的情形很普遍，设计师淘汰率也高，客户很少会对理发店有认同，许多理发店因为客户管理不当，回客率不佳，依照客户的消费周期，如果剪发是 45 天，染发是 90 天，烫发是 100 天，提醒设计师追踪客户，使得回客率提升 10 个百分点。

资讯流的内容可以直接确保上下游间的顺畅协调，但若是要利用资讯流提高附加价值，经常需要伴随一些与附加价值相关的判断及对资讯内容的精致处理。

模式案例研讨 13–6

中租迪和①

中租迪和成立于 1977 年，提供多元的财务金融商品服务，

① 故事来源：中租迪和网站，http：//www.chailease.com.tw/；《远见杂志》第 283 期。

主要业务是提供融资、租赁服务给中小企业，不过在金融创新方面，中租迪和有相当多的尝试，经常试图服务其他同业未曾注意的边缘客户，例如，在2004年中租迪和便创下业界先例，打破过去银行必须以车子、房子等不动产做担保的限制，对渔业客户提供鱼货担保品的融资服务，让远洋渔民在出海前能先获得一笔资金，购置机具油料、发船员薪水，度过等待鱼获的资金空窗期。这项创意的想法是由时常接触高雄渔民的业务同仁所提出，公司一开始只成立小规模的“课”级单位尝试，以便于控管风险，营运顺利后才正式以全国规模营运。

中租迪和能不断进行创新，归功于拥有30年、数十万笔企业户资料的风险计算公式，根据风险计算公式，只要输入新客户近三年的资料，就能推算出风险高低，依此为不同客户量身打造最适宜的贷款利率。中租迪和在决定一笔案件的贷款时，公式计算结果占70%的比重，人为判断只占30%。

中租迪和除了锁定中小企业，也将个体户贷款列为争取对象，例如民众想付昂贵的补习费、买高价越野车，只要需求超过2万元，都可以找中租迪和贷款，这些市场边缘的客户，就是机会，只要能在细节处理上创新又能兼顾风险的案子，就是最大的服务创新。

思考点：请推想中租迪和要利用这样的数据库进行金融创新，要有哪些能耐？

中租迪和：“资讯流处理加值，找出新市场”模式（价值体系模式20）

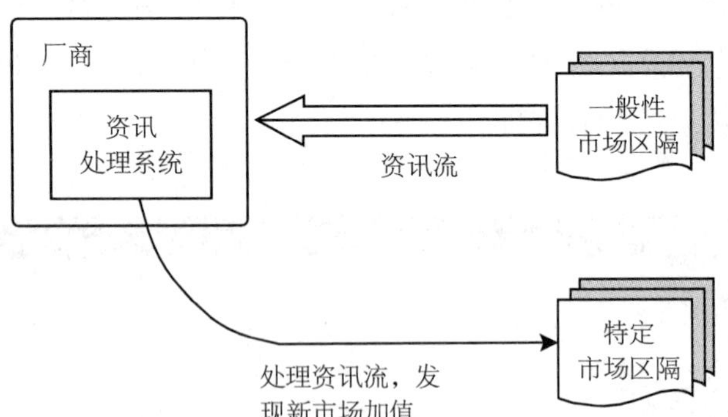

图13-5 “资讯流处理加值，找出新市场”模式

13.2 金流、物流、商流、资讯流的切割与结合

传统商业社会的交易模式是四流结合的状态，设想在网络购物尚未兴起的年代，读者可能根据报纸杂志上的书籍介绍或是到书局寻找阅读（资讯流），确认欲购书籍之后，当场付清现金（金流）、自行将书取回（物流）、书籍所有权也从书局移转到读者手中（商流）。

随着资讯技术的进步，商业经营能耐的发展，许多专精其中一流的业者出现，让四流结合的状态发生改变，信用卡的出现让金流独立出来，网络书评的出现让资讯流独立出来，宅急便等物流业者让物流独立出来，四流可以彼此切割。然而随着时间的推移，这些专精于某一流的业者，可能又会基于提供更便利的服务、建立顾客专属性等第 8 章及第 9 章提到的原则，将自己原先专精的流与其他流结合起来，构成四流之间切割及结合此起彼落的场景。

13.2.1　四流的切割

随着商业及经营技术进步以及专业化带来的生产力提升，传统金流、物流、商流、资讯流四流结合的状态发生改变，**各流逐渐具备从结合状态各自切割出来，成为独立事业的可能性**。首先就金流而言，切割金流创造出的商业模式创新，牵涉到各种创新的交易、转账及兑换机制，包括了一般熟知的信用卡、旅行支票、悠游卡等，**要顺利将金流切割出来，成为独立的事业，必须满足一些独特的价值**，例如电子现金付款机制能够满足安全性、私密性及计算机化便利性的要求，因而既能够开发新市场与应用方面的用途，也改进了纸币的缺点，因而让金流从结合状态切割出来。

物流体系效率效能的提高，让物流可以单独切割出来，成为独立的事业，**专业物流体系的商业模式创新主要表现在时效、规格、互动性等项目上**，时效是指按顾客的时间要求送达商品；规格是指产品运送的属性设定，例如邮局设定便利箱的容量规格，避免顾客自行包装造成的规格混乱，导致处理成本增加；互动性是指让顾客可以随时了解目前商品的运送进度，例如德国邮政的资讯平台让客户可以通过网际网络查询邮件的处理状况。能够在这些项目上有良

好表现的专业物流业者，甚至可能主导整个产业上下游，例如中国大陆的大田集团在苏州海关的保税物流中心，以占地近 2 万平方米的仓库，建构了由供货商管理库存和区内退税的物流服务业务模式，大田集团在企业的制造工厂周边租用并管理仓库，根据企业的生产进度，要求物料供应商送物料到仓库，然后根据制造端企业的需求，分批次把所需物料直接送达工厂内，并按照实际使用情况，由大田集团为制造端企业及物料供货商办理结算；大田集团更在此基础上，建立起国际分拨中心和区域分拨中心，根据订单把制造端企业的产品送往终端客户，通过这种方式，大田集团让制造端企业不必自行维持原料及产品的库存。这也就是所谓的仓储与物流结合的“仓储物流”模式。

模式案例研讨 13–7

不上山不下海的物流业①

以“10 元快递”打响名号，自创“包装袋”，在邮局和快递的竞争下另辟战场的丰业物流，其创办者黄世杰刚开始也是沿用业界提供“当日收送”、“无处不送”、“多大都收”、“多小都送”的广泛服务，再依路途远近收费，结果惨赔。于是改变做法，他自己设计 50 元规格化包装，比市价便宜五成，省去询问价格、大小不一的烦琐枝节。接着采取先发 5 个袋子给客户，收件时再收费；等到客户养成用袋子习惯后，第 2 个月开始有 100 家客户愿意预购袋子，第 3 个月迅速跳增到 500 家。丰业物流重新设计送件方式之后，每件收费最低 10 元，并将服务范围锁定台北县市，不只乌来等偏远山区不送，像台北 101 大楼得层层换证、浪费收件时间的特定地点也不送。光一条南京东路，就分成 6 名外务、分单双号来服务。他认为，连过马路都算是一种时间成本。

“速度比快递慢一点、比邮局快一点，收费自然比快递少一点、比邮局多一点。”黄世杰的中间策略，切中台北都会区“有

① 故事来源：丰业物流网站，http：//www.25431010.tw/about.php；苹果日报 2005/9/26。

点急又不会太急”、“但一定要亲自送达签收”的大量配送需求。随着业务不断扩张，丰业物流现在已将服务区域扩张到整个台湾地区，便利袋的规格也增加了，不过依旧维持便利袋的费用就等于运费的做法。

思考点：分析丰业物流的定价合理性。

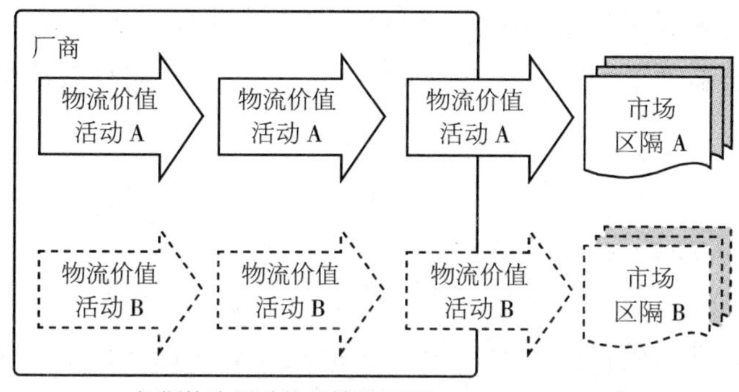

图 13–6　“根据物流活动执行慎选区隔”模式

丰业物流：“根据物流活动执行慎选区隔”模式（价值体系模式 6）

从狭义角度，商流是指原料、零组件、设备、半成品、产品到消费者的整个流程的货品所有权移转。单独货品所有权的移转处理，也就是商流成为独立事业的空间并不大，较为人知的一种模式是早期纺织品输美的“纺织配额”，当时配额本身可以买卖，纺织厂商若是没有配额，即使生产出产品，也无法出口至美国。另一种处理所有权移转的模式是期货选择权模式，下游厂商为了规避上游原料或投入要素剧烈的价格波动带来的影响，可以约定在特定时间、特定条件下拥有上游原料或投入要素的购买权利，也就是将所有权作为一种交易对象，建构所有权交易平台，以便上下游间的原料交易能够运作顺畅。

商业模式演练 13–4

检视目前被作为期货选择权交易对象的商品有哪些？这些商品有什么共通特质？除了现有已作为交易对象的商品之外，还有哪些商品符合这些特质？

相对之下，促成货品所有权移转也就是货品交易的活动，有较大的空间成为独立的事业，例如房地产业有代销业者、量贩产业的试吃活动也有成为一项事业的可能性，专门办理商业展览策划的公司，对于促进商业交易，也有相当大的助益。

在资讯流成为一项独立事业的各种商业模式中，创造有用资讯的专业市调公司例如盖洛普市场调查公司，可以协助企业掌握消费端轮廓的相关资讯；串联上下游厂商及顾客间产制营销资讯的企业，例如利丰集团，自己并未拥有生产工厂，是通过掌握资讯，获取利润。

另外，协助取得资讯内容的搜寻服务也是相当引人注目的模式，现今在网际网络产业及智能型手机产业中的领导级厂商 Google，正是从单纯的搜寻服务崛起；用以协助取得资讯的技术或软件开发商例如商品条形码系统、销售点管理系统、电子订货系统软件、电子资料交换系统软件厂商以及设备制造商，例如加值型网络或是云端设备制造商，也都是资讯流切割之下的商业模式。

13.2.2 四流的再结合

专业化及技术进步，为金流、物流、商流、资讯流四流创造出独立切割的空间，但是**从事其中单独一流的厂商，却有可能为了增加营收、强化市场地位或是取得关键资源等原因，而切入结合其他流共同经营**，下面逐项分析常见的结合。

13.2.2.1 物流与资讯流

资讯流与物流的结合，是指通过货品运输业务掌握市场供需信息，或是反向通过掌握市场资讯业务切入货品运送，例如一些从事药品物流配送的公司，会希望设立药品供需的信息平台，以调节医院、药厂以及各药局之间的药品调配，让用药人可以在最短时间内以最少的成本取得需要的药。

物流与资讯流结合的另一个例子是戴尔计算机，戴尔计算机的工厂和零组件供货商之间无缝连接，这些零组件供货商的仓库都必须围绕戴尔计算机的工厂建立。戴尔计算机将未来 3 个月的零组件需求，通过网络与零组件供货商共享实时信息，通过这些滚动的需求资讯，让零组件供货商得以管控其自身的供应链。戴尔计算机下一个正式订单，零组件供货商必须在 75 分钟内把零组件送到戴尔计算机的中转仓库，因此零组件供货商的供货仓库只能围绕戴尔电脑的工厂来建设，一家日产 26000 台电脑的工厂，其中转仓库只有 9 平方米，大幅降低了成本。对照的公司是利丰集团，只掌握资讯流，不结合物流，也不拥有生产工厂，是通过掌握资讯获取利润。

13.2.2.2　物流与商流

企业在执行物流业务时，可以跨入促成商品交易的活动，或是反向为之，从商流跨进物流。例如物流业者可以为一些小商家或是农民制作商品及农产品的广告文宣促销资料，当物流车队在众多买卖方之间穿梭时，可以顺道寄送这些广告文宣资料，协助小商家或是农民商品的销售。掌握商流的企业，如果其商流牵涉到物品的跨地调度，可以结合物流体系，例如前面提到的跳蚤本铺，需要提高物品买卖频率，让所有权的移转加速，但同一商品的买方分布在不同地区，因此跳蚤本铺就成立了简易的物流体系，以便统一调度货品。

13.2.2.3　物流与金流

从事物流业务的厂商有机会以所运送的货物为基础介入金流，结合金流及物流。

模式案例研讨 13–8

仓单质押①

仓单质押俗称“物流银行”，是指物流业者以配送中的货物作为抵押，进行贷款给委托配送方，同时提供结算的增值服务。2004 年，中国物资储运总公司属下已经有 20 家单位开展了仓单质押业务，授信额度突破了 20 亿元，质押产品期末库存量占整个公司期末库存的 22%，产品涉及黑色金属、有色金属、建材、食品、家电、汽车、纸张、煤炭、化工九大类。中国物资储运与四大国有商业银行以及中信实业银行、广发银行等十几家金融机构建立了合作关系。并且也尝试统一授信的方式，也就是银行把贷款额度直接授信给中国物资储运，中国物资储运

仓单质押：“物流以物权跨入金流”模式（价值体系模式 21）

① 故事来源：《经济参考报》2005 年 4 月 26 日。

根据客户的需求和条件，进行质押贷款和最终结算，银行基本上不参与质押贷款项目的具体运作。

思考点：仓单质押为哪些企业带来哪些好处？

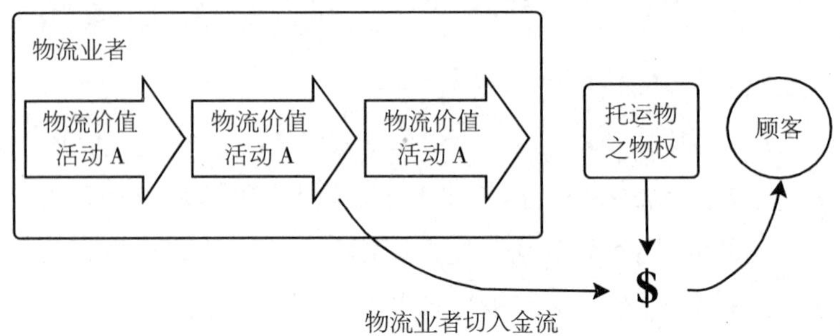

图 13–7 “物流以物权跨入金流”模式

模式案例研讨 13–9

UPS

UPS：“物流以资讯跨入金流”模式（价值体系模式 22）

UPS 是美国包裹运送业的领导厂商，在 1998 年 UPS 就预见到未来物流业的决胜点在于金融服务，在 2001 年 5 月收购了美国第一国际银行，将其改造成 UPS 金融部门，为客户提供包括代理收取货款、抵押贷款、设备租赁、国际贸易融资等服务。

UPS 通过 UPS 金融部门与进口商进行结算，货物托收是 UPS 金融服务的核心，UPS 在收货的同时，以货物作为抵押，直接为小型出口商提供预付货款，小型出口商可以得到实时的现金，对于出口商来说，借用 UPS 的资金流，货物发出之后就能变现，如果把这笔现金再拿去做其他的流动用途，便能增加资金的周转率。

UPS 开展这项服务，可以利用资金流动的时间差获利，UPS 在取得进口商的货款时等于获得了一笔无息贷款。UPS 还可用这笔资金从事贷款，而贷款对象仍为 UPS 的客户或限于与快递业务相关的主体，每年为 UPS 带来非常可观的利润。

思考点：UPS 与中国物资储运的做法有何差别？这样的差别可能反映了何种商业模式环境的差异？

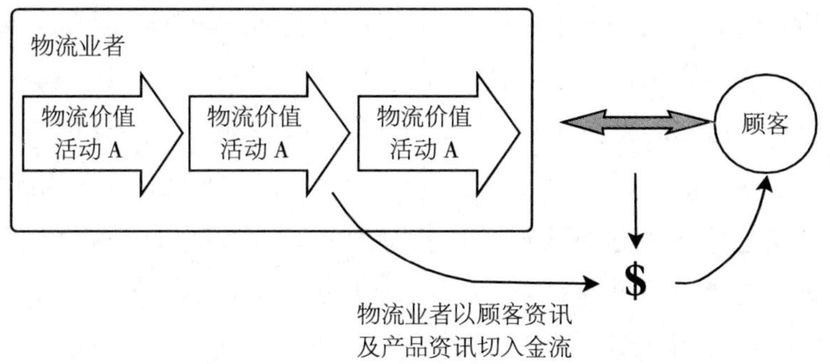

图 13–8 "物流以资讯跨入金流"模式

13.2.2.4 资讯流与商流

在商流及资讯流之间，如果无法贯通，很容易出现长鞭效应(The Bullwhip Effect)①，**长鞭效应是指最终顾客的需求量的变动，通过价值体系成员向上游传递时会发生量的变动被扩大的情形**，宝洁公司的主管在检视帮宝适纸尿布的销量时，发现零售点的需求变动其实并不大，但会造成批发商的订单量大幅变动，再到供货商的订单量变动则更为剧烈。进一步检视其他产业，发现不仅消费性产品如此、半导体及消费性电子也呈现类似状况。

造成长鞭效应的主要因素包括了以下四项②：

（1）需求预测与订单的变动频繁：在价值体系上的每个成员都会有自己的需求预测、存货控制、生产排程，根据这些资料对上游供货商下订单，上游供货商也以相似的方式进行，结果到了最上游，下游的些微变动就会被扩大。

（2）订单被批量化处理：一般企业并不是收到顾客的一份需求订单后，才向上游厂商下订货单，而是等到顾客的需求订单累积到一定数量或是预先向供货商一定下出足够因应一段期间顾客需求量的订单。假设下游顾客每个月下一次订单，会发生上游供货商在一个用某个时期（月初或月底）接收到大量下游顾客订单的情形，越往上游，这种影响因层叠累积而越大。

（3）制造商的出厂价变动：下游顾客会因为上游厂商出厂价格的变化，而调整下订单的方式，上游供货商的价格折扣、数量折扣等优惠都可能改变下游顾客的购买量决策，例如当大卖场卫生纸有

①② Lee，Padmanabhan and Whang（1997）.

促销活动时，顾客可能会一次购买超过正常购买两倍的量。因此当价值体系中某个成员进行促销时，这种影响会随波扩散到上游。

（4）供货商的定量配额：当市场有高度需求时，如果供货商的产能有限，可能施行配额政策，将其有限产出分配给特定的顾客；顾客若是也意识到这种状况，可能会对不同的供货商争取供货，因而重复下订单，在顾客购得产品后，重复下单将被取消，就造成下游需求的变化到上游被扩大。

长鞭效应会造成商流的阻滞，解决此问题的一种方法是可以从改善价值体系内各成员之间资讯流着手，在制造商、批发商以及零售点之间建立起完善的沟通机制及资讯系统，让批发商以及制造商可以了解零售商端真实的需求资讯以及各项促销行为的背景。另一种改善资讯流的做法就是垂直整合，价值链一章 ZARA 的案例阐释了如何以垂直整合改善资讯处理，减缓长鞭效应。掌握资讯流，就有机会促成商品的交易。

模式案例研讨 13–10

风尚科技[①]

风尚科技（Fashion Guide）创设的美妆网站是资讯流业者跨足商流的商业模式的一个例子，风尚科技的美妆网站在 1997 年创立，网站提供丰富的彩妆时尚资讯，吸引广大的女性网友，虽然是中国台湾地区女性网站的龙头，但却未能获利，后来推出“烂店开骂”的服务，提供网友投诉不良店家，成为相当有影响力的美妆社群网站。2004 年在社群网站成立市调大队，从资历一年以上、发文数超过百篇的会员中，挑选出各消费族群的市调大队成员，成为试用者，不同产品有不同检视项目，采用一人一票投票制。为了提高试用报告的公信力，网站成立专职部门，逐篇检阅会员的试用报告，针对每项功效具体评论并附上试用照片，一旦发现不符合标准的会员，将被市调大队淘汰，丧失拥有各种品牌试用品的机会。如今化妆品厂商在上市

① 故事来源：风尚科技网站，http：//www.fashionguide.com.tw/；《商业周刊》第 1227 期。

前一个月，会将产品送至 FG 市调大队，如能得到七成以上的成员给予高分，就能挂上优良标章。在 2007 年，FG 认证标章开始出现在如百货公司等实体通路上，有 FG 标章的产品，能引起消费者格外注意。甚至与全家便利商店合作推出“Fashion Guide 美妆大赏品牌专区”，把门市内有 FG 标章的商品集中陈列，挂上 FG 标章与活动前后相比较，入选的品项销售额平均成长了 130%。

思考点：案例中所描述的网站，可以适用在哪些产品上？这些产品具有何种特质？

风尚科技：“资讯流跨入商流”模式（价值体系模式 23）

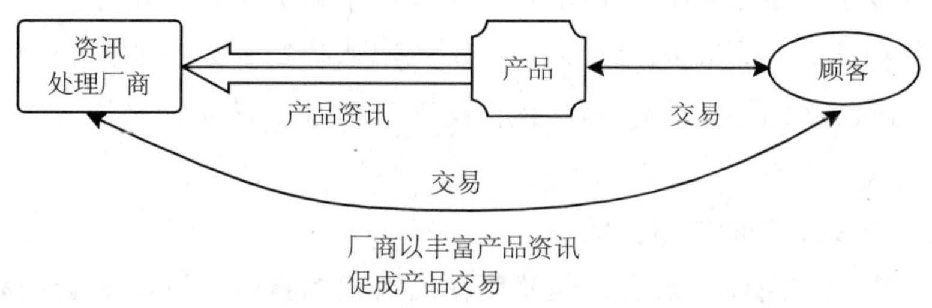

图 13–9　“资讯流跨入商流”模式

掌握商流的企业会有更多机会对买卖双方的行为及特质等资讯进行深度了解，让企业切入资讯流创造获利的空间，例如瑞士大昌华嘉原本是传统贸易商，从单纯的买卖延伸出许多加值服务，台湾地区所有便利商店的咖啡机中，每 10 台就有 7 台来自瑞士大昌华嘉（DKSH）中国台湾分公司，甚至鸿海、台积电、日月光等大厂所用的许多设备都是通过大昌华嘉；大昌华嘉目前代理或服务的国际品牌超过 460 个，从传统“买进卖出”商流服务扩及维修服务、物流管理，甚至市调行销，由于长久累积的买卖双方数据库，可发挥“媒合”及“搜寻引擎”功能，不但可帮企业找到需要的产品，还能做市场调查及行销通路和售后服务管理。

13.2.2.5　资讯流与金流

资讯流与金流的结合形态，可以从资讯流切入金流，也可从金流切入资讯流。

以资讯流为营运重点的企业，可以利用能够取得及散播资讯的市场地位，切入金流，若能配合适当的技术，可以创造出商机。例如中国大陆的新大陆科技，将商品折扣讯息、红利点数、兑换券等资讯，以二维条形码的形式发送到用户的手机上，用户凭简讯就可以到实体商店进行兑换。例如中国移动的手机用户，储值话费可以获得红利点数，民众只要拿着手机里红利信息的二维条形码简讯，就可以到全中国大陆各地的麦当劳兑换餐点，在 2008 年，北京的麦当劳每个月兑换的简讯量超过十万条。另外，二维条形码简讯也可当成提货券，发送给远方的亲友，在大陆的哈根达斯就曾与新大陆合作，让民众可以在线上购买冰淇淋月饼后，把二维条形码简讯寄给亲朋好友，让他们在异地取货，免去送往迎来的麻烦。

从金流切入资讯流，是利用处理金流交易的机会取得商品交易以及交易者的资料，创造出可以带来商机的资讯，例如一些信用卡发行机构，可以根据交易记录，筛选出哪些持卡人可能会消费哪些商品/服务的相关资讯，再与提供这些商品/服务的机构合作，建构商业模式。

13.2.2.6 商流与金流

金流与商流的结合，是将商品所有权的移转过程与资金流动作统整安排，让参与商品所有权移转的各方成员，可以降低其资金负担及风险，融资租赁（Financial Leasing）是一种常见的模式。融资租赁是一种集贸易、金融与租借为一体的模式，不仅可以为企业提供必要的资金，而且在加速现金流动、调动存量资产、改善财务报表等方面也能发挥重要的作用。

模式案例研讨 13-11

融资租赁

融资租赁：“商流跨入金流”模式（价值体系模式 24）

一些中小型企业往往无法购置高价的资产设备，致使企业竞争力无法提升，融资租赁模式的出现为这项问题提供了一种解决方式。融资租赁模式牵涉到资产设备的承租者（中小型企业）、租赁公司、银行以及资产设备的供应商。资产设备的承租者在选定设备后，会通知租赁公司进行协助，此时承租者必须支付给租赁公司相当于设备价格某个比例（如 10%）以上的保证金，租赁公司再通知银行支付设备价款给资产设备供应商，资产设备供应商便出货给承租者。因此，租赁公司并不需要出资，承租者则将租金转至银行的金融机构专门账户，一旦承租者经营不善，无法按期支付资金，按照回购条款，资产设备的供应商必须按未偿付租金余额的价格回购。

通过这种设计，租赁公司让整个金流及商流的运作更为顺畅，资产设备的供应商可以扩大业务，承租者的资金短缺问题获得解决。在一般设备买卖中，由于固定资产设备价格往往较高，中小企业承租者可能无力在短期内一次性支付，而资产设备的供应商也不一定有能力和意愿为承租者提供资金支持，为双方的交易带来阻碍，甚至无法进行。借助融资租赁的交易结构，资产设备的供应商和使用资产的承租者都获得好处，银行获得稳定的贷款客户，银行经由回购条款也能有效控制风险。

思考点：请画出承租者、租赁公司、银行以及资产设备的供应商之间的业务互动图。

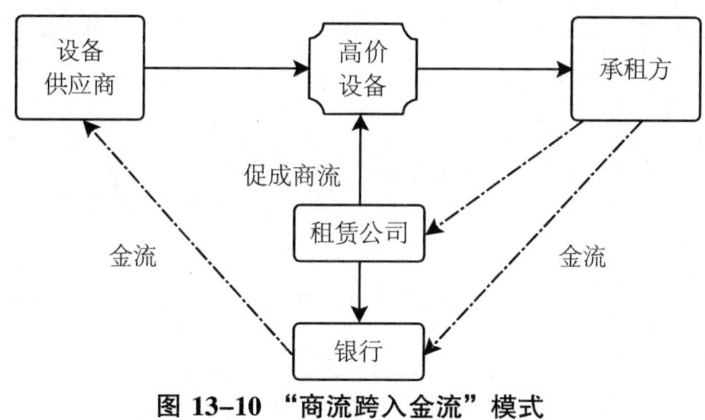

图 13–10 “商流跨入金流”模式

13.2.2.7　产品流、资讯流、金流、商流的全面贯通

当价值体系内各成员之间的产品流、资讯流、金流以及商流能够全面贯通及相互促成时，价值体系各成员之间将能以相当高的效率进行交易。例如前面提到的 UPS 后来又收购了美国的连锁零售店 Mail Boxes，将资讯端点全面延伸到美国本土更加深入的社区，并将直接将遍布美国的 Mail Boxes 连锁店更名为“UPS 营业店”。

全面贯通及相互促成可以由价值体系内的既有成员推动，如同先前提到的许多例子，也可以由第三方成员担负这项任务，中国大陆最大的交易网站阿里巴巴正是从逐步促成产品流、资讯流、金流以及商流的全面贯通及相互促成，而取得今日的市场地位。

模式案例研讨 13-12

阿里巴巴

阿里巴巴是中国大陆最大的 B2B 交易网站，曾经连续五次被《福布斯》(Forbes) 杂志选为全球最佳 B2B 网站之一。

阿里巴巴创立于 1999 年，马云带领下的 18 位创始人在杭州的公寓中正式成立了阿里巴巴集团，2000 年 10 月，推出“中国供货商”服务中国大陆的出口制造商，为出口厂商提供国际企业的业务询问，成为国际贸易资讯平台，同时也为出口制造商架设网站，协助进行各种邮件广告、横幅 (Banner) 广告、文字连接。

网络交易的交易对象，可能缺乏过往的信用记录，并且中国大陆信用体系的发展较为延迟，2001 年 8 月，阿里巴巴为国际卖家推出国际站“诚信通”会员服务，结合了传统的认证服务以及网络，从第三方认证、交易对象回馈及评价，让企业在阿里巴巴上的每一笔交易，都会在诚信通留下记录。2002 年7月，在国际贸易市场推出“关键词”服务，以便于国际买家寻找合适的中国大陆卖家。2003 年 5 月，阿里巴巴把目光转向个人交易，投资 1 亿人民币，推出个人网上交易平台淘宝网 (Taobao.com)。

2003 年 10 月，阿里巴巴创建独立的第三方支付平台——支付宝，正式进军电子支付领域，为网络交易提供信用保证，在买家确认收到商品前，支付宝替买卖双方暂时保管货款，甚至推出“全额赔付”制度，只要用户使用支付宝遭骗损失，支付宝会全额赔偿。到现在，支付宝已经和国内的工商银行、建设银行、农业银行、招商银行、国际的 VISA 国际组织等各大金融机构建立战略合作，成为全国最大的独立第三方电子支付平台。2003 年 11 月，推出通信软件“贸易通”，让买方和卖方通过网络进行实时沟通交流。

2005 年，阿里巴巴集团与雅虎美国建立合作伙伴关系，收购中国雅虎，推出“电子商务搜索”服务。2005 年 3 月，在中国大陆交易市场推出“关键词竞价”服务。2007 年 10 月，与中国大陆的建设银行、工商银行合作，以中小企业的信用及诚信记录为依据，推出线上融资，为中小企业提供商业贷款。2008 年 6 月，推出“诚信通个人会员”服务，帮助中小企业发展中国大陆的国内贸易。2009 年 3 月，在中国大陆市场推出按效果付费关键词竞价系统——“网销宝”。2011 年 1 月，阿里巴巴宣布在中国打造一个仓储网络体系，并与合作伙伴共同投资物流业。

思考点：请解析阿里巴巴推出每项服务的意义。

阿里巴巴：“四流全面贯通”模式（价值体系模式 25）

本章提及模式的相关网站

1. 跳蚤本铺，http：//www.bbbobo.com.tw/。
2. 中租迪和，http：//www.chailease.com.tw/。
3. 大田物流，http：//www.dtw.com.cn/。
4. 丰业物流，http：//www.25431010.tw/about.php。
5. 中国物资储运，http：//www.cmst.com.cn/。
6. UPS，http：//www.ups.com。
7. 风尚科技，http：//www.fashionguide.com.tw/。
8. 阿里巴巴，http：//china.alibaba.com/。

本章参考文献

Lee H.L.，Padmanabhan V. and Whang S.. The paralyzing curse of the bullwhip effect in a supply chain [J]. Sloan Management Review, Spring：93–102.

第 14 章　网络布局调整驱动的商业模式创新

14.1　产制网络调整

14.2　营销网络调整

14.3　使用者网络调整

网络布局调整驱动的商业模式创新，可以从产制网络、营销网络、使用者网络三方面说明。

14.1 产制网络调整

产制网络是由生产各式产品组件的众多厂商所组成，共同生产具有一组特定的功能或是能满足一组顾客价值的产品，因此产制网络的调整，可以从**功能/价值、产品组件以及网络组成成员**三项因素之间的联动观察。

14.1.1 价值/功能扩充：加入更多种类的网络成员，以扩充价值/功能

当产制网络包含种类更多元的成员时，其产品所提供的功能或价值组合会更丰富，例如亿王亚哥（Advance Agro）公司生产的Double A影印纸，在其产制网络中加入了新成员，创造出新的价值。早期的影印纸制造商经常是砍伐原始森林里五十年以上的树木作为原料制成影印纸，这对环境造成一定的伤害，如果用再生纸，较差的影印纸质又可能损害机器，20世纪80年代，泰国的亿王亚哥公司决定放弃砍伐老树造纸的不环保做法，开始寻找可以人工种植、生长快速，而且适合造纸的替代树种，澳洲油加利树符合这样的要求，只要种植三四年，就可当成纸材。1986年，亿王亚哥开始全面种植造纸树，一年还能产制出550万吨的氧气，并降低820万吨的二氧化碳排放量。同时造纸树的质量均优，生产的纸张更优质，改善卡纸情况，也更适合双面使用，因而Double A的售价能比对手订得高一点。

亿王亚哥同时也协助泰国农业的发展，泰国当地的气候、土质和农耕条件适合油加利树的种植，亿王亚哥跟愿意合作的农民签约，供给他们树苗，公司不需花钱买地及雇用全职员工种树；并且造纸树可以和稻米、树薯、甘蔗等当地常见的作物共存，成为农民新的收入来源。亿王亚哥将种植树木的农夫纳入产制网络，而不是直接寻找现有的树木，建构出了创新的商业模式。

模式案例研讨 14-1

社会效益债券

有一些预防性干预的社会措施，例如为在监犯人进行一技之长的教育，以减少出狱再犯；或是改善贫民健康条件，为了避免日后要付出更多的保健支出或是减少危害的社会性干预支出。在推动这些预防性干预计划时，经常会面临预算排挤或是难以募得资金的窘境。2007 年，英国政府为推动一些预防性干预社会措施的创新，推出了社会效益债券（Social Impact Bond）的制度。

社会效益债券是一种财务性资产，以此资产向第三方募资并根据某种社会成效指针给予出资方报酬，2010 年 3 月，英国法务部发行了第一笔“社会成效债券”，资金用于辅导某所监狱 3000 名罪犯，教他们一技之长，协助出狱后找到工作。债券事先设定的社会成效指针是接下来六年，每年罪犯的再犯回笼率降低 7.5% 。达到 7.5%，投资者可以拿回本金，并得到 7.5% 的利息。如果回笼率降低超过 7.5%，则利息更多，最高可到 13% 。但如果达不到 7.5%，投资者将无法取得本金。

执行能力良好的社福机构，如果可以达成债券预设的社会成效指针，可以通过政府为这些社福机构推动计划所发行的债券，获取执行预防性社会干预计划所需的资金，社福机构的执行成效越好，政府就越能省下紧急性社会干预的支出，只需提拨债券所需的利息支出。

思考点：社会效益债券加入了哪些成员？创造了什么价值？

社会效益债券：“找寻适当成员，填补网络功能缺口”模式（产制网络模式 5）

许多复合式经营的店家，其概念基础也是价值/功能的扩充，例如复合经营的电影院结合餐饮业者、书局、游乐场等，复合经营的医院可以结合专门销售健康、心灵书籍的书局、便利商店、饮食店家等，组成复合经营模式，此模式可以应用在许多产业。

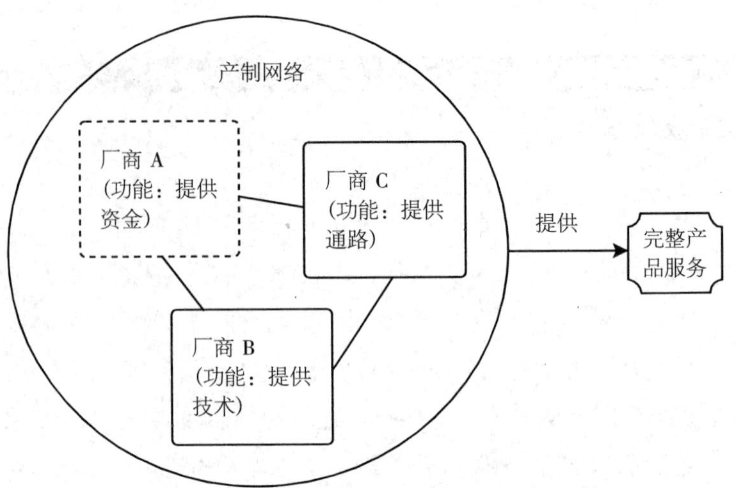

图 14-1 “找寻适当成员，填补网络功能缺口”模式

模式案例研讨 14-2

日本铁路的创新模式

日本铁路：“纳入异业成员，丰富网络价值”模式（产制网络模式 6）

日本铁路（Japan Railway，JR）原本是国营事业（国铁），一度被认为是无可救药的部门，在二十年前，当时的中曾根首相决定将国铁分割为七家民营的 JR，在民营化初期，铁道本业经营依旧惨淡，但是民营化却带来一道曙光。

民营化迫使七家 JR 改善服务品质以及拓展营利来源，站务员变得亲切，过往人潮隐藏着商机，JR 东日本公司的统计指出，在各车站内商店一年的营业额高达 14000 亿日元，车站集客效率完全超越了新宿有名的“伊势丹”百货公司。铁道公司在车站内设置“便利商店”，一天的营业额也超越了设置在街头的 7-Eleven。

不动产事业的开发也是铁道事业的重点，日本第二大都市的大阪，2011 年新建的 JR 大阪车站，最高点与地面相距 40 公尺，是一座巨蛋式的现代化车站。在月台上的南北向设置了“桥上站”，备有剪票的机能，从桥上可以看到各班进入月台或即将开出的列车。对铁道迷来说，是非常难得的景观，屋顶上还设有许多的立体空间，是举办各种活动的好场所。

思考点：从电影院、医院、车站，归纳出复合经营需要什么条件？

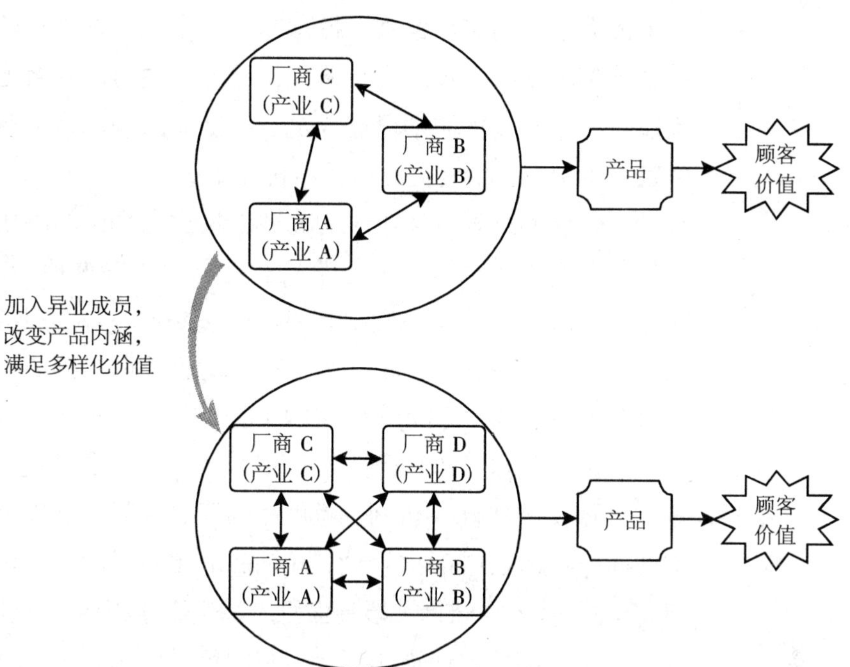

图 14–2　“纳入异业成员，丰富网络价值”模式

价值/功能扩充的一种简化形态，是企业在自己生产的产品上提供更多的功能，而不增加成员种类餐饮业的复合模式，例如风尚人文及三皇三家这一类的餐饮业者，提供简餐、排餐与火锅等各类型餐点，也提供各式茶饮与咖啡，免费提供各类书报以供阅读，提供免费上网服务，借由结合多元化的餐点与额外的免费服务，有效吸引顾客到店消费。又例如从事计算机经销的联强电脑，经营资讯通路之初，对于顾客主动提供维修服务（增添功能），主打今晚送件后天取件、手机 30 分钟完修，并提供手机两年保修，成立维修代收站并接受原厂委托维修，提供经销商维修管理系统，提升其 e 化能力，改善送修品的管理并建立自有车队，以支持维修和送件服务，都是在自家产品上增添功能的模式，这类似于第 12.3.2 节提到的产品组成多元化。

价值/功能扩充的另一种常见形态是打造商品平台，平台观念在第 6 章已提及，企业如果能汇集多种产品，提供使用者多种选择的情形，除了增加产品的多元性之外，这种方式可以让使用者一次购足或是增加选择性。诸如量贩店、过去的光华商场、士林夜市、百货公司，都是商品平台模式的实践。商品平台模式能够吸引顾客，在于**大大小小的店家群聚**，提供消费者多元的选择，几乎所有相关的商品都可以在商场内寻得购入；另外，**在商品平台上产品更新速度快**，不会买到保质期已过或是已经被淘汰的旧货；**商品平台也提供直接比价**，消费者可在商场内直接比价，买到超值且合适的产品，且借由比价的过程淘汰不实的商家，增进商场内的品质；对于商场的经营者来说，商场内的竞争机制可以自动筛选掉不合适的店家；对于个别的店家，竞争机制会使其设法提供较好的服务以及较优惠的价格；对于消费者来说，来一次商场就可以买到所需的商品，免去舟车劳顿之苦，让消费者一次购足。

一家企业如果能和提供不同种类产品/服务的其他商家设计出如第 9 章所提及的转换机制，也就相当于建立起了产制网络，例如日本 Tsutaya 影音出租店的母公司 Culture Convention Center 推动一项“T Point”计划，结合了影音出租店、烧烤连锁店、相机专卖店、加油站、二手书店、连锁咖啡店，共同组成联盟，在加盟的店家消费都可以获得点数或折扣，点数或折扣可用于所有加盟的店家，每一家加盟 T Point 的店家，都能通过计算机查询会员的基本资料及消费记录，相互引介客户，例如在韩剧当道时，全家便利商店推出韩剧男主角御饭团，虽然热爱韩剧的 40~60 岁妇女到便利商店购物的机会较低，但经常到 Tsutaya 租片，因此便在 Tsutaya 发放全家便利商店的御饭团优惠券，创造更好的促销效果。

14.1.2 多组件一体化模式

一项完整产品包括众多组件，这些组件原先若是由不同厂商生产，**企业可以将这些组件加以整合，纳入自己的生产版图，提升产品功能及生产效率**。例如鸿海集团从连接器产品开始，逐渐将计算机机壳、主机板等其他组件纳入，扩张到准系统，打造高度垂直整合的营运模式。

山寨机：“多组件融合为单一组件”模式（产制网络模式 8）

曾经脍炙一时的山寨机，其整体模式的一项核心便是多组件一体化模式，在山寨机出现之前，手机制造厂商必须具备整合多个芯片的能力，但联发科推出的低价芯片解决方案，将芯片、软件平台和第三方应用软件捆绑在一起，将摄像、MP3 、视频、触摸屏等多种功能全部整合在手机芯片之上，完成了多组件一体化整合模式，手机制造厂商只要简单加上一个外壳，就可以生产出多功能、外观时尚、低价格的手机。

除了采用“多组件融合为单一组件”模式外，加上由中国大陆通路商负责开发各种奇特的利基市场，联发科再对这些利基市场进行“客制化”的芯片设计，像是“农夫机”需要特别大的音量，以便于农夫在种田时，可以听到放在田埂上的手机来电，联发科便针对此种功能需求进行芯片设计，再如同模式案例研讨 10–2 提及的迅速流程控管，生产出芯片，交由中国大陆的山寨机组装厂进行制造。

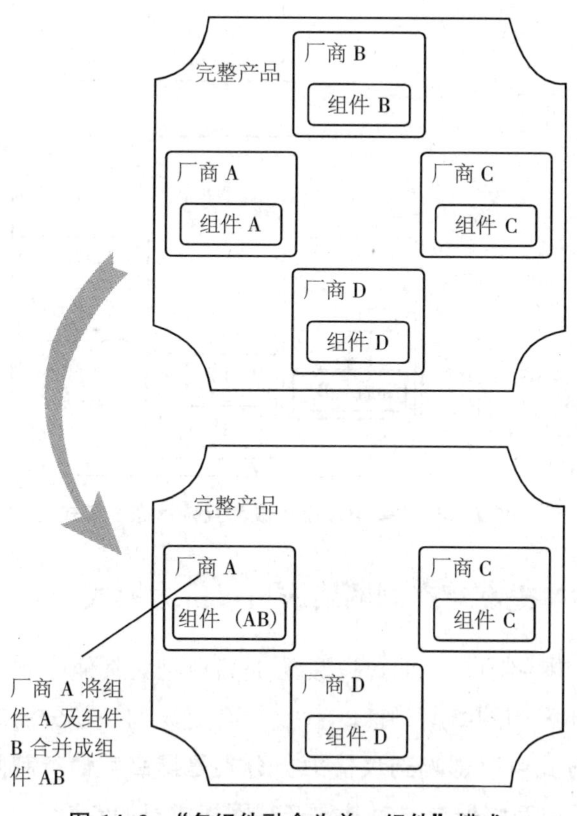

图 14–3　“多组件融合为单一组件”模式

利乐公司：“多组件设计成为互依状态”模式（产制网络模式 7）

另一种多组件一体化模式是将两项组件设计成互依的状态，也就是两项组件的规格或功能设计成必须由一家企业共同制造的状态，以提升产品的品质及功能，而同时掌握这两项组件的企业可因品质及功能的提升进而获利。例如企业可以为打印机跟墨粉盒设计出其他企业难以仿制的独特规格，如果此一独特规格有助于提升打印机的功能，如印刷品质特别好、速度特别快，企业便可因而获利。又例如在第 7.1.1.2 节提到的利乐公司将利乐包及利乐包生产线设计成互依的状态，因而取得极具优势的市场地位。

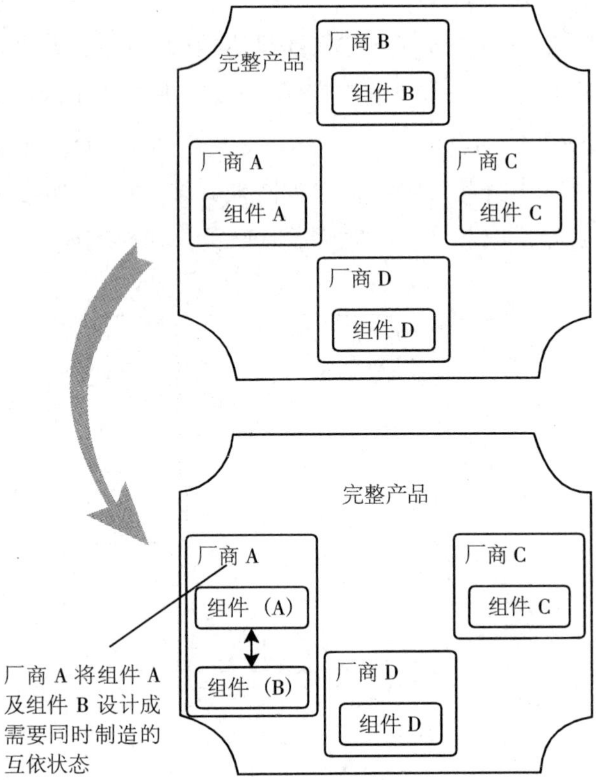

图 14-4 “多组件设计成为互依状态”模式

14.1.3 提高对产制网络成员议价力模式

在产制网络中，企业可以设法提高自己对其他产制网络成员的议价力，让产制网络所创造的营收，有更大的一部分流向自己。**两种常见的方式可以影响到议价力，分别是提高其他产制网络成员对自己的专属以及降低自己对其他产制网络成员的专属**。

14.1.3.1 提高其他成员对自己的专属

如第 9.1.2 节的说明，专属性的原意是指某项资产可以用于其他用途或由其他使用者运用，而仍旧不牺牲资产创造价值的程度。如果企业能让其他成员所生产的产品组件，只有在与自己生产的产品组件搭配使用时，才能产生最大的附加价值时，其他成员便会专属于企业，利用此专属性，企业便可以提高所能分得的产制网络营收，例如 Wal-Mart 会为其供应商提供许多人力资源、存货管理方面的协助，使得这些供货商必须依赖 Wal- Mart，而 Wal-Mart 也因而拥有面对供货商极高的议价力。

14.1.3.2 降低自己对其他成员的专属

企业若能避免让自己专属于其他产制网络成员，将可以提高对其他成员的议价力，直接的方式是生产具有高度兼容性的产品组件，如第 9.2.2.3 节关于兼容机制的说明，让自己的产品组件可以与多种不同规格的其他组件搭配使用，就比较能够避免自己的议价空间被其他成员所压缩。

14.1.4 切割释出产品组件、扩大产制网络产出模式：厂商释出一部分组件业务，换取网络主导权

同时生产组件 A 、组件 B 、组件 C 等多种产品组件的企业，虽然可以一直掌控这些产品组件，但如果企业自己可以退出其中某一项组件（例如组件 C）**的生产，由其他成员制造，将更能扩大产制网络的整体产出，让企业保留的产品组件业务**（A 及 B）**可以享有规模扩大的好处**（如规模经济、营收增加）。

通信设备产业中，在过去 1G 和 2G 时期，通信技术掌握在移动通信设备制造商手中，因此包括行动电话关键芯片，产品设计，软件撰写、制造到销售等活动，都是由移动电话制造商一手包办；但随着 3G 技术的普及，移动电话关键芯片供货商出现、代工制造商崛起以及移动电话设计服务业者的出现，都让移动电话制造商逐渐将原有的组件生产和制造切割出来，并退出这些业务，使得不同类型的业者兴起，移动电话的价值活动，也逐渐由品牌制造商分散至各种不同类型的专业业者（移动电话关键晶片制造商、产品设计、软件撰写厂商、代工制造商、销售通路商），整个移动通信产业专业分工状况日益明显，价值活动的效率也趋于最佳化。例如曾经全球第一大的移动电话厂商 Nokia，是将全球生产体系划分为三个大群组，分别由 Foxconn、Jabil 和 Elcoteq 三个代工业者担任枢纽角色，负责统筹隶属其群组内的零组件供货商合作，三大群组之间会彼此在价格和服务上竞争，使得 Nokia 的供应链管理变得更有效率。

Nokia：“释出组件业务，扩大网络影响力”模式（产制网络模式 9）

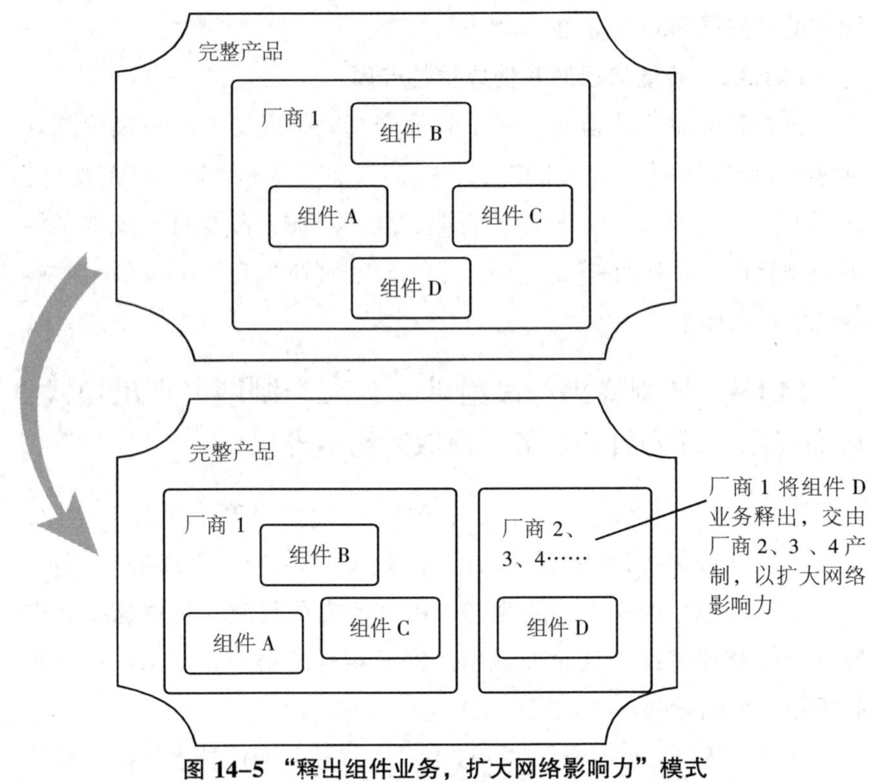

图 14–5 “释出组件业务，扩大网络影响力”模式

商业模式演练 14–1

微软为什么要涉入 Office 软件业务？为什么不涉入统计软件业务？

14.1.5 调整成员协作、共创价值模式

产制网络可以不必通过产品组件种类的增减，而是以改变产制网络成员之间的互动方式，达到创造价值的目的。**产制网络成员间的互动调整**，可以下列三种方式呈现：**更紧密的协作、更开放的协作以及修补弱势的协作。**

14.1.5.1 紧密式协作

2011 年“3·11”日本地震带来的海啸，为日本主要粮食供应区之一带来相当大的伤害，农产及水产受损超过 2 兆日元，相关产业亟须重振，日本仙台市舞台农场先集合各类作物的生产者，成立公

司以扩大经营规模，继而推出“新农业”计划，在受海啸侵袭而盐化的地区设置太阳能发电设备，所发电力用于在灾区设立的“蔬菜工厂”，同时，设立了处理切菜的加工工厂，让蔬菜一次就能以“商品化”的形态出货。日本的“三一一”重建经验不仅尝试挽回经济，更通过建立起发电、蔬菜种植、蔬菜切割加工等业者的密切合作，创造出新的商业模式。

产制网络成员之间的紧密协作，有助于调节供需、沟通产品规格以及改善产品品质，例如为 3C 产品制作包装纸盒的纸厂，需要事先了解特定的 3C 产品的各种零件的外形，决定包装纸盒的空间配置，减少产品所占的空间，降低产品的运输成本及储存成本，这些纸盒设计必须在 3C 产品上市前就完成。

紧密协调对于调节供需的帮助，可以从模式案例研讨 3–13 利丰的例子看出。利丰能够比竞争对手更快、更准确、更灵活，同时更低成本地提供客户商品，使客人减少库存成本。保证品质而且更灵活地供货，这让客户愿意多付 5% 、10% 的价差去买利丰的服务。利丰并不拥有供应链中的任何一部分，但站在更高的层次上来管理和协调。另外还监督生产，不只管理它的供应商，还要管理供货商的供货商。

利丰：“占据枢纽位置，催动网络运转”模式（产制网络模式 19）

利丰的另一项专长，在于有一条“无形的管理绳索”，巧妙地对每一家工厂的下单量占每一家合作厂家产能的 30%~70%，使利丰成为该工厂非常重要的客户，甚至是最大的。因此，利丰能获得工厂最大的配合和弹性。但利丰也不占厂家 100% 的产能，那使得利丰必须承担工厂完全依赖它的责任，这将使它失去灵活度。

当产品品质的提升需要依赖投入原料的创新时，紧密协作对于品质提升会扮演更重要的角色。例如 UNIQLO 在开发轻量超保温的成衣时，便是与东丽纺织进行合作，东丽内部还成立了专门与 UNIQLO 对口的专责单位，双方的研发小组每周开会共同讨论商品发展。

企业往往很难和众多厂商同时紧密协作，因此经常会看到缩减供货商数量的做法，尤其是当产品品质特别重要时，慎选并维持少数供货商，更能够提高产品品质。知名的服务器供货商思科（Cisco）从 2001~2005 年，大举改造其组织架构，调整供货商策略，精简其产品存货，调整其零组件存货，去除数千项库存单位（SKUs），减少

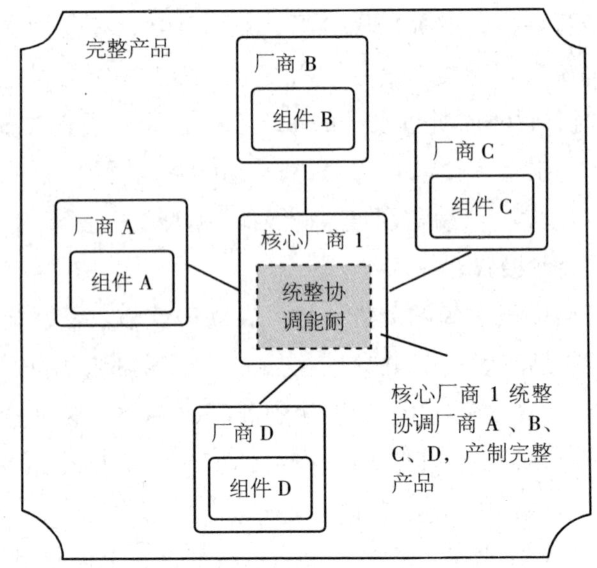

图 14-6 “占据枢纽位置，催动网络运转”模式

合作往来的组件供货商和外包制造商数目，和更少数的供货商建立更密切的伙伴关系。在短短四年内，思科把往来的组件供货商家数，从原来的 1300 多家减少到 300 多家；外包制造商也从 20 家减为 4 家。接着，思科为其供货商装设最先进的电子工具与流程，提高其整个供应链的能见度，并展开和供货商密切合作，交流最佳实务，实行一致的流程，让各项营运指标开始改进，例如存货周转率在 2001~2005 年，提高超过 50%，预测准确度也明显改进。利丰、U-NIQLO、思科都是紧密协作的范例。

14.1.5.2 开放式协作

企业在追求创新及品质提升时，可以尽量扩大产制网络，在极广的范围搜寻有助于创新及品质提升的来源，以开放式协作的态度促成产品/服务的创新，在开放式协作中，企业并不预设合作伙伴，而是广泛运用外部的知识技能，让外部知识技术成为整个产制网络能够不断创新的基础，智能型手机上 Android 平台以及 iPhone 的 iOS 是开放式协作的范例，在这两款平台上，来自四面八方的程序撰写者都可以自由地撰写各种应用程序，这些应用程序聚集之后，构成内容丰富、品项缤纷并且可以不断更新的消费电子产品。

在开放式协作的探讨上，相当受到注意的是**“开放式创新”，开放式创新认为产品产制过程应该多利用外部创意及合作伙伴的优势，同时应将自己的创意授权给其他企业使用**；在产品组合方面，应该善用合作伙伴，共同扩大顾客群，只要能达到此目的，甚至可以贩卖竞争对手的产品。

14.1.5.3　修补弱势、强化环节

在产制网络中，当某些成员的技能较为虚浅时，就可能成为整个产制网络中薄弱的一环，而薄弱环节往往会影响整个产制网络的发展，此时网络中拥有较强技能的网络成员，可以协助较弱的成员改进其技能，对较弱的环节进行修补，让各个环节都不至于出现问题。具体的做法包括由具备优质技能的高效率企业对技能较弱的低效率企业进行指导控制，或由关键环节的领导企业对产制网络进行系统整合，例如统一超商对于其农产食材供应商，在种植升级、农药减量、营养成分分析、外观品质、切洗运送、包装设计等各个层面，都设定相当多的规定及检验标准，统一超商会协助种植农场在这些层面进行改善，直到整个产出能满足超商贩售对于新鲜、美感、健康等多方面的要求；而种植农场在获得转型升级之后，也能参与研发，创造适合超商的产品，像是一盒有十种蔬果的五色鲜蔬，其中的黄萝卜就是农场主动引进的。

模式案例研讨 14–3

丰田汽车

在 20 世纪 60 年代，丰田汽车开发了自己独特的丰田生产体系，强调实时制造系统以及零库存，但实际上，丰田公司并不是没有库存，而是将库存问题转移给上游供货商去消解。但这使供货商陷入一些困境。丰田汽车意识到必须大幅度提高供货商的水平。随着丰田汽车外购零部件的比例不断增加，国内零件供货商也迅速发展起来。丰田对供货商群体进行区分，将供货商分为协力成员和独立供货商。对于协力成员，丰田公司会拥有大部分股权和实际控制权，利益和目标完全一致。经由这种区分，丰田形成了独特的供应网络，为有效的供货商管理奠定了基础，强大的供货商合作关系网络，培养并发展了丰田的核心竞争优势。丰田供货商系战略，沿袭了丰田创始人丰田喜一郎在 20 世纪 30 年代末提出的管理模式，即根据零部件的

丰田汽车：“策略组件紧密结合，一般组件开放选择”模式（产制网络模式 16）

重要性对零部件进行分类，对不同的零组件供货商实行不同的管理模式。

对于关键零组件的供应，丰田将这类制造业务专门包给和丰田有紧密资本和财务关系的工厂，并将其视为丰田的特殊供应商。丰田与这类供应商发展成策略性的合作伙伴关系，彼此之间有较高程度的合作。丰田为这些供货商开发多功能界面，建立企业间的知识分享界面，把专有知识与技能传递给供货商，例如通过丰田汽车的设计工程师与供货商的设计工程师的协作，以确保产品无缺陷和产品的定制化。同时也推进了对供货商进行特定性关系的投资，使组织之间的界限趋于模糊，通过紧密的合作团队的形式确保企业关键技术和长期竞争优势。

对于非战略性零部件，丰田主要考虑价格、质量和送货时间等因素能否满足自己的要求，使用传统的竞标方式，压低价格，以刺激供货商之间的竞争，降低物品的采购价。

通过对传统的竞价采购和建立合作伙伴关系这两种模式的结合，丰田有针对性地对供货商进行区别管理，避免了传统模式和合作模式的不足。经过多年努力，丰田也在汽车行业培育出了一批训练有素并有快送应变力的供货商，丰田汽车与供货商之间专业化分工协作体系，支撑了丰田实时生产系统，帮助丰田跻身世界第一流汽车厂商的行列。

思考点：紧密式协作与开放式协作，两者之间会是什么关系？

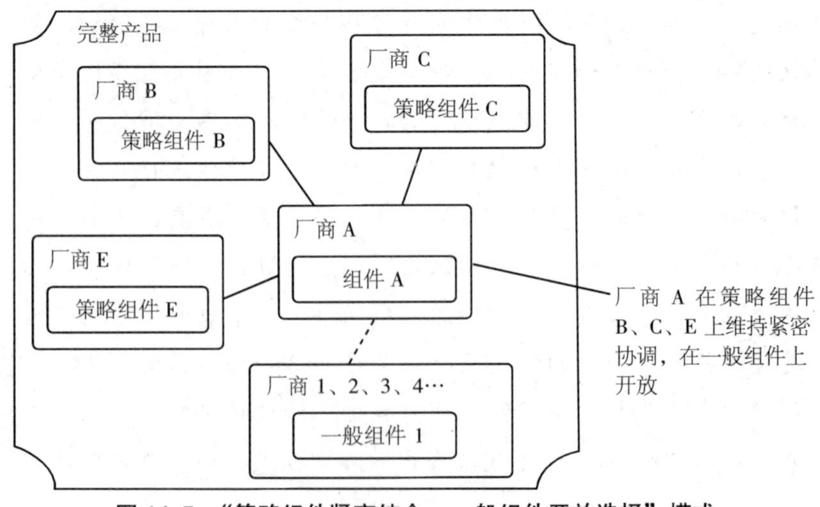

图 14-7 “策略组件紧密结合，一般组件开放选择”模式

14.2 营销网络调整

商业模式创新的来源，可以从营销网络的调整着手，常见的形态包括营销网络多元化、强化营销控制、分利扩点、区域龙头、通路压缩以及提升营销网络成员价值等形态。

14.2.1 营销网络多元化模式

一项产品若是可以通过多元的营销网络进行销售，将能创造更多的营收，例如可口可乐，在超市、便利商店、贩卖机、餐厅、旅馆都可以买到，为可口可乐开拓了多元的营收来源。

一项产品**可以通过以下两种方式，寻找在多元化的营销网络中进行销售的机会**。首先，可以**让自家产品易于和其他多种不同产品搭配使用及销售**，例如养乐多可单独饮用、可和绿茶混用、可作为便当附赠饮料等，每一种搭配使用都对应到一种营销网络。**其次，若能为一项产品设想出多种不同的使用情境，也就相当于找到多元的营销网络**，例如矿泉水可以用于公共场所、一般开会、野外活动、随身饮用，这些使用情境各自需要不同的包装，也就对应不同的销售网络。

矿泉水："营销网络多元化"模式（营销网络模式 4）

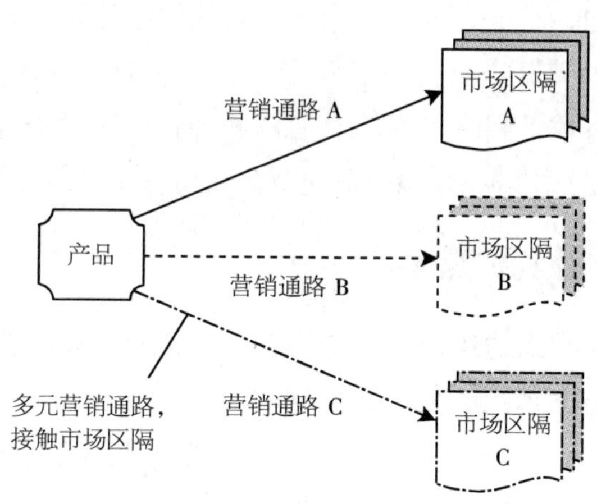

图 14–8　"营销网络多元化"模式

商业模式演练 14–2

请为 Michael Porter 的知名著作《竞争策略》(Competitive Strategy) 一书，构思多元的销售管道。

14.2.2 强化营销控制模式

取得对营销网络的控制权，意味着拥有盈余分配的影响力、面对顾客的接触管道以及列柜商品的筛选权。商业模式的创新可以朝强化营销网络的控制权发展，例如模式案例研讨 9–2 的百丽国际，控制了百货鞋业通路，让国际鞋厂在进入中国大陆市场时都必须面对百丽国际；台湾地区许多饮料食品业者纷纷入股便利商店，也是为了取得营销网络的控制权，那些未能在便利商店取得立足之地的饮料业者，产品销路的拓展也就被局限了；在有线电视产业中，有线电视系统业者扮演通路的角色，一方面可以从收视户缴的月费创造稳定的现金流，另一方面拥有决定哪些频道可以上线的权力，有线电视系统遂成为许多经营媒体的业者及购物频道业者的必争之地。

模式案例研讨 3–12 中的可口可乐，曾经对装瓶厂进行大幅的整顿，加强对装瓶厂的控制，收购装瓶商的部分股权，购回特许经营权，向友善的、有能力的装瓶商出售新的浓缩液，对装瓶商进行投资改造，协助装瓶商进行市场营销，引导装瓶商进入高利润领域，使其经营更有效，同时对新的装瓶商和经销商提供资金支持，确保装瓶商能配合公司的整体策略，也是强化对营销网络控制的展现。

14.2.3 分利扩点模式

一项经营模式的运作，若是需要建立为数众多的营销据点，企业可以考虑与营销网络成员共享利润，常见的方式是采取加盟的方式，例如市面上许多连锁加盟体系，这些体系需要众多的加盟店共同参与，以创造原料、食材、设备、品牌等各方面的规模经济，或是将独特的能耐运用在众多的加盟店上，以便于为此一能耐创造更高的市场价值。

模式案例研讨 14-4

收垃圾也可以加盟[①]

大丰环保科技的主要业务是家庭资源回收，董事长林盟洲在 1999 年接下一家快倒闭的废纸回收公司，本以为只是回收资源买进再卖出，结果发现传统回收站回收资源的货源都被大盘商所垄断，他进不了货也出不了货，便决定打价格战，初期亏了数百万元。既然无法掌握传统回收站，林盟洲决定自己设立回收站；一般而言，经营回收站的利润相当微薄，环境卫生、处理过程、囤积成本的问题，都让传统大盘商不愿自己经营这一块，但林盟洲发现回收站的经营重点在管理，如果能建立标准化制度，将传统的资源回收垃圾进行归类，将可增加收货效率、节省成本。

大丰规划出明亮的存放空间，设计出拥有专利的机台与货架，以半封闭的站点，避免酸臭气体外溢，每天消毒杀菌，每天下午五点，管理员会指示送货来的拾荒民众将货倒入货架，电脑立刻显示收购价，接着分类整理用不到 5 分钟，其效率比传统回收站高出 1 倍。

改造回收站，让大丰可以将回收站设在都市，一般民众都可帮忙集货，增加货源又降低运输成本。大丰接着进行通路布局，开始广设加盟站，以进一步增加货源，林盟洲为加盟者购入各式各样的垃圾处理设备，其他回收站从收货到转售要 8~10 天，大丰的加盟站最快只要 3 天，大丰的快速周转，降低了原物料波动风险，降低库存成本，让获利更平稳。

依照大丰环保科技的网站资料，加盟者可以获得五种优势：

（1）销货优势：总部通过通路整合，集量创造销货价格优势；专责部门掌握市场趋势及销货端资讯，降低站区营运风险。

（2）品牌形象：以创新经营概念替资源回收站换上全新面貌，鲜明的企业识别、整洁的环境、信息化管理，加上标准作

大丰环保科技：“营运连锁标准化”模式（“营运标准获利”模式）（产制网络模式 12）

① 故事来源：《商业周刊》第 1278 期；及大丰环保科技网站，http：//www.df-recycle.com.tw/Default2.aspx 。

业流程及优质服务，颠覆大众对传统回收站的刻板印象。

（3）操作容易：加盟站利润来源为进销货之差价。站区现场设施配备单纯，加上标准作业流程，管理容易。

（4）信息管理：总部提供自行开发的营业管理系统，提升现场作业效率并可精确掌握经营状况。

（5）总部资源：总部提供通路整合、销货信息、车辆调派、账务处理、法务协助、整合行销、教育训练、问题咨询等。

思考点：大丰环保科技为什么需要广设通路？

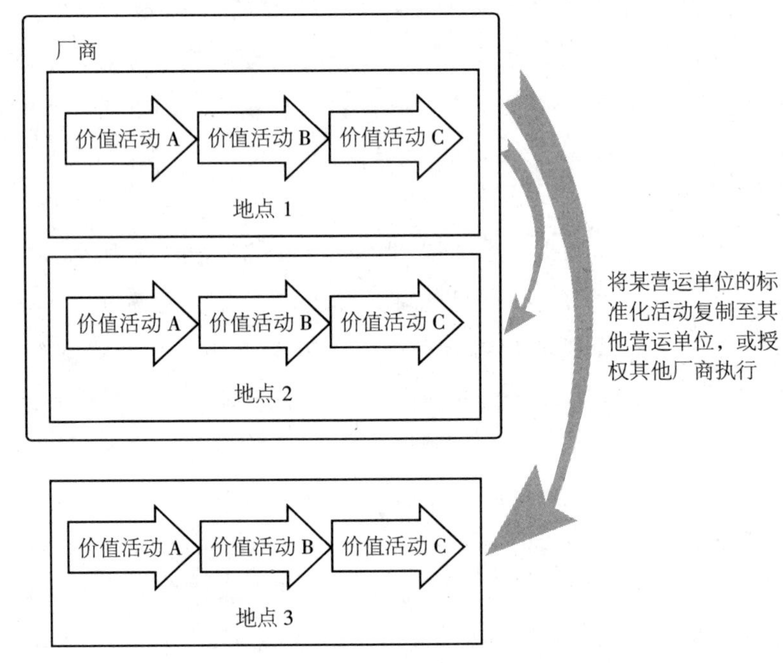

图 14-9 “营运连锁标准化”模式

14.2.4 区域龙头模式

星巴克：“区域龙头”模式（营销网络模式 3）

一项商业模式的营销网络布局，若能在特定的地理区域内增加营销据点、取得领导者的力量，将有机会从主导此一业态在该地区的商业活动，例如在快递业中，尽管 UPS 是世界级的领导企业，但是当有一项货物要从美国送到苗栗县时，在苗栗县内，UPS 还是会将这项货物的运送业务交给在苗栗当地拥有便利转运点的地方性货运公司；又例如在报业，虽然有许多全国性的报纸，但是一些地方仍旧存在“地方性的大报”，像是花莲的《更生日报》、台南的《中华日报》等。另外，像是 Wal-Mart 及星巴克，在美国国内扩张的过程中，也是先在单一城市进行扩点，取得该城市的龙头地位，再依各个城市逐个攻占，最后联机形成全面性的规模优势。

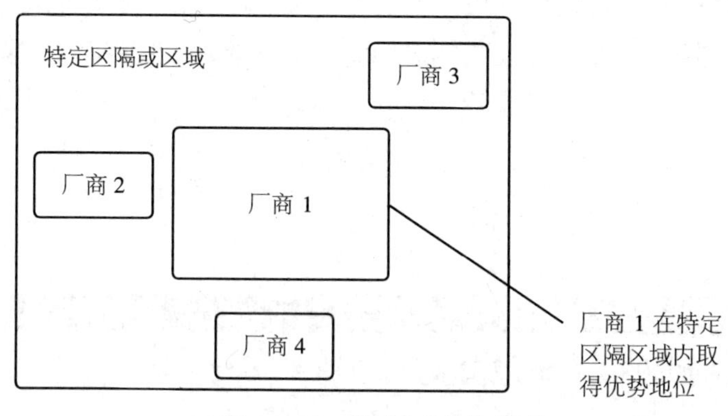

图 14-10　“区域龙头”模式

14.2.5　通路压缩模式

家乐福：“通路压缩”模式（营销网络模式 2）

第 6 章曾提及营销网络的长度，多层的营销网络在传统商业中相当普遍，将大批量货物化整为零，**通过层层管道分销给消费者，其代价是周期长、成本高和对变化环境的反应速度慢，这些代价为通路压缩模式创造崛起的空间，通路压缩模式就是把传统的通路加以压缩，甚至去中间商化，以便提高效率，更接近消费者，或者消费者和供货商建立直接的关系**，量贩业、网络销售、电视销售，都具有压缩通路的效果，模式案例研讨 8-1 家乐福所描述的正是通路压缩的情形。

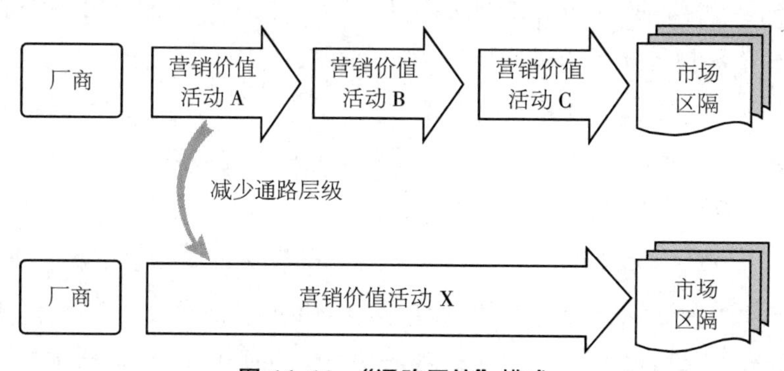

图 14-11　“通路压缩”模式

14.2.6 提升营销网络成员价值模式

营销网络成员若是能增加自己的附加价值，便能提升自己在整个产制网络、营销网络以及使用网络中的市场地位，尤其是在被压缩的营销网络中的成员，更应思考如何增加自己的附加价值，例如传统只从事代订机票及饭店的旅行社，在网际网络兴起后，面临被压缩的情形，一些旅行社业者就会开发出极具特色，非一般自助旅行者容易安排的行程（如需要订位的米其林三星行程），或是文化意涵丰富的行程，以提高自己的价值。

模式案例研讨 14-5

提升附加价值，绝地逢生

在美国，医疗产品批发业者是从上游医药厂批发各药机械，卖给医院和药店以赚取利润差价。行业进入门槛很低，行业利润已经因激烈的竞争而非常薄。而在产业价值链中，上游的医疗厂和下游的医院都是技术密集，夹在中间的医疗产品批发企业只能获取微薄利润。

然而卡地纳健康公司（Cardinal Health），在 1991~2001 年的 10 年快速成长，2006 年更排在财星 500 的第 51 位。卡地纳健康公司靠的既不是技术，也不是资源优势，而是找到提高自己附加价值的途径：需求创新以及价值链整合。

在需求创新方面，卡地纳健康公司认识到其最终客户应该是患者，站在患者的角度思考，卡地纳发现了许多“问题”，例如医院购入药品和医疗器具是为了治疗患者，这些使用风险和使用成本大大高于普通产品的医疗产品如何有效存放、管理、使用、处置，才是关键的问题，但是对于这些问题，医疗批发企业是从来不去考虑的；卡地纳公司则思考这项问题，发现医院购买的并不是产品，而是“医疗过程中的质量、安全和效率”。

与医院的密切合作，让卡地纳公司开发出了各种解决方案，例如自动取药系统，让取药过程自动化无缝隙连接，彻底消除了人工配药的差错率；例如液态废药处置系统，使废药能够安全而便利地进行处置；例如为药店提供收入核算系统，能够完成第三方与药店之间的结算流程，并且每天更新药品报价和各类数据，有效解决了药店长期存在的现金流问题等。

在需求创新的基础上，卡地纳公司更致力于整合上下游，将自己由单纯的批发商变为了全行业的服务商，为上游的医药厂商提供高度专业化的配方、检测、生产、包装等项服务，使厂商更能够集中精力于医药研发推广的核心过程；为医院提供专业的物流管理服务，帮助医院更易降低成本和提升效率；为医院提供特殊医疗手术用品的成套服务，不仅省却了医护人员挑选、运送手术用品的过程，而且降低了客户的存货和仓储费用等。悉心为上下游提供服务、创造价值，让卡地纳公司在弱势环节中创造高绩效。

卡地纳健康公司："为上下游所有成员处理瓶颈，整合价值"模式(营销网络模式 7)

思考题：营销网络成员若要增加自己附加价值的种类，可以从哪些方向切入？

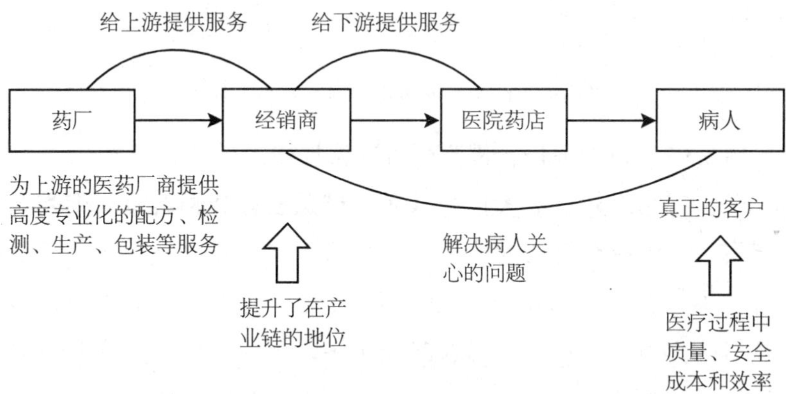

图 14–12 "为上下游所有成员处理瓶颈，整合价值"模式

14.3 使用者网络调整

企业在使用者网络上进行调整，可以作为启动商业模式创新的起点，常见的形态有强化顾客专属性、建立使用者社群、顾客身份转换、打造使用者平台等几种形态。

14.3.1 强化顾客专属性模式

如第 9.1.2 节所述，创造其他成员专属于自己的程度是商业模式创造利润的一项经济原则，落实在商业模式的模式设计上，就是**强化顾客专属性模式，提高顾客依赖企业的程度**，顾客也就不易被其他公司夺走，具体的方式有以下几种。

14.3.1.1 以绑约强化顾客专属

电信业者：“以绑约强化顾客专属”模式（使用者网络模式 6）

企业可以通过**绑约的方式，提高顾客离开企业使用者网络的成本**，以移动电信服务业为例，移动电信服务业者以门号约及手机补贴的绑约策略，除了降低移动电话购买的门槛，更进一步达到整合手机销售通路的模式。这种绑约的策略使得消费者无法以单一门号搭配不同电信服务业者，只能继续使用原电信业者所提供的服务。

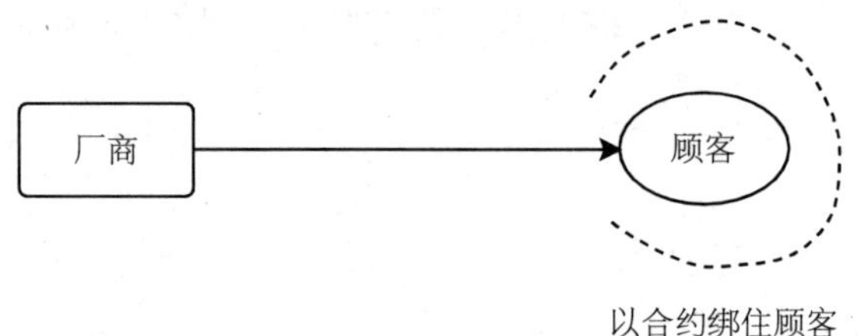

图 14–13 “以绑约强化顾客专属”模式

14.3.1.2 以产品设计提高顾客专属性模式

iPod：“以产品设计提高顾客专属性”模式（使用者网络模式 7）

除了绑约之外，业者也可以通过**产品设计让顾客乐于使用企业的产品，继续留在企业的使用者网络内**，与企业维持关系。以 iPod 为例，苹果在发展 iPod 时，也陆续开发其他周边产品服务，包括 2001 年开发出“iTunes”音乐编辑软件，并借由取得五大唱片公司的授权，让消费者使用 iTunes 软件从网络下载合法且具版权的音乐。通过这种方式，Apple 整合了数字音乐产业的上下中游，包括音乐的提供者、播放软件与硬件的发展，这也使得 iPod 不单单只是一个播放器，更配有全套的使用方式。借由 iPod + iTunes10 与五大唱片行签订契约的模式，使得顾客更换产品的转换成本提高，因此只能继续使用原有的产品服务。

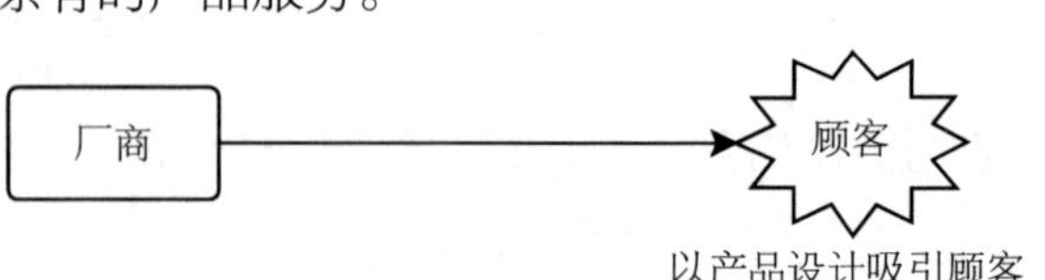

图 14–14 “以产品设计提高顾客专属性”模式

14.3.1.3　以跨入服务提高顾客专属性模式

原先只**制造产品的企业，如果跨入产品所延伸的服务领域，为顾客提供这些服务，顾客与企业的关系便会更紧密**，脱离使用者网络的可能性就会更低。

典型的产品跨入服务的领域，包括了相关的维修与售后服务，像是电器、汽车的保固服务、购买产品伴随的金流、商流、信息流的专业服务，例如计算机制造商雇用程序设计师分析机构型顾客的需求，为顾客设计合适的计算机系统；汽车经销商会有专业财务人员规划各种融资及租赁选择，以帮助吸引顾客，提高汽车销售量。

有时服务本身可扩大规模，成为独立服务供货商，为企业带来额外的营收，由于服务较产品更难模仿，因此服务反而能变成竞争优势来源。例如全录公司原本以生产及销售复印机为主要业务的部门，其经营重心已逐渐从产品导向移往推出产品服务组合，帮助公司创造更大营收。2005 年，全录公司总营收的 22% 是全录全球服务事业部贡献的。

全录："以跨入服务提高顾客专属性"模式（使用者网络模式 8）

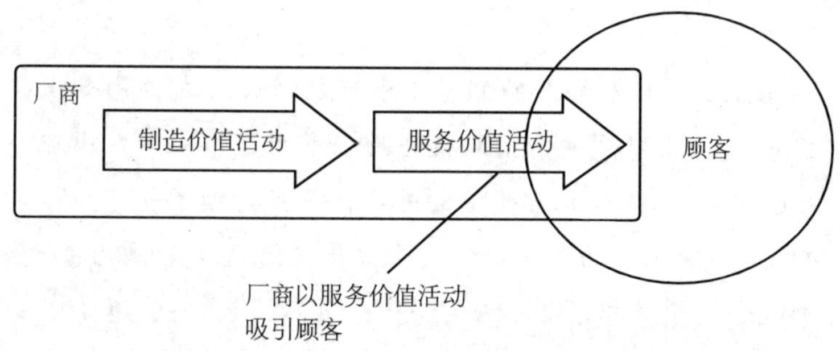

图 14-15　"以跨入服务提高顾客专属性"模式

14.3.1.4　以增加互动接触点提高顾客专属性模式

企业与顾客进行交易的接触点若仅是银货两讫，交易完毕便两造无关，不再互动，其网络关系便是仅局限于交易发生当时的银货接触点的关系，例如与在外地偶遇的小贩间的交易，即属此类，这种网络关系相当脆弱。**企业若是希望顾客留在其使用者网络内，可以考虑增加接触互动点**，例如模式案例研讨 5-8 的 In-House 模式，就是将接触点延伸到客户工厂内的做法，当接触互动点增加之后，顾客要离开企业的使用者网络的成本会提高，因此不会轻易离去。

增加互动接触点的具体做法是强化服务，让顾客从与企业接触的一开始，就进行高度的互动，采取“体验行销”模式，让顾客在整个接触过程、试用流程、消费流程、使用流程，都获得愉快的经验，这些经验共组成愉快的消费情境，例如球鞋制造商可以在顾客对球鞋会产生兴趣的情境中，像是体育赛事、运动会、公司网站，就设计出与顾客的良好互动，一直到产品比较、购买、使用等阶段，都创造出良好的使用经验，让顾客感到企业所生产球鞋的独特性。

14.3.2 建立使用者社群模式

企业要将顾客留在使用者网络中，**可以经由建立顾客之间坚实的网络关系来达成，让顾客可以从其他顾客或使用者交换产品使用的建议或是满足情感社交需求**，这也正是一般提到的使用者社群模式。经由有效利用使用者社群，企业可以建立产品口碑、散播产品信息、进行产品推广甚至从使用者社群获得产品改善的建议。

模式案例研讨 14-6

看片靠推荐[①]

Tsutaya 是日本知名的影音出租连锁店，日本的影音出租市场 2009 年面临激烈的价格战，当时一家业者推出旧片出租一周只要100 日元，降到正常价格的一半，并且持续了一年。Tsutaya 最初也是以降价来面对同业的攻击，但是绩效反而每况愈下。

Tsutaya：“使用者社群推荐产品”模式（使用者网络模式 3）

Tsutaya 于是推动了一项“发现好作品”计划，邀请了一百位年龄年介于 20~60 岁之间的电影达人，针对市场上已发行的 4 万部电影给予评价，获得高评价的电影中，如果有一些片，没有任何影音出租店曾经发行过其出租光盘，Tsutaya 的母公司 Culture Convention Center 就出面与这些片的电影公司交涉，设法取得授权出租服务，并将这些片推荐给顾客。以 1974 年发行的“雷公弹”（Juggermaut）为例，过去从未有影音出租业者发行过这部片的出租光盘，Tsutaya 在获得授权后，于 1400 家加盟店中，以正常的价格，无须降价的情形下，一周出租

① 故事来源：Tsutaya 网站，http：//www.tsutaya.co.jp/index.html；《及商业周刊》第 1190 期。

了 16600 次，这大约是一般旧片在 Tsutaya 体系内两年的出租次数。

思考点：从 Tsutaya 的例子推想让使用者社群模式能够奏效的因素有哪些?

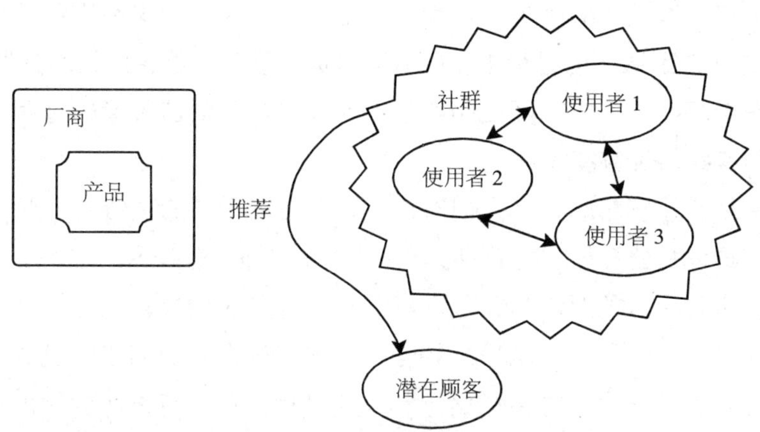

图 14-16　“使用者社群推荐产品”模式

商业模式演练 14-3

找出三项用到使用者社群模式的产品，分析这些产品有哪些共同特性，使得这些产品会采用使用者社群模式。

14.3.3　顾客身份转换模式

企业在看待顾客时，一般会将顾客视为企业的外部关系人，顾客有其独特的需求偏好，即顾客价值，企业必须以产品服务满足这些顾客价值，从而获取营收。

身处使用者网络中的顾客，可以转换身份，扮演超越顾客的更多重角色，成为企业的内部关系人，例如顾客可以扮演产品构想的提供者、测试者或是改善者，像是拥有 3M 公司主要业务涵盖消费、办公、绘图、电子与通信，致力于为消费者提供创新的解决方案，3M 公司会直接邀请关键客户参与脑力激荡和产品开发活动。迄今为止，有客户参与的产品开发项目，都成功地研制出了新的主力产品线，这些产品每年产生大约 1.46 亿美元收入，这相当于同时期没有客户参与开发的产品的 8 倍。有时甚至产品本身就是顾客设计的，例如在模式案例研讨 8-11 的自己设计熊绒毛玩具中，顾客身份转换成为产品设计师。以下说明两种主要的顾客身份转换模式。

14.3.3.1 顾客共创价值模式

企业提供产品服务，是为了满足顾客价值，**如果在设计、生产及使用产品/服务的过程中，顾客可以深度涉入，让企业的产品/服务更符合顾客的需求，那么顾客也就共同参与了创造价值的过程，此即顾客共创价值模式。**

企业能够与顾客共同创造价值，有三项重要的关键：**对话、经验接纳以及公开**[①]。对话是指企业需要在与顾客有共识的条件下，与顾客进行深入的互动，让互动顺利进行并产生效果；经验接纳是指企业应该广纳消费者的珍贵经验，例如通过发达的网络管道成立线上社群，彼此分享并传播信息；公开是指企业应该设法消除消费者与企业间长期存在的信息不对称，让顾客可以接触到产品、技术和商业体系等各项资讯。

乐高公司："使用者端开放式创新"模式（使用者网络模式 11）

模式案例研讨 14-7

乐高公司[②]

乐高曾推出一款"乐高机器人"（LEGO Mindstorms），这组机器人包含了一个可由塑料零组件制造的马达，消费者使用这套马达，可以自行组装出可移动的乐高机器人。结果，有人擅自进入乐高的网站，改写了这种马达的软件，让马达可以有更多的功能。

一开始，乐高公司认为这是违法的行为，应该加以制止。但经过深入考量后，乐高改变了决定。反而将马达的软件设计对外开放，让所有人都可以加以修改，然后静观顾客最后会创造出什么样的东西，这个做法引发美国设计出一门中学课程，利用乐高积木教导学生机器人学（Robotics）。现在，美国的孩

① Prahalad，C. K. and Venkatram Ramaswamy（2000）.
② 故事来源：Chesbrough（2011）.

童在学校学习程序与机件的设计，创造出会循着轨道前进的运输工具，或是会投球入篮的机器。后来甚至还衍生出多项竞赛，参赛者必须通过一连串的挑战，才能胜出。就这样，乐高的产品创造了一个以中学科学教育为核心的服务事业。

思考点：采取顾客共创价值模式，会带来哪些风险？可以如何化解？

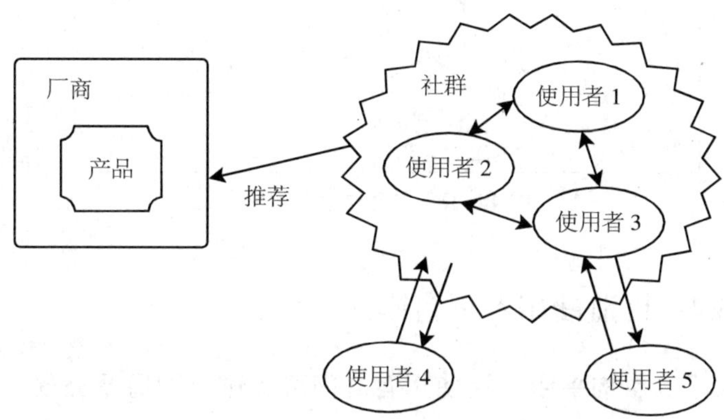

图 14–17　“使用者端开放式创新”模式

14.3.3.2　顾客作为投入要素模式

顾客除了可以提供关于产品设计、测试、使用意见之外，还**可以直接成为投入要素，以顾客作为员工或是资金提供者**的典型例子是合作社组织，合作社是指“人们为了满足自身在经济、社会和文化等方面的共同需求而自愿组成的通过财产共有和民主管理的企业而实现自治的组织”①，在中国台湾地区，农会、渔会、水利会都是以合作社的形态出现，许多学校都设有消费合作社，以校内的教职员生为主要顾客，也是由学校师生共同投资入股成为社员。

Sunkist：“合作社”模式（使用者网络模式 12）

在严格的合作社定义下，顾客、管理者（员工）以及出资者这三者是高度重叠的，也都是社员，合作社必须为社员生产、由社员生产管理、利润也归社员所有，其网络运作相对较为封闭；现代社会中，符合严格合作社定义的组织相当少，即使是一些知名的合作社组织，像是嘉南羊乳运销合作社、Sunkist（香吉士）也会对非社员贩卖其产品，但是合作社的运作原则仍旧以各种不同的面貌被一

① 根据 International Cooperative Alliance 对合作社的定义。

些企业使用着，像是在一些直销组织中，员工经常就是消费者，而一些消费者也可能成为员工。

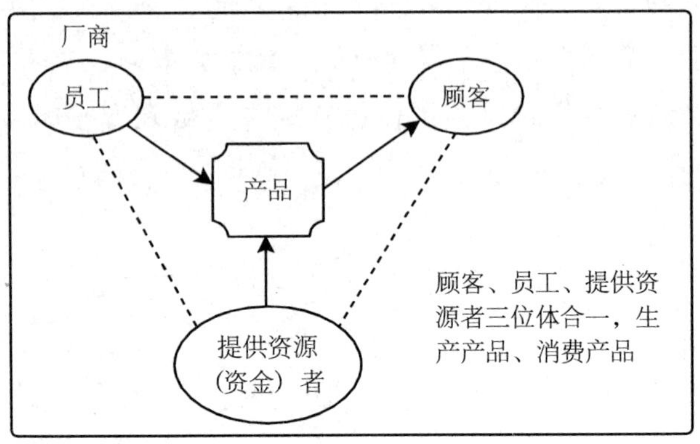

图 14–18 “合作社”模式

14.3.4 打造使用者平台模式

企业可以建构平台，让使用者之间可以进行沟通及交易，从中收取使用费或中介费。例如 Yahoo! 奇摩拍卖服务，是向交易者收取费用，作为 Yahoo! 奇摩的卖方使用者借由平台，提供所要贩卖物品的信息，另一个买家（同样是 Yahoo! 奇摩的使用者）也可以借由平台，搜寻卖家资讯，进而买卖双方通过平台进行交易与沟通。

通信服务：“打造使用者互动平台”模式（使用者网络模式 10）

另外以“中华电信”的电话服务为例，“中华电信”通过提供一个传递通信的平台，使得任何使用“中华电信”的使用者，都可以

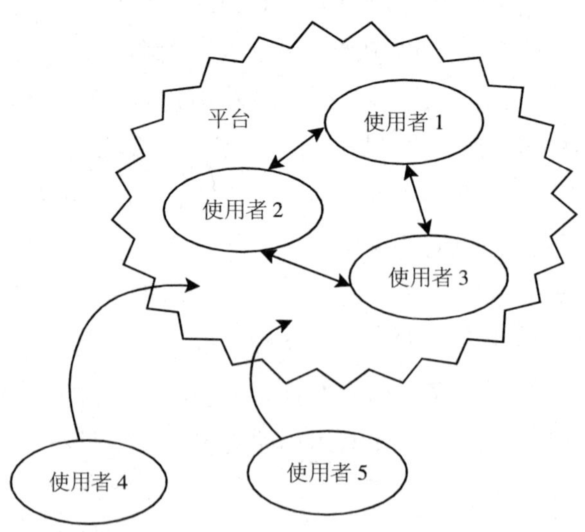

图 14–19 “打造使用者互动平台”模式

通过该平台沟通或通信。在这过程中，“中华电信”扮演一个中介服务者的角色，使用者在付费后，就可以通过业者的服务进行接触。由上述的两个例子可知，厂商获利的途径乃是借由建构一个互动平台，让消费者付费或注册后可以在平台上进行沟通交流。好的使用者平台可以吸引更多使用者加入，扩大企业的营收。

本章提及模式的相关网站

1. Sunkis，http：//www.sunkist.com/。
2. Tsutaya，http：//www.tsutaya.co.jp/index.html。
3. 大丰环保科技，http：//www.df-recycle.com.tw/Default2.aspx。
4. 日本铁路（Japan Railway，JR），http：//www.japanrailpass.net/。
5. 卡地纳健康公司，http：//www.cardinal.com/。
6. 利乐，http：//www.tetrapak.com/tw/pages/default.aspx。
7. 星巴克，http：//www.starbucks.com.tw/home/index.jspx。
8. 家乐福，http：//www.carrefour.com.tw/。
9. 乐高公司，http：//www.lego.com/en-us/Default.aspx。
10. 联发科，http：//www.mediatek.com/tw/index.php。
11. 丰田汽车，http：//www.toyota.com.tw/。

本章参考文献

［1］Chesbrough H.. Open Services Innovation：Rethinking Your Business to Grow and Compete in a New Era［M］. NY：Jossey- Bass，2011.

［2］Prahalad C.K. and Venkatram Ramaswamy. Co-opting Customer Competence［J］. Harvard Business Review，2000，Jan：79-87.